壬辰倭亂에서 朝鮮通信使의 길로

- 戰爭의 傷處와 治癒, 그리고 和解 -

壬辰倭亂에서 朝鮮通信使의 길로

- 戰爭의 傷處와 治癒, 그리고 和解 -

한일문화교류기금

경인문화사

발간사

　　2018년 한일문화교류기금의 국제학술회의 주제는 '壬辰倭亂에서 朝鮮通
信使의 길로 - 전쟁의 상처와 치유, 그리고 화해 - '였다. 조선인들에게 불구
대천의 원수로 각인된 대일인식을 만들어 낸 임진왜란, 그 참상과 상처, 그
리고 화해와 협력의 朝鮮通信使라는 사절단이 이 시대에 주는 역사적 의미
와 메시지는 무엇일까. 이 학술대회의 목적은 임진왜란과 그 이후 200년간
의 한일관계사를 재조명하여 작금의 한일관계의 갈등을 풀어가는 해법을
찾아보는 것이었다.

　　평화라고 하는 것은 서로 대등한 자격을 가진 사람들끼리 서로가 공존하
기로 자발적으로 합의해 만들어 가는 것이다. 그 평화를 이루어 가는 과정
이 화해이다. 나라 간에 큰 전쟁을 치루어 깊은 상처가 났을 때, 진정한 평
화가 이루어지기 위해서는 그 상처를 치유하고 협력과 공존으로 합의해 가
는 과정이 필요하다. 그것이 화해이다.

　　이번 학술대회는 이러한 과정을 이해하기 위해, 우선 한일관계에 외교적
경험이 풍부한 신각수 전주일대사의 기조강연, 〈조선통신사를 통해 본 한
일관계의 과거와 현재〉를 들었다. 이어서 제1부에서 명지대 한명기교수의
〈임진왜란, 전쟁의 역사적 의미〉, 강원대 손승철교수의 〈임진왜란 때 서울
지역의 인적 피해와 실상〉을 통해 '전쟁과 상처'를 들여 다 보았다. 그리고
제2부에서 일본 국립역사민속박물관 아라키 야스노리[荒木和憲]교수의
〈화해를 위한 노력과 결실 - 기유약조의 체결·시행과정으로 중심으로 - 〉,
한림대 이훈교수의 〈병자호란 이후 1643년의 계미통신사 파견과 대일본외
교 - 외교사적 의미를 중심으로 - 〉, 전 팽택대 오바타미치히로[小幡倫裕]교

수의 〈화해의 주역들 - 靜岡 淸見寺, 宝泰寺의 사례〉를 통해 '치유와 화해'
의 과정을 살펴보았다. 그리고 종합토론에서 세키네히데유키[關根英行] 가
천대교수, 김문자 상명대교수, 이상배 서울역사편찬원장, 정성일 광주여대
교수, 장순순 전북대교수, 장진엽 연세대교수 등이 중요한 키워드들을 짚어
주었다.

 물론 임진왜란에서 조선통신사의 길로 전개된 조선후기 200년 한일관계
사가 이 과정을 만족스럽게 이행했다고는 보지 않는다. 그러나 적어도 상징
적인 의미에서라도 이러한 스토리텔링을 가설로 설정하고 한일관계사를 살
펴본 결과 많은 시사점을 던져주었다고 평가한다.

 해방이후 70년, 한일기본조약에 의해 양국 관계가 재개된 지 반세기가
지난 지금도 한일관계의 여러 갈등이 지속되는 이유는 무엇일까?. 그리고
그에 대한 근본적인 해소방법은 없을까? 이번 학술대회는 계속되는 이러한
고민의 해법을 역사 속에서 찾으려는 노력의 일환이었다고 자평한다.

 뿐만아니라 지금도 그렇듯이 한·일간의 문제는 두 당사국간의 경계를 넘
어서 중국과의 관계도 재조명해야 그 실상과 해법에 접근할 수 있다는 역
사적인 경험을 보여주었다.

 아무쪼록 이 단행본에 실린 글들이 한일양국의 상호이해와 교류증진을
위한 밑거름이 되기를 기원한다.

 끝으로 이번 학술회의를 위해 수고해주신 한일문화교류기금의 김수웅국
장, 문진옥님, 논문번역과 녹취에 수고해 준 강원대 김영미·황은영박사, 신
태훈님에게 감사를 드린다.

2019년 3월
한일문화교류기금 이사 손승철

개회사

　오늘 한일문화교류기금이 주최하는 韓日 關係史를 재조명하는 서른두 번째의 〈韓日國際學術會議〉에 참석하신 여러분들에게 주최 기관을 대표하여 심심한 감사의 인사를 드립니다.

　임진왜란이라는 한국과 일본 사이에 있었던 가장 컸던 전쟁을 치루고 난 후 다시 두 나라 사이의 관계를 바로 잡는 과정을 재음미해보는 뜻에서 이번 회의 주제를 "임진왜란에서 朝鮮통신사의 길로: 전쟁의 상처와 치유 그리고 和解"로 정했습니다. 일본의 35년간의 식민통치가 가져온 두 나라 사이에 쌓인 갈등을 해소하는 바른 길을 찾는데 교훈을 얻기 위해 400년 전의 경험을 되짚어 보기 위해서입니다.

　올해가 김대중-오부치 양국의 두 정상이 "21세기 한일 새 파트너십"이라는 공동성명을 발표한지 스무 해가 되는 해입니다. 이 공동성명을 통하여 한국과 일본 두 나라 사이가 한층 가까워졌으나 아직도 해결되지 않은 과거사가 한일 관계의 오늘을 어둡게 하고 있습니다. 한일 관계를 한층 더 개선하여 진정한 우방으로 만들기 위해서는 새로운 계기가 마련되어야 합니다. 특히 양국의 지도적 지식인들간의 특단의 노력이 있어야 합니다.

　일본은 한국과 가장 가까운 이웃입니다. 정치적, 경제적, 군사적 관계에서도 서로 협력해야 할 이웃이고 사회·문화적으로 협력해 나가야 할 나라입니다. 더구나 앞으로 한국이 풀어 나가야 할 여러 과제를 생각해서라도 한국은 일본과의 관계 개선에 더욱 적극적으로 나서야 합니다.

　독일통일 직후 독일의 헬무트 슈미트 전 수상을 만났을 때 슈미트 수상은 한국이 앞으로 통일을 성취하려면 미리 미국과 일본 두 나라와의 관계를 돈독히 해야 한다고 강조하였습니다. 저도 그렇게 생각하고 있습니다. 한반도 통일과 같은 동북아 질서의 큰 변화에 일본이 양해하지 않으면 일이 성사될 수 없습니다.

역사는 생명을 가진 유기체 같은 속성을 가지고 있습니다. 전쟁과 같은 큰 상처를 입으면 치유해야 정상화됩니다. 바른 치료를 하지 않으면 역사는 상처를 이기지 못하고 단절되거나 교린의 생명을 잃게 됩니다. 현재의 한일 간의 관계의 깊은 상처를 치유하기 위해서는 과거의 교훈에서 바른 처방을 찾아야 합니다.

오늘 회의의 기조연설을 맡아주신 신각수 전 주일대사에게 감사드립니다. 그리고 발표논문을 준비해주신 한명기, 손승철, 荒木和憲, 이 훈, 小幡倫裕 교수님과 토론을 맡아주신 김문자, 이상배, 장순순, 장진엽 교수님께 감사드립니다. 오늘 회의는 손승철 교수와 한일문화교류기금의 김수웅 상임이사 두 분이 기획하고 준비해주셨습니다. 이 자리를 빌어 고맙다는 말씀 남깁니다.

감사합니다.

(재)韓日文化交流基金 理事長 李 相 禹

차 례

기조강연

제1부 전쟁과 상처

제2부 치유와 화해

종합토론

기조강연

조선통신사를 통해 본
한일관계의 과거와 현재

신각수 | 전 주일대사

오늘 한일문화교류기금이 "임진왜란에서 조선통신사의 길로: 전쟁의 상처와 치유, 그리고 화해"를 주제로 주최하는 제32차 한일 국제학술심포지엄에서 기조연설을 하게 되어 매우 기쁘고 큰 영광으로 생각합니다. 이런 소중한 기회를 주신 이상우 이사장님과 회의 준비를 하신 관계자 여러분께 감사의 말씀을 드립니다. 한일문화교류기금은 1984년 한일양국 간의 문화교류를 증진하고 양국 국민 간의 상호이해와 신뢰를 심화시킬 목적으로 설립된 이래, 일본에서 설립된 일한문화교류기금과 함께 한일 인적·문화교류의 산실로 많은 기여를 해 왔습니다. 한일외교에 몸담아왔던 외교관의 한 사람으로서 이 자리를 빌려 깊은 감사의 말씀을 드립니다.

오늘 한일 역사학자들의 학술모임에 역사에 문외한인 저에게 기조연설을 맡기신 것은 역사에서 교훈을 받아 새로운 것을 찾는 법고창신(法古創新)의 정신과 함께, 역사학과 국제정치 간의 협업을 통해, 혼돈과 불가측성이 늘어나고 있는 오늘날 우리가 나아갈 길을 찾아보자는 뜻이 담겨있다고 생각합니다. 이런 맥락에서 오늘 발표는 17세기 동북아를 뒤흔들었던 임진왜란이 끝난 뒤 조선통신사를 통해 200여년 평화의 길을 연 선조들의 지혜가 21세기 동아시아 세력전환 속에 한일 양국에 어떤 함의와 교훈을 주는가에 초점을 맞추어 말씀드리고자 합니다. 지금부터 400년이라는 타임캡슐을 타

고 과거와 현재를 살펴보고, 이를 바탕으로 미래를 내다보는 어려운 여행을
떠나보고자 합니다.

한반도가 위치한 동아시아는 중국 중심의 질서가 오랫동안 지배해 왔습
니다. 여러 강대국의 세력균형과 세력교체에 의해 전쟁과 평화의 질서를 반
복하였던 유럽과는 매우 다른 역사경로를 밟아왔습니다. 이런 배경으로 동
아시아에서는 유럽에 비해 비교적 평온하였지만 중국과 주변국간의 관계는
중화관을 기반으로 하는 수직적 질서에 놓여 있었습니다. 그런 가운데 동아
시아에서는 지난 4세기 간 2회의 세력전환이 일어났고 이로 인해 큰 전쟁
을 겪었습니다. 그리고 2010년대에 들어 다시 세 번째의 세력전환이 진행되
고 있습니다.

첫 번째 세력전환은 16세기 후반에서 17세기 초에 걸친 임진왜란과 만주
족에 의한 명나라 패망입니다. 일본에서는 15세기 중반 무로마치 막부가 오
닌(應仁)의 난에 의해 통일권력으로서 존재기반을 잃고 지방 다이묘들이 할
거하는 전국시대가 시작되었습니다. 16세기 중반 오다 노부나가가 다이묘
들의 대부분을 제압하였으나 혼노지(本能寺)의 변에 의해 살해당하고, 결국
수하에 있던 도요토미 히데요시가 1590년 일본 전국을 통일하고 전국시대
를 마감하였습니다. 토요토미 히데요시는 여기서 그치지 않고 명(明)을 포
함한 동아시아 주변국을 정벌하겠다는 계획을 세우고, 우선 조선에 선조의
일본조공과 명으로의 길을 내어줄 것으로 요구하였습니다. 당시 조선과 일
본 조정 간의 중개역할을 맡았던 쓰시마 번이 토요토미의 조선정벌을 막아
보고자 조선통신사의 파견을 꾀하였으나 실패로 끝나고 1592년 일본은 조
선을 침략하였습니다.

전쟁 대비가 거의 없었던 조선 조정은 속수무책으로 수도 한양을 잃고
중국 국경까지 피난하고, 호남과 중국과의 국경지대 일부를 제외한 전국토
가 일본군에 유린당하는 지경에 이르렀습니다. 조선은 곧바로 명에 원군을
요청하였고 명은 요동이 전쟁터가 되는 것을 막기 위해 원군을 파견하였습

니다. 결국 전선이 고착화되면서 1593년 말 일시 휴전을 거쳐 1597년 정유재란으로 재개되어 일본군과 조선·명 연합군 간의 치열한 전투 끝에 1598년 토요토미 히데요시의 사망으로 일본군이 퇴각하면서 7년간의 조선침략은 막을 내렸습니다. 이 전쟁은 양측에서 약 40만 병력이 싸운 당시 세계에서 가장 치열한 전쟁이었습니다. 주전장이었던 조선은 인구 30%가 사망하고 경작지 80%가 경작할 수 없는 황무지로 변할 정도로 큰 피해를 입었습니다. 또한 명사(明史)에 의하면 개전 당시 이미 내부 반란을 겪고 있던 명도 10만 명의 병사와 100만석의 양식을 잃을 정도로 피폐하게 되어 1616년 만주에서 새로운 강자로 부상한 청(후금)에 의해 멸망하게 된 원인이 되었습니다. 일본도 5만 명 병사가 사망하고 도쿠가와 이에야스가 권력을 장악하여 에도막부를 여는 계기가 되었습니다. 결국 임진왜란과 정유재란은 새로이 부상한 토요토미의 일본이 기존의 패권국가인 명에 대한 도전을 전쟁으로 해결하려 했던 전형적인 '투키디데스 함정'의 사례로 동북아질서를 크게 흔들었습니다.

두 번째 세력전환은 동아시아 질서를 주도했던 청이 1840년 아편전쟁 이래 서구열강의 진출과 내부모순으로 약화되는 가운데, 일본이 1868년 메이지유신을 통해 근대화에 성공하면서 대륙에 대한 야망을 키우는 가운데, 러시아가 부동항을 찾아 남진하면서 3국이 동아시아의 패권을 겨루는 과정에서 일어났습니다. 결국 일본이 1894년 청일전쟁과 1905년 러일전쟁에서 승리하여 동아시아의 패권을 거머쥐게 되었습니다. 이 과정에서 조선은 내정문란과 쇄국으로 근대화 기회를 잡지 못 한 채 두 전쟁의 주된 전장으로 큰 희생을 치렀습니다. 결국 일본 제국주의에 의한 아시아 침략과정의 첫 희생양으로 1910년 강제병합 되었습니다. 일본은 이후 만주, 중국, 동남아, 태평양 도서 국가들을 차례로 침략하여 일본이 패권국인 대동아공영권을 구축하려 하였으나, 2차 세계대전에서 연합국에 패망하면서 끝이 났습니다.

세 번째 세력전환은 2010년대에 접어들어 본격화하고 있습니다. 1978년 개혁개방노선을 채택한 후 연평균 10%의 높은 성장률을 보인 중국은 명목 GDP를 기준으로 2000년 세계 6위에서 2010년 일본을 제치고 세계 2위의 경제대국으로 발돋움하였습니다. 일본이 '잃어버린 20년'으로 오랜 디플레이션에 허덕이는 동안 중국은 비약적 성장을 하여 역전하였고, 2017년 말 기준으로 일본의 약 2.5배에 달하여 2020년에는 약 3배로 커질 것으로 전망되고 있습니다. 또한 중국의 실질 GDP는 미국을 이미 추월하였고, 명목 GDP도 2017년 말 기준으로 미국의 약 62%에 달하여 2020년대 중반에는 추월할 것으로 예상하고 있습니다.

이러한 비약적 경제발전을 토대로 시진핑 정부는 종래의 평화발전, 도광양회(韜光養晦)의 현상유지 정책을 버리고, 서태평양(동아시아) 지역을 세력권으로 편입하기 위하여 분발유위(奮發有爲)의 공세적 외교안보정책을 전개하고 있습니다. '중국몽'을 내세워 2020년 초에는 중진국 진입, 2050년경에는 미국과 대등하게 경쟁하는 선진국으로 도약하려는 야심찬 계획을 추진하고 있습니다. 경제면에서는 일대일로 정책을 통해 유라시아와 아프리카에 대한 영향력을 확대하면서, 아시아인프라개발은행(AIIB)을 설립하여 미국의 IMF·세계은행, 일본의 아시아개발은행에 맞선 독자적 영역을 확보해가고 있습니다. 안보 면에서는 빠른 국방비 증가를 바탕으로 합동·기동 전력화를 위한 군 조직 개편, 무기현대화, 서태평양에서의 제해권 확보를 위한 반접근·지역거부(A2AD) 전략, 해군력의 대폭 증강 등을 꾀하고 있습니다.

이런 중국의 전략적 공세는 2차 세계대전 이후 줄곧 동아시아에서 우월적 지위를 누려왔던 미국에 도전하는 양상으로 전개되고 있습니다. 이에 따라 오바마 행정부에서는 아시아 재균형정책을 통해 '협력과 경쟁'의 투 트랙으로 대항하였으나, 트럼프 행정부에 들어서는 인도태평양 전략을 통해 대중 정책을 보다 포괄적이면서 '협력보다 경쟁'에 중점을 둔 정책으로 전환하였습니다. 이와 함께 미국은 무역, 대만문제, 남중국해, 한반도 등 다양한 분야에서 대립전선을 형성하면서 중국을 압박하고 있습니다. 다만 트럼프 행정부는 미국우선주의를 내세우면서 경제적 관점에서 동맹에 접근하고 일방주의·신고립주의 성향을 보이고 있다는 점에서 인도태평양 전략의 구체화가 부진한 것도 사실입니다. 경제적 관점에서 중요한 미국주도의 환태평양경제동반자협정(TPP)을 탈퇴하였고 주요동맹국 제품에 대하여도 고율의 수입관세를 부과하였으며, 군사적으로도 미군주둔국 비용부담 증가 압력, 주한미군 감축·철수 거론 등 동맹국과의 마찰이 늘어나고 있습니다.

한편 일본은 이미 센가쿠(다이위다오) 영유권분쟁을 둘러싸고 2010년과 2012년 두 차례에 걸쳐 중국의 강한 압박을 받았습니다. 일본 제품에 대한 불매·파괴, 일본유통기업에 대한 위협·침입, 대사관에 대한 관제데모 등 일본인들의 중국에 대한 사고와 인식을 완전히 뒤바꾸어 놓았습니다. 이러한 중국에 관한 위협인식은 일본의 외교안보정책의 축을 러시아에서 중국으로 바꾸게 하였으며, 이런 맥락에서 미국과의 동맹 강화, 집단적 자위권의 해석개헌, 안보법제의 정비, 미국·인도·호주를 연결한 다이아몬드 안보정책 등을 적극 추진하고 있습니다. 미중관계의 악화에 대비하기 위한 중국의 대일 접근과 일본의 트럼프의 일방주의에 대한 보험 수준에서 대중관계를 정상화하려는 흐름이 맞물려 2018년 10월 아베 총리의 중국 방문이 이루어졌지만, 일본의 중국에 대한 근본적 불신을 해소할 수준에는 이르고 있지 못한 상태입니다.

현재 경험하고 있는 동아시아에서의 세력전환은 과거 2회의 세력전환과 근본적으로 다른 점이 있습니다. 임진왜란과 청일·러일 전쟁 당시에는 역내세력인 신흥 부상국가인 일본이 기존 패권국가인 중국에 도전하여 발생하였고 결국 전쟁으로 새로운 질서가 형성되었습니다. 이에 비해 지금은 지난 200년간 서구와 일본의 제국주의에 유린을 당하고 국내적 혼란을 겪었던 중국이 부상하면서 촉발된 점이 다릅니다. 이와 함께 기존의 패권국이 역외세력인 미국이라는 점도 크게 다른 점입니다. 13억 인구대국이자 세계

경제력 2위인 중국의 존재가 압도적 비중을 차지하는 동아시아는 독일·영국·프랑스·이태리·스페인 등 복수의 대국이 존재하여 세력균형이 작동하는 유럽과 전략지형이 다릅니다. 동아시아에서 중국 다음으로 가장 큰 나라인 일본을 포함한 모든 중국 주변국을 합해도 중국에는 필적하지 못 합니다. 따라서 역외세력인 미국이 동아시아에서 균형자 역할을 맡아주지 않으면 동아시아는 중장기적으로 중국 영향권 내에 들어갈 개연성이 큽니다. 미국이 세계에서 가장 활력 있는 경제권인 동아시아에서 발을 뺄 가능성은 그리 높지 않겠지만, 미국우선주의를 내세우면서 신고립주의 성향을 보이고 있는 미국이 동아시아에서 종래와 같이 공공재를 제공하면서 관여를 지속할 것인지 불분명한 것도 사실입니다. 동아시아 세력전환의 '평화적 변화(peaceful change)'를 확실히 하기 위해서는 미국의 지속적 관여와 함께 중국을 '책임 있는 이해당사국(stakeholder)'으로 만들기 위한 제도적 틀인 중층적 지역협력 체제를 구축함으로써 이를 통한 '법의 지배'가 보장되도록 해야 합니다.

이와 같이 한국은 동아시아에서의 제3의 세력전환 과정이 평화롭게 진행되는데 큰 이해를 가지고 있습니다. 미국은 동맹국으로서 한국의 안보와 경제에 중요한 반면, 중국은 한국의 해외시장의 30%를 점하여 미국·일본 시장을 합한 것보다 크고 북한 문제를 다루는데 중요하기 때문입니다. 한국뿐만 아니라 동남아 국가들도 이런 안보와 경제의 충돌이 야기하는 아시아 패러독스에 놓여있습니다. 이에 덧붙여 미국의 리더십 역할 방기와 중국·러시아의 미국 도전으로 인한 '지정학의 귀환(return of geopolitics)'도 양측의 단층선에 놓인 한국과 동남아 국가들에게 큰 부담으로 작용하고 있습니다. 특히 최근 격렬해지고 있는 미중 무역분쟁은 미국 금리가 상승하면서 신흥국에서 달러가 환류되는 데 따른 금융 불안과 함께 세계공급망으로 긴밀히 연결된 동아시아 국가들에게 경제적 어려움도 가중시키고 있습니다.

우리에게 있어서 이번의 세력전환은 과거 두 차례에 걸친 세력전환과 크게 3가지 측면에서 결을 달리 합니다. 첫째, 과거에는 역내 세력, 즉 중국·일본, 중국·일본·러시아 간의 다툼이었던 반면 이번에는 미국·중국·일본 간의 다툼으로 역외세력인 미국이 들어가 있다는 점입니다. 둘째 요소는 종래 세력전환이 동북아에 국한되어 있지만 이번 세력전환은 동아시아로 넓혀졌고 세계화에 의해 역외요소도 관련성이 커졌다는 점입니다. 셋째 요소는 우리가 과거 2회 때는 유교를 매개로 기존 세력인 중국과 연결되어 있었지만, 이번에는 자유주의국제질서를 통해 기존세력인 미국과 동맹관계에 있다는 점입니다. 그리고 인접국 가운데 하나인 일본이 더 이상 주된 세력이 되지 못 하는 상황입니다. 또한 부상하는 도전세력인 중국과 우리는 가치와 체제 면에서 차이가 있습니다. 이런 점에서 이번 세력전환은 우리에게 종래보다 훨씬 복잡하고 도전적인 상황을 던져주고 있습니다.

그리하여 당면한 전환기는 동아시아 전략 환경에 유동성과 불가측성을 증가시키고 있습니다. 이에 따라 한일관계도 전과 다른 전략적 함의를 가지게 되었습니다. 국제질서가 냉전시대의 양극질서나 탈냉전이후 2000년대 후반까지 초강대국 미국에 의한 단극질서와 달리, 분야별로 다양한 강대국들이 주된 행위자인 중층적 다극질서로 변모하면서 한일관계도 종래와 다른 대외환경에 놓이게 된 것입니다.

한일관계는 1965년 국교정상화 이래 착실히 발전해 왔습니다. 물론 그동안 시시포스의 신화처럼 주로 과거사와 관련하여 5-6회의 위기를 맞았지만 비교적 잘 극복하였습니다. 그러나 한일관계는 2012년 이래 매우 길고 어두운 터널을 지나고 있습니다. 위기의 원인이 구조적이고 다양하다는 점에서 일종의 '다중복합골절' 상태라 할 수 있습니다. 한일 양국은 자유주의국제질서의 일원으로 민주주의, 시장경제, 법치, 인권존중의 가치를 공유하는 아시아에서는 2개국밖에 없는 OECD회원국입니다. 그래서 양국은 세력전환에서 비롯되는 '해도 없는 항해'에서 다른 어느 때보다도 서로 힘을 합해야 하는 때에 유감스럽게도 실제로는 반대의 상황이 된 것입니다.

한일관계는 여전히 과거사문제, 지정학, 영토문제, 국민감정의 4대 단층선에서 악순환의 고리를 벗어나지 못 하고 있습니다. 그 배경에는 한일 격차 축소, 전후세대로의 세대교체, 대화·소통 채널의 약화, 포퓰리즘, 동아시아 세력전환, 역사화해 노력부족, 민족주의·국가주의 고양, 정치리더십 부재 등이 복합적으로 자리 잡고 있습니다. 그만큼 한일관계는 어려운 상황에 놓여 있습니다. 현재 한일관계의 난맥상은 양국이 서로에게 무관심해지는 상황을 고착화시키고 있다는 점에서 하루빨리 탈피하지 않으면 안 될 시점에 와 있습니다.

이런 맥락에서 임진왜란에서 조선통신사의 길로 이어지는 어려운 과정이 우리에게 주는 역사적 교훈은 무엇일까에 관해 말씀드리도록 하겠습니다. 모두에서 언급하였지만 임진왜란은 조선에 인명·재산손실 면에서 막대한 타격을 주었습니다. 정유재란이 1598년 끝나고 조선과 에도 막부가 국교를 재개한 것이 1608년입니다. 그 사이에 일본에서는 토요토미 히데요시 관료집단과 도쿠가와 이에야스 간의 권력투쟁 끝에 세키가하라 전투에서 압승을 거둔 도쿠가와가 1603년 에도 막부를 열었고, 쓰시마 번을 통해 조선과의 국교회복을 추진하였습니다. 조선은 도쿠가와 관백이 직접 임진왜란에 의한 침략을 사죄하고 사절 파견을 요청하는 국서를 보낼 것을 주장하였습니다. 이에 대해 막부는 침략을 행한 것은 토요토미라는 입장이었기 때문에, 중간에서 교섭을 담당한 쓰시마 번주인 소우 요시토시(宗義智)가 양측 국서를 위조하여 봉합함으로써 국교가 재개되었습니다. 결국 쓰시마 번의 국서개찬은 30여년 뒤 쓰시마 번 중신(家老)이었던 야나가와 시게오키(柳川調興)가 이 사실을 막부에 알려 공개되었으나, 막부는 조선과의 무역을 쓰시마번에 계속 맡기는 것이 유리하고 하극상을 방지한다는 차원에서 번주의 손을 들어줌으로써 조선과의 외교문제로 발전하지는 않았습니다.

또한 특기할만한 사실은 조선의 일본에 대한 침략 사죄 요구가 국교 재개 이후에도 상당 기간 지속되었다는 점입니다. 12회의 조선통신사 가운데 첫 3회의 이름이 '회답겸 쇄환사'이고, 1604년 파견된 유정대사의 사절단은 탐적사라 하였습니다. 그 만큼 일본의 사죄 요구에 대한 강한 의식이 표현된 것입니다. 그리고 신유한의 신유록에 보면 통신사 일행은 귀로에 교토 부근 대불사라는 절에서 연회를 베풀려는데 대해 이 절이 토요토미 히데요시를 기리는 원당(願堂)이라는 이유로 거부하면서 '백년 가도 잊을 수 없는 원수'라 하였습니다. 결국 일본 측에서 일본연대기를 보여주면서 사실이 아니라는 것을 입증하여 오해가 풀려 연회가 개최되었습니다. 이렇듯이 조선에는 120년이 지난 시점에도 임진왜란에 대한 강한 거부감이 있었습니다.

한일 양국이 1965년 국교를 정상화하는 과정도 이와 비슷한 양상이 전개되었습니다. 한국에서 정부수립과 한국전쟁, 일본에서 연합군 점령으로 상당한 시간이 경과한 1951년 시작된 교섭은 식민지지배 사죄와 배상문제를 둘러싼 첨예한 대립으로 14년이란 긴 시간이 걸렸습니다. 특히 식민지 지배의 불법성과 대한민국의 한반도 대표성문제에 관한 입장차이가 커서 결국 기본조약의 관련규정에서 각각 '이미 무효(already null and void)'와 콤마를 넣는 타협안으로 일종의 '異見 합의'를 통해 난제를 봉합하였습니다. 이런 과정에서 양국과 동맹관계에 있던 미국의 대아시아 정책이 크게 작용하였습니다. 그리고 현재까지 과거사는 한일관계에서 망언, 교과서문제, 독도문제, 일본군위안부, 강제징용, 재사할린 한인, 재한 원폭피해자 등 다양한 형태로 한일관계의 발목을 여러 차례 잡았습니다. 이는 진정한 의미의 역사화해가 아직 이루어지지 않았다는 의미입니다.

400년 전 역사의 교훈 가운데 가장 의미 있는 것은 양국관계에 있어서 '믿음'의 중요성이 아닐까 합니다. 쓰시마 번의 대조선 외교실무자로 오래 종사하였고 우삼동이라는 우리 이름을 가질 정도로 조선을 좋아했던 아메노모리 호슈가 쓴 대조선 외교지침서인 교린제성(交隣提醒)에 '성신외교'란 형태로 강조되었습니다. 아메노모리는 대조선 외교의 기본자세를 52개 항목으로 나누어 마지막 항목에 '성의와 신의의 교류'를 강조하면서 "서로 속이지 않고 싸우지 않으며 진실로써 교류하는 것"을 뜻한다고 하였습니다. 요즘처럼 한일관계의 신뢰자산이 바닥인 상태에서 한일 양국 모두 되새겨야 할 교훈이라 하겠습니다.

조선통신사는 200여년간 12회의 파견을 통해 평화선린관계의 유지와 문화교류에 크게 기여하였습니다. 해유록에도 나오지만 사행 길에 일본 각계와의 문화교류와 이를 통한 상호 사정을 이해하는 과정은 매우 인상적입니다. 그리고 정기적으로 조선의 국서와 에도막부의 답서를 통해 평화와 친선을 확인하는 것도 당시의 교통사정을 고려하면 큰 의미가 있습니다. 이런 과정에서 알 수 있는 것은 예나 지금이나 양국은 역사적·문화적으로 상당히 닮았지만 실제로는 다른 것이 많다는 사실을 알게 됩니다. 해유록 후반부에 나오는 일본사정을 보면 우리와 상당히 다른 점을 상세히 설명하고 있습니다. 비슷하니까 같은 것으로 보는데서 한일 간에 다양한 오해와 편견이 발생하게 됩니다. 따라서 양국이 안정되고 건전한 선린관계를 유지하기 위해서는 서로 다른 현실을 명확히 인식하고 이를 기반으로 화이부동(和而不同)의 관계를 구축해야 합니다. 아메노모리가 "일본과 조선은 풍습이 달라 선호도 다르기 때문에 이런 점을 이해하지 않고 일본의 풍습만으로 조선 사람들과 교류하려하면 많은 어긋남이 발생하게 된다."라고 강조한 점을 되새겨 볼 필요가 있습니다.

그리고 이런 과정에서 한일 양측이 중시해야 하는 것은 역지사지(易地思之)의 자세라고 생각합니다. 상대방의 입장에서 사물을 보려는 자세는 양측의 다른 점을 이해하고 바람직한 해결책을 찾는데 도움이 됩니다. 아메노모리가 교린제성에서 조선왕조의 정원에 무엇을 심었냐는 일측 질문에 보리를 심었다는 사행의 답변을 조소하였다는 사실과 관련, 농업을 중시하는 조선을 이해하려는 노력이 부족하였다고 비판한 점도 이런 맥락이라 생각합니다. 그는 "선입관에 구애받지 않고 늘 상대방의 입장에 서서 상대방을 보아야 한다."는 점을 늘 강조하였습니다. 이런 연장선상에서 한일 양국은 구동화이(求同化異)의 자세로 서로 이해가 맞고 협력이 가능한 분야는 적극 실천해 가면서, 서로 입장이 다른 사안에 대해서는 타협과 절충을 통해 분쟁과 갈등을 막아가야 합니다. 해유록에서 신유한이 통신사 일행의 쓰시마 도주 면담과 관련 양측 國制의 차이를 들어 종래의 관례를 바꾼 것이나, 아메노모리가 신유한에게 '왜'의 사용의 부당성을 지적한 점도 이런 맥락에서 이해되어야 할 것입니다. 인접국관계는 늘 다양한 대립과 갈등의 요소를 안고 있기 때문에, 이를 원만하게 해결해 나갈 상호 이해·배려·존중·신뢰의 자산을 늘리는 노력을 게을리 해서는 안 됩니다.

조선통신사가 우리에게 주는 또 다른 교훈은 한일관계를 평화적으로 유지·관리해 나가는데 있어서 인적·문화교류가 얼마나 중요한지에 관한 것입니다. 지금보다 교통통신수단이 현저히 열악한 환경에서 조선통신사는 조선 측에서 500여명과 쓰시마 번에서 안내와 경호를 맡는 1500여명이 합류한 대규모 행렬이었으며, 부산에서 에도까지 수로 5210리(약 2084킬로미터), 육로 1350리(약 540킬로미터) 도합 2600여 킬로미터에 이르고 왕복 소요기간이 8-10개월에 이르는 대규모 문화 캐러밴이었습니다. 그리고 매회 약 100만량(막부 직할령 400만석의 1/4 해당)의 막대한 비용이 들어가 결국 19세기 초반 이래 조선통신사가 양국의 재정상황 악화로 축소·폐지되는 원인이 되기도 하였습니다. 그러나 유네스코 기록문화유산으로 등재된 방대한 기록이 보여주듯이 조선통신사는 일본의 핵심지역을 경유하며 한일 양국의 문화인이 직접 교류하는 양국 문화교류사에 획기적인 기제였습니다. 신유록 곳곳에 나오는 새벽까지 시문과 학문에 대한 열정적 교류의 모습은 현대를 사는 양국국민들에게도 좋은 시사를 주고 있습니다. 뿌리 깊은 나무가 바람에 흔들리지 않는다는 말처럼 양국 국민이 올바른 이해의 바탕 위에서 어두운 과거를 떨쳐버리고 밝은 미래를 열기 위해서는 '21세기 성신의 조선통신사'에 걸맞은 대규모이며 조직화된 교류를 실시해야 합니다. 1963년 불독 엘리제 조약이 활발한 교류활동을 통해 유럽통합과 독일통일의 기초를 쌓았듯이, 한일 양국도 유사한 교류체제 구축을 통해 동북아 지역통합과 한반도 통일에 도움이 되는 긴밀한 관계를 지향해야 합니다.

조선통신사 기록을 보면서 아쉬운 점은 일본의 좋은 점을 많이 알고 배웠지만 이를 우리 내정의 개혁과 발전에 쓰지 않았던 사실입니다. 일정한 세금이외에는 일체의 가렴주구가 없었고, 출판문화가 발전하였으며, 물산이 풍부하고 기율이 확실하며, 쇄국을 하면서도 나가사키를 통한 교역을 허용하여 외부세계와 줄곧 소통한 일본 사회의 장점을 왜 조선에서는 받아들이지 않았는지 안타깝습니다. 유교통치이념에서 오는 한계를 극복하기 어려운 현실과 유교적 우월감에서 나오는 자신감과 일본 비하가 원인이 아니었나 생각하면서, 현재의 우리는 일본을 있는 대로 보고 좋은 점은 배우고 나쁜 점은 피하려는 자세가 되어있는지 되돌아보게 합니다.

또한 조선통신사 교류가 주는 교훈은 정치가 역할의 중요성입니다. 통신사 교류 200년 역사에도 여러 번의 위기가 있었지만 평화로운 한일관계를 유지하기 위한 양측의 정치적 결단이 있었기에 이를 잘 극복하고 긴 기간 유지되었습니다. 오늘날 한일관계를 직격하고 있는 위기의 근본원인에는 양국 정치인들이 인기영합주의에 굴복하여 미래를 내다보는 비전과 실행력을 잃어버린 데도 원인이 있습니다. 올해는 전후 한일관계의 발전에 획기적 전환점이었던 1998년 김대중 대통령과 오부찌 게이조 총리 간에 합의한 '21세기 새로운 한일파트너십 선언' 20주년이 되는 뜻 깊은 해입니다. 과거를 직시하면서 미래를 열어가자는 양국 정치가의 결단에 의해 새로운 한일관계의 장을 열었고, 2002년 한일 월드컵 공동개최를 통해 비약적 발전의 토대를 마련하였습니다. 그렇지만 불행히도 그 뒤에 다시 독도, 군대위안부, 강제징용 등 과거사 분쟁이 재연되면서 한일관계는 긴 어두운 터널을 벗어나지 못 하고 있습니다. 당초 양국은 20주년이 되는 금년 10월에 문재인 대통령의 방일을 위해 노력하였지만 안타깝게도 실현되지 않았습니다. 오히려 현실은 일본군위안부를 위한 화해치유재단의 해산, 국제관함식 욱일기

계양문제, 강제징용에 관한 대법원 판결 등 과거사 관련 다양한 악재가 관계회복을 가로막고 있습니다. 명년은 3.1운동 100주년이 되는 해로 과거사 문제가 더욱 부각될 전망이어서 한일관계에 상당한 부담으로 작용할 가능성이 큽니다.

동북아 전략 환경의 지각이 크게 흔들리고 있는 가운데 한일관계의 악화는 양국에게는 물론 동북아의 평화와 번영을 확보해가는 데도 큰 장애로 작용하고 있습니다. 양국 정부와 국민은 위기의 한일관계를 하루빨리 회복시키기 위해 양국관계가 각국에 얼마나 중요한지를 되새겨보고 21세기 건전하고 안정된 선린관계를 구축할 중장기적 로드맵 작성에 나서야 할 때입니다. 유성룡의 징비록에는 1443년 조선통신사절 서장관으로 방일하여 해동제국기를 저술하였고 일본과 유구에 관한 조선외교의 기본을 만든 신숙주가 성종에게 유훈으로 "원컨대 우리나라는 일본과 화친을 잃지 말아야 합니다.(願國家毋無失和)"을 남긴 것으로 나옵니다. 어느 나라나 인접국과의 외교가 외교의 출발점입니다. 우리가 지정학적으로 어려운 상황에서 우리가 숨 쉴 전략공간을 만들기 위해서는 인접국인 일본·중국과의 외교를 잘 해야 합니다. 그런 의미에서 이번 국제심포지엄이 오늘날보다 훨씬 어둡고 힘들었던 시기에 평화관계를 쌓기 위해 노력했던 양국 선조들의 지혜를 되살려 탄탄한 한일관계의 길을 열어가는 데 소중한 집단지성의 장을 제공하여 줄 것으로 믿습니다. 경청해 주셔서 감사합니다.

제 1 부
전쟁과 상처

壬辰倭亂, 전쟁의 역사적 의미
- 동아시아 평화 구축을 위한 역사적 거울로서의 전쟁 -

한명기 | 명지대

머리말

임진왜란은 韓日關係를 '가깝고도 먼 나라'라고 일컫게 만들었던 결정적인 분기점이었다. 15세기까지만 해도 조선 지식인들의 일본 인식은 긍정과 부정이 교차하는 양면적인 성격을 지니고 있었다. 물론 14세기 후반 극에 이르렀던 倭寇의 피해 등으로 말미암은 원한과 적개의식은 만만치 않았지만 15세기 중엽 이후 왜구의 침입이 잦아들고 일본인들의 빈번한 來朝를 통해 교류가 활발해지자 일본에 대한 인식은 달라지는 조짐을 보인다.[1] 15세기 조선의 대표적 碩學이자 지식인이었던 徐居正(1420~1480)은 다음과 같이 이야기한 바 있다.

> 삼가 생각건대 皇明이 세상에 군림하여 文軌를 통일하고, 우리 조선은 天命을 받아 개국하여 列聖께서 계승하여 위엄과 덕망이 널리 입혀지면서 일본과 우호도 맺고 사신도 통하여 두 나라가 서로 잘 지낸 지가 이에 100년이 되어 간다. 우리 전하께서 즉위하시고 文敎가 멀리까지 뻗치니, 일본이 聘問을 더욱 성실하게 하였다······ 일본은 동쪽의 해 뜨는 지역에 있으니 천

---

1) 15세기부터 17세기까지 조선의 對日認識에 대해서는 韓明基, 「15~17世紀朝鮮知識人たちの日本認識槪觀」, 東鄕和彦·朴勝俊 編著, 2012 『鏡の中の自己認識』(東京, 御茶の水書房) 所收 참조.

하의 가장 외진 곳이다. 비록 파도가 넘실대는 만리 바닷길을 건너기 힘들지
만, 그 나라가 동쪽에 처하여 天地의 元과 春과 仁의 기운을 받아 풍속이
순박하고 예스러우며 善을 좋아하고 義를 즐기니 더불어 큰일을 할 만하다.
지금 우리나라와 우호를 닦아 한집안과 같고, 여러 섬들도 소문을 듣고 서로
이끌고 진심으로 歸附하여 使船이 왕래하는 것이 內地와 같게 되었다. 사대
부 중에는 가기를 원해도 가지 못하는 사람이 있는데, 李可行이 먼저 가게
되었으니, 어찌 뛸 듯이 기뻐하지 않겠는가?2)

　　윗글은 1479년(성종 10) 일본에 使行했던 直提學 李可行을 전송하면서
지은 詩의 序文이다. 주목되는 점은 서거정의 일본인식이 대단히 긍정적이
라는 사실이다. "일본이 天下의 동쪽 끝 모퉁이에 있지만 風俗이 淳古하고
善과 義를 숭상하므로 더불어 사귈 수 있는 나라"라고 평가하면서 당시 조
선과 일본의 관계를 한집안과 같다고 서술하고 있다. 왜구의 침입이 거의
종식되고 통신사 왕래 등 교류가 잦아지면서 일본에 대한 인식이 긍정적으
로 변모하고 있는 모습을 잘 보여준다.

　　하지만 임진왜란을 계기로 조선 지식인들의 일본인식은 급변했다. 무고
한 침략을 자행하여 成宗과 中宗의 무덤을 파헤치고 生靈들을 도륙한 일본
은 조선에게 '영원히 잊을 수 없는 원수'이자 '臥薪嘗膽하여 반드시 복수해
야 할 원수'가 되고 말았다.3) 일본에 대한 원한과 적개심은 시간이 흘러도
약화될 기미를 좀처럼 보이지 않았다.

---

2) 徐居正, 『四佳文集』 권5 「送李直提學可行奉使日本詩序」. "欽惟皇明御宇 文軌攸同 我
　朝鮮受命開國 列聖相承 威德廣被 與日本氏講隣好 通信使 兩國交懽 將百年于玆 我殿
　下卽位 文敎遠覃 日本氏尤勤聘問…… 日本氏在扶桑之域 極天下之陬 雖鯨濤萬里 有
　跋涉之艱 然其國處東 稟天地之元之春之仁之氣 風俗淳古 好善樂義 可與有爲也 今則
　與我修好 有同一家 諸島聞風 亦相率款附 使船來往 有同內地 士有願行而不得者 侯先
　得之 豈不躍然以喜也哉"
3) 『宣祖實錄』 권212 선조 40년 6월 辛亥. "惟彼倭奴 燒夷我原陵 魚肉我生靈 乃九世必
　報之讎 我國君臣 所當臥薪嘗膽 未嘗食息.忘此讐"

만약 壬辰, 丁酉年의 원수진 것으로써 말한다면 비록 東海의 파도를 기울여 일본을 가라앉혀 한 사람도 남기지 않더라도 어찌 족히 마음에 통쾌할 수 있겠습니까?[4]

1629년(인조 7) 5월, 對馬島가 보낸 玄方 일행의 上京을 허용하는 문제를 논의할 때, 仁祖反正을 주도했던 功臣 출신 李曙(1580~1637)가 했던 이야기다. 당시는 압록강 너머에서 女眞族의 後金이 崛起하여 조선과 명을 위협하고 있던 상황이었다. 그럼에도 이서의 발언을 보면 일본에 대한 원한과 적개심은 여전히 하늘을 찌르고 있었다.

임진왜란으로 말미암은 대일 적개심은 19세기 후반까지도 면면히 이어졌다. 1876년 開港 이래 청과 일본의 각축 속에 壬午軍亂, 甲申政變을 거쳐 甲午農民運動이 발생하기 직전인 1893년 3월, 漢陽의 일본 領事館에는 掛書가 나붙었다. 東學敎徒들이 부착했다고 알려진 괘서는 "우리나라의 참화를 어찌 참고 볼 수 있겠는가. 우리에게 너희는 잊을 수 없는 원수"라고 하면서 임진왜란의 기억을 환기시키는 내용을 담고 있었다.[5]

요컨대 15세기에 잠시 반짝했던 긍정적이고 우호적인 對日認識은 임진왜란을 계기로 부정적으로 변모하고 이후 굳어지는 모습을 보였다. 그렇다면 임진왜란은 어떤 배경에서 발생했으며 어떤 양상으로 전개되었는가? 나아가 임진왜란은 기존의 韓中日 관계를 어떻게 변화시키고 이후의 동아시아 질서에 어떤 영향을 미쳤는가?

올해는 임진왜란이 끝난 지 420년이 되는 해이다. 周甲(-60년) 단위로 시간의 흐름을 기억했던 조선시대 사람들의 기준으로 보면 7周甲이 되는 뜻깊은 해이다. 부정적인 한일 관계와 상호인식의 始原이었던 임진왜란이 끝

---

4) 『承政院日記』 26책, 인조 7년 5월 6일. "若以壬丁之讐言之 雖傾東海之波 淪沒日本 無一人孑遺 豈足快於心哉"
5) 趙景達 著·박맹수 역, 2008 『이단의 민중반란—동학과 갑오농민전쟁 그리고 조선 민중의 내셔널리즘』, 역사비평사, 113~114쪽.

난 지 400년이 넘었지만 오늘의 한일관계와 동아시아 정세는 여전히 불안하고 유동적이다. '北核 문제', '중국의 崛起', '일본의 普通國家化', '美中霸權 경쟁' 등을 둘러싸고 격동하고 있는 작금의 현실을 넘어서서 共存, 共榮의 동아시아의 미래를 모색하기 위해 우리는 임진왜란에서 어떤 교훈을 상기해야 할까?

1. 임진왜란 전야의 조선과 일본

1) 고양되는 조선의 自尊意識과 정치적 난맥상

8세기 후반 이래 韓半島와 日本列島의 공식적인 정치적 교섭은 사실상 단절된 것이나 마찬가지였다. 수백 년 간 정식 관계가 단절된 양국의 공식적인 교섭은 역설적이게도 '倭寇 문제' 때문에 재개의 실마리가 풀렸다. 14세기 후반 극에 이른 왜구의 피해를 견디지 못한 고려가 일본에 倭寇 禁壓을 요구하기 위한 사절을 파견했고, 1392년 개창된 조선왕조 또한 왜구 문제 해결을 위해 일본과의 접촉과 교섭을 피할 수 없었다. 그리고 1404년 室町幕府의 足利義滿이 明으로부터 冊封을 받은 직후 조선에 사자를 보냄으로써 장기간 단절된 두 나라의 공식적인 정치적 교류가 재개되었다.6)

흔히 조선은 명에 대해 공순하게 事大하고 일본에 대해 대등한 입장에서 交隣하는 외교적 자세를 취했다고 이야기한다. 하지만 조선은 교린의 대상인 일본과의 관계를 기본적으로 대등하게 생각하지 않았다. 그것은 '交隣以道', '交隣有道' 등의 표현을 고려할 때 조선 스스로 上國으로 자처하는 외

---

6) 고대 이래 조선시대까지 韓日關係史의 구체적인 전개 과정에 대해서는 吉野誠 著·한철호 옮김, 『동아시아 속의 한일 2천년사』(2005, 서울, 책과 함께) (원제, 『東アジアなかの日本と朝鮮』東京, 明石書店)에 개설적이지만 명료하게 서술되어 있다.

교적 원리이자 이념이었다.7) 실제로 15세기 조선의 신료나 지식인들은 일
본, 女眞 등을 상대할 때 스스로 '上國', '大國'의 입장에서 恩惠와 威嚴을
어떤 비율로 활용할 것인지를 고민했다.8)

조선 지식인들이 지녔던 일본에 대한 우월의식은 性理學이 體制敎學으
로 정착되어 가던 16세기 이후 더욱 고양되었다. 당시 조선 지식인들은 철
저하게 華夷論에 바탕을 두고 바깥 세계를 인식했다. '中華'인 明에 대한
尊崇意識이 심화되어 가는 한편에서 일본과 여진에 대해서는 문화적 자존
감에 기반을 둔 우월의식이 더욱 고양되었다. 임진왜란 직전인 1590년(선조
23) 일본에 갔던 庚寅通信使의 副使 金誠一(1538~1593)은 書狀官 許箴이
일본인들에게 위엄을 세우지 못한다고 질책하는 편지에서 스스로를 '大國
의 사신'으로, 일본인들을 '하찮은 오랑캐[小醜]', 나아가 '개돼지[犬豕]'라
고 표현했다.9) 黃廷彧(1532~1607)은 임진왜란이 발생했던 이후 도요토미
히데요시에게 보내는 檄文 형식으로 쓴 글에서 일본을 가리켜 '군더더기
같은 나라[疣贅之域]'라고 지목했다. 황정욱이 지닌 일본에 대한 우월의식
은 조선이 '명을 방불케 하는 中華國'이라는 자부심에 바탕을 두고 있었다.
그는 더 나아가 일본을, '조선 없이는 中華와 연결될 수 없는 井底之蛙'라
고 지적하기도 했다.10)

일본에 대한 문화적 자존감과 우월의식이 높아지고 있던 16세기 중반 조

---

7) 조선이 취한 交隣의 특성에 대해서는 夫馬 進, 「朝鮮の外交原理「事大」と「交隣」」
　　『朝鮮燕行使と朝鮮通信使』(2015, 名古屋大學出版會) 所收 참조.
8) 『世宗實錄』 권75 세종 18년 11월 庚子.
9) 金誠一, 『鶴峰集』 권5, 「答許書狀箴」. "以今觀之 本朝猶中國也 島倭實蠻夷也 以大國
　　之使 屈辱於小醜 見其陵蔑無禮 而猶莫之恥 反以體貌之重 爲薄物細故 其亦異乎春秋
　　之義矣 其亦異乎漢儒之見矣 此吾所謂知一不知二 膠柱鼓瑟者也…… 吾輩入犬豕之窟
　　與犬豕雜處 形單勢孤 其危可謂甚矣"
10) 黃廷彧, 『芝川集』 권3 「檄日本關白書」. "貴國邈在海中 天地間一疣贅之域 自三代以來
　　未嘗紀土貢而采國俗 絶不許齒錄於侯服 幸而弊邦與之爲隣 禮義文物 侔擬中華 貴國舍
　　弊邦 則一步無可往之地 耳無所聞 目無所見 不過井底蛙耳"

선은 정치적으로 커다란 파란을 겪고 있었다. 明宗代(1545~1567) 戚臣政治
가 이어지면서 정치적, 사회경제적으로 심각한 국면에 직면했다. 명종의 外
叔 尹元衡 일당이 정치판을 전횡하면서 갖가지 문제점이 불거졌다. 이들은
자신들에 대한 견제와 비판을 무력화시킨 상황에서 人事權 등을 좌지우지
했다. 자연히 내외의 官職이 賄賂, 請託 등에 의해 제수되었다. 권력과 유
착된 사회경제적 비리의 폐해도 심각했다. 屯田 私有化, 防納 자행, 民田
탈취, 일본인들과 密貿易 등 온갖 이권에 관여하여 巨富를 챙겼다. 權奸 윤
원형을 비롯한 척신들이 자행하는 권력 농단과 부정부패 아래서 紀綱은 무
너지고 國庫는 고갈되었으며 民生은 파탄되었다.11)

1565년 이후 윤원형 등이 사라지고 1567년 宣祖가 즉위하면서 일견 새
로운 국면이 전개되었다. 명종대 윤원형 등에 의해 쫓겨났던 士林들이 조정
의 중심 세력으로 등장했다. 捲土重來했던 사림들의 우선 과제는 물론 그
들이 희구하는 王道政治를 실현하는 것이었다. 나아가 척신정치로 말미암
아 생긴 積弊를 청산하고 위기에 처한 民生을 회복하는 改革이 절실했다.
하지만 사림들이 更張 조처들을 시행하는 일은 결코 쉽지 않았다. 선조의
즉위가 革命에 의해 이루어지지 않았기 때문에 당시 조정에는 명종대 척신
정치에 연루되었던 舊勢力들이 잔존했다. 傍系로서 권좌에 오른 선조는 사
림들이 주장하는 적폐 청산이나 경장에 대해 소극적인 태도를 보이면서 몸
을 사렸다. 사림들은 척신정치라는 '絶對惡'이 종식되면 모든 문제가 원만
히 해결되고 왕도정치, 도학정치가 실현될 것으로 기대했지만 현실은 결코
녹록치 않았다. 更張의 바탕이 되는 '과거 청산'의 방향을 놓고 사림들 내
부에서는 격렬한 논란이 일어났고 급기야 1575년(선조 8) 사림들이 분열되
는 사태가 빚어진다. 그것이 바로 東西分黨이었다.12)

---

11) 李宰熙, 1993「朝鮮 明宗代 '戚臣政治'의 전개와 그 성격」, 『韓國史論』29 (서울대
    국사학과), 93~120쪽.
12) 金恒洙, 「宣祖 初年의 新舊葛藤과 政局動向」, 『國史館論叢』34

동서분당 이후 公論의 향방을 놓고 사림들의 갈등과 대결이 심화되는 와
중에 李珥는 東人과 西人의 대립을 조정하고 경장의 동력을 유지하기 위해
노심초사, 고군분투했다. 그는 당시를 中衰期로 규정하고 경장을 강조했지
만 선조의 외면과 동료들의 비협조 속에 그의 시도는 무산된다. 1589년(선
조 22) 己丑獄事가 발생하면서 조선 내정은 극심한 소용돌이에 휘말린다.
피를 부르고 동인과 서인 사이에 원한을 집적했던 정치적 파국을 겪으면서
과거의 적폐 청산은 이루어지지 않았고 새로운 시대의 개막을 위해 절실했
던 更張도 물 건너갔다. 사림들은 '훈척정치의 희생자'라는 자의식 아래 도
덕적 우월의식을 내세웠지만, 정작 그들이 집권세력으로 변신하자 公論을
표방하며 극단적이고 비타협적인 政爭을 벌였다.[13]

실제로 16세기 후반 조선에는 시급히 해결해야 할 개혁 과제들이 산적해
있었다. 시종일관 경장을 강조했던 이이는 貢案과 軍籍 개정, 州縣의 통폐
합, 冗官 汰去, 監司 久任 등을 시급한 과제로 내세웠다.[14] 成渾은 1590년
올린 장문의 疏에서 당시를 政爭 등으로 인해 국가의 기강이 무너지고 민
생이 파탄 나는 '위기'로 규정했다. 특히 기축옥사를 계기로 백성들 사이에
서 '思亂'의 조짐마저 나타나고 있다며 防納의 폐단 등을 시급히 개혁하여
민심을 수습하지 않으면 宗社가 무너질지도 모른다고 경고했다.[15]

급기야 이이와 성혼의 경고는 임진왜란이 발생하면서 현실로 나타났다.
전란 발생 직후 17일 만에 한양이 함락되고 국왕 宣祖가 의주까지 播遷하

---

13) 선조대 정치 상황의 明暗에 대해서는 이정철, 2016『왜 선한 지식인들이 나쁜 정치
를 할까』(서울, 너머북스) 참조.
14) 김태영, 2006「士林정치와 栗谷의 王政 期必論」『朝鮮性理學의 歷史像』(서울, 경희
대학교 출판국) 所收.
15) 成渾, 『牛溪集』권3, 「庚寅封事」. "臣聞逆賊包藏禍心 積有年歲 廣行訛誘 每以愛民之
言 感動愚氓 愚氓翕然信之 從亂如流 此由州縣不能宣布朝廷德意 誅求無厭 奪其衣食
使之飢寒而死 所以求一朝臍死之地 以至此耳 是以逆賊旣誅 而民之思亂未已 或以爲汝
立未死 或以爲其死可惜 或以爲大兵將起 或以爲反狀未明 流言噂沓 道路喧傳 亦足以
動搖人心 臣之所憂 不在於討賊 而在於善後之圖也"

면서 종사가 곧 망할지도 모른다는 위기의식이 고조되었다. 주목되는 것은
압록강변까지 내몰린 선조가 읊었다는 詩의 내용이다.

> 관산의 달에 통곡하고 痛哭關山月
> 압록강의 바람에 상심하노라 傷心鴨水風
> 조정 신하들아 오늘 이후에도 朝臣今日後
> 정녕 다시 서인이니 동인이니 할 것인가 寧復更西東16)

　　동서분당 이후 기축옥사를 거치면서 士林 출신 신료들 사이의 분열과 정
쟁은 격화되었다. 그리고 그 와중에 척신정치가 남긴 잔재와 폐단을 제대로
청산하지 못하고 민생을 살리기 위한 경장도 이루지 못한 상황에서 外患에
내몰리자 선조는 오로지 신료들에게 책임을 돌리는 모습을 보이고 있었다.

　　2) 大航海時代와 일본의 戰國統一

　　임진왜란이라는 격변이 발생했던 먼 배후에는 포르투갈과 스페인이 주도
했던 大航海時代의 여파가 자리 잡고 있었다. 15세기 이베리아 반도에서는
封建制가 종식되고, 왕권이 강화되고 상인들도 세력을 얻으면서 國富를 쌓
기 위한 분위기가 고조되고 있었다. 특히 그 과정에서 당시까지 이슬람과
이탈리아 상인들이 중개했던 香辛料를 印度 등지에 가서 직접 획득하려는
열망이 높아져 갔다. 그와 관련하여 1498년 포르투갈의 바스코 다 가마가
대서양을 통해 아프리카 남단의 희망봉을 돌아 인도의 캘리컷에 도착했던
것은 무엇보다 중요한 사건이었다. 이후 포르투갈인들은 인도의 고아(Goa)
에 총독부를 두고 아시아 진출의 근거지로 삼은 다음 1511년 말래카를 점
령하고 '香料의 섬'으로 불리던 몰루카 제도까지 진출했다.17) 포르투갈인들

---

16) 申炅 『再造藩邦志』.
17) 生田 滋, 2001 「インド洋貿易圈におけるポルトガルの活動とその影響」, 生田 滋·

은 더 북상하여 명과의 무역을 타진했지만 일찍부터 海禁政策을 고수하고
있던 명은 포르투갈과의 무역을 기피했다.

포르투갈인들의 동중국해로의 진입은 일본 열도에 '나비효과'와 같은 격
변을 몰고 왔다. 1543년 시암(Thai)을 출발하여 마카오를 향해 가던 중국선
1척이 큐슈(九州) 남쪽의 다네가시마[種子島]에 漂着했고, 배에 타고 있던
포르투갈인이 種子島의 영주에게 鳥銃(-鐵砲)을 전해 주었다.[18] 이 새로운
무기는 戰國時代를 맞아 패권 쟁탈전을 벌이고 있던 일본 각지의 大名과
領主들의 세력들의 판도에 상당히 큰 영향을 미쳤다. 1575년 오다 노부나
가[織田信長]와 도쿠가와 이에야스[德川家康]의 연합군이 나가시노[長篠]
전투에서 조총을 활용하여 다케다 가츠요리[武田勝賴]가 이끄는 기마대를
패주시켰던 것이 대표적인 사례였다. 조총은 곧 전국으로 확산되었고 일본
의 군사력은 크게 향상되었다.[19]

이 시기 일본의 사회경제적 상황에서 주목되는 것은 또한 은 생산이 폭
증했다는 사실이다. 16세기 중반, 일본은 세계 2위의 은 생산국으로 떠올랐
거니와 그 과정에는 조선에서 유입된 鉛銀分離法(-灰取法)이 결정적인 영
향을 미쳤다. 은 생산이 늘어나면서 일본의 교역 욕구는 크게 커졌고, 그 같
은 욕구가 명의 海禁政策과 충돌하면서 嘉靖 연간 동중국해 일대에서 倭
寇가 창궐했다. 그리고 명의 해금 유지와 일본의 교역 열망이 부딪히고 있
던 상황에서 1557년 포르투갈 상인들은 마카오에서 定住權을 획득했고 이
후 명의 生絲와 비단을 日本銀과 교환하는 중개무역을 활발하게 벌였다.[20]

岡倉登志 編『ヨロッパ世界の擴張―東西交易から植民地支配へ』(京都, 世界思想社)
　　所收; 신동규, 2009「전근대 서유럽 세계의 진출로 본 근세일본의 국제관계 변화에
　　대한 고찰」『日本學研究』27, 단국대 일본학연구소 등 참조.
18) 松田毅一, 1967『南蠻巡禮』(東京, 朝日新聞社), 107~116쪽.
19) 宇田川武久, 1998『鐵砲と戰國合戰』(東京, 吉川弘文館).
20) 岸本美緒, 1998「東アジア·東南アジア傳統社會の形成」,『岩波講座 世界歷史』13
　　(東京, 岩波書店), 17~18쪽.

지속되는 다이묘들끼리의 전쟁, 조총의 확산, 은 생산의 폭증 등이 맞물려 격동하고 있던 일본의 戰國時代를 종식시킨 인물은 도요토미 히데요시[豊臣秀吉]였다. 비천한 신분에서 발신하여 오다 노부나가 휘하의 유력 무장으로 성장했던 히데요시는 1582년 이른바 本能寺의 變으로 노부나가가 사망하자 기민한 수완과 정략을 발휘하여 시바타 가쓰이에[柴田勝家]등 경쟁자들을 제압하고 노부나가의 후계자로 떠올랐다. 1585년 關白의 자리를 획득한 히데요시는 이후 天皇의 위세와 후광을 등에 업고 刀狩令을 내려 일반 민중들을 무장해제 시켰다. 그리고 惣無事令을 통해 大名들 사이의 전쟁 종식과 領地 조정에 직접 개입하여 이른바 '豊臣平和'를 달성하려고 시도했다. 그 과정이 여의치 않자 九州 征伐에 돌입했고 급기야 1587년 九州까지 경략함으로써 사실상 일본 통일을 이루었다.[21]

분열과 상쟁, 하극상 등으로 점철되었던 戰國時代를 통일한 이후 히데요시는 정치적 야욕을 조선과 명으로 돌렸다. 그는 1587년 對馬島를 복속시킨 뒤 對馬島主 소오씨[宗氏]에게 조선 국왕을 자신에게 入朝시키라고 요구했다. 또 조선에 대해 '명을 치는데 앞잡이 될 것[征明嚮導]'도 요구했다. 本州에서 四國을 거쳐 九州까지 정복했던 히데요시의 統一政權은 조선과 명까지도 자신들의 정복 수순에 집어넣었던 것이다. 히데요시가 임진왜란을 도발했던 원인에 대한 학설은 극히 다양하지만[22] 相爭으로 일관했던 戰國時代가 지니는 속성상 히데요시의 통일정권에게 새로운 전쟁은 피할 수 없는 것이었는지도 모를 일이다. 반면 일찍부터 조선과의 交易을 통해 생계를 유지하던 對馬島의 입장에서 조선과 일본의 전쟁은 당혹스러운 것일 수밖에 없었다. 그들은 조선의 자존심을 상하지 않게 하려는 목적에서 히데요

---

21) 박수철, 2006, 「15·16세기 일본의 전국시대와 도요토미 정권」, 歷史學會 編『전쟁과 동북아의 국제질서』(서울, 一潮閣) 所收 참조.

22) 이계황, 2010 「한국과 일본 학계의 임진왜란 원인론에 대하여」, 한일역사공동연구위원회 편『제2기 한일역사공동연구보고서』2권(서울, 경인문화사) 참조.

시가 내세웠던 征明嚮導를 슬쩍 ‘假道入明’으로 바꾼다. ‘조선에서 길을 빌려 명으로 들어간다’는 명분이었다. 그리고 실제로 일본군이 조선을 침략한 직후인 1592년 6월, 일본군의 선봉장 고니시 유키나가[小西行長]휘하의 겐소[玄蘇]는 조선의 李德馨을 만난 자리에서 ‘일본의 의도는 조선을 공격하는 것이 아니라 明으로 가는 것’임을 운운하며 조선 측에 遼東으로 가는 길을 내어 줄 것을 요구했다. 假道入明을 실제로 운운했던 것이다. 이덕형은 겐소 등의 주장이 갖는 기만성을 질타하면서 요청을 거부했다. 어릴 적에 배운 『千字文』에 ‘假道滅虢’이라는 구절이 있는 것을 너무 잘 알고 있었던 이덕형 등 조선 신료들이 對馬島와 일본 측의 기만적인 슬로건에 농락당한다는 것은 상상하기 어려운 일이었다.[23]

하지만 조선은 1443년 통신사 파견 이후 일본에 공식적인 사절을 보내지 않은 상태에서 일본의 政情 변화가 갖는 의미를 제대로 파악하지 못했다. 더욱이 16세기 이후 性理學이 體制敎學으로 굳어지면서 崇明意識이 고양되는 한편에서 일본에 대한 문화적 우월의식 또한 정점에 이르렀던 조선 조야에서는[24] ‘하찮은 오랑캐’로 여겼던 히데요시의 요구를 무시하는 태도를 보였다. 임진왜란은 그렇게 해서 발생하게 된다.

---

23) 실제로 『千字文』에는 ‘假道滅虢 踐土會盟’이란 구절이 나온다. 晉獻公이 虢을 멸망시키기 위해 大夫 荀息을 虞에 보내 虞公에게 金帛을 헌상하고 假道를 요청하자 虞의 宮之奇는 虞公에게 길을 빌려주지 말라고 諫하지만 虞公이 듣지 않아 晉은 虢과 虞를 모두 멸망시켰다는 고사를 가리킨다.
24) 각주 10)의 黃廷彧의 발언 참조.

2. 전쟁의 양상과 講和協商, 그리고 조선의 소외

1) 패전과 위기의식, 조선의 자존심

1592년 음력 4월 13일, 침략을 시작한 직후 일본군은 破竹之勢로 북상했다. 오랜 戰國時代를 거치며 實戰經驗이 풍부한데다 鳥銃까지 지녔던 일본군의 위력 앞에서 경상도 일원은 순식간에 유린되었다.

> 국가가 昇平한지 200년에 백성들은 兵事를 몰랐다. 倭賊은 찬탈한 뒤로 오래도록 전쟁을 치르면서 전투에 익숙하고 무기는 정밀하고 날카로웠다. 우리나라는 포학하고 무거운 征斂 때문에 軍民이 원망하고 叛心을 품어 흙담이 무너지고 기왓장이 산산조각 나는 형세가 되었다. 전투가 벌어지기도 전에 먼저 潰散되어 城門은 닫히지 않았고 士卒은 싸우지 않아 千古에 없던 수치와 굴욕을 겪었으니 참으로 통탄스럽도다!25)

임진왜란이 일어나기 이전 개혁의 절박함을 여러 차례 호소했던 成渾이 내렸던 패전 원인에 대한 진단은 솔직하다. 200년 동안 전쟁을 몰랐던 나라가 中衰期를 맞아서도 제대로 된 更張은커녕 가혹한 征斂을 자행하여 軍民들의 마음을 잃었던 것이 土崩瓦解의 파국을 초래했다는 결론이다.

4월 13일 부산에 상륙한 직후 일본군은 4월 30일 서울에 진입했다. 급기야 선조는 4월 30일 서울을 떠나 파천길에 올랐다. 연전연패 속에 파천까지 하게 되자 宣祖와 조정 신료들의 위기의식은 높아져 갔다. 잇따라 들어오고 있던 敗報 속에서 播遷을 결정하기 전부터 士庶人들 뿐 아니라 대부분의 신료들은 나라가 망할 것으로 판단하고 있었다. 깊어지는 위기의식 속에서

---

25) 成渾, 『牛溪集』 권3, 「時務便宜十五條」. "國家昇平二百年 民不知兵 倭賊則簒奪之餘 用兵累年 習於戰鬪 器械精利 我國則暴斂重征 軍民怨叛 土崩瓦解 至於未陣先潰 城門 不閉 士卒不戰 爲千古所未有之羞辱 誠可痛心"

상당수의 조정 신료들이 선조를 扈從하는 것을 회피하거나 도중에 도주했고 최종 목적지였던 義州까지 선조를 따라갔던 신료들의 숫자는 수십 명에 지나지 않았다.26)

거듭되는 패전 속에 선조와 조정이 별다른 대책 없이 의주까지 내몰리면서 민심 또한 이반했다. 1592년 4월 30일 선조가 景福宮을 나설 때부터 여러 장수들이 눈을 흘기면서 '이 적은 하늘로부터 내려온 것이 아니라 사람이 빚어낸 것'이라고 말했다거나, 군사들이 무기를 질질 끌고 가면서 '임금이 이제 왔으니 살아났구나, 기꺼이 적을 맞이해야지'라고 운운했다는 등 충격적인 상황이 벌어졌다.27) 같은 해 6월, 평양에 머물던 선조가 '더 이상 물러서지 않고 평양을 사수하겠다'고 공언했다가 中殿 등 宮屬들을 몰래 北行시키려 하자 반발한 평양 주민들은 폭동을 일으켜 저항했다. 왕비가 타고 있던 말을 가격하고, 大駕가 出城하지 못하도록 막아섰다. 선조와 조정은 결국 병력을 동원하여 주도자들을 처형했는데 이후 평양 이북 지역의 민심은 돌아서 버렸다.28)

임진왜란 초 벼랑 끝에 내몰린 조선이 그나마 한숨 돌릴 수 있었던 것은 李舜臣이 이끄는 水軍의 勝捷과 자발적으로 봉기한 義兵들의 활약 덕분이었다. 애초 일본군은 水軍을 활용하여 전라도를 공략하고 西海로 북상을 노렸지만 閑山大捷 등 이순신이 해전에서 거둔 승리에 막혀 좌절되었다.29) 일본 수군이 서해에 진입하여 북상했을 경우 조선은 망했을 가능성이 높았다. 일본 수군은 한강과 임진강을 통해 畿甸과 강원도 일대를, 대동강과 청천강을 통해 평안도 일대를, 압록강을 통해 평안도와 함경도까지 공략할 수 있었다. 당시 의주에 머물렀던 선조 역시 일본 수군의 위협 앞에서 최악의

---

26) 『宣祖實錄』 권27 선조 25년 6월 己酉. "初 上之出京都也 不但士庶 皆言 國勢必不復辰 有識縉紳輩亦以爲 終必滅亡 朝臣扈從者 百無一二 人心已去 不可盡責"

27) 『宣祖實錄』 권26 신조 25년 5월 癸酉.

28) 『宣祖實錄』 권27 선조 25년 6월 戊戌.

29) 이민웅, 2004 『임진왜란 해전사』(서울, 청어람미디어) 참조.

상황으로 내몰려 그가 평소 언급했던 대로 압록강을 건너 遼東으로 건너가야 할 수밖에 없었을 것이다.[30]

일본 수군의 북상이 좌절되면서 평양까지 나아갔던 고니시 유키나가 휘하의 일본군은 결정적인 타격을 받았다. 겨울이 다가오는데 보급로가 사실상 차단되었기 때문이다. 반면 조선은 반격의 기회를 얻게 되었다. 선조와 조정은 의주까지 내몰렸지만 서해 수로를 통해 조정의 명령을 전달하고 戰局을 통제하는 것이 가능해졌다.

이순신이 이끄는 수군의 활약은 조선의 海防을 확보한 것 이상의 중요한 의미를 지니고 있었다. 일본 수군의 서해 진입이 좌절되면서 山東, 遼東, 天津 등 명 본토의 海防 또한 확보될 수 있었다. 실제로 명이 왜란이 발발했다는 소식을 조선으로부터 보고받았을 때 가장 우려했던 것이 일본 수군이 登萊, 遼東, 畿輔 지역을 공략하는 시나리오였다. 그 때문에 명 조정은 왜란 발발 직후 天津을 비롯한 畿輔 지역의 海防을 강화하는 조처를 가장 먼저 취했었다.[31] 이 같은 상황에서 이순신의 활약으로 일본군의 서해 진입이 원천적으로 차단되자, 1597년 元均이 이끄는 조선 수군이 漆川梁海戰에서 참패하기 이전까지 명은 자체 해방에만 집중할 수 있었다.[32] 요컨대 이순신이 이끄는 수군의 활약은 히데요시가 내세웠던 '征明'을 좌절시킨 근원적인 동력이 되었다고도 평가할 수 있겠다.

절체절명의 위기 상황에서 조선이 버틸 수 있었던 또 다른 동력은 義兵의 활약이었다. 郭再祐, 高敬命, 金沔, 權應銖, 鄭仁弘, 趙憲 등 전직 관료와 사족들이 이끌었던 義兵들이 분전하면서 일본군의 북상은 지연되고 군량 조달은 결정적인 타격을 받았다. 무엇보다 애초 烏合之卒에 불과했던

---

30) 선조는 播遷論이 불거질 당시부터 "義州에 머물다가 일본군의 추격을 받는 최악의 상황이 되면 압록강을 건너 명나라로 귀순하겠다"고 공공연하게 이야기한 바 있었다.(『宣祖實錄』 권27 25년 6월 辛丑).
31) 『明神宗實錄』 권248 만력 20년 5월 庚辰.
32) 韓明基, 1999, 「丁酉再亂 시기 明 水軍의 참전과 조명연합작전」 『軍史』 38.

의병들이 여러 차례 승리를 거두면서 일본군에 대한 공포심을 불식할 수 있었던 것이 중요했다.33) 그것은 전란 초반 연전연패하면서 일부 지역에서 일본군이 '감당 할 수 없는 군대'로까지 인식되고 있던 상황을 타개하는데 결정적인 역할을 했다. 실제로 李如松이 이끄는 명의 대군이 조선에 들어오기 직전인 1592년 말에 이르면 "국가의 오늘이 있게 된 것은 모두 의병의 힘 때문"이라는 찬사까지 등장했다.34)

망해가는 宗社를 부지하는데 義兵이 중요한 역할을 한 것은 사실이지만 선조나 지배층의 입장에서 의병은 '양날의 칼'로 인식될 수밖에 없었다. 실제로 의병활동이 벌어지고 있던 곳곳에서는 지방 수령들이 의병장들을 견제하거나 그들의 활동을 방해하는 일이 빈번하게 발생했다. 그것은 在朝 신료와 재야 士族 사이의 자존심 싸움의 성격도 지니고 있었다. 의병장 郭再祐와 경상감사 金睟와의 갈등은 대표적인 사례였다.35) 명군이 본격적으로 참전하여 1593년 1월 평양전투에서 승리하고 일본군이 후퇴하게 되자 의병에 대한 인식과 평가는 확 달라지는 기미를 보인다. 선조와 조정은 의병을 본격적으로 통제하려고 시도했다. 의병들을 명군의 군량을 나르는 運糧軍으로 개편하거나 군대로서의 기능을 제거하려고 시도했다.36) 급박한 위기가 해소되고 전쟁이 소강상태로 변화하는 조짐을 보이자 의병의 존재를 위험시하는 분위기가 커졌던 것이다. 金德齡을 비롯한 몇몇 의병장들은 逆謀 혐의를 뒤집어쓰고 처형되었다. 의병장들이 '兎死狗烹'되는 비운을 맞았던 것이다.

---

33) 정해은, 2013 「임진왜란 의병 연구의 성과와 전망」『壬辰亂7周甲紀念壬辰亂硏究叢書』2(안동, 영남사) 所收 참조.
34) 『宣祖實錄』권32 선조 25년 11월 壬申. "自變生以後 人心土崩 義士一倡 軍民響應 國家之得有今日 皆是義兵之力也"
35) 한명기, 2009 『임진왜란과 한중관계』(서울, 역사비평사), 78~79쪽.
36) 최영희, 1975 『壬辰倭亂中의 社會動態』(서울, 한국연구원)

2) 明日의 講和協商과 조선의 소외

조선이 위기로 내몰렸던 전쟁 초반의 상황은 명군이 참전하면서 새로운 국면을 맞게 된다. 명은 왜 조선과 일본의 전쟁에 끼어들었을까? 명은 자신들이 주도하는 '冊封體制' 속의 가장 忠順한 藩國인 조선이 망하는 것을 외면할 수는 없었다. 그것은 '책봉체제'의 존속을 위태롭게 하는 것이었기 때문이다. 그런데 이 같은 배경 이외에도 명이 조선에 군대를 보냈던 까닭은 또 있었다. 임진왜란 당시 명의 조선 참전은—'東援之役'이나 '抗倭援朝' 등 이 전쟁을 부르는 중국 측의 호칭에서 잘 드러나듯이—"위기에 처한 조선을 구원한다"는 명분 아래 이루어졌다. 하지만 명의 참전 배경에는 自衛的 차원의 전략적 고려와 인식이 자리 잡고 있었다. 조선이 일본의 수중에 떨어질 경우 遼東에서 燕山에 이르는 지역이 곧바로 일본군의 위협에 노출되는 것, 전쟁 발생 이전 사츠마[薩摩]에 거주하던 중국인 許儀後 등의 첩보를 통해 '일본이 중국을 도모하고 있다'는 사실 등을 인지했던 것 등이 명이 참전했던 직접적인 배경이 되었다. 즉 명의 입장에서 볼 때 조선을 구원하는 것은 요동을 지키는 것이고 궁극적으로 명을 구원하는 것이 되는 셈이었다.[37] 요컨대 명에게 요동이 '이(齒)'라면 조선은 '입술(脣)'이었다. 더욱이 요동은 평원지대인데 비해 조선은 산악이 많아 방어하기에 요동보다 유리했다. 히데요시가 '假道入明', '征明'을 운운하여 명에게 도전하겠다는 의사를 분명히 한 이상 명과 일본의 대결은 피할 수 없었다. 그렇다면 조선에 나아가 일본군을 저지하는 것이 훨씬 유리했다. 명은 遼東-山海關-畿輔로 이어지는 內地를 방어하기 위해, 지형적 조건과 경제적 이해관계까지 세심하게 고려한 바탕에서 조선에 참전했다.[38]

---

37) 成渾, 『牛溪集』 권5「第二書」. "皇朝救我 誠千古之所無 而亦因事勢而生 自古天子都中原 我國在東偏徼外 雖有戰爭 中國何恤焉 今則皇朝燕山與我密邇 而許儀後屢奏倭奴窺覦中國 故發天下之兵來救之 所謂存朝鮮所以存中國者 卽其意也"
38) 한명기, 앞의 책(1999).

1592년 7월, 祖承訓과 史儒 등이 이끄는 명군이 최초로 들어와서 평양성을 공격했다가 참패하자 명의 병부상서 石星은 遊擊 沈惟敬을 조선에 들여보냈다. 언변이 뛰어난 遊說客 심유경은 고니시 유키나가와 담판을 벌여 잠정적인 休戰을 합의했다. 이후 심유경은 일본과의 화평 공작의 전면에 나서게 된다.[39] 심유경의 활약을 통해 시간을 벌었던 명은 1592년 12월, 李如松이 이끄는 5만 이상의 대군을 조선에 다시 투입했다. 그리고 이여송 휘하의 명군은 1593년 1월 평양전투에서 일본군에게 대승을 거두었다. 전세는 역전되었고, 渡遼까지 고려할 정도로 위기에 처했던 선조와 조선 조정은 명군의 승리 소식에 감격했다. 살아 있는 李如松을 모시는 生祠堂을 만들었는가 하면 '명군의 승리로 나라가 다시 살아났다[再造邦國]'며 명의 은혜에 열광했다.[40]

하지만 기쁨과 열광은 잠시 뿐이었다. 1593년 1월, 고니시 군을 추격하던 李如松이 坡州의 碧蹄館 전투에서 패하자 명군 지휘부는 더 이상의 決戰을 포기하고 일본과 講和協商을 벌이기로 방침을 바꾼다. 명의 병부상서 石星, 經略 宋應昌은 遊擊 沈惟敬을 매개로 일본과의 지루한 협상에 돌입한다.[41] 비록 벽제관 전투에서 패했지만, 평양전투 승리 이후 일본군의 진격 자세가 근원적으로 꺾임으로써 '요동 보호'라는 자신들의 참전 목표가 달성되었다고 판단하자 명은 和議의 방향으로 돌아섰던 것이다. 나아가 벽제전투 패전 이후 명군 내부에서 厭戰意識이 확산되고, 전쟁 장기화에 따라 지출해야 할 戰費가 급증하고 그를 마련하기 위해 江南 등지에서 加派(-增稅)가 시행되면서 명 내부의 民怨이 높아졌던 것도 중요한 배경이었다.

39) 小野和子, 1992 「明・日和平交涉をめぐる政爭」 『山根幸夫教授退休記念明代史論叢』 (東京, 汲古書院), 573쪽.

40) 한명기, 2010 「이여송과 모문룡」 『역사비평』 90 참조.

41) 明日의 강화협상에 대해서는 金文子, 1993 「豊臣政權期の日・明和議交涉と朝鮮」 『御茶の水史學』 37; 佐島顯子, 1994 「壬辰倭亂講和の破綻をめぐって」, 『年譜 朝鮮學』, 九州大學朝鮮學研究會 등 참조.

명과 일본의 밀실 협상 과정에서 조선은 철저히 배제되었다. 명군 지휘부는 일본 측을 달래기 위해 조선군이 일본군을 공격하지 못하도록 監制했다. 1593년 4월, 일본군이 경상도 방면으로 철수하기로 결정되어 그들이 문경 새재로 향할 때 명군은, 한강을 건너던 일본군을 조선군의 공격으로부터 '에스코트'해 주기도 했다. 강화 성공에만 급급하여 조서의 민족 감정은 아랑곳하지 않고 일본군을 비호했다. 명군 참전 이후 조선군의 작전권이 명군에게 넘어가 버린 상황에서 조선은 명군 지휘부의 감제에 밀려 일본군을 공격할 수 없는 처참한 상황에 직면했다. 그 뿐만이 아니었다. 강화협상이 성과 없이 교착상태에 빠지고, 명 조정의 신료들이 石星 등 명군 지휘부를 비난하는 상황이 빚어지자 1594년 經略 顧養謙은 '조선도 일본의 封貢을 간절히 원하고 있다'는 내용으로 황제에게 上奏하라고 강요했다.[42] 나아가 강화협상이 파탄 나고 丁酉再亂이 일어나기 직전, 일본의 再侵이 임박했다는 사실을 알리기 위해 鄭期遠 등이 北京에 갔을 때 석성 등은 조선 사신들이 戰況을 사실대로 진술하는 것을 막기 위해 갖은 압박을 가하기도 했다.[43]

석성 등의 언동은 당시 명이 그만큼 쇠약해졌다는 것의 반증이기도 했다. '오랑캐' 일본의 공세를 제대로 제압하지 못하고 和議를 도모해야 하는 상황이 이어지면서 명의 조선에 대한 태도는 몹시 강퍅해졌다. '遼東의 울타리'인 조선을 포기할 수 없는 상황에서 향후 일본이 조선에 다시 침략했을 경우, 명이 또 다시 개입하여 막대한 人的, 物的 손실을 당하지 않으려면 조선을 확실히 節制해야 한다고 생각했다. 임진왜란이 일어나고 강화협상이 장기화되면서 조선은 이제 명의 단순한 外藩이 아니라 명의 안보를 위해 반드시 길들여야 할 또 다른 '九邊'으로 인식되었던 것이다.[44]

---

42) 한명기, 앞의 책(1999), 50쪽.

43) 차혜원, 2010 「정유재란기 명조의 파병 결정과 '公議'—文興君控于錄을 중심으로—」『중국사연구』 69.

44) 鄭琢, 『龍蛇雜錄』「經略侍郎宋應昌一本」. "且今日倭犯止朝鮮 朝鮮郡縣非我土地也 …… 且自弘治正德年間 已被倭奴盤踞慶尙 居與婚媾 盡爲倭戶 已非一日 該國志書見

전쟁이 장기화되면서 명군 지휘부의 조선에 대한 내정 간섭은 심해질 수밖에 없었다. 그들은 조선을 '쇠망의 기미가 누적된 나라[積衰之邦]로 규정하고, 조선을 自强시키기 위해서는 宣祖 등 집권층을 節制하고 명이 조선의 개혁을 주도해야 한다고 생각했다. 조선이 반발하자 명 조정에서는 王位交替論, 直轄統治論까지 거론되었다. 그 바탕에는 조선을 '변변치 못하고 고집스런 오랑캐'라고 평가절하 하는45) 인식이 자리 잡고 있었다. 이미 결전을 포기한 명군 將卒들이 조선 백성들에게 심각한 민폐를 끼치고 있던 현실에서 왕위교체론과 직할통치론까지 불거지면서 조선은 과거 元이 高麗에 설치되었던 征東行省과 다루가치[達魯花赤]의 폐해를 떠올리며 대책 마련에 부심했다.46) 요컨대 강화협상 이후 명군 지휘부와 명 조정이 조선에 보여준 행태를 고려하면 명군은 '지원군'이 아니라 사실상 '점령군'인 셈이었다.

3. 병자호란의 萌芽가 된 임진왜란

이미 언급했듯이 임진왜란을 계기로 일본에 대한 인식은 고정되었다. 그들은 '영원히 함께 할 수 없는 원수[萬世不共之讐]'가 되었다. 반면 명이 조선에 군대를 보내 도와준 ㅎ것은 '망해가던 나라를 다시 세워준 은혜(再造之恩)'로 인식되었다. 나아가 명에 대한 慕華意識은 극에 이르게 된다. 하지만 선조 등 지배층이 생각하는 명군의 존재와 피지배층이 생각하는 그것은 차이가 있을 수밖에 없었다. 명군이 자행했던 민폐를 직접 감내해야

在可査 非臣今日詐譎也 臣與李如松劉黃裳及將士人等 嘗謂釜山等處 猶我中國之虜地也 全羅慶尙 猶我國中之九邊"
45) 『宣祖實錄』 권37 선조 26년 4월 戊子. "尹根壽以宋經略寄王通判書 進啓 其辭曰 朝鮮君臣 固執不聽 可嘆可嘆…… 夷裔之難解也 如此也".
46) 한명기, 앞의 책(1999), 57~67쪽.

했던 백성들 사이에서는 "명군은 참빗, 일본군은 얼레빗"이라는 俗言까지 유행하고 있는 형편이었다. 1600년(선조 33) 李憲國이 "일본군을 물리친 것이 명군 덕분이만, 田野가 황폐해지고 人煙이 끊긴 것 또한 명군 때문"이라고 지적했던 것은47) 명군 참전이 조선에 남긴 빛과 그림자를 명확하게 보여준다.

임진왜란 이후 선조는 명군에 대한 '기억'과 '인식'을 자신의 방식으로 정리했다. 1601년(선조 34) 선조는 임진왜란 중에 공을 세운 신료들의 錄功 문제를 논의하는 과정에서 다음과 같이 이야기한 바 있다.

> 지금 왜적을 평정한 것은 오로지 명군 덕분이다. 우리 장사들은 간혹 명군의 뒤를 쫓아다니다가 요행히 적 잔병의 머리를 얻었을 뿐 일찍이 적 우두머리의 머리 하나를 베거나 적진 하나를 함락시킨 적이 없었다. 그 가운데 李舜臣과 元均 두 장수의 해상에서의 승리와 권율의 幸州大捷이 다소 빛날 뿐이다. 만약 명군이 들어오게 된 이유를 논한다면 그것은 모두 호종했던 여러 신료들이 험한 길에 엎어지면서도 의주까지 나를 따라와 天朝에 호소했기에 적을 토벌하여 강토를 회복할 수 있었던 것이다.48)

선조는 위에서 '임진왜란이 극복될 수 있었던 것은 오로지 명군 덕분'이라고 규정했다. 이러한 인식을 바탕으로 李舜臣 등 宣武功臣들을 제치고, 명에 請援使로 파견되었던 扈從功臣 鄭崑壽와 자신을 시종일관 수행했던 李恒福을 전란 극복의 元勳으로 지목했다. 왜 그랬을까? 선조는 왜란 당시 이렇다 할 역할을 하지 못하고 파천하는데 급급하여 권위가 심각하게 실추되고 파천 도중 자신에게 적대적이었던 민심까지 목도했다. 반면 李舜臣 등은 잇따른 승전을 통해 '영웅'으로 떠올랐다. 선조로서는 곤혹스런 사태

---

47) 『宣祖實錄』 권123 선조 33년 3월 甲寅. "李憲國曰…… 小臣頃於掃墓事 出郊外 田野 荒蕪 斷無人烟 賊退專倚天兵 而蕩敗之由 亦在天兵矣"
48) 『扈聖宣武淸難功臣儀軌』, 萬曆 29년 3월 13일.

였다. 선조가 전쟁 극복의 가장 중요한 원동력으로 명군의 활약을 거론하고 請援使 정곤수를 원훈으로 지명했던 것은 이순신 등의 공로를 상대적으로 왜소화시키는 효과를 노린 것이었다. 그것은 동시에 실추되었던 자신의 권위를 높이기 위한 포석이기도 했다.[49]

지배층의 정점에 있는 선조가 명군에 대한 공식적인 기억을 만들어내고, 명을 尊崇하고 그들에게 報恩해야 한다고 강조하고 있을 무렵 조선 주변의 정세는 다시 격동하고 있었다. 임진왜란을 전후한 시기 '태풍의 눈'으로 떠오른 것은 누르하치의 建州女眞이었다. 건주여진의 누르하치[奴兒哈赤]는 1592년 임진왜란을 맞은 조선에 원병을 보내겠다고 제의하여 조선을 고민에 빠지게 했다. 명의 지배 아래 있던 상황에서 임진왜란이 일어나 遼廣 지역의 명군이 대거 조선에 참전했던 것은 누르하치와 건주여진에게는 好機였다. 명이 조선에 참전하여 한눈을 팔면서 누르하치가 주변의 여진부족들을 경략하는데 새로운 전기가 마련되었던 것이다.[50] 실제로 건주여진은 1593년 海西女眞을 제압하고, 1599년 滿洲文字를 창제했고, 1615년에는 八旗制를 완성하여 체제의 기반을 다지고 1616년 後金이란 독립 국가를 건국했다. 급기야 1618년 누르하치는 명에 선전포고하고 전략 요충인 撫順을 攻取하여 명에 정면으로 도전했다.[51]

후금의 도전을 맞아 명은 전통적인 以夷制夷策을 빼들었다. 왜란 당시 명의 은혜를 크게 입었던 조선을 이용하여 누르하치를 견제해야 한다는 방책이었다. 자신들에게 忠順했던 조선을 활용하여 후금(-청)을 공격하려고 시도했다. 명의 쇠퇴와 후금의 굴기와 맞물려 조선은 다시 선택의 기로로

---

49) 한명기, 1999 「扈聖宣武淸難功臣都監儀軌 解題」 서울대 奎章閣; 앞의 책(1999).

50) 稻葉岩吉, 1939 『新東亞建設と史觀』(東京, 千倉書房), 72~78쪽; 閻崇年, 1977 「論奴兒哈赤」 『閻崇年自選集』(2016, 北京, 九州出版社) 所收, 39~34쪽.

51) 閻崇年, 2003 『淸朝通史 太祖朝』(北京, 紫禁城 出版社); 岩井茂樹, 2009 「漢人と中國にとっての淸朝、マンジュ」, 杉山淸彦, 2009 「マンジュ國から大淸帝國へ -その勃興と展開」, 岡田英弘, 編, 2009 『淸朝とは何か』(東京, 藤原書店) 所收 등 참조.

내몰리게 되었다. 이 같은 곤경을 맞아 光海君은 명과 후금 사이에서 양단
을 오가며 전란을 회피하려 시도했다. 그는 임진왜란 당시 義兵將이자 主
戰派로서 활약했던 鄭仁弘, 郭再祐, 李爾瞻 등의 지지를 받았다. 하지만
광해군은 자신의 왕권을 확고히 하려는 과정에서 자행했던 일련의 무리한
정책과 실책들 때문에 정치적으로 위기를 맞았고, 끝내는 仁祖反正이라는
쿠데타를 만나 실각하고 말았다.52)

　광해군의 실각과 인조의 집권, 즉 仁祖反正이 일어나는 배경에는 임진왜
란이 남긴 그림자가 짙게 드리워져 있었다. 우선 반정의 거사를 주도했던
金瑬, 李貴, 申景禛, 崔鳴吉 등이 임진왜란 당시 扈從功臣이자 元勳이었던
李恒福의 측근들이었다는 사실이 주목된다. 반면 광해군이 왜란 당시 分朝
를 이끌며 일선에서 활동했고 정인홍 등이 의병 활동을 벌였던 점을 고려
하면 광해군 정권은 일종의 '主戰派 政權'이자 '宣武功臣 政權'이라 할 수
있다. 좀 거칠게 일반화하면 인조반정은 호종공신 계열(-西人)이 선무공신
계열(-北人)을 무너뜨리고 정권을 잡은 사건이었다.53) 따라서 인조 정권이
집권 이후 광해군대보다 훨씬 親明的인 외교적 행보를 보였던 것은 자연스
러운 수순이었다. 인조반정의 발생 배후에는 임진왜란의 그림자가 짙게 드
리워져 있었던 것이다.

　인조와 서인들이 '명의 은혜를 갚고 오랑캐 後金을 토벌한다'는 슬로건
을 내세우면서 조선과 대륙의 관계는 다시 요동쳤다. 명은 인조반정과 李
适의 亂 등을 계기로 조선을 以夷制夷를 위한 수단으로 다시 활용할 수 있
는 결정적인 기회를 잡게 된다. 명은 인조반정을 '簒奪'로 규정하면서 인조
를 冊封해 주는 대가로 조선에게 椵島에 있던 毛文龍을 接濟하라고 요구
했다. 인조정권은 모문룡에게 해마다 엄청난 양의 군량과 군수물자를 지원

---

52) 한명기, 1988「光海君代의 大北勢力과 政局의 動向」『韓國史論』20
53) 한명기, 2011「朝中關係의 관점에서 본 仁祖反正의 역사적 의미-明의 조선에 대한
　　'擬制的 支配力'과 관련하여-」『南冥學』16, 南冥學研究院, 257~260쪽.

했고, 그 과정에서 몰락해 가고 있던 명의 궤도 속으로 깊숙이 빨려들어 갔다. 반면 후금과의 관계는 날로 악화되었다. 그 귀결은 1627년의 丁卯胡亂, 1636년의 丙子胡亂이었다.[54]

임진왜란 이후 고양된 尊明意識이 仁祖反正을 통해 다시 고조되면서 조선은 明淸交替의 흐름 속에서 다시 명을 선택했던 것이다. 임진왜란은 병자호란이 일어나는데 싹이 되었던 셈이다. 병자호란 당시 南漢山城에 고립되어 淸으로부터 항복을 강요받고 있던 상황에서도 조선 조정은 "임진왜란 당시 명이 天下의 대군을 동원하여 구원해 준 再造之恩 때문에 명을 배신할 수 없다'는 내용의 국서를 淸軍 陣營에 보낸 바 있다. 청은 答書에서 '천하는 넓고 나라는 많은데 조선은 명을 천하라고 우긴다'며 힐책하기도 했다.[55] 임진왜란을 계기로 한층 강화된 尊明意識은, 17세기 초반 明淸交替라는 격변에 직면했던 조선의 외교적 시야와 행보에 결정적인 장애물로 등장했던 것이다.

임진왜란을 계기로 '極嫌'의 지경까지 치달았던 일본에 대한 적개심 또한 明淸交替의 흐름을 맞아 미묘한 변화의 조짐이 나타난다. 명과 후금(-청)으로부터 外壓이 본격적으로 밀려오는 상황에서 언제까지나 일본과의 관계를 단절하거나 적대적인 상태로 방치할 수는 없었다. 조선이 심각한 고민 끝에 1607년 回答兼刷還使라는 '괴상한' 명칭을 지닌 通信使를 파견하여 일본과의 국교를 재개하기로 결정했던 것[56], 1637년 병자호란이 끝난 직후 신료와 지식인들 사이에서 일본과 우호관계를 맺어 청을 견제하자는 '以倭制淸論'이 대두했던 것은 그 같은 변화의 대표적인 사례였다.[57] 병자

---

54) 한명기, 2009 『정묘·병자호란과 동아시아』(서울, 푸른역사).

55) 『淸太宗實錄』 권33 崇德 2년 1월 丁巳. "勅諭朝鮮國王李倧曰… 又云 壬辰之難 且夕 且亡 明國神宗皇帝動天下之兵 拯救生民于水火之中 夫天下大矣 天下之國多矣 救爾難 者 止明朝一國耳 天下諸國言兵 奇盡至耶 明與李國誕妄過大爲言 何以終不已耶"

56) 임진왜란 이후 朝日國交 재개 과정에 대해서는 손승철, 1994 『朝鮮時代韓日關係史 研究』(서울, 지성의 샘) 등 참조.

호란을 겪으면서 조선이 적개해야 할 대상이 일본에서 청으로 바뀌는 흐름이 나타나고 있었던 셈이다.

맺음말 - 동아시아 평화를 위한 임진왜란의 교훈

임진왜란은 중국 대륙과 일본 열도 사이에 끼여 腹背受敵의 형국에 있는 한반도가 16세기 말에 경험했던 미증유의 국난이었다. 조선은 건국 이래 明이 구축한 '中華秩序' 아래서 평화와 안정을 누려왔지만, 중화질서는 이미 16세기부터 동요의 조짐을 보였다. 大航海時代 이래 군사력과 경제력이 크게 성장했던 일본이 16세기 초반부터 '倭寇 활동'을 통해 명에게 도전했다. 그 흐름의 연장선에서 일본이 중화질서에 정면으로 도전하고 동시에 '중화질서'에 공순하게 순응하고 있던 조선을 제압하려 했던 사건이 임진왜란이었다.

분열된 日本의 戰國時代를 종식시키고 刀狩令 등을 통해 '천하통일'을 이뤄낸 히데요시는 '명 정복', '조선 복속'을 통해 일종의 '帝國秩序'를 구축하려 했다. 조선의 강력한 저항과 명의 참전에 의해 히데요시의 구상은 실패했지만 19세기 후반 이후 일본이 軍國主義의 길로 들어서면서 그의 '구상'은 부활했다. 청일전쟁 무렵부터 임진왜란은 神功皇后의 '三韓征伐'과 함께 조선과 주변국가들에 대한 침략을 정당화하는 전제로 수용되었다. 임진왜란 시기 히데요시가 조선 사람들에게 일본어를 가르치고 일본 風習 등을 이식하려 했던 것은 식민지 시기 日帝의 皇民化와 同化政策으로 계승되었다. 또 태평양전쟁 시기 정점으로 치달은 國體論은 히데요시가 제시한 神國論과 매우 흡사하며 大東亞共榮圈의 슬로건이었던 八紘一宇 또한 히데요시의 구상과 맞닿아 있다.58)

---

57) 趙絅, 『龍洲遺稿』 권6 「辭司諫疏」; 한명기, 앞의 책(2009), 352~357쪽.

豐臣秀吉의 前轍을 답습했다가 일본제국주의가 패망한 지 72주년, 그리고 임진왜란이 끝난 지 7周甲이 되는 이즈음 동아시아의 정세는 어떠한가? 北核을 둘러싼 긴장은 다소 완화되는 흐름을 보이고 있지만 동아시아 미래는 여전히 불투명하다. 중국은 2049년 초강대국의 반열에 진입하겠다는 '中國夢'을 내세우고 있다. '중국몽'을 내세울 정도로 崛起하면서 생긴 자신감과 맞물려 근래 중국에서는 임진왜란에 대한 관심이 높아지고 있다. 임진왜란을 다룬 역사소설 등이 잇따라 출간되고 있다. 저자들은 대체로 임진왜란을, 중국이 조선을 도와 일본을 한반도에서 몰아내어 동아시아의 평화를 지켜낸 偉業으로 찬양한다. 임진왜란을 663년의 白村江 전투, 1894년의 淸日戰爭 사이에 놓인 中日의 대결로 인식한다.[59] 그런데 이들 중국인들이 임진왜란을 바라보는 인식 속에서는 조선이 제대로 보이지 않는다. 임진왜란은 '中日戰爭'일 뿐이고 한반도는 그저 중국과 일본이 맞붙은 戰場에 불과하다.

일본의 동향 또한 심상치 않다. 지난 20세기 末과 21세기의 初頭를 '잃어버린 20년'으로 규정했던 일본은 아베 정권의 장기 집권 아래서 改憲을 표방하며 '보통국가', '군사대국'의 길로 들어서고 있다. 일찍이 1945년 패전국 일본을 점령, 통치하기 위해 부임했던 미국의 맥아더와 GHQ는 일본을 무장해제시키고 기존의 明治憲法을 폐기하고 이른바 平和憲法을 제정했다. 군대의 보유와 交戰權을 제거해 버린 평화헌법은, 일찍이 한반도와 중국을 침략하고 미국에까지 도전했던 일본에 대한 '제2의 刀狩令'이었다. 그런데 지금 그 '刀狩令'의 封印이 풀리기 직전이다. 작금의 미국은 '개헌'을 기정사실화 하는 아베 정권의 일본에게 '刀狩令'의 족쇄를 풀어주면서 일본이 재무장을 통해 중국을 견제하는 선봉에 서기를 기대하고 있다.

---

58) 藤田達生, 『秀吉神話をつくがえす』 2007, 東京 講談社, 253~258쪽.
59) 柯勝雨, 2017 『萬曆東征 1592-1598抗日援朝之戰』(北京 清華大學出版社); 高拙音, 2010 『萬曆朝鮮戰爭—中日大決戰』(武漢, 長江文藝出版社) 등.

미국과 중국의 覇權競爭이 본격적으로 시작되는 이즈음 한반도 미래는 여전히 예측불허다. 420년 전 조선은 기존의 패권국 명과 신흥강국 일본의 대결 구도에 휘말려 임진왜란의 나락으로 떨어졌다. 조총에 활로 맞서려다 피를 뿌려야 했던 임진왜란의 쓰라린 '전철'을 상기할 때 두 가지 과제의 해결이 절실하다. 하나는 적절한 국방력의 건설을 비롯한 전반적인 국가의 실력을 키우는 것, 다른 하나는 임진왜란 직전의 내부 분열이 초래했던 엄혹한 결과를 성찰하면서 한반도의 자존과 번영, 동아시아의 평화를 지킬 수 있는 지혜를 가다듬는 것이다. 임진왜란이 끝난 지 420년이 되는 2018년의 끝자락에서 문득 떠오르는 생각이다.

壬辰倭亂, 전쟁의 역사적 의미
- 동아시아 평화 구축을 위한 역사적 거울로서의 전쟁 -

김문자 | 상명대

1. 발표자는 지금까지 활발한 연구 활동과 강연, 저술을 통해 병자, 정묘호란은 물론 임진왜란에 대해 학술적인 업적뿐만 아니라 '역사의 대중화'에도 많은 영향을 주고 있는 대표적인 연구자입니다. 오늘 발표 내용도 이러한 활동 부분의 일환으로 〈임진왜란은 어떤 배경에서 발생하여 어떤 양상으로 전개되었는지? 또한 임진왜란은 기존의 韓中日 관계를 어떻게 변화시키고 이후의 동아시아 질서에 어떤 영향을 미쳤는가?〉에 대해 언급하였습니다. 그 결과 〈北核 문제', '중국의 崛起', '일본의 普通國家化', '美中 覇權 경쟁' 등을 둘러싸고 격동하고 있는 작금의 현실을 넘어서서 共存, 共榮의 동아시아의 미래를 모색하기 위해 우리는 임진왜란에서 어떤 교훈을 얻을 수 있는가〉라는 큰 주제로, 시사적이면서도 함께 고민해야 하는 부분에 대해 발표했습니다. 발표문에서 언급했던 내용과 관련해서 문제 제기할 부분은 거의 없다. 임진왜란을 〈동아시아 평화 구축을 위한 역사적 거울로서의 전쟁〉으로 인식해야 하는 역사적 사건이라는 데 동의하면서, 다만 몇 가지 보완 설명이 필요한 부분과 의문점에 대해 의견 드립니다.

2. 우선 14쪽 〈조선이 심각한 고민 끝에 1607년 回答兼刷還使라는 '괴상한' 명칭을 지닌 通信使를 파견하여 일본과의 국교를 재개하기로 결정했던

것〉이라고 지적한 부분입니다. 최근 연구 동향을 살펴보면, 1607년에 파견한 〈회답겸 쇄환사〉에 대해 지금까지는 일본이 문제를 제기하면 조선이 이에 대응하는 수동적인 관점에서 연구가 많았지만, 오히려 〈회답겸 쇄환사〉 파견이야말로 〈기유약조〉와 함께 전쟁 이후 피폐해진 조선사회와 민심을 안정시키면서 일본에 대응하기 위한 전략이었으며, 이후 조선의 대일정책 기본을 만들었다는 평가도 적지 않습니다. 이와 관련해서 발표자의 〈1607년 回答兼刷還使〉파견에 대한 견해를 부탁드립니다,

3. 2013년부터 내세우고 있는 중국의 세계화 전략인 〈一帶一路〉이나 2049년에는 초강대국의 반열에 진입하겠다는 〈中國夢〉과 관련해서 근래 중국에서 임진왜란에 대한 관심이 높아지고 있습니다. 이러한 현상은 중국의 이른바 〈신천하주의〉논의와 맥이 닿고 있다고 쉽게 짐작할 수 있습니다. 발표문에는 간략하게 언급되었는데, 중국의 임진왜란 연구와 관련된 특징이나 이와 관련해서 각별히 주의하거나 경각심을 가져야 하는 부분이 있다면, 어떤 것이 있는지 발표자의 의견을 부탁드립니다.

4. (3)과 관련해서 임진왜란이라는 전쟁을 통해 〈주변으로부터 중국을 보자〉는 최근 중국학계의 분위기를 본다면, 우리학계에서 〈亂〉이라는 감정적인(?) 표현, 또는 일본의 무사정권의 호전성만을 강조함으로써 조선왕조의 무능력을 은폐하는 효과를 낳았던 〈倭亂〉이라는 전쟁 명칭의 사용은 재고되어야 하는 것 아닌가 싶습니다. 다시 말해서 중국이 국내정세와 관련해서 임진왜란에 대한 관심이 고조 된 상황을 고려할 때 보다 넓은 전략적인 차원에서 이 전쟁을 다시 보고, 그 명칭도 동아시아사와 세계 문명사의 변화와 연관해서 모색해야 한다고 봅니다. 임진 전쟁의 명칭문제와 관련해서 발표자의 견해를 듣고 싶고, 새로운 명칭을 염두해 두고 있다면 어떤 것인지 말씀해 주시기 바랍니다.

5. 발표자는 〈국방력의 건설을 비롯한 전반적인 국가의 실력을 키우는 것과, 임진왜란 직전의 내부 분열이 초래했던 엄혹한 결과를 성찰하면서 한반도의 자존과 번영, 동아시아의 평화를 지킬 수 있는 지혜를 가다듬는 것이 주요한 과제〉라고 제시하였다. 강대국사이에 끼어있는 약소국으로서 〈동북아균형자론〉을 내세울 때는 충분한 국력이 없으면 소용없는 일입니다. 큰 틀에서 제시한 과제는 이론의 여지가 없습니다. 다만 본 발표 주제가 임진왜란인 만큼 〈동아시아 평화 구축을 위한 역사적 거울〉로서 임진왜란 연구의 방법, 방향도 지금까지의 주제와는 차별화되어야 한다고 봅니다.

최근 중국에서는 임진전쟁과 관련 사료를 체계적으로 수집하고 디지털화하는 작업을 산동대역사문화학원이 중국국가사회과학기금의 지원을 받아 〈임진전쟁 관련 사료의 수집, 정리 및 번역 연구〉라는 타이틀로 진행하고 있다고 한다. 그런데 사료류의 구체적인 내용과 국제적 공유 방안 등에 대해서는 신중한 태도를 보인다고 한다. 이 부분은 시사하는 바가 크다고 생각한다. 임진왜란 연구의 방법, 방향에 대해 평소에 갖고 있으신 의견이 있으면 말씀해 주시기 바랍니다.

6. 기타
- 〈제2의 刀狩令〉
- 명과 일본의 밀실 협상 과정에서 조선은 철저히 배제되었다.?
- 일본과 우호관계를 맺어 청을 견제하자는 '以倭制淸論' 대두?

임진왜란 때 서울지역의 인적 피해와 실상
-『東國新續三綱行實圖』를 중심으로 -

손승철 | 강원대

1. 들어가기

1592년 3월 13일, 일본은 조선침략군의 편성을 최종적으로 확정하고 공격명령을 하달했다. 침략군은 육군은 15만 8,700명을 9개부대로 나누었고, 수군 9,200명은 별도로 편성했다.

1592년 4월 13일 오후 5시경, 고니시 유키나가[小西行長]의 제1군을 태운 700여척의 일본군이 부산진 앞바다에 상륙함으로써 임진왜란의 서막이 올랐다. 전력의 열세 속에서도 부산진 첨사 정발과 동래부사 송상현은 성안의 군민과 함께 끝까지 항전하다가 장렬히 전사하였다. 교두보를 확보한 일본군은 4월 18일에는 가토 기요마사[加藤淸正]의 제2군이, 4월 19일에는 구로다 나가마사[黑田長政]의 제3군이 연이어 상륙했다. 이들은 중로, 좌로, 우로로 나뉘어 서울로 북진하였는데, 일본군의 북진로는 조선전기 일본사절단의 上京路를 그대로 이용했다.

이일이 이끄는 조선군이 상주에서 패하고, 신립이 충주성과 탄금대에서 패하자, 일본군은 파죽지세로 몰아쳐 가면서 서울까지 진격하게 되었다. 4월 29일 초저녁 충주전투의 패전 소식이 서울에 전해지자 조정에서는 선조의 파천문제를 논의했다. 결국 선조는 4월 30일 새벽 비가 내리는 와중에 창덕궁 인정전을 나와 돈의문을 통과하여 피난길에 올랐고, 이미 도성은 무방비 상태에 놓이게 되었다.

한편 일본군은 제1군이 탄금대에서 신립을 물리친 다음날인 4월 29일에 충주에서 합류한 후, 제1군은 여주, 양평을 경유하여 서울의 동쪽으로 진군하고, 제2군은 죽산 용인을 경유하여 서울의 남쪽으로 진군하기로 하고 협의하고, 4월 30일 충주를 떠나 동시에 서울로 진격하였다. 그리하여 고니시의 제1군은 5월 3일 새벽 무렵 동대문에 도착했고, 가토의 제2군도 남대문에 도달하였다. 도성문에 이른 일본군은 성문이 열려있고, 방어시설이나 병력이 전무함을 보고 이를 믿지 못하여 정탐병을 수차례나 보내어 복병이 없음을 확인한 후에야 입성했다고 한다.

서울에 입성한 일본군은 고니시부대는 함경도로, 구로다부대는 황해도로, 모리와 시미즈 부대는 강원도로 진군하기로 하고, 서울과 경기도 일대는 제8군의 우키다 히데이에[宇喜多秀家] 부대가 주둔하였다. 이와 같이 일본군은 부산진에 상륙한지 20일 만에 5월 3일 서울을 함락시켰다. 그리고 다음해 4월 18일 철수하기까지 약 1년 동안 서울을 점령하고 분탕질을 했다. 이 글에서는 임진왜란 당시 서울지역 인적 피해를 보여주는 한 사례로 『동국신속삼강행실도』의 경우를 분석하여 그 실상을 밝히고자 한다.

2. 일본군의 만행

1) 일본군의 주둔과 인명피해

서울에 주둔한 우키다 히데이에는 궁궐이 소실된 관계로 방화를 면한 종묘에 주둔했다. 그러나 밤이 되면 괴이한 일이 많이 생기고 군사들이 급사하자 종묘를 불태우고 남별궁(南別宮, 지금의 중구 소공동 조선호텔 자리)으로 진을 옮겼다. 다른 일본군 지휘관들도 대부분 화재를 면한 남촌 지역

에 주둔하였는데, 소공주동(지금의 중구 소공동), 정사룡가(지금의 회현동),
정릉동(지금의 정동), 서학동(지금의 태평로 부근), 계림군가(지금의 정동),
미장동(지금의 조선호텔에서 을지로 입구 사이), 명례동(지금의 명동), 묵사
동(지금의 묵정동), 호현동(지금의 회현동), 장흥고동(지금의 내자동) 등지

에 분산하여 주둔했다.[1]

일본군이 서울을 함락했을 때 이미 일부 궁궐이 불에 탔지만, 일본군은 도성·궁궐문을 보고 감탄을 금치 못했다. 제7군 모리 데루모토 휘하의 오타니 요시츠쿠[大谷吉繼]는 다음과 같이 묘사했다.

> "그 탁월한 솜씨는 말로 형언하기 어려울 정도이며 궁궐문의 천장에 그려진 용의 그림은 지금이라도 살아서 움직일 듯 보였으며 아주 무서웠다. …… 모두 일본의 도시에 취악(聚樂)을 더 한듯하다."[2]

일본군은 점령지역의 안정적인 지배를 위해 도성민의 민심을 수습하는 정책을 펴는 한편, 저항의 움직임은 철저하게 탄압하였다.

일본군은 점령 초기에 대민위무정책을 펼치며 도성내 각지에 방을 붙쳤다.

> "성내에 백성이나 노약자 과부들은 들으시오. 내가 우리 전하(막부장군)의 명을 받들어 경내를 위무함은 물론 가혹한 정치를 배제하고 선정을 베풀어 백성을 도탄에서 구하자는 것이니, 속히 옛집으로 돌아와서 각자의 가업에 충실할 것이며 의심하지 말지어다."[3]

선조가 도성을 빠져 나가자 도선의 백성들은 모두 일본군을 피해 도성밖으로 나아가 도성은 텅비어 있었으나, 일본군의 이같은 방을 붙이고 입성을 권하자 점차 도성으로 돌아왔다고 한다. 일본군은 성문을 지키며 자기들이 발급한 통행증(帖)을 가진자만 출입을 허가했기 때문에 도성민들은 출입을 위해서는 모두 첩을 받았다고 하며, 그들 가운데는 일본군에 붙어서 악한

---

1) 이현종, 「임진왜란과 서울」『향토서울』 제18호, 1963, 43쪽.
2) 村井章介, 손승철역『동아시아속의 중세 한국과 일본』, 경인문화사, 2008, 242쪽.
3) 이장희, 『임진왜란사연구』(아세아문화사, 1999), 59쪽 재안용.

짓을 하는 자도 많았다고 한다. 이들 姦民들의 밀고에 의해 희생된 사람들
도 적지 않았는데, 동문 밖에는 희생자의 해골이 쌓여 언덕을 이루었다고
한다.

> "불량한 젊은이와 무뢰배들이 모두 적에게 붙어 향도 노릇을 하며 못된
> 짓을 저지르는 자가 매우 많았다. 왜인들은 禁戒를 엄히 하면서 고자질하는
> 길을 열어놓았는데 간사한 백성들이 이로써 상을 받기도 하였다. 서로 모여
> 말을 하거나 거동이 수상한 자는 모두 태워죽였는데 동대문 밖에 해골이 산
> 더미처럼 쌓였다."4)

이 상황을 『연려실기술』에서도 다음과 같이 기록하고 있다.

> "이때 성안 백성들이 모두 달아났다가 얼마 되지 않아 차츰차츰 돌아와서
> 坊里의 시장이 전일과 같고 적과 섞이어 물건을 서로 매매했다. 적이 성문
> 을 지키고 우리 백성들로서 적의 帖을 가진 사람은 출입을 금하지 않으므로
> 모두들 적의 첩을 받아 적에게 복종하여 감히 영을 어기지 못하였다. 또한
> 적에게 아첨해서 길잡이가 되어 못된 짓을 하는 자도 있었다. 혹시 적을 죽
> 이려 모의를 하면 그들이 밀고하므로 종루 앞이나 숭례문 밖에서 불태워
> 죽이고 극히 참혹한 짓으로 두렵게 하려고 시체를 그곳에 무더기로 쌓아놓
> 았다."5)

그러나 임진왜란 당시 종군승려였던 텐케이[天荊]가 쓴 『西征日記』1592
년 7월 1일자에는 '태수 대신 오토모 효에몬을 방문하였다. 그는 어젯밤에
어딘가에서 날아온 화살을 맞았다.'라는 기록처럼, 서울 점령 초기에 도성
내에서 도성민의 저항은 계속되었다.

이러한 와중에 경기감사 심대가 도성 안팎의 군사를 규합하여 서울을 회

---

4) 『선조수정실록』 권26, 25년 5월 1일 경신.
5) 『연려실기술』 권15.

복하려고 하다가 삭녕(지금의 경기도 연천군과 철원군 일부)에서 일본군의
습격을 받고 사망하였다. 이후 경기도 백성이 심대의 시체를 거두어 가매장
하였으나, 수일 후 다시 온 일본군은 심대의 무덤을 파내어 머리를 효수한
뒤 종루에 50∽60일 동안 매다는 만행을 저지르기도 하였다.

1593년 1월 9일 조·명 연합군이 평양성을 탈환 수복하였다는 소식이 알
려지자 도성민들이 다시 동요하기 시작하였다. 이에 위기를 느낀 일본군은
1월 24일 도성민에 대한 대량 학살을 자행하기도 했다.

> "왜적이 서울 백성을 대량 학살하였다. 고니시 등이 평양의 패전을 분하
> 게 여긴 데다가 우리나라 사람이 밖에 있는 명나라 군사와 몰래 통하는가
> 의심하여 도성 안의 백성들을 모조리 죽였다. 오직 여인들만이 죽음을 면하
> 였으므로 남자들 중에는 혹 여자 옷으로 변장하고 죽음을 면한 자도 있었다.
> 공공기관의 건물이나 가옥도 거의 불태워버렸다."6)

『쇄미록』의 저자 오희문이 이때의 서울 정황을 다음과 같이 기록했다.

> "거리 곳곳, 집 문과 마당에 시체가 쌓여 있어 참혹함을 차마 볼 수 없다
> 고 한다. 이는 반드시 정월 24일에 불을 놓았을 때 죽은 자들이다."

그 후에도 일본군의 만행은 계속되었는데, 4월에 서울을 철수하면서 극
에 달했다.

> "4월에 적이 항복한 백성을 모조리 죽이고, 군사를 걷어서 남쪽으로 내려
> 갔다. 그때 서울 백성 중의 어리석은 자와 미처 도피하지 못하고 숨어 있던
> 자들이, "적이 백성은 죽이지 않는다." 하면서 차츰 모여들어 시장과 가게를
> 벌이기까지 하였다. 적들이 물러가게 되자 이들을 모두 찔러 죽일 것을 비밀

---

6) 『선조실록』 권36, 26년 3월 4일 기미.

히 의논하고, 백성들을 결박하여 南門밖에 列을 지어 세워놓고 윗쪽에서 부
터 찍어 내려오는데, 우리 백성 중에는 칼을 맞고 모두 죽을 때까지 한 사람
도 탈주를 꾀하는 자가 없었다."[7]

라고 하여 당시의 처참한 상황을 자세히 전하고 있다.

2) 가옥, 건물의 파괴와 문화재약탈

인명 피해 못지않게 컸던 것은 일본군의 주둔과 방화로 인한 가옥과 건
물의 파괴였다. 일본군의 입성 이전 도성민들의 방화에 의해 경복궁·창덕
궁·창경궁 등이 전소된 상태였지만, 입성 초기만 하더라도 도성 안의 공사
건물은 대부분 온전한 상태였다. 그러나 수복 이후 서울의 정경은 참으로
처참한 것이었다.

"성에 들어가 보니, 중로에서 북쪽 변두리 인가는 모두 불에 타서 혹은
남은 재만 있고, 행랑이나 사랑채만이 우뚝 홀로 서 있어서 보기에 몹시 참
혹하더란다. 다만 산골짜기 깊은 곳에는 간혹 그 화를 당하지 않은 곳도 있
었다고 한다. 한편 중로에서 남쪽 변두리 인가는 흉적들이 반이나 들어가 진
을 쳤기 때문에 보존해 있는 곳이 많고, 그 나머지 진을 치지 않은 곳은 혹
은 불에 타고 혹은 헐려서 다시 남아 있는 것이 없다."[8]

이 기록에 따르면 수복 직후 궁궐 남쪽에 있던 일본군 주둔지 주변의 건
물은 온존된 상태였지만, 나머지 지역의 건물은 모두 파손될 정도의 피해를
입었음을 알 수 있다. 피해 건물들은 일본군 진지의 구축을 위해 헐렸던 것
이거나, 아니면 일본군의 고의적 방화로 불탄 것으로 추정된다. 유성룡 역
시 수복 직후 서울을 둘러보고 나서 선조에게 서울에 집이 1/4에서 1/5만

---

7) 『연려실기술』 권16.
8) 오희문, 『쇄미록』 제2, 계사년 5월 8일.

남아 있다는 보고를 올린 바 있다.

일본군은 전투부대와 별도로 공예부·도서부·금속부·보물부·축부·포로부 등의 특수부대를 조직하여 조선의 인명과 재산을 조직적으로 약탈하였다. 이러한 약탈은 물론 전국적으로 행해진 것이었지만 서울이 당시 정치·경제·문화의 중심지였음을 고려해 볼 때 그 피해가 가장 심했다. 특히 서울에 소장되었던 공적인 문서는 물론 개인의 서적들과 금속활자도 이때 일본으로 가져갔다.9)

3) 선·정능의 도굴

서울에 주둔했던 일본군은 심지어 왕릉을 파헤쳐 도굴하는 일도 서슴지 않았다. 임란 당시 일본군에 의해 도굴되거나 훼손된 왕릉은 광릉·강릉·태릉·선·정릉 등 여러 곳인데, 현재 강남구 삼성동 131번지 소재의 선·정릉도 왜군에 의해 도굴을 당했다. 선릉은 조선왕조 9대 성종과 정현왕후 윤씨의 능이고, 정릉은 조선왕조 11대 중종의 능이다.

『조선왕조실록』의 선·정릉 도굴에 관한 최초의 기록은 1593년 4월 13일 경기좌도 관찰사 성영이 치계한 내용이다.10) 발견 당시 정릉의 시신은 불에 태워져 있었고, 선릉의 두 시신도 행방을 알 수 없었다.

일본군은 1592년 5월 3일 서울에 입성했고, 그로부터 4개월 후인 9월에 선·정릉을 도굴했는데, 이 사실이 조정에 알려진 것은 7개월 후인 1593년 4월 9일이었다. 조정에서는 10월 29일에 조선인 가담자 14명을 색출했지만, 선릉의 두 시신의 행방을 알 수 없었고, 중종의 시신도 그 진위를 밝힐 수 없었다.

---

9) 전경목, 「임진왜란으로 말미암은 문화재 피해상황」 『임진왜란과 한일관계』(경인문화사, 2005),
10) 『선조실록』 26년 4월 정유(13일).

　선·정릉을 도굴한 범인에 관해서는 1604년 6월 대마도에 탐적사의 역관으로 파견되었던 박대근이 橘智正과의 대화를 통해, 대마도주 휘하에 있던 平調允 부자라는 사실을 알 수 있었다. 조사결과 선·정릉의 도굴은 일본침략군 제1군 小西行長의 선봉을 맡았던 대마도주 宗義智 휘하의 平調允 부자와 조선인 가담자 14명에 의해 이루어졌다. 박송된 麻多化之의 공초문에 平景直이 등장하는 것을 보면, 대마도주 家臣이었던 柳川氏가 조직적으로 개입한 사건임이 밝혀졌다. 아점에서 선·정릉의 도굴은 간단히 재화를 노린 도굴범의 소행이 아니라 대마도주 또는 대마도주의 가신이 직접 관계한 사건으로 조선의 國體를 훼손하는 야만성의 극치를 보여주는 반인륜적 행위임에 틀림없다.11)

3. 『동국신속삼강행실도』 속의 서울사람들

　임진왜란은 조선사회를 온통 뒤흔들어 놓은 대전란이었다. 전쟁 발발 후 20일 만에 서울이 함락되었고, 선조는 의주로 피난했다. 7년간의 전쟁에 의해 수많은 사람이 죽거나 다쳤고, 일본으로 죄 없이 끌려갔다. 백성들은 국가를 위해, 국왕을 위해, 자식으로서 부모를 위해, 여자로서 절개를 지키기 위해 죽었다. 소위 三剛(忠·孝·忍)을 위해 목숨을 버린 것이다. 선조는 이들의 죽음이 오래도록 인멸되지 않도록 하기 위해 1593년 9월부터 충신·효자·열녀에 대한 기록과 포상 논의를 시작하였다. 그 결과 광해군 때인 1617년 『東國新續三綱行實圖』를 발간하였다. 이 사료에는 임진왜란 때 희생된 576건의 사례가 수록되었으며, 종류별로 충신 55건, 효자 88건, 열녀 433건이다12).

---

11) 손승철,『조선후기 한일관계, 전쟁과 평화』제1편 제2장 「임진왜란과 선·정능 도굴
　　사건」(경인문화사, 2017) 참조.

이를 지역별로 분류해 보면 다음 표와 같다.

〈『東國新續三綱行實圖』에 수록된 지역별 일람표〉

	서울	경기	강원	충청	전라	경상	황해	함경	평안	미상	계
충신	24	2	3	5	7	8	4	2			55
효자	24	3	2	8	20	30		1			88
열녀	64	34	41	38	103	112	20	15	3	3	433
계	112	39	46	51	130	150	24	18	3	3	576

위의 표를 보면, 임진왜란에 의한 피해는 경상·전라 지역이 다른 지역에 비해 심했고, 그 다음이 서울 지역이었다.

이 글에서는 『동국신속삼강행실도』에 수록된 서울 출신자의 사례를 통하여 희생자의 실상을 살펴보기로 하자.

1) 〈충신편〉

『동국신속삼강행실도』의 〈충신편〉에는 총 24건이 수록되어 있다. 이들 중 서울에서 희생된 사람은 3인에 불과하고, 대부분이 임지에서 왜군과의 전투에서 희생된 경우가 많았다. 그 이유는 이들의 신분이 대부분 양반이었기 때문에 당연히 벼슬길에 나갔다가 그곳에서 왜적의 침입을 막아 싸우다 희생된 경우였다. 다음으로는 남편이나 아비를 쫓아 임지에서 같이 희생되는 경우와 중인과 노비의 경우가 있다.

---

12) 손승철, 「조선시대 행실도에 나타난 일본의 표상」 『한일관계사연구』 37. 2010. 참조

순번	출처	희생지	형태	신분	성별	성명	보상	기타
1	충1-35	동래	忠烈	양반	남	송상현	추증, 정문	부사(전투)
2	충1-39	원주	罵賊	양반	남	김제갑	추증, 정문	목사(전투)
3	충1-40	진주	忠勇	양반	남	이종인	추증, 정문	부사(전투)
4	충1-42	탄금대	赴水	양반	남	김여물	정문	목사(전투)
5	충1-43	철원	討賊	양반	남	심대	정문	관찰사(전투)
6	충1-48	상주	不屈	양반	남	김해	정문	목사(전투)
7	충1-50	금산	突進	양반	남	변응정	정문	현감(전투)
8	충1-51	문경	投戰	양반	남	신길원	정문	현감(전투)
9	충1-53	개성	忠烈	양반	남	정 암	벼슬,정문	월천군(전투)
10	충1-54	상주	突進	양반	남	이경류	정문	좌랑(전투)
11	충1-55	상주	自刎	양반	남	박호	정문	교리(전투)
12	충1-56	문경	死義	양반	남	윤섬	정문	정(전투)
13	충1-57	상주	守城	양반	남	권길	정문	판관(전투)
14	충1-60	함흥	不屈	양반	남	유희진	정문	판관(전투)
15	충1-60	간성	不屈	양반	남	남정유	정문	찰방(전투)
16	충1-68	?	自縊	양반	남	고흡	정문	생원(자결-自縊)
17	충1-72	?	投水	양반	남	박지화	정문	학관(자결-投水)
18	충1-73	고양	受刀	양반	남	선거상	정문	우림위(전투)
19	충1-77	서울	燒死	중인	남	박남	정문	궁장(전투)
20	충1-83	서울	活主	노비	여	난종	정문	살해
21	충1-84	서울	把刀	노비	여	막개	정문	살해
22	충1-87	남원	死義	양반	남	정기원	정문	전투
23	충1-88	남원	守城	양반	남	이복남	정문	병사(전투)
24	충1-89	남원	守城	양반	남	임현	정문	부사(전투)

① 임지에서 전투로 전사

　임지에서 전투 중에 전사한 대표적인 경우가 동래부사 송상현과 원주목사 김제갑의 경우다.

▶ 송상현

○ 象賢忠烈(충1-35)

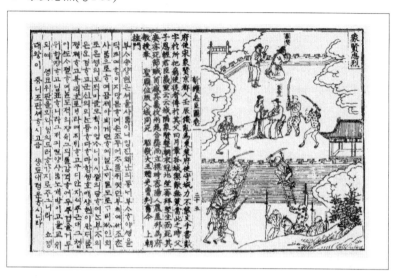

〈원문〉

府使宋象賢京都人壬辰倭亂爲東萊府使守城力不能支手書數字於所把扇
使送者傳於其父曰月暈孤城禦敵無策當此之時父子恩輕君臣義重云云城陷
象賢整朝衣冠北壁再拜堅坐而死其妾亦死節賊酋感其義收兩屍合葬而立標
時密陽人盧盖邦爲府敎授奉 聖廟位版入城同死 昭敬大王贈吏曹判書今 上
朝旌門

〈번역〉

부사 송상현은 서울 사람이니 임진왜란의 동래부사이다. 성을 지킴에 힘
이 지탱하지 못하여 손수 두어 자를 쥐었던 부채에 써, 좇은 사람으로 하여
금 제 아비에게 전하여 이르기를, 달무리 같이 싸인 외로운 성의 도적 막을
묘책이 없으니 이 시절을 당하여 부자의 은혜는 가볍고, 군신의 의는 중하

다 함에 성이 함락함에 상현이 관대를 정제하고 북쪽으로 바라보며 재배하고 굳게 앉아서 죽었는데, 그 첩이 또 사절하거늘, 도적의 장수가 그 의를 감격하여 두 주검을 거두어 합장하고 입표하니라. 그 때 밀양사람 노개방이 고을 교수가 되어. 성묘위판을 들고 성의 들어가 한가지로 죽으니라. 소경대왕이 이조판서를 내리시고, 이에 상조에 정문 하시니라.

동래부사 송상현(1551-1592)은 1591년 통정대부(通政大夫)에 오르고 동래부사가 된 후, 왜침의 소문이 들려오는 가운데 방비를 굳게 하던 중, 4월 13일 임진왜란이 일어나고, 14일 부산진성을 침범한 왜군이 동래성으로 밀어닥쳤다. 왜군이 남문 밖에 木牌를 세워 "싸우고 싶으면 싸우고, 싸우고 싶지 않으면 길을 빌려라(戰則戰矣 不戰則假道)" 하자, 송상현은 "싸워 죽기는 쉬우나 길을 빌리기는 어렵다(戰死易 假道難)"고 목패에 글을 써서 항전할 뜻을 천명하였다.

그 뒤 적군이 성을 포위하기 시작하고 15일에 전투가 시작되었다. 군사를 이끌고 항전했으나 중과부적으로 성이 함락당하자 조복을 입고 싸우다가 순사하였다. 왜장 소 요시토시[宗義智] 등이 송상현의 충렬을 기려 동문 밖에 장사 지내주었다 한다.

▶ 김제갑

원주목사 김제갑(1525-1592)은 1592년 임진왜란이 일어났을 때 원주목사로 있었는데, 왜장 모리요시나리[森吉成]가 거느린 왜군이 관동지방을 휩쓴 뒤에 원주를 침공하여오자 가족과 주민을 이끌고 경내의 요새인 鴒原山城으로 들어가 방어에 임하였다.

그러나 산성의 허점을 틈탄 왜군의 공격으로 최후까지 싸웠으나 결국 성이 함락되었다. 성이 함락될 즈음 그는 젊은 군졸들에게는 후퇴를 명하고, 자신은 조복을 꺼내어 갑옷 위에 입고 북향재배한 후에 죽음을 맞이했다.

마침내 적에게 살해되어 거룩한 생을 마쳤다. 조정에서는 그 충절을 기려 이조판서 겸 경연홍문관대제학 예문관대제학 의금부 성균관 춘추관사를 추증하였다.13)

○ 悌甲罵賊(충1-39)

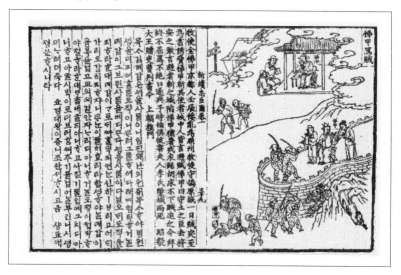

〈원문〉

牧使金悌甲京都人壬辰倭亂爲原州牧使守鴒原城一日賊矢至爲書誘賚悌甲斬其使者城中人皆言避賊悌甲曰守土之臣去將安之敢言避者斬之城陷悌甲猶着戎衣踞○床不下賊迫之令拜終不屈罵不絶口遂與子時伯俱被害夫人李氏墜城而死 昭敬大王贈吏曹判書今 上朝旌門

13) 손승철, 『조선후기 한일관계, 전쟁과 평화』 제1편 제1장 「『동국신속삼강행실도』를 통해 본 왜란과 강원도」(경인문화사, 2017) 25-31쪽.

〈번역문〉

목사 김제갑은 서울 사람이니 임진왜란 때 원주목사로 영원성을 지키어 하루는 도적이 이르러 글로 하여 달래며 협박하거늘 제갑이 그 부린 사람을 베니라 성 중 사람이 다 일러 말하길 도적을 피하라한데 제갑이 말하길 땅을 지키는 신하 버리고 어딜 가리오. 감히 피하자하니 난 이를 버리리라. 성이 함락되거늘 제갑이 융복을 입고 걸터 앉아 있거늘 도적이 협박하며 절하라하니 마침내 굴복하지 않고 꾸짖기를 입에 그치지 아니하고 아들 시박과 함께 죽기를 입거늘 부인이씨가 성에 떨어져 죽다. 소경대왕이 이조판서를 내리시고, 이에 상조에 정문 하시니라.

② 남편이나 부모와 함께 죽음

한편 가장이 임지에서 전사하자, 그를 쫓아 갔던 아내와 자식 또는 아랫사람들이 함께 희생되는 경우로 예를 들면 김제갑의 경우이다.

김제갑의 전사하자, 부인 이씨는 그의 죽음을 듣고 시녀를 돌아다보며 말하되 "대감께서 이미 나라 위하여 돌아가셨다 하니, 이 몸이 죽지 않고 외로이 살아남은들 무슨 소용이 있겠느냐, 뱃속에 들어있는 어린 것이 가엾기는 하지만 남편 따라 같이 죽은 이 어미를 원망하지는 않을 것이리라"하고 懷刀를 입에 물고 엎드려 자결하였다.

작은 아들 時伯은 목사 옆을 떠나지 않고 몰려드는 적을 베어 죽이고 찔러 죽이다가, 산성 일우까지 압축을 당하게 되어 일이 이미 틀렸음을 알고 가졌던 활과 화살을 그의 종복에게 주었으며, 부모의 시체를 거두기 위하여 孤城에 남아서 최후까지 싸우다가 장렬하게 전사하고 말았다. 또한 김제갑이 거느린 衙前들과 가솔 백여 식구가 모두 같이 힘을 모아 적과 크게 싸우다가 드디어 산성와 운명을 같이 하였으니, 이날이 바로 임진년 8월 25일이었다.14)

아내 이씨는 〈열녀편〉, 아들 시백은 〈효자편〉에 수록되었다.

▶ 김제갑의 아내 이씨
○ 李氏投城(열3-94)

〈원문〉

李氏京都人忠臣金悌甲之妻也壬辰倭亂悌甲宰原州守領原山城城陷而死李氏顧謂婢曰令公已死吾縱辱偸生徒取汚辱而已不死何爲遂投城下而死今上朝旌門

〈번역〉

이씨는 서울사람이니 충신 김제갑의 아내이다. 임진왜란에 제갑이 원주 수령이 되어 원산성을 지키다가 성이 함락되어 죽으니 이씨가 종을 보며 말하기를 영공이 이미 죽었으니 내 비록 살기를 도적질하고저 하나 한갓 더러운 욕을 취할 따름이니 죽지 아니하고 어찌 하리오 하고 드디어 성 아래에 떨어져 죽으니라 금상조에 정문하시니라

▶ 김제갑의 아들 시백
○ 時伯同死(효7-28)

〈원문〉

幼學金時伯京都人忠臣金悌甲之子也壬辰倭亂隨其父入鈴原城中城陷不死時伯曰不死不可去終不離父屍傍爲賊所害時伯年纔弱冠今 上朝旌門

〈번역문〉

유학 김시백은 서울 사람이니 충신 김제갑의 아들이다. 임진왜란에 그 아버지를 따라 영원성 가운데 들어갔더니 성이 함락하여 아버지가 죽거늘 시백이 가로되 아버지가 돌아가셨으니 나가지 못할 것이라 하고 마침내 아

---

14) 『선조수정실록』 25년 8월 무자.

버지의 주검 곁에서 떠나지 아니하여 도적의 해한 바 되시니 시백의 나이가 겨우 스물이라. 상조에 정문하시니라.

③ 중인과 노비의 경우

〈충신편〉에는 중인과 노비 2인이 수록되어 있다.

중인은 弓匠 박남의 경우인데, 박남의 사연은 다음과 같다.

▶ 중인 박남

○ 朴楠燒死(충1-77)

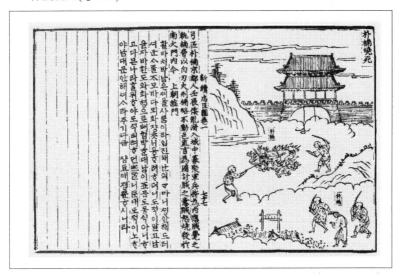

〈원문〉

弓匠朴楠京都人壬辰倭亂潛入城中募聚軍兵拆爲內應賊覺之執楠脅以白刃火形楠略不動色直言爲國討賊之意賊怒燒殺於南大門今 上朝旌門

〈번역〉

궁장 박남은 서울 사람이다. 임진왜란에 가만히 성안에 들어서 군사를 모아 장차 내응 하려 하더니 도적이 알고 남을 자바 환도와 화형으로써 협박하는데 남이 조금도 동색 아니하고 다만 나라를 위하여 도적을 토벌 할 뜻을 이룬대 도적이 노하여 남대문 안에서 태워 죽이다. 상조의 정문 하시니라.

▶ 사비 난종

사비 난종은 어미를 구하기 위해 대신 죽는 경우이고, 사비 막개는 주인을 대신하여 죽은 경우다.

○ 難終活主(충1-83)

〈원문〉

私婢難終京都人士人尹汲之婢也壬辰歲倭賊將殺汲母難終覆翼之賊殺之汲母 穫全今 上朝旌門

〈번역〉

사비 난종은 서울사람이다. 선비 윤급의 종이다. 임진해 왜적이 장차 급의 어머니를 죽이려고 하거늘 난종이 덮어 버리자 도적이 죽이고 급의 어머니는 살기를 얻다. 상조의 정문 하시니라.

▶ 사비 막개

○ 莫介把刀(충1-84)

〈원문〉

私婢莫介京都人縣監李汝機妻尹氏婢也壬辰倭亂尹氏遇賊將被害莫介大呼曰賊奴殺吾主耶突入賊前手把自刃賊殺之時年十八今 上朝旌門

〈번역〉

사비 막개는 서울사람이다. 현감 이여기의 처 윤씨의 종이다. 임진왜란에 윤씨가 도적을 만나 장차 해를 입게 되어 막개가 크게 불러 가로되 도적놈이 내 주인을 죽인다 하고 도적 앞에 달려들어 손으로 흰칼을 잡으니 도적이 죽이니라. 그 제나이 열여덟이더라. 상조의 정문 하시니라.

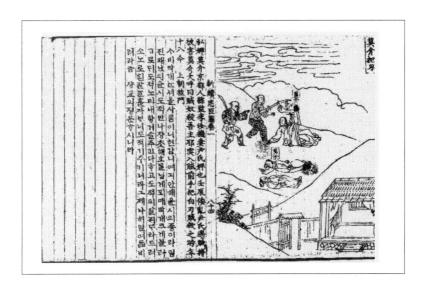

위의 내용을 보면 사비 난종은 어미를 구하기 위해 죽었고, 사비 막개는 주인을 구하기 위해 죽임을 당했다. 내용으로 보면 충신에 해당되지 않는데, 어떤 연고를 〈충신편〉에 수록되었는지는 이유를 알 수가 없다.

〈충신편〉에 수록된 인물들의 죽임을 당하는 형태는 다양하다. 대부분은 전투 중에 국가에 충성을 하기위해 장렬하게 돌진을 하거나 또는 성을 지키기 위해 죽음을 택하거나 상황에 따라서는 물에 뛰어들거나 스스로 자결하는 경우도 있었다. 모두 국가를 위해 장렬한 죽음을 맞이했던 것이다.

2) 〈효자편〉

『동국신속삼강행실도』의 〈충신편〉에는 총 24건이 수록되어 있는데, 어미를 위해서 죽은 경우가 11건, 아비를 위해서 죽은 경우가 10건, 조모를 위해 죽은 경우가 3건이었다. 그리고 이들의 희생지는 24건중 11건이 서울이었고, 죽임의 형태는 3건의 전투를 제외하고는 모두 왜군에게 살해를 당했다. 14살의 어린 나이에 살해를 당하거나, 형제가 함께 살해되는 경우도 4건이나 있다.

순번	출처	출신	희생	신분	성별	성명	보상	기타
1	효6-6	서울	서울	양반	남	이예남	정문	어미(살해)
2	효6-7	서울	파주	양반	남	김시적	정문	어미(살해)
3	효6-8	서울	이천	양반	남	이문시	정문	부모(살해)
4	효6-9	서울	이천	양반	남	이문형	정문	아비(살해)
5	효6-10	서울	이천	양반	남	신홍해	정문	어미(살해)
6	효6-11	서울	양주	양반	남	유몽웅	정문	어미(살해)
7	효6-12	서울	하빈	양반	남	윤기지	정문	어미(살해)
8	효6-13	서울	서울	양반	남	성박	정문	아비(살해)
9	효6-14	서울	충주	양반	남	홍원	정문	아비(살해)
10	효6-15	서울	섭곡	양반	남	이민	정문	아비(살해)
11	효6-30	서울	서울	양반	남	우홍적	정문	조모(살해)
12	효6-31	서울	서울	양반	남	조경회	정문	아비(살해)
13	효6-49	서울	서울	양반	남	윤준충	정문	어미(살해)
14	효6-59	서울	청계산	양반	남	송영	정문	아비(살해)
15	효6-69	서울	서울	양반	남	윤급	정문	어미(자살-同溺)
16	효6-70	서울	서울	양반	남	조희정	정문	아비(살해)
17	효6-86	서울	서울	양반	남	오경전	정문	어미(살해-斬腰)

18	효6-87	서울	서울	양반	남	김합	정문	어미(살해)
19	효7-24	서울	상주	양반	남	김경원	정문	아비(살해)
20	효7-28	서울	원주	양반	남	김시백	정문	아비(전투)
21	효7-33	서울	서울	양반	남	김득려	정문	어미(살해-斷頭)
22	효8-8	서울	서울	노	남	홍도치	정문	어미(살해)
23	효8-70	서울	충주	사노	남	이세민	정문	조모(전투)
24	효8-80	서울	마령진	양반	남	홍계남	정문,추증	아비(전투)

① 어미를 위해 죽음

▶ 이예남

○ 禮南活母(효6-6)

〈원문〉

李禮南京都人書吏李勳之子也年十四遭壬辰倭亂賊欲害其母禮男抱母呼
天乞以身代賊釋其母而殺禮南 昭敬大王朝旌門

〈번역〉

이예남은 서울사람이니 서리 이혼의 아들이다. 나이 열네 살에 임진왜란을 만나 도적이 그 어미를 해하고자 하니 예남이 어미를 안고 하늘을 부르고 빌어 몸으로 대신하라하니 그 어미를 놓아주고 예남을 죽였다. 소경대왕조에 정문하시니라.

▶ 김시적, 김시성 (형제가 함께 죽음)
○ 二子活母(효6-7)

〈원문〉

幼學金時惕時省京都人兄弟同居事親至孝壬辰倭亂負母避賊于坡州賊猝至兄弟同執母手爭請殺我而活母賊殺其兄弟不害其母 昭敬大王朝旋門

〈번역〉

유학 김시적과 시성은 서울사람이니 형제가 같이 살며 어버이를 섬기며 지극히 효도하였다. 임진왜란에 어미를 업고 도적을 피해서 파주로 갔는데 도적이 문득 이르거늘 형제가 한가지로 어미의 손을 잡고 다투어 청하기를 '나를 죽이고 어미는 살려다오' 하니 도적이 형제를 죽이고 그 어미는 해하지 않았다. 소경대왕조에 정문하시니라.

② 아비를 위해 죽음

또한 아비가 왜적에게 죽임을 당한 후, 왜적이 아비의 목을 가져가자 그것을 찾아서 도성 안으로 들어와 찾은 후, 아비의 목을 돈을 주고 사서 가지고 돌아가던 중, 숭례문으로 나가다가 잡혀서 죽임을 당한 경우도 있었다.

▶ 송영

○ 宋誴買頭(효6-59)

〈원문〉

幼學宋誴京都人別提宋希義之子也奉父避倭賊于淸溪山父爲賊所殺賊持其頭入京都誴妻林氏卽自刎死誴追入城留三日周旋買頭抱出崇禮門爲守倭所 ○ 幷其所率婢殺之今 上朝施門

〈번역〉

유학 송영은 서울 사람이니 별제 송희의의 아들이다. 아비를 오시고 청계산으로 가서 도적을 피하였는데, 아비가 도적에게 죽음을 당해 도적이 그 머리를 가지고 서울로 들어갔다. 영의 아내 임씨가 즉시 스스로 목을 베어 죽고, 영은 성에 따라 들어가 사흘동안 머물러 주선하여 머리를 안고 숭례문으로 나가다가 잡혀죽었다. 상조에 정문하시니라.

또한 24건의 사례 중 22건이 양반 신분이고, 노비 2건이 있다. 이들 중 1명은 충훈부에 속한 관노이고, 1명은 사노비였다.

③ 노비의 경우

▶ 홍도치

○ 都致活母(효8-8)

〈원문〉

忠勳府奴洪都致京都人早喪父事母至誠母病晝夜不離進藥必嘗嘗糞憐天 壬辰倭亂負老母隱伏株藪間賊獲其母將殺之都致以身衛母(?)位乞哀竟被害 其母獲全今 上朝旌門

〈해석〉

충훈부 노예 홍도치는 서울 사람인데 일찍이 아비가 죽고 어미를 섬기는 데 정성으로 하더니 어미가 병들자 주야로 떠나지 아니하고 약을 먹일 때

는 반드시 맛보고 똥을 맛보며 하늘에게 빌더라 임진왜란의 늙은 어미를
늘 업고 수풀사이에 숨었더니 도적이 그 어미를 잡아 장차 죽이려 하자 도
치가 몸으로 감싸며 울고 비니 마침내 해를 입고 그 어미는 온전할 수 있었
다. 상조에 정문하시니라.

▶ 이세민
○ 世民代父(효8-70)

〈원문〉
私奴李世民京都人父以射乎赴戰 世民謂其父曰父以獨子且有今若遠出
祖母何賴 子當代行父不許 世民自(詣)兵曹(?)訴許之 世民言子父母曰戰勝
而歸立大功 若不幸誓不與此賊俱生 馳到忠州官軍大潰 世民獨弓射賊竟被
害今 上朝旌門

〈번역〉
사노 이세민은 서울사람이니 아비를 대신하여 사수로 전투에 나아갔다.
세민이 그 아비에게 일러 말하길 아비는 독자이고 또 이제 만약 멀리 나아
가면 조모를 어찌 의뢰하리오. 자식이 대신할 것을 허락지 아니하니 세민이
스스로 병조의 나아가 허락해주기를 호소하였다. 세민이 부모에 가로되 전
투에 나가 이기고 오면 큰 공을 세울 것이고, 만일 불행하면 맹세코 이 도
적으로 더불어 한가지로 살지 아니 하리라 하고 달려 이르니 충주 관군이
크게 무너져 세민이 홀로 활을 쏘니 도적이 마침내 해를 입었다. 상조에정
문하시니라.

    3) 〈열녀편〉

〈열녀편〉은 모두 64건의 사례가 수록되어 있는데, 물론 전부 여자에 해

당된다. 모두가 출신지는 서울이나 희생된 곳은 대부분 도성 내 보다는 근교지역이나 지방이다. 왜군이 도성에 진입하자 근교지역으로 피난을 가다가 살해를 당하거나 자결한 경우가 대부분이며, 살해나 자결의 형태도 매우 여러 가지로 기록되어 있다. 살해가 27건, 자결이 37건이다. 또한 정유재란 때의 희생자도 수록하고 있는데, 물론 이들의 출신지는 서울이지만 서울에서 희생된 것은 아니다. 신분별로 보면 양반이 49건, 양녀 7건, 중인 3건, 천민이 5건이다.

순번	출처	출신	희생	신분	성별	성명	보상	기타
1	열2-87	서울	?	양녀	여	권씨	정문	살해
2	열2-88	서울	?	양반	여	유씨	정문	자결(投江)
3	열2-89	서울	대구	양반	여	김씨	정문	자결(投江)
4	열3-1	서울	파주	양반	여	김씨	정문	살해(刺胸)
5	열3-2	서울	평산	양반	여	신씨	정문	자결(結頭)
6	열3-3	서울	파주	양반	여	노씨	정문	살해(정경부인)
7	열3-4	서울	?	양반	여	김씨	정문	자결(投水)
8	열3-7	서울	?	양반	여	박씨	정문	살해(刀殺)
9	열3-8	서울	이천	양반	여	성씨	정문	살해(斫殺)
10	열3-10	서울	이천	양반	여	박씨	정문	자결(墜崖)
11	열3-12	서울	?	양반	여	이씨	정문	살해(寸殺)
12	열3-13	서울	풍덕산	양반	여	이씨	정문	살해
13	열3-14	서울	?	양반	여	이씨	정문	자결(絶粒)
14	열3-15	서울	?	양반	여	한씨	정문	자결(投崖)
15	열3-16	서울	양주	양반	여	이씨	정문	살해(斬肢)
16	열3-17	서울	?	양반	여	한씨	정문	살해(縊死)
17	열3-28	서울	?	양녀	여	팽복	정문	살해(縊樹)
18	열3-29	서울	?	양녀	여	효환	정문	자결(投井)
19	열3-30	서울	삼각산	양녀	여	옥향	정문	자결(墜崖)
20	열3-41	서울	?	사비	여	언춘	정문	살해(刺殺)
21	열3-44	서울	?	사비	여	덕복	정문	살해(斫殺)
22	열3-47	서울	?	사비	여	가호	정문	자결(投井)
23	열3-49	서울	안협	양반	여	이씨	정문	자결(墜巖)-이덕형

24	열3-50	서울	고양	사비	여	환이	정문	살해
25	열3-51	서울	?	양반	여	신씨	정문	살해
26	열3-71	서울	북도	양반	여	이씨	정문	자결(縊死)
27	열3-78	서울	낭천	양반	여	이씨	정문	자결(投水)
28	열3-80	서울	?	양반	여	이씨	정문	상해(受刀)
29	열3-85	서울	등파도	양반	여	이씨	정문	살해(寸斫)
30	열3-86	서울	?	양반	여	이씨	정문	살해
31	열3-88	서울	?	양반	여	이씨	정문	자결(投水)
32	열3-94	서울	원주	양반	여	이씨	정문	자결(投城)-제갑처
33	열4-1	서울	?	양반	여	이씨	정문	살해(刳腹)
34	열4-36	서울	양주	양반	여	한씨	정문	자결(同縊)-3부녀
35	열4-39	서울	?	양반	여	김씨	정문	상해(斷臂)
36	열4-40	서울	양주	양반	여	김씨	정문	자결(自縊)
37	열4-41	서울	삭녕	양반	여	김씨	정문	자결(自縊)
38	열4-42	서울	김화	양반	여	김씨	정문	살해(割乳)
39	열4-52	서울	?	양반	여	심씨	정문	자결(刺項)
40	열4-70	서울	교하	양반	여	신씨	정문	살해(見殺)
41	열4-75	서울	파주	중인	여	황씨	정문	살해
42	열4-81	서울	가평	양반	여	홍씨	정문	자결(投江)
43	열5-33	서울	?	양반	여	민씨	정문	자결(自剄)
44	열5-35	서울	?	양반	여	민씨	정문	자결(投水)
45	열5-43	서울	?	양반	여	조씨외 2명	정문	자결(投水)
46	열5-44	서울	영평	양반	여	조씨	정문	익사(溺死)
47	열5-46	서울	?	양반	여	조씨	정문	자결(自縊)
48	열5-62	서울	장성	양반	여	권씨	정문	자결(佩刀)
49	열5-64	서울	?	양반	여	권씨	정문	살해(見斬)
50	열5-76	서울	황해	양반	여	윤씨	정문	살해(寸斬)
51	열5-77	서울	?	양반	여	오씨	정문	살해(斷頭)
52	열5-85	서울	함흥	양반	여	박씨	정문	자결(自剄)
53	열6-7	서울	?	양반	여	원씨	정문	자결(自刎)
54	열6-27	서울	영동	양반	여	박씨	정문	자결(自刎)
55	열6-34	서울	?	양반	여	정씨	정문	자결(自縊)
56	열6-48	서울	?	양반	여	정씨	정문	살해(斷頭)
57	열6-71	서울	?	중인	여	김소사	정문	자결(投井)

58	열6-79	경주	서울	양녀	여	?	정문	살해(寸斬)
59	열6-82	서울	?	양녀	여	향생	정문	살해(受刀)
60	열7-45	서울	?	중인	여	방소사	정문	자결(墜崖)
61	열8-11	서울	?	사비	여	건리개	정문	살해(寸斬)
62	열8-16	서울	황석산	양반	여	이씨	정문	살해(同死)-정유란
63	열8-28	서울	황석산	양반	여	한씨	정문	자결(自刎)-정유란
64	열8-61	서울	?	양녀	여	정씨외12인	정문	자결(同溺)-정유란

① 살해

▶ 刺胸(가슴을 찔러 죽임)

○ 金氏刺胸

〈원문〉

　金氏京都人長興庫令張逈之妻也壬辰倭亂夫以金吾郎隨　大駕西行金氏避賊坡州地爲賊所逼自縊于林木兒女救解得甦賊欲汚之金氏奮罵拔所佩刀刺其胸賊怒亂斫而去　昭敬大王朝旌門

〈해석〉

김씨는 서울 사람이니 장흥고령 장형의 아내이다. 임진왜란에 지아비 금오랑으로써 대가를 쫓아 서쪽으로 가니 김씨 도적을 피해 파주로 갔는데 도적이 핍박한 바 되어 스스로 숲속의 나무에 목을 매었으나 아이들이 구하여 겨우 살았는데 도적이 더럽히고자 하거늘 김씨가 발분하여 꾸짖고 차고 있던 칼을 빼어 그 가슴을 찌르자 도적이 노하여 어지러이 칼로 베고 갔다. 소경대왕조에 정문하시니라.

▶ 斬肢(사지를 베어 죽임)

○ 李氏斬肢

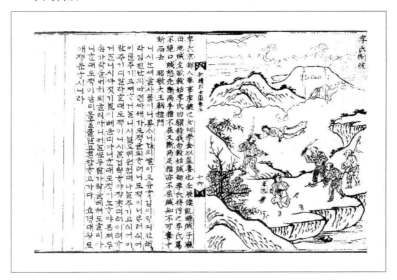

〈원문〉

李氏京都人奉事李鍵之女幼學金以益妻也壬辰倭亂避賊于麻田地賊至欲殺姑李氏曰願殺我勿殺姑賊刦李氏將汚之李氏罵不絶口賊怒先斷兩手指不屈又斷兩賊足指亦不屈賊知不可奪寸斬而死 昭敬大王朝旋門

〈번역〉

이씨는 서울사람이니 봉사 이건의 딸이고 유학 김이익의 아내이다. 임진 왜란에 마전땅에 가 도적을 피했는데 도적이 이르러 시어머니를 죽이고자 하거늘 이씨 가로되 원컨대 나를 죽이고 시어머니를 죽이지 말라 했는데 도적이 이씨를 겁탈하여 장차 더럽히려 하거늘 이씨가 꾸짖기를 입에서 그치지 아니하니 도적이 노하여 먼저 두 손가락을 베어도 굴하지 아니하거늘 또 두 발가락을 베어도 굴하지 아니하자 도적이 빼앗지 못함을 알고 촌참하고 가다. 소경대왕조에 정문하시니라.

▶ 割乳(젖을 베어 죽임)

○ 金氏割乳

〈원문〉

金氏京都人主簿李陶妻也避倭賊于金化地賊執而欲汚之金氏以兩手抱樹固拒奮罵之賊大怒割兩乳而去今 上朝旌門復戶

〈번역〉

김씨는 서울사람이니 주부 이도의 아내이다. 왜적을 김화 땅에 가 피하 더니 도적이 잡아 더럽히고자 하거늘 김씨가 두 손으로써 나무를 안고 굳 게 거슬러 분하야 꾸짖으니 도적이 크게 노하여 두 젖을 베고 갔다. 이에 상조에 정문 하시고 복호 하시니라.

▶ 寸斬(마디를 내어 죽임)

○ 元氏自刎

〈원문〉

貞敬夫人盧氏京都人府使盧景麟之女贊成李珥妻也素有婦德壬辰倭亂避 賊于坡州山中隱於贊成墓側以死自誓賊至將逼之盧氏罵賊不從賊殺之　昭 敬大王朝旋門

〈번역〉

정경부인 노씨는 서울사람이니 부사 노경린의 딸이고 찬성 이이의 아내이다. 본디 부덕이 있더니 임진왜란 때 도적을 피해 파주 산 속으로 가서 피했는데 찬성 무덤 곁에 가 숨어서 죽기로 스스로 맹세하였더니 도적이 이르러 장차 핍박하려 하거늘 노씨가 도적을 꾸짖고 따르지 아니하니 도적이 죽이니라. 소경대왕조에 정문하시니라.

② 자결의 사례

▶ 投江(강에 빠져 죽음)

○ 柳氏投江

〈원문〉

處女柳氏京都人縣監柳希聃之女府使尹晛之外孫女也年十四遇壬辰倭亂
隨外祖母金氏投江舟人欲以手授之柳氏仰天長○日苟且求活不如潔身而死
遂溺死 昭敬大王朝旌門

〈번역〉

처녀 유씨는 서울사람이니 현감 유희담의 딸이고 부사 윤현의 외손녀이다. 나이 14살 때 임진왜란을 만나 외조모 김씨를 쫓아 강에 빠지거늘 뱃사람이 손으로써 건지고자 하니 유씨 하늘을 우러러 길게 소리 질러 가로되 구차히 삶을 구함이 몸을 정결히 하여 죽음만 같지 아니하니라 하고 드디어 빠져 죽다 소경대왕조에 정문하시니라

▶ 投井(우물에 빠져 죽음)
○ 召史投井

〈원문〉

金召史京都人馬醫金應雲之女也爲倭賊所執力拒不從賊慕其美不忍殺其夫以細紬三十匹購出之時方孕一日解産卽沐浴訖謂其姑母曰雖不失節賊手屢及身所以不死者爲在腹兒也今兒已出不死何■遂自投井而死今 上朝旋門

〈번역〉

김소사는 서울 사람으로 마의 김응운의 딸이라. 왜적에게 잡히게 되어 힘써 거부하여 좇지 아니하였는데, 왜적이 그 아름다움을 사모하여 차마 죽이지 못하였다. 그 지아비가 고운 명주 30필로 구해내었다. 자식을 가져 해산하고 목욕을 다하고 그 시어미에게 말하기를 비록 절의를 잃지 않았으나 적의 손이 누차 몸에 닿았으나 죽지 아니한 것은 뱃속의 아기때문이라. 이제 아기를 낳았으니 죽지 아니하고서 살기를 어찌 구하랴. 드디어 스스로 우물에 몸을 던져 죽었다. 금상이 정문하시니라.

▶ **墜巖**(바위에서 뛰어 내림)

○ 李氏墜巖

〈원문〉

貞夫人李氏京都人鵝城府院君李山海之女判書李德馨妻也壬辰倭亂避賊
于安峽地賊將迫李氏自墜千丈巖下臂脚折傷而死 昭敬大王朝旌門

〈번역〉

정부인 이씨는 서울사람이니 아서부원군 이산해의 딸이고 판서 이덕형의
아내이다. 임진왜란 때 안협으로 가서 도적을 피했는데, 도적이 장차 핍박
하거늘 스스로 천길 아래 벼랑으로 떨어져 팔다리가 상하여 죽었다 소경대
왕조에 정문하시니라

　이씨 부인은 漢陰 李德馨(1561~1613)의 부인으로 오성 이항복과 함께
조선 중기를 대표하는 명신이다. 왜란 발발 직후 이덕형은 명에 請援使로
가서 명군을 요청하는데 성공했다. 그리고 1593년 1월 이덕형은 李如松의
명군과 함께 평양을 수복했다. 이덕형은 임란 동안 형조·병조(3회)·이조판
서(2회)의 요직을 역임했다. 특히 군무를 총괄하는 병조판서를 세 번이나
맡았다는 사실은 전란을 극복하는데 기여한 그의 능력을 보여준다. 뿐만아
니라 1597년 2월 李舜臣이 하옥되자 그를 적극적으로 변호하기도 했다. 그
러나 그의 아내 이씨는 명문가의 딸이었음에도 불구하고 비참한 최후를 격
기도 했다.

▶ 同溺(함께 물에 빠져 죽음)

　12명의 여자들이 왜적을 피해 한꺼번에 모두 물에 뛰어들어 죽는 경우도
있었다.

○ 烈婦同溺(열8-61)

〈원문〉

鄭氏沈諧之妻鄭氏㩧陜之妻皆京都人 李氏鄭咸一之妻朴氏咸一之子慶得之妻李氏咸一次子喜得之妻處女鄭氏咸一之女吳氏鄭雲吉之妻李氏鄭主一之妻金氏鄭憪之妻李氏憪子好仁之妻皆咸平縣人邊氏吳宏之妻吳氏金翰國之妻皆茂長縣人丁酉倭亂同舟避賊賊追及十二節婦皆投水而死今 上朝旌門

〈번역〉

정씨는 심해의 아내이고 정씨는 최첩의 아내이며 모두 서울 사람이다. 이씨는 정함일의 아내이고 박씨는 함일의 아들인 경득의 아내이다. 이씨는 함일의 둘째 아들 희득의 아내이다. 처녀 정씨는 함일의 딸이고 오씨는 정운길의 아내이며 이씨는 정주일의 아내이다. 김씨는 정절의 아들 호인의 아내이고 모두 함평현 사람이다. 변씨는 오굉의 아내이고 오씨는 김한국의 아내이며 모두 무장현 사람이다. 정유왜란에 같은 배를 타고 적을 피하다가 적에 쫓겨 12명 절부들이 모두 물에 뛰어들어 죽었다. 지금 임금께서 정문을 내리셨다.

또한 〈열녀편〉에서 여자들이 죽음을 택할 때 가장 많은 자결방식은 목을 매어 죽는 경우가 8건이었고, 그 다음이 스스로 목을 찔러 죽는 형태였다.

▶ **自縊**(스스로 목을 매어 죽음)
○ 金氏自縊

〈원문〉

金氏京都人縣令崔鐵剛子之衡妻避倭賊于楊州地賊鋒將迫恐被汚辱自縊

死今 上朝旋門

〈번역〉

　김씨는 서울사람이니 현령 최철의 아들 형의 아내다. 왜 도적을 양주 땅에 가 피하였더니 적봉이 장차 다다르게 되니 오욕할라 하자 스스로 목메어 죽었다. 이에 상조에 정문 하시니라.

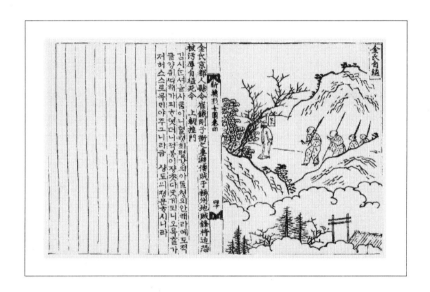

▶ 同縊(함께 목을 매어 죽음)

딸과 며느리 등 3부녀가 함께 죽었다.

○ 三婦同縊(열4-36)

〈원문〉

　韓氏京都人司瞻寺正韓絢女宗室　贈平陽君之妻也壬辰倭亂遇賊于楊州地韓氏知不免子婦李氏尹氏同縊而死李氏琅城君聖胤之妻忠義衛李弘章之

女尹氏綾城正明胤之妻忠義衛尹蕢男之女也皆京都人今 上朝旋門

〈번역〉
　한씨는 서울사람이니 사섬시판사 한현의 딸이오 종실 증평양군의 아내이다. 임진왜란에 도적을 양주 땅에서 만나 한씨 면치 못할 줄 알고 며느리 이씨 윤씨와 더불어 한 대 목 메달아 죽으니 이씨는 낭성군성윤의 아내고 충의위 이홍장의 딸이요 윤씨는 능성정명윤의 아내고 충의위 윤명남의 딸이니 다 서울사람이다. 이에 상조에 정문 하시니라.

▶ 自刎(스스로 목을 찔러 죽음)
　○ 朴氏自刎

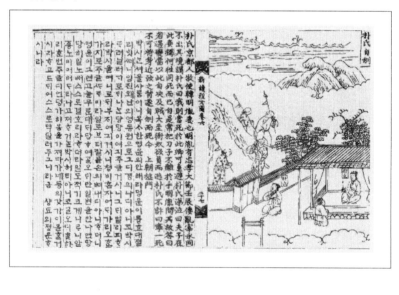

〈원문〉
　朴氏京都人牧使韓明胤妻也明胤有忠孝大節壬辰倭亂宰永同不出其境謂朴氏曰我則當死於此鄕可違避朴氏涕泣曰夫子在此妾獨何往同死而已自是

常把刀子不離於乎明亂問其故答曰若遇變當以此自決及賊大至衒奴欲負而
逃朴氏不許曰寧一死不可將身近汝之輩遂自刎而死今 上朝旋門

〈번역〉

박씨는 서울 사람으로 목사 한명윤의 아내라. 명윤이 충효대절이 있더니,
임진왜란의 영동원으로 그 경계로 나오지 않고 박씨에게 일러 가로되 "나
는 당당히 여기서 죽을 것이니 그대는 멀리 피하라." 박씨가 울며 말하길
"부자 여기 계시니 첩이 혼자 어디 가리오. 같이 죽을 따름이오." 이로부터
칼을 손에서 빼내지 아니하더니 명윤이 그 연고를 물으니 대답하여 가로되,
"만일 변을 만나면 당당히 스스로 자결하리라" 하더라. 왜적이 크게 이르니
종놈이 업어 달아나고자 하거늘, 박씨가 허락하지 아니하고 가로되, "차라
리 한번 죽을지언정 가히 몸을 가져다가 네 등에 가까이 몸을 거하겠느냐"
하고 스스로 목을 베어 죽었다. 상조에 정문하시니라.

4. 나오기

이상에서 임진왜란 당시 일본군의 서울 함락과정과 점령기간 중의 만행
과 인명피해의 참상을 살펴보았다. 일본군의 만행가운데 가장 심각했던 것
은 인명피해였으며, 가옥 및 건물의 파괴는 물론 각종 문화재를 약탈했다.
뿐만아니라 심지어는 왕릉(선·정릉)을 파헤치거나 도굴을 서슴치 않았다.
특히『광해군』대에 편찬한『동국신속삼강행실도』에는 서울 함락과정과 점령
기간 중의 서울 출신 인물들에 대한 피해 상황을 상세하게 기록하고 있다.

『동국신속삼강행실도』에 수록된 임진왜란 때에 인적 희생은 총 576건이
었고, 그것을 남녀 성비와 신분별로 분석해 보면 다음 표와 같다.

〈『동국신속삼강행실도』의 수록건수와 성비〉

	충신도	효자도	열녀도	합계
남	22	24		46(41%)
여	2		64	66(59%)
총계	24	24	64	112

인적피해는 모든 전쟁이 그렇듯이 여성이 남성보다 훨씬 많았다. 〈열녀도〉는 시기적으로 거의가 임진왜란 관련 사례이기도 하다. 그만큼 임진왜란 때 부녀자들의 희생이 컸음을 나타내는 기록이다. 또한 신분별로도 분석을 해보면 다음 표와 같다.

〈신분별 분류〉

	양반	양인	중인	천민	계
충신	21		1	2	24
효자	22			2	24
열녀	49	7	3	5	64
계	92(82%)	7(6%)	4(4%)	9(8%)	112

양반이 전체의 82%를 차지하고 있으며, 천민이 양인보다도 많은 희생을 보여주고 있다. 이 통계는 『동국삼강행실도』 전체를 분석했을 때 양반 대 양인이하 계층의 비율이 40% : 60% 인 것을 감안하면 이유는 정확히 알 수 없지만 서울지역에 양반 계층이 많이 살았다는 주거상황 때문이 아닐까.15)
한편 희생의 형태에 관해서는 매우 다양한 모습으로 기록되어 있다. 『동국신속삼강행실도』에 수록된 112건 가운데, 전사가 23건, 살해가 49건, 자결이 40건이다.

---

15) 손승철, 「조선시대 『행실도』에 나타난 일본의 표상」 『한일관계사연구』 37. 2010.12. 152쪽.

〈살해와 자결의 양상〉

	戰死	殺害											
		未詳	刺胸	刀殺	斫殺	斬肢	刺殺	受刀	刳腹	斷臂	斷頭	割乳	寸斬	斬腰
충신	20	2												
효자	3	18									1			1
열녀		9	1	1	3	1	1	2	1	1	2	1	4	
계	23	29	1	1	3	1	1	2	1	1	3	1	4	1

	自決													계
	同死	投江	投水	溺死	投井	同溺	墜崖	投城	結頭	絶粒	自刎	自縊	同縊	
충신			1									1		24
효자					1									24
열녀	2	3	5	1	3	1	5	1	1	1	6	7	1	64
계	2	3	6	1	3	2	5	1	1	1	6	8	1	112

그 구체적인 형태를 보면, 살해의 경우 刺胸(가슴을 찔러 죽임), 刀殺(칼로 죽임), 斫殺(무자비하게 죽임), 斬肢(사지를 자름), 刺殺(찔러 죽임), 受刀(칼을 맞아 죽음), 刳腹(배를 갈라 죽임), 斷臂(팔을 잘라 죽임), 斷頭(머리를 잘라 죽임), 割乳(젖을 잘라 죽임), 寸斬(마디를 내어 죽임), 斬腰(허리를 잘라 죽임) 등 잔인하게 죽임을 당하였다.

또한 자결을 하는 경우도 同死(함께 죽음), 投江(강으로 몸을 던짐), 投水(몸을 물에 던짐), 溺死(물에 빠져 죽음), 投井(우물에 몸을 던짐), 同溺(함께 물에 빠져 죽음), 墜涯(절벽에서 뛰어 내림), 投城(성에서 뛰어 내림), 絶粒(곡기를 끊고 죽음), 自刎(스스로 목을 찌름), 自縊(스스로 목매어 죽음), 同縊(함께 목매어 죽음) 등 여러 형태로 스스로 목숨을 끊었다.

서울지역의 인적 피해의 참상은 전쟁에 의해 죽거나 죽임을 당하는 것도 비참했지만, 더 문제는 도성민이 식량이 부족하여 굶어 죽는 상황이었다. 1593년 2월경 경기지역은 백성들의 굶어 죽은 시체가 길에 즐비했고, 수복 직후인 4월 20일 명군을 따라 서울에 들어 간 유성룡은 '성 안에 남아 있던 백성들을 보니 백사람 중에 한사람 생존해 있을까 말까하고, 생존해 있는 사람들도 모두 굶주리고 피폐하여 얼굴빛이 귀신이나 다름없었다."고 회고 할 정도로 도성의 식량난이 심각하였다.

1593년 7월 당시 조정에서 파악한 기아민의 수는 1만 7,000여 명이나 되었다. 수복 직후 도성의 인구가 5만 4,693명에서 3만 8,901명으로 줄었다. 도성민의 인구가 1/3이상이 사망해 버린 것이다.16)

물론 『동국심속삼강행실도』가 일본이나 일본인에 대한 경계심이나 적개심을 진작시키기 위한 직접적인 목적을 가지고 편찬한 자료는 아니다. 그러나 임진왜란에 대한 이러한 기억은 조선인들에게 이후 일본을 '불구대천의 원수'로 각인시켰으며, 씻을 수 없는 상처를 남겼던 것이다.

---

16) 『선조실록』 권50. 27년 4월 17일 을축. 서울역사편찬원, 『서울 2천년사』, 제12권 조선시대 정치와 한양, 2015, 121쪽.

〈토론문〉

〈임진왜란 때 서울지역의 인적 피해 실상〉을 읽고
- 동국신속삼강행실도 -

이상배 ┃ 서울역사편찬원

손승철교수님의 본 논문은 임진왜란 당시 일본이 서울에서 자행했던 여러 분야의 참상 가운데 인명 피해의 실상을 중심으로 정리하셨습니다. 손교수님은 조선시대 한일관계의 최고 전문가입니다. 비록 작은 주제이지만 이 글은 《동국신속삼강행실도》의 세부적인 기록을 바탕으로 아주 섬세하게 당시의 실상을 밝혀 주셨습니다. 이 글을 읽으면서 다양한 형태의 주검들과 이 실상을 통해 전쟁의 참상도 알 수 있었지만 다른 한편으로는 당시 살았던 조선인들의 삶의 가치, 행동 가치에 대한 조선 지식인들의 생각, 전쟁이 일반 백성들에게 끼치는 영향 등을 다시 돌아보는 계기가 되었습니다.

오늘의 대주제를 보듯이 어찌되었건 전쟁은 과거나 현재, 미래에서도 일어나서는 않되는 일입니다. 논문에서 밝혔듯이 서울에서만도 수 만 명의 인명피해가 발생했습니다. 본 글은 광해군 때 기록되었던 서울 출신 사망자 112명에 대한 구체적인 사례를 언급했을 뿐이니, 이를 전국적인 수치와 사례로 확대한다면 너무나 끔찍한 결과가 나타날 것은 자명한 일입니다. 논문에 대한 세부적인 토론 보다는 오늘 주제와 관련해서 큰 틀에서 한 가지만 여쭙고자 합니다.

우리 역사에서 보듯이 한국과 일본은 고대부터 현대까지, 아니 먼 미래까지 영원히 떨어질래야 떨어질 수 없는 관계입니다. 역사적으로 보면 상호

친밀하게 도움을 주고받으며 함께 성장한 시기도 있고, 민족의 약육강식 논리에 따라 도전과 응전의 시기도 함께 했습니다. 심지어는 오랜 기간 상대국을 식민지화 하면서 깊은 상처를 안겨 주기도 했습니다. 이를 계기로 한국에서는 '가깝고도 먼 나라'라는 인식을 갖게 했고, 앞으로도 함께 하기 어려운 민족이라는 어두운 이미지가 오랜 시간 굳어져 내려오고 있는 것이 사실입니다. 아마도 현대인들이 가지고 있는 일본에 대한 부정적인 인식은 제국주의 시대 일제 강점으로부터 연유될 것입니다. 그리고 보다 더 멀리 그 근원을 찾아 간다면 임진왜란이요, 그 이전에는 왜구의 침략까지 거론될 수 있을 것입니다.

고려 말 조선 초 왜구의 잦은 침략으로 괴로움을 겪던 조선은 대마도를 정벌한 이후 양국의 통신사 왕래를 통해 문화 교류를 추진했지만 200년 만에 다시 대대적인 일본의 침략을 맞이했습니다. 전쟁의 참상을 겪은 조선은 피해 복구는 물론 민심의 안정도 제대로 추스를 겨를이 없었습니다. 이어진 인조반정과 이괄의 난, 정묘호란, 병자호란 등 계속된 환란으로 조선 역사에서 이 40여 년간은 가장 어려운 시기였을 겁니다. 역경을 겪은 이후 조선은 전쟁의 상처를 치유하고 이웃 나라들과 다시 화해를 모색해 갔습니다. 일본과의 화해무드는 통신사를 통해 이루어졌습니다. 그러나 이러한 노력도 300년이 흘러 전쟁의 아픔이 잊혀져갈 무렵 일본은 또 다시 한반도를 침략하여 식민지화하였습니다. 해방 이후 식민지화에 대한 뿌리깊은 상처는 아직도 아물지 않고 70여 년이 흘렀건만 양국의 갈등 소지는 평행선을 달리고 있는 느낌입니다.

우리는 현대의 산적한 갖가지 문제들을 슬기롭게 헤쳐 나가고자 역사를 배우고 연구합니다. 조선시대 이후 두 번의 큰 전쟁과 식민지를 겪었고, 그에 대한 치유와 화해의 길도 똑같이 반복하며 양국은 머리를 맞대고 있습니다. 이러한 관점에서 조선시대 한일관계사를 전공하진 선생님의 고견을 듣고 싶은 생각이 있습니다.

　임진왜란 이후 조선과 일본은 통신사를 매개로 다시금 문화 교류를 하고 갈등을 최소화 하는 등 양국의 관계를 300여 년간 유지해 왔습니다. 임진왜란 이후 일본이 취한 행동과 식민지화 이후 일본이 취한 행동을 비교해서 평가하신다면 오늘날 일본이 어떤 태도를 취해야 진정한 화해와 미래 평화를 위한 자세라고 생각하시는지요. 같은 논리로 조선이 전쟁 이후 취한 일본에 대한 인식이나 정책과 해방 이후 한국이 일본을 대하는 자세를 비교해서 오늘날 한국이 취해야 할 스탠스는 무엇이라고 생각하시는지요. 물론 두 시기를 같은 잣대로 평가한다는 것은 무리가 있겠지만 아무리 산업이 발달하고 문화가 빠르게 변화한다고 해도 기본적으로 양국이 가져야 할 최소한의 자세와 키워드는 크게 다르지 않을 것이라고 생각합니다. 양국의 관계사를 전공하신 전문가적 입장에서 선생님의 고견을 부탁드립니다.

제 2 부
치유와 화해

己酉約條の締結・施行過程と對馬の「藩営」貿易

荒木和憲｜日本國立歷史民俗博物館

はじめに

「壬辰戰爭」[1](文祿・慶長の役、壬辰・丁酉倭亂)の講和交渉に關しては、一定の研究蓄積がなされ、その大枠は明らかとなっている[2]。ただし、主たる史料として利用されてきたのは、『朝鮮王朝實錄』や『通航一覽』などの編纂史料(二次史料)である。それゆえ、講和交渉の過程をより精密に分析するためには、一次史料ないしは同時代性の高い史料を併用していく方法が必要である。

こうした問題關心のもと、報告者は日朝往復外交文書である書契に

---

1) 鄭杜熙・李璟珣編著『壬辰戰爭』(明石書店、2008年)。

2) 著書としては、中村榮孝『日鮮關係史の研究』中(吉川弘文館、1969年)、田中健夫『中世對外關係史』(東京大學出版會、1975年)、田代和生 『書き替えられた國書』(中央公論社、1983年)、三宅英利『近世日朝關係史の研究』(文獻出版、1986年)、李啓煌『文祿・慶長の役と東アジア』(臨川書店、1997年)、孫承喆 『近世の朝鮮と日本』(明石書店、1998年、原著1994年)、貫井正之『豊臣・德川時代と朝鮮』(明石書店、2001年)、仲尾宏・曺永祿編著 『朝鮮義僧將・松雲大師と德川家康』(明石書店、2002年)、中野等『文祿・慶長の役』(吉川弘文館、2008年)など。論文としては、高橋公明「慶長十二年の回答兼刷還使の來日についての一考察」(『名古屋大學文學部研究論集』 92・史學31、1985年)、米谷均 「近世初期日朝關係における外交文書の僞造と改竄」(『早稻田大學大學院文學研究科紀要』41・第4分册、1995年)、洪性德「壬辰倭亂直後日本의對朝鮮講和交渉」(『韓日關係史研究』3、1995年)、洪性德「조선후기 한일외교체제와 대마도의 역할」(『동복아역사논총』41、2013年)など。

注目している。對馬藩で編纂された外交文書集である 『善隣通書』『万暦・天啓・崇禎年中不時來書』『万暦歲條來書』、あるいは外交僧景轍玄蘇の文案集 『仙巢稿』などに收錄された書契は3)、米谷均氏の研究4)を除けば、講和交渉期の研究に十分に活用されてこなかった。しかし、これらの文書集に收錄された書契と既知の書契を合わせると、1598年から1615年までに絞っても、約320通を確認することができる。もちろん當該期の原本は限られており、草案や寫本が多くを占めるという危險性をともなうが、外交交渉の過程を復元するにあたっては積極的に活用すべきである。

こうした問題意識にもとづき、筆者は1598年から1607年に至るまでの日朝講和交渉の過程を別途檢討したことがある5)。その要点は記せば、次のとおりである。

朝鮮は 「帝王待夷之道」という講和推進の論理にもとづき、對馬にたいする羈縻の再開を1601年に宣言して以降、從來の權益の復舊を段階的に認めていった。1604年の釜山浦における貿易の許可が講和の成立であることは朝鮮・對馬双方が認識していた。1605年以降、對馬側は 「帝王待夷之道」に迎合するように 「東藩」としての立場を明確に示し、諸權益の復活を漸次的に進めつつ、その一方で德川政權(幕府)の指示のもとに 「通信使」の招聘に奔走した。その過程で發生した解決困難な矛盾は國書僞造などの僞計で乗りこえ、朝鮮側も 「帝王待夷之道」という論理のもとにこれを不問に付した。

このような講和交渉の過程で顯在化した、朝鮮─對馬間における「帝

---

3) いずれも「對馬宗家文書」(國史編纂委員會)のなかに伝存する。
4) 米谷均「松雲大師の來日と朝鮮被虜人の送還について」(前揭仲尾・曺編著書所收)。
5) 荒木和憲「「壬辰戰爭」の講和交渉」(關口グローバル研究會發行『SGRAレポート』揭載予定)。

王」と「夷」「東藩」という關係性は、その後の外交交渉にどのような作用
を及ぼしたのであろうか。本稿では、この問題を念頭におきつつ、
1607年の日朝講和成立後、1609年に己酉約條(對馬－朝鮮間の貿易協定)
が締結され、1611年に施行されるまでの交渉過程を時系列に沿って明
らかにする。その上で、對馬の初期の 「藩營」貿易の實態を檢討するこ
とで、約條の施行前後に表面化する上京問題の意味を経濟的な側面か
ら追究する。

1.　己酉約条の締結過程(1607年9月~1609年7月)

①　1607年(慶長12・万暦35・宣祖39)

　9月、禮曹は參議朴東説の名で宗義智に書契を送り[6]、被虜人64名の
送還に謝意を表するとともに、今後も被虜人送還を継續すれば、對馬
側の「口糧」の負担が重くなるので、今回支給する大米200石を備蓄して
使用するように伝えている。

　10月には禮曹が參議柳寅吉の名で宗義智に書契を送り[7]、被虜人11名
の送還について謝意を表している。このとき義智宛ての東萊府使書契
と釜山僉使書契も伝達されており[8]、いずれも被虜人11名の送還を禮曹
に 「轉報」した旨が記される。同一の案件について、禮曹參議・東萊府
使・釜山僉使の書契が作成・伝達されたことが確實なのは、この事例が
初見であり、東萊・釜山を窓口とする近世日朝外交が機能しはじめたこ

---

6)　万暦35年9月11日禮曹參議朴東説書契寫(『善隣通書』17)。
7)　万暦35年10月日禮曹參議柳寅吉書契寫(『書翰廿四本』『分類記事大綱附録』)。
8)　万暦35年10月日東萊府使李信元書契寫・釜山僉使洪畯書契寫(『善隣通書』17、『不時
　　來書』)。

とを示している。

　12月、禮曹は義智に對し、對馬からの漂着船を來使に託して送還することと、および求請品の藥材を給付することを傳えている[9]。近世日朝外交における日本人漂流民の送還は1618年以降の事例が知られているが[10]、それを遡る事例である。

　日朝國交回復直後の對馬—朝鮮間の通交關係は、書契授受のシステムが機能しはじめ、被虜人・漂流民の相互送還によって安定的に推移しているが、新しい貿易協定である己酉約條の締結への動きはみられない。

② 1608年(慶長13・万暦36・宣祖40・光海君即位)

　2月1日、日朝講和を推進してきた宣祖が薨じ、まもなく光海君が即位する。この情報は同年夏頃までは對馬側に傳わっておらず、秋頃から對馬—朝鮮間の交渉に影響が及ぶようになる。

　3月16日付の義智宛て禮曹參議柳寅吉書契によると、義智からの求請品の調達に時間を要している旨の回答をしているが、その具体的な品目は不明である[11]。このとき3月20日付の東萊府使書契、および3月26日付の釜山僉使書契が傳達されており[12]、朝鮮側の書契作成の手順が窺える。

　4月21日付の義智宛て柳寅吉書契[13]によると、求請のために來航した

---

9)　万暦35年12月日禮曹參議柳寅吉書契(『善隣通書』17)。
10)　李薫著・池内敏譯『朝鮮後期漂流民と日朝關係』(法政大學出版會、2008年、原著は2000年)。
11)　万暦36年3月16日禮曹參議柳寅吉書契寫(『不時來書』)。
12)　万暦36年3月20日東萊府使李安訥書契寫・同年3月26日釜山僉使洪畯書契寫(『不時來書』)。
13)　万暦36年4月21日禮曹參議柳寅吉書契寫(『善隣通書』17、『不時來書』)。

　義智の使者の滯在が長引いたため、後續の使者が來航し、その　「回舺」
(對馬への出航)を要請するとともに、被虜人2名を送還している。ただ
し、4月29日付で釜山僉使は義智に「前价回舺、後舮下碇」と伝えている
ので[14]、まもなく出航したようである。

　7月11日付の義智宛て柳寅吉書契[15]には、對馬から被虜人が送還され
てきたことが記される。この書契と入れ違うように、6月20日付で禮曹
參議および東萊府使・釜山僉使宛ての義智書契が作成・送付されてお
り[16]、蜜臘100斤を求請するとともに、「吾國王」(德川秀忠)が　「信使」(通
信使)の派遣に謝意を表しようとしていること、柳川智永(景直[17])の歸
島を待って　「飛船」を朝鮮に派遣するつもりであることを伝える內容で
ある。同日付の釜山僉使宛て景轍玄蘇書契[18]には、蜜臘は　「吾殿下」(秀
忠)に獻上するためのものであること、「殿下」としては　「信使」への謝禮
が濟まないうちに求請するわけにはいかないので、義智の　「私求請」と
いうかたちをとったことが記される。

　7月日付の禮曹參議宛て柳川智永書契[19]の內容をみると、智永は7月23
日に對馬に歸島したこと、「吾殿下」は　「大臣」を派遣しようとしていた
が、謝使の派遣を「陋島」(對馬)に命じられるように訴えて認められたこ
と、智永が朝鮮に渡航して　「國命」を傳達するつもりであることが記さ
れている。

　德川秀忠が通信使に對する　「回禮使」の派遣を企圖した事實は確認で

---

14)　万曆36年4月29日釜山僉使李天文書寫(『不時來書』)。

15)　万曆36年7月11日禮曹參議柳寅吉書契寫(『書契廿四本』、『分類紀事大綱附錄』)。

16)　万曆36年6月20日宗義智書契案(『仙巢稿別本』)。

17)　柳川智永は朝鮮に對しては一貫して　「景直」と稱している。「景」は義智の初名昭景
　　の偏諱であり　「景直」は智永の初名である可能性もある。本稿では、引用文を除
　　いて「智永」に表記を統一する。

18)　万曆36年3月20日景轍玄蘇書契案(『仙巢稿別本』)。

19)　万曆36年7月日柳川景直書契案・寫(『仙巢稿別本』、『善隣通書』5、『善隣通書』5・6)。

きないため、對馬側が「國命」の伝達と称して「國王使」(僞國王使)を仕立てるための布石を打ったものといえる。

「國王使」の派遣は卽座には實行されなかった。この段階で先王宣祖の薨去の情報が對馬側に伝わったためである。8月10日付の東萊府使・釜山僉使宛て義智書契[20]には、「先使平智淸回告、以 先王崩殂之事、雖然、禮曹及閣下報章無此事」とある。これまで禮曹および東萊府使・釜山僉使の書契に宣祖薨去の事實が記されたことはなく、6月20日付の義智書契(前出)を携えて渡航した使者 「平智淸」(大浦智淸ヵ[21])が初めて伝えてきた情報であった。そこで義智は情報の眞僞を確認するため、「平智房」(中原智房ヵ[22])を派遣し、東萊府使・釜山僉使に速やかな回答を求めたのである。

このとき義智は8月10日付の禮曹參議宛て書契[23]、および同日付の東萊府使・釜山僉使宛て書契(前出)を 「平智正」[24]に託している。前者は、智永に 「國命」を伝達させようとしていたところ、「先王崩殂」の報に接したこと、「東藩鎭臣」の立場としては、「澆奠之禮」を濟まさないうちに智永を渡航させれば、「禮度」を失するので、智永の渡航を延期していること、ひとまず平智正を派遣するので、「澆奠之禮」を行わなくても「國命」を伝達してよいかどうかの回答を受けたいこと、を伝えるものである。冒頭で述べたように、對馬側は1605年以降に 「東藩」の言説を持ち出し、日朝講和を促進してきた経緯があるだけに、「東藩鎭臣」としての

---

20) 万暦36年8月10日宗義智書契案・寫(2通)(『仙巣稿別本』、『善隣通書』5・6)。

21) 「宗家文書」元和3年4月18日宗氏家中連署起請文寫によれば、宗氏家中に「智淸」を諱とする人物は、大浦彦右衛門智淸・早田七左衛門智淸・藤松四郎右衛門智淸の3名が確認される。大浦氏は本姓が平であり、中世末期の段階から宗氏の直臣として活動している。

22) 前掲元和3年4月18日宗氏家中連署起請文寫に中原狩野助智房の名がみえる。

23) 万暦36年8月10日宗義智書契案・寫(『仙巣稿別本』、『善隣通書』5、『善隣通書』5・6)。

24) 宗家家中に「智正」を諱とする人物が多數存在し、現段階での比定は困難である。

「澆奠之禮」を欠いたまま、時期尚早に「國王使」を派遣することで、約條締結交渉に惡影響を及ぼすことを懸念していたのである。

それから3ヶ月が経過し、11月15日付の東萊府使・釜山僉使宛て義智書契[25]によると、「源信安」[26]を使者として遣わすこと、「香使」(進香使)の派遣が濟んでいないため、「吾殿下謝使」が遲延していること、過日に平智正を派遣したが、禮曹參議の「報章」(回答書契)がないこと、「兩足下之書」(府使・僉使の書契)にもとづき、「謝使」の正使玄蘇・副使智永が準備を整えたので、12月には釜山浦に到着すること、が伝えられている。「兩足下之書」に相當する書契は見出せないが、府使・僉使名で「香使」は不要との意思を伝達したのであろう。

それからまもなく、禮曹參議書契が伝達されたようで、翌年の禮曹參議宛て義智書契[27]には「伝承 先王崩殂矣、快早雖要差香使、閣下報章曰、 國使未來、約條未定、而先行 進香之禮、事体未安、敢辭云々々」とある。「閣下報章」(禮曹參議回答書契)において、「國使」が到來せず、約條も締結していないのに、義智が先に「進香之禮」を行うのは道理に合わないとして、進香使の派遣を謝絶する旨が伝えられていたのである。

これをうけて、12月16日付の東萊府使・釜山僉使宛て義智書契[28]が作成された。「吾殿下謝使」である玄蘇・智永を派遣するにあたり接待を請う内容である。義智は進香使の謝絶という明確な回答を受けたうえで、國王使(回禮使)を優先して派遣したのである。また、「余皆陋嶋人、而不雜本邦人也、待禮、請應應之」とも述べ、隨行員がすべて對馬島人であることを伝え、國王使の使送人として應接されるよう請うて

25)　万暦36年11月15日宗義智書契案・寫(『仙巣稿別本』、『善隣通書』5、『善隣通書』5・6)。

26)　柳川智永は源信安を「家官」と称しており(後述)、柳川氏の被官であることがわかる。「信」字は柳川調信の偏諱である。

27)　(万暦37年)月日未詳宗義智書契案・寫(『仙巣稿別本』、『善隣通書』5、『善隣通書』5・6)。

28)　万暦36年12月16日宗義智書契案(『仙巣稿別本』)。

いる。偽國王使の運用を再開するにあたり、從來どおりに應接される
よう畵策したものといえる。

③ 1609年(慶長14·万曆37·光海君1)

日本國王使を迎接する宣慰使は、前年正月には既に李志完に決定し
ており、禮曹は東萊府に「倭人接待」「約條節目」の檢討を命じる「關」(命
令文書)を發している[29]。さらに、禮曹が東萊府に 「倭人接待改勘事目」
について關を發するなど[30]、約條締結交涉にむけた周到な準備を行っ
ていた。

さて、2月10日付の東萊府使·釜山僉使宛て柳川智永書契[31]には、昨
年12月1日に對馬府中(嚴原)を發したが、風が不順のため佐須奈浦で東
風(順風)を久しく待っているので、その事情を「飛船」を遣わして說明す
ること、現在の 「通信船」はとても小さくて 「雜物」を積載できないの
で、數十余隻の船団で渡航するつもりであることが記されている。

國王使の釜山到着日に關しては、景轍玄蘇は惟政宛ての書契[32]で2月
28日と伝えているが、玄蘇の記錄[33]によると、府中を出發したのは2月
2日で、佐須奈を出航して「釜山浦新館」(豆毛浦倭館)に入ったのは3月18
日であるという。また、宣慰使李志完は3月22日に客使·從倭·格倭300
余名が上陸し、倭館に入ったと中央政府に馳啓している[34]。國王使の
行程に關しては、史料によって齟齬があるようにみえるが、國王使船

---

29) 『接待事目錄抄』戊申正月條(ソウル大學校奎章閣所藏『東萊府接倭狀啓謄錄可考事目錄
　　抄冊』による)。
30) 『接待事目錄抄』戊申2月條。
31) 万曆37年2月10日柳川景直書契案(『仙巢稿』、『仙巢稿別本』)。
32) (万曆37年)月日未詳景轍玄蘇書契案(『仙巢稿別本』)。
33) 『仙巢稿』上。
34) 『光海君日記』元年3月丁未(26日)條。

の構成が大船・中船・小船をあわせた13隻で、乘員が324名であったとされること35)に鑑みれば、13隻が2月下旬から3月中旬にかけて順次釜山浦に到着し、使節・乘員の倭館への收容が最終的に完了したのが3月22日であったと考えられる。

　最初に到着したのは都船主の「平智廣」(杉村智廣36))とみられ、3月2日、宣慰使李志完に對し、「商賈」に命じて「開市」(私貿易)を行うよう求めている37)。正使の玄蘇が到着したのは3月18日で、翌19日には宣慰使・東萊府使・釜山僉使との酒宴が催され、玄蘇は詩文のなかで「新館賀」(倭館建設の慶賀)を述べている38)。26日に慶尙道觀察使が釜山に到着し、上京は許可しないとの「朝廷事目」が宣慰使に傳達され、宣慰使と國王使との間で折衝が行われた39)。このため、玄蘇・智永は3月28日に宣慰使へ書契を送り40)、釜山での國書授受の見直しを求めている。その要求にさいし、對馬は兩國の中間にあり、戰端が開かれれば眞っ先に戰禍を蒙るため、「和平」に盡力しているのであり、「貴國平安」は「對馬之平安」にかかっているとの主張をしている。

　4月2日、譯官の朴大根・金孝舜が國王使に開諭し、かつ宣慰使と慶尙道觀察使が「修書」して理解を求めたため、國王使は上京を斷念し、3日に「釜山館」で國書を呈した41)。その宣慰使の「書」に相當するのが玄蘇・

---

35) 『接待事目錄抄』己酉3月條。

36) 杉村氏は宗氏庶流の佐須氏(佐須郡代家)が改姓したもので、杉村采女智廣は義智沒後に義成を補佐した「國政を被成御談議候衆中」の一人に數えられる有力家臣である(「宗家文書」交名錄、「杉村家文書」)。

37) (万曆37年3月2日)杉村智廣書契案(『仙巢稿別本』)。

38) 『仙巢稿』上。

39) 『光海君日記』元年4月癸丑(2日)條。

40) 万曆37年3月28日景轍玄蘇・柳川景直連署書契案(『仙巢稿別本』)、『光海君日記』元年3月庚戌(29日)條。

41) 『光海君日記』元年4月丙辰(5日)・己未(8日)條、『接待事目錄抄』己酉4月條。

智永宛ての李志完書契[42]とみられる。「金・朴兩譯」を「釜山館」に遣わし、「書契」と 「節目」を國王使に伝達させたことに触れたうえで、「大恤」のため 「詔使」(明使)が續々と到來するなかで、「王京」に向かいたいというのは妥當ではなく、釜山で「書契」(國書)を接受し、「約條」を締結するというのは、對馬のために行っていることである、との回答が記されている。

一方、「歲遣船」(對馬島主歲遣船)は平時の例により25隻とする方針が前年に決定されていた[43]。4月5日、智永は宣慰使に對する書契[44]において、

　　歲遣船・受圖書・受職および「商賈」によって、「窮士」は富み、民も富んできました。これは貴國が「東藩」を「堅固」にしようとしたからです。ところが、[1512年の壬申約條と1557年の丁巳約條により]歲遣船が50隻から30隻になったため、「東藩」は半ば 「摧頹」(衰微)してしまいました。そのため、「正統八年」の例[1443年の 癸亥約條]を復活させ、「東藩」を堅固にしていただきたいのです

との論理で、癸亥約條の復活を要求している。對馬側は「東藩」の論理を驅使し、戰前まで施行されていた丁巳約條の復活ではなく、癸亥約條の復活を要求したのである。かなり飛躍した要求のようにみえるが、あえて癸亥約條の復活という最大限の要求をしたうえで、最終的に丁巳約條と同程度のラインで妥結することを意圖したのであろう。

智永が宣慰使に送った別の書契[45]によると、慶尙道觀察使との「初會之日」(3月26日)に歲遣船は20隻であると通告されたため、「正統以來歲船

---

42) (万曆37年)月日未詳宣慰使李志完書契寫(『仙巢稿別本』)。

43) 『接待事目錄抄』戊申3月條。

44) 万曆37年4月5日柳川景直書契案(『仙巢稿別本』)。

45) (万曆37年)月日未詳柳川景直書契案(『仙巢稿別本』)。

之事」(癸亥約條の歳遣船規定)を「短書」(4月5日付書契)で訴えたのだとい
う。しかし、宣慰使からの回答はなく、「僉知」(譯官)が15隻と通告して
きたり、後日あらためて20隻と通告してきたりしたという。これに對
し、智永は「藩鎭之節」を盡くせるはずがないと反發している。この段
階で歳遣船を25隻ではなく20隻とすることが規定路線となっていた
が、譯官との交渉のなかで混亂が生じたらしい。

　「歳遣船」に關する交渉と併行し、「受圖書」「受職」に關する交渉も進め
られた。4月6日、智永は宣慰使に對して書契を呈し[46]、宗熊壽(3隻)・宗
熊滿(3隻)・宗盛氏・宗澄泰の「使船」、および受職人の停止によって對馬
は衰微しており、「東藩」とは名ばかりであると訴えたうえで、「仁恩」を
蒙り、島内の「諸卒」に「藩鎭之義」を全うさせるようにというのが亡父
調信の遺言であると述べている。また、留船主「藤永正」[47]らについて、
松雲・孫文彧の來島時(1604年)、および通信使來日時(1607年)の護送に功勞
があったとして授職を求め[48]、平胤吉・平調連については、戰中に臨海
君・順和君に忠義を盡くしたとして、平胤吉と平智之(調連の子という)
への授職を求めている[49]。

　5月、光海君から「日本國王」への回答國書が作成された[50]。これに付
隨する禮曹書契は確認できないが、東萊府使・釜山僉使が義智に對して
「禮曹書」を「遞報」(伝達)する旨を伝えている[51]。そして6月、回答國書は

---

46) 万暦37年4月6日柳川景直書契案(『仙巣稿別本』)。
47) 藤永正の「永」字は、柳川智永の偏諱であるから、柳川氏の被官とみなされる。
48) (万暦37年)月日未詳某[柳川景直]書契案(『仙巣稿別本』)。
49) (万暦37年)月日未詳柳川景直書契案(『仙巣稿別本』)。平胤吉と平調連・平智之父子に關
　　しては未詳。ただし、「調連」は柳川調信の初名と同じであること、臨海君・順和君
　　への忠節が事實かどうか疑わしいことからみて、柳川智永が受職人の増加のた
　　めに仕立てあげた架空人物である可能性もある。「調連」の子とされる「智之」に關
　　しては、智永の従兄弟である「智幸」と日本音で音通する。
50) 万暦37年5月日光海君國書寫(『續善隣國宝記』、『方策新編』4)。

釜山で授受された[52]。

　約條に關しては、5月に「十二件約條」(己酉約條)が「講定」(締結)され、歳遣船は20隻、歳賜米豆は100石となり、智永・橘智正(井手智正)らが受職した[53]。義智(「島主」)以外の 「受圖書」は認められず、「受職」も限定的であり[54]、對馬側の通交權益は大幅に縮減されることとなったのである。また、6月には特送船3隻を歳遣船20隻に含めることが通告されている[55]。

2. 己酉約条の施行過程(1609年8月~1611年)

① 1609年(慶長14・万暦37・光海君1)

　正使の玄蘇は、對馬に無事に歸還した旨を8月6日付で譯官の朴大根に伝えるとともに、後日「商奴」を遣わすつもりではあるが、「少憩堅約之事」、すなわち當面は約條の施行を保留するとの意思を伝えている[56]。宗義智も禮曹參議に書契を送り[57]、使者の「藤智嗣」[58]に被虜人8名を送還させることを伝えたうえで、圖書を受給したが、特送船3隻を歳遣船20隻のうちに含められたのでは「東藩」は「摧頹」(衰微)してしま

---

51)　万暦37年5月日東萊府使李安訥書契寫・同釜山僉使尹先正書契寫(『不時來書』)。

52)　『接待事目錄抄』己酉6月條。

53)　『接待事目錄抄』己酉5月條。

54)　藤永正の受職が實現するのは1625年のことである(前揭洪性德論文)。

55)　『接待事目錄抄』己酉6月條、『光海君日記』元年6月丁丑(28日)條。

56)　己酉8月6日景轍玄蘇書契案(『仙巢稿別本』)。

57)　万暦37年8月日宗義智書契案(『仙巢稿別本』)。

58)　藤智嗣の「智」字は、宗義智の偏諱であるから、宗氏の被官とみなされるが、「智嗣」という人物は確認できない。日本語の音通から 「智次」であるとすれば、宗氏家中に多数存在するため、現段階での比定は困難である。

うと訴え、「留約條」(約條施行の保留)との意思を伝えている。また、義智は關東に赴き、「殿下」(德川秀忠)に「國報」(光海君國書)と「約條」について報告すること、圖書は「殿下」の「台覽」を経たのちに押すので、今回の書契には「手押」(花押)を用いることを伝えている。

　ただし、國王使が偽使である以上、幕府に對して、「約條」はともかく、「國報」が報告されるはずはない。書契に圖書を押すことを避けたのは、それを押すことで己酉約條の施行に合意したとみなされないようにするためであろう。柳川智永の書契59)では、義智は「殿下之言」を聞き、「閣下」(禮曹參議)に稟議しているのであって、約條を「私定約」するものではないと強調している。己酉約條を有利な方向に改定するため、幕府の威を借りたものとみられる。

　智永は別途禮曹參議に書契を送り60)、「父之職」(亡父調信の同知中樞府事)を世襲したが、玄蘇にも圖書を賜給されるよう求めている。また、「約條」が「先規」に違えているとして不滿の意を示すとともに、倭館の開市に集う「市人」が零細で、「商物」の賣買が成立しないことから、「東藩」は有名無實であると訴えている。

　このように、對馬側は幕府の威を借りつつ、「東藩」の言說を強調し、朝鮮側から約條の改定について讓步を引きだそうとしていたのである。義智が幕府に對して正確な情報を伝達したとは考えられないが、關東への參府の部分に關しては、全くの虛偽として片づけることはできない。義智が東萊府使・釜山僉使に宛てた書契61)には、約條を締結していながら、「香使」が遲延するのは「東藩之義」を失するので、平智直(内

59) (万曆37年)月日未詳柳川景直書契案(『仙巢稿別本』)。
60) 月日未詳柳川景直書契案(『仙巢稿別本』)。
61)「慶長14年」月日未詳宗義智書契寫・案(『善隣通書』5、『善隣通書』5・6、『仙巢稿別本』)。
　　『善隣通書』は書契記載の明年号を日本年号に改變して收錄しているため、『仙巢稿別本』に年号の記載がない場合は、便宜的に「慶長14年」のように表記することにする。

野勘左衛門智直)[62]を遣わして「進香之禮」を行うと伝えている。そのうえで、「陋島留鎭」(對馬の留守居)を「平智就」(宗智順[63])と「平康幸」(未詳)に命じたので、あらかじめ兩名の「手押」(花押)を書面で伝えること、もし義智らが歸島するまでに釜山に「通信」する必要が生じたときには、智就・康幸兩名の「手押」を用いることも伝えている。

義智が對馬を不在にする理由は、智永の書契[64]によると、8月中旬に義智・智永らが「東行」(關東參向)するためであるという。この年の10月に大御所德川家康は諸大名に密令を下し、12月中に江戸に參府して越年するよう要求している[65]。これは近世幕藩体制を特色づける參勤交代が定着しつつあることを示すものであり、1611年3月に豊臣秀賴が家康・秀忠父子に謁見したことを契機に確立したとされる[66]。こうした情勢に鑑みれば、義智が江戸に參府したことを直接証明する國内史料を欠くものの、1609年冬から1610年春にかけて江戸に滯在していたと考えられるのである。

10月、禮曹は義智宛ての書契を作成し[67]、被虜人9名の送還を謝したうえで、「壬辰以前受職圖書人」(受職人・受圖書人)の復活は「擧論」せず、「近年表有功勞者」にのみ授職・授圖書することとし、玄蘇に圖書を授け、智永・井手智正・源信安には同知中樞府事・僉知中樞府事・司猛の官職を授けると伝えている。「壬辰以前」からの受職人に關しては、己酉約條の第6條に「平時受職人則免罪幸、不擧論事」とあることを踏まえたもの

---

62) 後揭の表1參照。

63) 宗智順は宗義智の甥(義智の兄義純の子)である(拙著『中世對馬宗氏領國と朝鮮』山川出版社、2007年)。少なくとも1615年8月までは初名の「智就」を名乗っている(「初村家文書」慶長20年8月15日宗智就官途實名宛行狀)。

64) 「慶長14年」月日未詳柳川景直書契寫(『善隣通書』5、『善隣通書』5・6)。

65) 『當代記』慶長14年10月條。

66) 丸山雍成『參勤交代』(吉川弘文館、2007年)。

67) 万曆37年10月20日禮曹參議柳澗書契寫(『善隣通書』4)。

であるが、受圖書人に關しては、第1條の「館待」(國王使・島主歳遣船・島
內受職人)の對象から除外されているので、「近年表有功勞者」であろう
と、復活は認められないはずである。しかし、朝鮮側は玄蘇は特例と
して、約條と矛盾する對應をとったのである。とはいえ、特送船を歳
遣船の枠內に收めること(第3條)や、國王使船の副船數(第2條)を變更し
ないことを傳え、基本的には約條を堅持する姿勢を示している。そし
て、來年正月から歳遣船を再開し、報告事項があれば、特送船ではな
く歳遣船に託すように求めている。

② 1610年(慶長15・万曆38・光海君2)

　對馬の進香使は前年冬に出航予定であったが、越年して釜山に渡航
した[68]。3月1日、禮曹は東萊府に關を發し、「對馬島進香船隻出來」に關
する指示を下している[69]。すなわち、「國家三年之喪」が過ぎてから「進
香之禮」を行うのは不當であるとしたうえで、進香使が持參した書契に
は圖書が押印されていないが、對馬からの使者であるので、應接した
のちに歸國させるよう指示したものである。これをうけて、東萊府使
は3月26日付で義智宛ての返書を作成し[70]、「禮曹關文」を送付するので
「一覽」するよう求めるとともに、今後は圖書制度を遵守するよう求めて
いる。義智は進香使の派遣にあたっても、圖書の押印を避けていたの
である。
　一方、3月に智永が禮曹參議に宛てた書契[71]によると、船2隻で被虜

---

68) 「慶長15年」6月1日宗義智書契寫・案(『善隣通書』5、『善隣通書』5・6、『仙巢稿別本』)。
69) 万曆38年3月1日禮曹關寫(『善隣通書』4、『朝鮮通交大紀』)、『光海君日記』2年3月丁丑
　　(1日)條。
70) 万曆38年3月26日東萊府使吳允謙書契寫(『善隣通書』4)。
71) 万曆38年3月日柳川景直書契案(『仙巢稿別本』)。万曆38年11月15日柳川景直書契案・寫

人30名を送還するにあたり、藤信久と馬堂古羅が護送の任にあたること、および義智と智永は 「東行」していたため、被虜人が數ヶ月間も對馬に滯留したことを詫びている。約條締結交渉のさい、被虜人を送還した者には、その人數の多少に關わらず授職するという方針が決定されているので[72]、對馬側が受職人の増加を圖ったものとみられる。これに對する禮曹參議の回答書契は確認されないが、東萊府使が義智に宛てた回答書契[73]によると、「護送人」の藤信久・馬堂古羅(武田又五郎)兩名に「論賞職帖」が發給されている[74]。また、今回の被虜人送還は「別遣之船」という位置づけであり、義智の書契には圖書が押されていなかった。朝鮮側はこの年の正月から歲遣船を再開するよう要求していたが、義智は新しい歲遣船制度に反發し、「別遣船」を派遣したわけである。

6月1日付で義智が禮曹參議に宛てた書契[75]によると、橘智正(井手智正)に被虜人5名を送還させるとともに、「東行」して 「吾殿下」(德川秀忠)に4ヶ條の報告したところ、問答が行われたと伝えている。第1條では、「貴國回書」(光海君國書)と「号約條之短簡」を呈し、後者は譯官が「約條」と稱して手渡してきたメモにすぎないと説明したところ、「殿下」はこれを 「約條」と稱するのは 「侮人」以外の何物でもないと立腹したとす

(『仙巣稿別本』、『善隣通書』 17)に 「今茲之春、李・鄭二公解纜之日」とあり、士族の李・鄭2名が含まれていた。なお、後者によると、晋州臥龍山百寺の僧六惠も送還される予定であったが、對馬島内の他所に滯在していたため、11月に別途送還されている。これに關しては、『光海君日記』2年12月丁酉(26日)條の記載と一致する。

72) 『接待事目錄抄』己酉6月條。

73) 万暦38年5月29日東萊府使吳允謙書契寫(『善隣通書』17、『朝鮮通交大紀』)、『光海君日記』2年5月壬子(8日)條。

74) 前掲洪性德論文では、1610年に藤永正が「職帖」を受給し、1612年に馬堂古羅が官服を受給したことが指摘されているが、馬堂古羅は1610年に 「職帖」(敎牒、五位以下告身)を受給していたのである。なお、馬堂古羅を護軍・僉知中樞府事に任命する1613年・1615年の「敎旨」(四位以上告身)が『武田家文書』のなかに現存する。

75) 「慶長15年」6月1日宗義智書契寫・案(『善隣通書』5、『善隣通書』5・6、『仙巣稿別本』)。

る。第2條では、上京に關して、譯官の金孝舜・朴大根が今年(1610年)か
らは上京が許可されると「堅約」していたにもかかわらず、後になって
朴大根が上京は不可であると伝えてきて、「變約」されてしまったとす
る。第3條では、「殿下」は「變約」があったとしても、「害」がなければ構
わないと語ったとする。第4條では、進香を許されなかったことに触
れ、義智が進香使を遣わすのは「東藩舊例」にもとづくものであるとす
る。このうち第4條は幕府への報告事項ではないはずであるが、なぜか
混入している。第1條~第3條に關しては、「僞國王使」の存在を物語る
「貴國回書」が秀忠のもとに届けられるはずはなく、義智と秀忠との問答
の内容も虚構とみなされる。義智としては、譯官の對應に不備があっ
たため、約條問題と上京問題で不利益を蒙ったと主張するにあたり、
將軍の威を借りようとしたのである。

　これに對し、禮曹は7月20日付で義智宛ての回答書契を作成してい
る[76]。進香と上京は「修睦舊事」に關わることであるが、朝鮮が「自斷」
(獨斷)できることではなく、「天朝」(明)の許可を得なければならないと
説明したうえで、兩譯官に「遠識」がなく、「目前姑息」の對應に拘ったた
め、「兩國之利害」が「朦朧」としてしまったと釋明している。日本人の上
京を認めないという方針は、朝鮮が明の影響を脱して獨自の對日外交
に着手した1604年に決定したものであるから[77]、こうした経緯からみ
て明の許可が必要であるというのは事實に反する。對馬側が約條・上京
問題を將軍に報告したと称して再交渉に持ちこもうとしたことに對
し、朝鮮側は明の威を借りる「借重之計」[78]によって對抗しようとした
のである。いうなれば、對馬・朝鮮ともに「借重之計」を驅使して外交交

76) 万暦38年7月20日禮曹參議柳澗書契寫(『善隣通書』4)。
77) 前掲拙稿「「壬辰戰爭」の講和交渉」。
78) 李啓煌『文祿・慶長の役と東アジア』(臨川書店)。

渉を行っていたわけである。

　10月、義智は再び橘智正(井手智正)を遣わして、禮曹參議宛ての書契を伝達させている[79]。先年に釜山で國書を交換したことに触れて「和交」は有名無實であると訴えたうえで、「自來歳可許上京」というのは兩譯の「私言」であったと斷じ、その後に「變約」したことについての說明を求めている。さらに、昨年「殿下」(秀忠)が明に「貢路之事」を訴えようとしたさい、朝鮮が拒絶したとして不滿の意を示し、かつ唐突に「楊老爺」(明の経理楊鎬)を引き合いにして「強說」してきたことにも說明を求めている。その一方で、「釜山人」が圖書を押さないのは無禮であると言うのは道理に適っているので、「手押」(花押)をやめて圖書を押すことにしたと述べ、新年を待って「第一船」(歳遣船第一船)を派遣するとも伝えている。

　對馬側は上京問題よりも歳遣船の再開を優先したのである。釜山での貿易(公貿易・私貿易)は1604年の對馬―朝鮮間の講和成立時に公式に認められてはいたが、あくまで非定例使節の渡航にともなう臨時的な貿易にすぎなかった[80]。こうした狀態が續くのは得策ではなく、上京問題を先送りにしてでも、歳遣船の再開による貿易の定例化を優先したのである。なお、對馬側がなぜ上京に固執するのかも重要な問題であるが、これについては次章で檢討することにする。

　12月、禮曹は義智への回答書契を作成し[81]、上京問題に關する宣慰使と譯官の說明の齟齬を今さら取り上げるのは不當であり、「東事處置」はすべて「撫院楊老爺手中」にあると述べている。また、「貢路一事」を提

---

79)「慶長15年」(10月)宗義智書契寫・案(『善隣通書』5、『善隣通書』5・6、『仙巢稿別本』)。
　　本文に「今年纔余二三箇月也」とあるので、10月に作成されたものとみられる。

80)　前掲拙稿「「壬辰戰爭」の講和交渉」。

81)　万暦38年12月日洪瑞鳳書契寫(『善隣通書』4)。

起したことに對しては、「天子明命」に背いたのは日本であると反發した
うえで、「楊老爺」(楊鎬)の人となりに触れつつ、日本側が「恭順之實狀」
を盡くすならば、少しずつ事態は好轉するだろうとも述べている。對馬
側は上京問題に加えて貢路問題を取り上げたが、朝鮮側はいずれも「借
重之計」で封じようとしたのである。なお、このとき惟政の弟子惠求の
名で作成された、ほぼ同內容の書契が智永と玄蘇に送付されている[82]。

③ 1611年(慶長16・万曆39・光海君3)

2月14日付で宗義智は東萊府使・釜山僉使宛ての書契を作成してい
る[83]。それによると、前年冬の使者橘智正(井手智正)は正月24日に歸島
し、義智は「禮曹報章」(回答書契)を讀んだのち、これを江戶に持參する
よう智永に命じたという。また、「兩足下」(東萊府使・釜山僉使)および譯
官の金孝舜が「橘使」(井手智正)と行った「問答旨趣」も詳細に記錄し、將
軍の台覽に供することにしたという。この年の3月に大御所德川家康が
京都に上洛したため、諸大名もことごとく上洛したとの記錄があ
る[84]。それゆえ、義智も上洛した可能性があり、智永の「江戶參府」と
いうのは、こうした事實を反映しているのかもしれない。ただし、僞
國王使の存在を示唆する「禮曹報章」「問答旨趣」を將軍の台覽に供する
というのが事實であるとは考えがたく、朝鮮側が楊鎬を引き合いに出
してきたことへの對抗策であろう。

6月28日付で義智は禮曹參議宛ての書契を作成している[85]。それによ

---

82) 万曆38年12月日惠球書契寫(2通)(『善隣通書』4)。『光海君日記』2年11月癸丑條(12日)
に對應する記事がある。

83) 「慶長16年」2月14日宗義智書契寫・案(『善隣通書』5、『善隣通書』5・6、『仙巢稿別本』)。

84) 『義演准后日記』慶長16年3月2日條。

85) 「慶長16年」6月28日宗義智書契寫・案(『善隣通書』5、『善隣通書』5・6、『仙巢稿別本』)。

ると、智永は6月20日に江戸から歸島し、日本情勢の無事を告げたので、「平永世」[86]を遣わして禮曹に報告すると述べている。また、「殿下」(德川秀忠)は「第一船」(歳遣船第一船)の派遣を「詰難」したが、智永が再三訴えたので、ようやく許可が下ったと称し、後日必ず「第一船」を派遣すると約束している。

そして秋になって歳遣船第一船が派遣された。義智が禮曹參議に宛てた書契[87]には、冒頭に「和交已來、始通第一船」とあり、正官平智直(內野智直)・都船主平調近(小田調近)・進上押物官藤智治(石田智治)を遣わすとある[88]。つづいて上京問題に關する「變約」の経緯を詳述したうえで、「宗熊壽」「宗熊滿」「宗盛氏」への授圖書、通信使護送・漂流民送還の功勞者への授職、および島主歳遣船の50隻への回復によって、「東藩」を「堅固」にしてほしいと要請している。上京問題で讓歩したかたちをとることで、その代償として通交權の擴大を圖ったものといえる。

歳遣船第一船の渡航につづき、9月に受職人の「源信安」が朝鮮に渡航している。これにあたり智永は書契を信安に託しているが[89]、それによると、信安は智永の「家官」(被官)であり、己酉年(1609年)に受職したものの、歳遣船第一船の派遣が遅れたので、ようやく初めての肅拜を行うことになったとの経緯が記されている。また、智永は亡父調信の菩提寺である流芳院を維持するため、圖書を賜給してほしいとも要請している。

10月には玄蘇が初めて遣使しており[90]、時期は未詳ながら、義智が司直「世伊所」(岡村淸藏[91])に發給した文引[92]も確認される。世伊所は1612

---

86)「平永世」の「永」は柳川智永の偏諱であるから、柳川被官とみなされる。
87) 月日未詳宗義智書契案・寫(『仙巢稿別本』、『善隣通書』5、『善隣通書』5・6)。
88) 人名に關しては、後揭の表1參照。
89)「慶長15年」9月5日柳川景直書契案・案(『善隣通書』15、『仙巢稿別本』)。
90) 万曆39年10月10日景轍玄蘇書契案・寫(『仙巢稿別本』、『善隣通書』15)。

年に官服を支給されたことが知られているが[93]、文引の記載によれば、「金防禦」(防禦使金應瑞)の宜寧滯在中[94]、兵船に乘って 「忠信」を遂げたために受職していたが、今回が初めての肅拜であるという。

このように、島主歲遣船の派遣が再開されたことで、島內の受圖書人・受職人の通交も順次再開されたのである。一方、12月日付で禮曹は義智宛の回答書契を作成し[95]、「庚午作耗」(1510年)と 「壬辰之事」を引き合いにして、對馬側が上京問題をめぐる 「變約」に 「不滿之辭」を並べたことを批判し、宗熊壽らへの授圖書、および 「平時受職之人」の接待は認めないと回答している。ただし、「信使時隨行有勞松尾有右衛門等貳拾參人」[96]には綿紬が賜給されると傳えている。

3. 貿易復舊への模索

① 最初期の近世日朝貿易

まず、中世日朝貿易のシステムを概觀しておこう。1471年、浦所(薺

---

91)　田代和生『近世日朝通交貿易史の研究』(創文社、1982年)。

92)　万曆39年月日未詳宗義智文引案(『仙巢稿別本』)。

93)　前揭洪性德論文。

94)　金應瑞の宜寧での行動については、『宣祖實錄』30年6月戊辰(9日)條・癸酉(14日)條に關連記事がある。

95)　万曆39年12月日禮曹參議尹暉書契寫(『雲崖隨筆』、『善隣通書』4、『朝鮮通交大紀』)。

96)　年月日未詳覺書(『善隣通書』4)には、松尾有右衛門・藪山治部右衛門・平山相右衛門・松尾三郎右衛門・江島彦右衛門・松尾甚右衛門・有田久作・岩松孫兵衛・阿比留七右衛門・棧敷原伊右衛門・小島仁右衛門・長野源三郎・梶山源右衛門・樋口半右衛門・熊本總右衛門・重田三郎右衛門・脇田利兵衛・江島善兵衛・松尾作右衛門・松島孫右衛門・岩永三右衛門・後藤太郎兵衛・犬塚孫右衛門とある。宗氏の御用商人(「六十人」)を含む府中商人とみられる。

浦·釜山浦·塩浦)での私貿易が全面禁止され、公貿易で買い取る物資が
増大したことにともない、その物資は慶尚道花園縣に輸送・一時保管さ
れ、農閑期を待って漢城に輸送されるようになったが、その殘りは京
商が輸送していた。京商は官府に布貨を前納しておき、その相當分の
輸入物資を花園縣で回收したわけであるが、1487年に花園縣への輸送
が廢止されたため、京商は直接浦所に下向するようになった97)。16世
紀前半には浦所(釜山浦·薺浦)での私貿易は若干緩和されたが、京商が
公貿易品の回收のため浦所に來航する構圖に變わりはなく、密貿易へ
の關與も後を絶たなかった98)。16世紀半ば以降の日朝貿易は、公貿易·
京中私貿易、および浦所(釜山浦)私貿易·密貿易からなるものであった
が、いずれにも京商の資本が關係していたのである。つまり、國家財
政と漢城の商業資本が中世日朝貿易を支えていたといえる。

　こうした貿易システムは、壬辰戰爭により中斷し、變容をとげるこ
とになる。1601年に對馬への羈縻の再開を宣言した朝鮮は、1602年に
對馬の使者との公貿易を暫定的に許可した。1603年には使者橘智正(井
手智正)が持參した銅をすべて慶尚道に買い取らせているが、あまりに
多量であったため、今後は半分を買い取ることにしている。そして、
1604年に對馬との講和が成立すると、日本人の上京を認めず、釜山で
公貿易·私貿易を實施する方針を固めた99)。戰後の日朝貿易は完全に釜
山浦に移行して慶尚道の所管となり、公貿易は基本的にその財政の範

---

97)　長節子「一五世紀後半の日朝貿易の形態」(中村質編『鎖國と國際關係』吉川弘文館、
　　1997年)。

98)　拙稿「粉粧粉靑沙器の日本流入經路に關する一試論」(『海洋文化財』10、2017年)で
　　は、三浦私貿易の緩和を1531年以前と指摘したが、『光海君日記』2年3月壬子(6日)
　　條によると、「弭中再來」、すなわち1512年の壬申約條締結後に米·布に限って倭館
　　で取引することを許可したという。

99)　前揭拙稿「「壬辰戰爭」の講和交涉」。

囲内で行われるようになり、公貿易・私貿易および密貿易に關與してき
た京商の商業資本とも一時的に切り離されることになったと考えられ
る。したがって、最初期の近世日朝貿易において、朝鮮側に十分な財
政・資本の裏付けがあったとは考えにくいのである。

　1609年、柳川智永は宣慰使李志完に對し、東萊縣の商人金莫同が抱え
る「舊債」のうち、「十之一」(10%)も返還されていないとして、その辨濟
を督促するよう依頼している[100]。「舊債」がいつの段階に生じたものか
はわからないが、金莫同には返濟能力がなく、私貿易における東萊商
人の信用が十分でなかったことを推測させる。また、智永は禮曹にも
書契を呈しており[101]、

　　　　館中一月三次開市、市人或携木綿二三疋、或携四五疋來之外更無他
　　物、問如何、曰、乃是官命也云々、是以館中雖有商物、不得賣買、
　　　　倭館で1ヶ月に3度開市されますが、商人は木綿2・3匹、あるいは4・5匹
　　を持参するだけで、それ以外の代價は持参しません。その理由を尋ねた
　　ところ、「官命」であると　のことです。これでは倭館に商品があっても賣
　　買は成立しません。

と訴えている。そして、「如此輕些商物入市者、未曾聞之」(これほど
までに輕微な商品を持って市を訪れるなど、いまだかつて聞いたこと
がありません)とも述べ、「開市之日」に 「市人」に号令を下してほしいと
も訴えている。「市人」が答えた 「官命」が事實かどうかは判然としない
が、「開市之日」になっても「市人」が集まらない状況は讀みとれる。

　1610年3月、朝鮮政府は倭館での私貿易をほぼ全面的に許可し、開市
日と取引品目の調整を行っている[102]。このとき政府内では、上京と釜

---

100)　(万曆37年)月日未詳柳川景直書契案(『仙巢稿別本』)。
101)　(万曆37年)月日未詳柳川景直書契案(『仙巢稿別本』)。

山開市の両方を遮斷して對馬を「斥絶」するのは得策でないと判斷し、より實害の少ない釜山開市を選擇している[103]。

6月に智永は再び李志完に書契を送り[104]、

> 去歲辭釜山之時、俾兩譯官堅約隔五日開市、雖然、僕歸後、纔一月三次開市、偶入市商賈亦不他官商賈、而只東萊商賈耳也、或肩木三四匹・手木二三匹、別無他商物、是以倭商在館者不堪悶望之至、
>
> 昨年、釜山を發ったとき、[宣慰使は]兩譯官に5日ごとの開市を堅約させました。しかし、私が歸島したのちも、1ヶ月に3度開市されるだけで、たまたま訪れた商人のなかには他官の商人が含まれておらず、東萊府の商人ばかりです。肩木3・4匹、手木 2・3匹のほかに商品はありません。これでは倭館に滯在する商人は悶望するほかありません。

と訴えている。譯官は1ヶ月に6度の開市を約束したらしいが、實際には3度しか開市されず、そこを訪れるのも東萊商人だけで、彼らが持參する代價も相變わらず少量だったようである。

同年10月、開市は6度と定められる一方、「京外商人」が戶曹・各道監司の行狀(通行許可証)を得て釜山開市に參加させることが提議されている[105]。開市日數に關しては、こうした情報を譯官が先走って傳えたことで混亂が生じた可能性もある。一方、「京外商人」に對する行狀の發行に關しては、京商だけでなく地方商人をも釜山開市に參入させることで、私貿易の振興を圖ったものと考えられる。これは對馬側の要望に應えた措置のようにもみえるが、釜山私貿易が密貿易の溫床となるこ

---

102) 田代和生『新倭館』(ゆまに書房、2011年)。
103) 『光海君日記』2年3月壬午(6日)條。
104) (萬曆39年)月日未詳柳川景直書契案(『仙巢稿別本』)。
105) 『光海君日記』2年9月辛亥(9日)條。なお、『接待事目錄別抄』庚戌10月條では、京外商人の私貿易參加を禁止するという逆の意味の文章になっている。

とを予防するための措置でもあったと考えられる。

　1613年以前に進上・公貿易に定品・定額制が導入され、日朝貿易における私貿易の重要性が高まっていくが[106]、私貿易が擴大するためには東萊商人の成長はもちろん、京商や地方商人が參入し、廣域的な経濟と連結する必要があったのである。

②　歳遣船再開直後の日朝貿易

　1611年秋に島主歳遣船の第一船が渡航し、銅鐵5,000斤・鑞鐵2,000斤・水牛角2,000本・胡椒5,000斤・丹木10,000斤の公貿易を要求している[107]。『邊例集要』卷5・公貿易條に記載される品目・數量とは齟齬があるが、ひとまずこのデータをもとに考えよう。

　この當時の物資の交換比率(折價)は、銅鐵100斤＝木綿60匹、鑞鐵1斤＝2匹、水牛角1桶＝3匹、胡椒1斤＝1匹、丹木3斤＝1匹であるから[108]、員數の單位が異なる水牛角を除くとして、その他の4種の評價總額だけでも木綿15,334匹となる[109]。しかし、朝鮮側は物資の總量を買い取ることはせず、歳遣船第一船から第十五船までの合計支拂額は木綿262同34匹10尺にとどまったという[110]。匹に換算すれば、13,134匹である。つまり、歳遣船15回分の公貿易に對する支拂總額は、第一船がもたらした公貿易物資の評價總額にも及ばないのである。

　1607年頃、宣慰使の李志完は、「銃材」(火器の原料)である生銅の價格が「平時」(戰前)の倍にまで高騰している狀況をうけ、「日本商物」のうち

---

106)　前揭田代『新倭館』。
107)　(万暦38年)月日未詳宗義智公貿目錄案(『仙巢稿別本』)。
108)　『邊例集要』卷8・公貿易條・己酉5月項。
109)　柳川景直は代價を「上木綿」で支給されるよう望んでいる。
110)　前揭田代『近世日朝通交貿易史の研究』。

生銅10,000斤については 「平時倭館貿直」(戰前の倭館における貿易對價)を適用して購入すること、および「弓角二千桶」(弓の原料である水牛角)も同様に購入することを國王に進言していた[111]。このうち銅の取引に關しては、1614年に戸曹が平安道防衛のための火器を鑄造するため、釜山浦公貿易で銅9,000斤を買い付けた事例が確認される[112]。こうした中央官廳からの特別な買い付けがないかぎり、慶尚道の財政のみで對應するには限界があったといえる。1613年以前に公貿易に定品・定額制が導入されたのは、そうした現實的な狀況に對應してものであろう。

③「藩営」貿易の開始

戰前の對馬の年間通交回數は約118回であったが[113]、己酉約條で島主歳遣船の20回が基本となり、受圖書人・受職人が漸增する程度にすぎなかった。貿易回數は戰前の約20%に激減したことになる。

16世紀後半の宗氏領國では、貿易權が知行として重臣・直臣(吏僚)層に重点配分されていたが[114]、各自が個別に權益を行使して貿易利潤を得る方式であった。しかし、通交權が激減したことをうけ、宗氏直營方式での集約的な運用が圖られるようになる。それにともなう宗氏の權力強化を「藩」が成立したポイントとみなす指摘があるので[115]、17世紀初期の日朝貿易も「藩営」貿易とみなし、その實態を探ってみたい。

歳遣船の再開直後に關しては、歳遣船第一船・特送使(一番・二番・三番)、および「彦三」(宗義成)送使の正官・都船主・封進の構成をある程度知

111) 李恒福『白沙集』別集卷2・啓辭。
112) 辻大和『朝鮮王朝の對中貿易政策と明清交替』(汲古書院、2018年)。
113) 拙著『對馬宗氏の中世史』(吉川弘文館、2017年)。
114) 前掲拙著『中世對馬宗氏領國と朝鮮』。
115) 鶴田啓『對馬からみた日朝關係』(山川出版社、2006年)。

ることができる(〈表1〉)。これによると、正官を務めたのは宗氏の「家中」
(重臣・直臣層)を構成する人物である。內野智直・岡智次・大浦智繼・仁位
智弘は、義智の沒後、義成を補佐した「國政を被成御談議候衆中」に數え
られる面々であり、義智在世中から家中の中樞を擔っていたと考えら
れる。また、家中における地位は判然としないが、柳川智慶・柳川外記
は重臣柳川氏の一族であるし、仁位次郎左衛門尉は宗氏の庶流仁位氏、
吉川藏人は有力直臣立石氏の系譜をひく人物である。

　特送使の正官に家中に屬する人物を起用するのは中世以來のことで
あるが[116]、現地で貿易を取り仕切る都船主にも家中の面々が多いこと
が注目される。また、特送船の派遣に際しては副船の派遣を強行して
いたので、1度に2隻の船が仕立てられた。このため、副船の貿易擔當
者として「二船主」「二船封進」「二船荷押物」「二船侍奉」が任じられたわ
けであるが(〈表2〉)、ここでは家中の人物はきわめて少ない。逆に府中
の御用商人(古六十人・新六十人)である渡嶋清兵衛・樋口太郎兵衛・熊本惣
右衛門尉が確認されるほか、松尾氏・江嶋氏・佳永氏のように御用商人
の一族[117]とみられる人物が多く確認できる。

〈表 1〉歲遣船第一船・特送使・彥三送使の使送人(1611～14年)

西曆	種別	正官	都船主	封進
1611	第一船	內野勘左衛門[智直]◎	小田庄右衛門尉[調近]	石田伊兵衛[智治]▲
1612	一番特送使	柳川大郎兵衛[智慶]	中里弥三兵衛	
	二番特送使	岡市郎右衛門尉[智次]◎	多田監物○	
	三番特送使	大浦權左衛門尉[智繼]◎	松尾庄兵衛○	
	彥三	平田權右衛門尉●		
1613	第一船	吉川藏人	小田庄右衛門尉[調近]	扇九右衛門尉

116) 前揭拙著『中世對馬宗氏領國と朝鮮』。
117) 前揭拙著『中世對馬宗氏領國と朝鮮』。

	一番特送使	仁位民部少輔[智弘]◎	中原與一右衛門尉	
	二番特送使	柳川外記	津江多兵衛[智太]○	
	三番特送使	佐護五郎左衛門尉[智次]○	佐護内善[智次]○	
	彦三	小川茂左衛門尉[智正]○		
1614	第一船	小林五右衛門尉[智正]○	三浦雅樂助[智忠]○	
	二番特送使	大浦彦右衛門尉[智清]○	三浦雅樂助[智忠]○	
	三番特送使	仁位次郎左衛門尉	小田藤兵衛[智忠]○	

注 ：「宗家文書」年月日未詳覺書(御送使僉官之初)による。
凡例：◎ 國政を被成御談議候衆中(「宗家文書」交名錄、「杉村家文書」)
○ 御家中(「宗家文書」元和3年4月18日宗氏家中連署起請文寫)
● 馬廻(「馬廻御判物帳」)
▲ 古六十人(「御判形之寫六拾人中」)

〈表 2〉特送使副船の使送人(1612~14年)

西暦	種別	二船主	二船封進	二船荷押物	二船侍奉
1612	一番特送使	松尾三郎右衛門尉[智清]□■	住永甚三郎	渡嶋淸兵衛△	宮川勝十郎
	二番特送使	松尾甚右衛門尉■	熊本惣右衛門尉▲	樋口太郎兵衛△	武田庄助
	三番特送使	早田又右衛門尉	早田善左衛門尉	小田甚吉郎	林田仁左衛門尉
1613	一番特送使	江嶋彦右衛門尉■	江嶋喜兵衛	嶋彈左衛門尉	仁位與平次
	二番特送使	大浦彦右衛門尉[智清]	吉加助右衛門尉[智正ヵ]○	中村伊之助	山本勘右衛門尉
	三番特送使	古川六兵衛	熊本惣右衛門尉■	小嶋判左衛門尉	阿比留近八
1614	二番特送使	藤田勘三郎		長嶋淸三郎	大浦長介
	三番特送使	大浦源左衛門尉	高雄尾崎	熊本彦右衛門尉	小田村松兵衛

注 ：「宗家文書」年月日未詳覺書(御送使僉官之初)による。
凡例：○御家中(「宗家文書」元和3年4月18日宗氏家中連署起請文寫)
□ 町人(町人御判物帳)
■ 通信使護送(「善隣通書」4)
▲ 新六十人(御判形之寫町六拾人中)
△ 古六十人(六拾人御判物控·御判形之寫町六拾人中)

　1612年の一番特送使の二船主である松尾三郎右衛門尉智淸は、府中の町政組織である「五人司」を創設した有力町人の一人で、柳川一件後に橋邊姓に改めた人物である[118]。1607年の通信使護送にも功勞があった(〈表2〉)。智淸の使行については、關連する史料が殘っている。一番特送使は1612年10月に釜山に到着したわけであるが[119]、同年の11月9日付、および翌年の正月23日付で宗義智が智淸に發した書狀の寫しが確認される[120]。

　まず、11月9日付の書狀は、「江戶・駿府進上物注文」(將軍秀忠・大御所家康への進上品リスト)を渡すので、急ぎ調達して對馬に送るべきこと、銀子500匁を渡すので、人參・白糸を購入すべきこと、これは　「にし」のための品物であるから、小嶋孫右衛門尉に渡すべきこと、彦三(義成)のための馬を買い渡すべきこと、を命じている。日朝往復書契を通覽すると、「殿下」に進上するための藥材・動物の　「許貿」を願う內容が頻出するが、「江戶・駿府進上物注文」は、そうした　「許貿」要請がある程度事實にもとづくものであることを示唆している[121]。また、「にし」が誰を指すのかは斷定できないが、宗氏當主が隱居したのち「御西」(宗晴康・宗義調)や　「御東」(宗義純)と稱されることがあり、義智の近親者であると考えられる。なお、小嶋孫右衛門尉は1619年に一番特送使の都船主を務めており[122]、家中の一員である可能性もある。

　一方、正月23日付の書狀は、「馬立船」を釜山に渡すので、買い置いている荷物などを急ぎ積み込んで對馬に渡すべきこと、「唐人」(朝鮮人)が

---

118) 前揭田代『近世日朝通交貿易史の研究』。
119) 『接待事目錄抄』壬子10月條。
120) 「町人御判物帳」橋邊又六所持。
121) この問題は宗氏と幕府との關係を探る手がかりとなるもので、別途詳細に檢討したいと考えている。
122) 「宗家文書」年月日未詳覺書(御送使僉官之初)。

何を望んで何を買おうとしているのかを把握するため、賣れた物を詳細に書き渡すべきこと、を命じたものである。「馬立船」とは、馬を輸送するための船であろう。「許貿」を求めて入手した馬の輸送とともに、倭館に保管されている購入物資を對馬に回送するよう命じたものと考えられる。また、義智が實際に賣れた品目を把握しようとしているのは、「藩營」貿易を運營していくうえで必須となる市場調査を行っていたことを意味するもので、きわめて重要である。

このように、歳遣船第一船および特送船に關しては、「家中」(直臣)と府中の御用商人が運營していた。中世段階では宗氏・家臣が權益を分割保有し、それぞれが個別に府中町人や村落の商人を正官に任じ、貿易の實務を委託する方式をとっていたので[123]、それと比較すれば、かなり集約化・組織化された方式ということになる。これを「藩營」貿易の開始とみても大過なかろう。

ただし、歳遣船第二船から第十七船までの詳細は不明であり、それ以外にも受圖書人・受職人が存在する。とくに柳川智永は受職し、かつ流芳院圖書を入手するだけでなく、自らの名義での受圖書も圖り、柳川氏家中(被官)の受職も進めていた。したがって、この段階では「藩營」貿易が唯一の貿易方式だったわけではない点は注意しておく必要がある。

ともあれ、宗氏の家中に屬する面々は、「藩營」貿易の利潤を分配され、それを知行するようになる。1614年、宗義智は古川右馬助に「送使壹艘より米壹俵宛」(歳遣船1艘につき米1俵ずつ)を給付し、かつ「送使船中もとり二度之時、壹度ハ白米壹俵宛」(歳遣船の中戻りが2度の場合、1度目に白米1俵ずつ)を給付している[124]。古川氏は中世以來の直臣であり、通交權益の分配にあずかっていた有力な氏族であるが[125]、歳遣船

123) 前揭拙著『中世對馬宗氏領國と朝鮮』。
124) 「馬廻御判物帳」古川治右衞門所持・慶長16年8月6日宗義智判物寫。

20隻から米20俵を取得すること、および「中戻り」が2度の場合は追加の米を取得することを認められたのである。「中戻り」とは　「再渡」ともいい、渡航した使船が使者の滞在中に對馬へ1往復し、實質的な渡航數を增加させることと説明されるが[126]、この時期には2往復することもあったようである。白米の取得方法については、「上官人手前より可請取者也」(上官人から直接受け取るものとする)とあるので、「藩」を介在することなく、歳遣船の正官から直接取得することになっていた。このあたりは、まだ中世の自力救濟的な要素を殘しているといえる。

④「藩營」貿易のネットワーク

「藩營」貿易を行うにあたって、當然ながら輸出入物資を動かすためのネットワークが必要となるが、最初期の様相を探ってみよう。

1611年の歳遣船再開に先立ち、對馬から3名の「專管買賣」の者が倭館に送り込まれており、これが公貿易・私貿易の賣買交渉・決濟や支給物の受取・催促などを專門に行う「代官」の起源であるとされる[127]。

1609年秋、柳川智永は東萊府使・釜山僉使に書契を送り[128]、良馬・俊鷹の「許買」を望んでおり、その決濟に關して、「其價在留館者之手、命渠則酬價者必矣」(その代價は倭館に在留する者が管理しています。その者に命じて必ず代價を支拂います)とあり、物資調達に從事する「在留館者」の存在が確認される。以後、藥材・動物などの特定品目の「許買」(「許貿」)を要請するさいに、代價が擔保されていることを宣言する文言が頻出する。また、「留住倭人・商賈坌集」[129]であるとか、「倭商在館

---

125)　前揭拙著『中世對馬宗氏領國と朝鮮』。
126)　前揭田代『近世日朝通交貿易史の研究』。
127)　前揭田代『倭館』。
128)　(万曆37年)月日未詳柳川景直書契(『仙巢稿別本』)。

者」[130]ともあるので、「藩」の駐在員としての 「留住倭人」と短期滯在する商人とが倭館內に存在したと考えられる。1613年段階の「留館之倭」は既に400名に達していたという[131]。

　ところで、公貿易の輸出品や進上品には胡椒・丹木・水牛角などの東南アジア産品が大量に含まれているが、どこを経由して對馬にもたらされたのであろうか。15世紀段階では國際貿易港博多からの調達が主体であったが[132]、16世紀半ば以降、華人海商(後期倭寇)の活動が活發となり、博多の経濟的地位が低下するなかで、物資調達のルートがどのように變化したのかを具体的に知ることは難しい。ただし、1611年の歲遣船再開前後の對馬の狀況を示す事例をいくつか見出すことができる。

　まず注目されるのが、「宗家文書」に含まれる交趾(ベトナム)渡海朱印狀[133]である。慶長16年(1611)8月日付で德川家康が發給したものであり、まさに歲遣船再開の時期と合致する。歲遣船の運用開始にあわせ、今後の朝鮮への輸出物資を交趾から直接調達しようとしていたと考えられる。この當時は西國大名が朱印船貿易を経營することが認められており、家康側近の本多正純や長崎奉行の長谷川藤廣(左兵衛)の幹旋があれば、渡海朱印狀を入手することができた[134]。宗義智・柳川智永は通信使の應接のころから本多正純との接觸があり、とくに智永は

---

129) 『光海君日記』2年2月癸丑(7日)條。

130) 「慶長15年」6月1日柳川景直書契寫・案(『善隣通書』5、『善隣通書』5・6、『仙巢稿別本』)。

131) 『光海君日記』5年3月戊寅(20日)條。

132) 關周一『中世日朝海域史の研究』(吉川弘文館、2002年)。

133) 國史編纂委員會保管ガラス乾板寫眞。武田勝藏「慶長拾六年交趾國へ渡航免許朱印狀」(『史學』44、1925年)。

134) 岩生成一『朱印船貿易史の研究』(弘文堂、1958年)、永積洋子『近世初期の外交』(創文社、1990年)。

頻繁に駿府の德川家康のもとを訪れていた[135]）。おそらくは智永が正純に渡海朱印狀が發給されるよう斡旋を依賴したのであろう。なお、異國渡海朱印狀は使用後に返納するのが原則であるから、「宗家文書」として傳存したということは[136]）、實際には使用されなかった可能性もある。

　つづいて注目されるのが、イギリス商館長リチャード・コックスの往復書翰である[137]）。

　1613年5月(ユリウス暦6月)、イギリス東インド會社の貿易船クローブ号が平戸に到着した。まもなく家康から通商許可の朱印狀を得たことをうけ、コックスは司令官セーリスから平戸の商館長に任じられた[138]）。11月、コックスはセーリスから、朝鮮とどのような通商ができるのかを調査するように指示され、かつ對馬向けの商品や胡椒の積荷のことに關しても指示を受けている[139]）。翌1614年2月、コックスは對馬滞在中のエドモンド・セイヤーから、カンバイヤ織310匁と胡椒500斤が賣れたのと、「王」(義智)と「他の一人」が大幅羅紗24ヤードを買いつけたぐらいで、對馬・朝鮮では何ら都合のよいことがないので博多に移動する、との報告を受けている[140]）。その後、セイヤーは對馬で受け取った金子を博多に持參したが、その額はきわめて少ないものであった[141]）。こうしたコックスの往復書翰からは、1613年に平戸に來航したイギリス商人が朝鮮貿易への參畫を圖るとともに、朝鮮輸出用の胡椒

135）『本光國師日記』慶長17年6月1日條。

136）異國渡海朱印狀の發給台帳である「異國御朱印帳」の交趾條は、1609年正月から1611年正月までを記載したものであり、當該朱印狀の發給先を明確に裏付けることはできない。

137）岩生成一譯注『慶元イギリス書翰』(雄松堂書店、1966年、改訂復刻版)所收。

138）前掲岩生『慶元イギリス書翰』解説。

139）ユリウス暦1613年11月30日セーリス覺書。

140）ユリウス暦1614年3月9日セイヤー書翰。

141）ユリウス暦1614年5月12日コックス書翰。

を欲する宗氏と接触して取引を行っていたことがわかる。ただし、對馬での胡椒の賣上げが低調であったというのは、この當時の 「藩營」の朝鮮貿易が公貿易・私貿易ともに不振であったことに連動する現象とみることができる。偶然にもイギリス商人からの胡椒供給ルートを確保できたものの、「藩營」貿易が好轉しないかぎりは、その取引が活發になりえなかったのである。

　もうひとつ注目しておきたいのが、1609年7月から1612年閏10月にかけての朝鮮への進上品・禮物のなかに、「南蠻宜老眼物」(眼鏡)・「南蠻彩紋沙皿」(磁器皿)・「南蠻瑠璃盃」(硝子盃)などの「南蠻」渡來品が含まれていることである[142]。イギリス東インド會社が日本に進出する4年前の1609年5月(グレゴリオ暦7月)、オランダ東インド會社が平戸に到着し、家康から通商許可の朱印狀を得て商館を設置している[143]。後發のイギリス商人は、オランダ商人について、羅紗・鉛・鋼鐵・眼鏡・硝子盃・タンスク硝子壜・琥珀・花布・麻布などを取扱品目としており、對馬を経由して朝鮮とも接触しているらしい、との情報を入手している[144]。つまり、對馬から朝鮮への進上品・禮物にみえる 「宜老眼物」(眼鏡)や 「瑠璃盃」(硝子盃)などは、オランダ商人が供給したものである可能性が高いのである。

　これらの事例は、「藩營」の朝鮮貿易の開始にあわせ、當時の國際環境に柔軟に對應しながら、東南アジア産品の新しい調達ルートを確保しようとする動きであるといえる。先述のように、宗義智は特送使松尾智清に釜山倭館での市場調査を命じており、どの物資を買い付けるかを政策的なレベルで判断していた。

---

142) 万暦37年)7月14日景轍玄蘇書契案(『仙巢稿別本』、以下同)、(万暦39年10月10日)玄蘇書契案、(万暦40年)規伯宗方(玄方)書契案、万暦40年閏10月2日宗方書契案。
143) 前掲岩生『慶元イギリス書翰』解説。
144) ユリウス暦1613年1月12日ウィリアム・アダムス書翰、同年10月29日コックス書翰。

　しかし、この時期の朝鮮貿易は慶尚道の財政と東萊商人の資本に多分に依存していたため、公貿易・私貿易ともに物資を十分に賣却できない狀況に陷り、公貿易の定品・定額制の導入がそれに追い打ちをかけた。こうした狀況が續くかぎり、たとえ通交權(貿易機會)を擴大し、輸出品の調達ルートを確保できたとしても、貿易規模の擴大に結びつくことはない。したがって、對馬側が執拗に上京許可を要求しつづけたのは、朝鮮貿易を再び中央財政や京商の資本などと結びつけ、その市場を擴大させようとしたためであると考えられる。

　これに關連して、1609年に宗義智が派遣した僞國王使(正使玄蘇)が明への「貢路」を再開するための斡旋を求めたことにも注目される。この當時、明との國交回復と貿易再開が德川政權の重要課題であり、その交涉を島津氏が琉球経由で行っていたことはよく知られており、宗氏による要請も同じ文脈でとらえることもできよう。ただし、1580年に宗義調が派遣した僞國王使(正使玄蘇)も同様に「通貢」再開の斡旋を要請しているので[145]、それは德川政權の課題であるだけでなく、16世紀後半以來の宗氏自身の欲求でもあったことになる。つまり、朝鮮の漢城での貿易だけでなく、明との正規の貿易(朝貢貿易)も視野に入れていたのである。

おわりに

　壬辰戰争後の日朝講和交涉において、朝鮮側が唱えた　「帝王待夷之道」という論理が決定的な役割を果たし、それと迎合するように對馬側も「東藩」の論理を前面に打ち出した。こうした構圖は、講和成立後の對

---

145)『宣祖實錄』13年5月庚辰(12日)條、『朝鮮通交大紀』。

馬―朝鮮間の貿易協定である己酉約條の締結と施行(歳遣船再開)に關する交渉過程においても繼續したことを確認できた。

　ところが、約條施行後は對馬側が「東藩」の論理を主張する局面は減少する。一方、釜山倭館における公貿易・私貿易の不振によって、對馬側の市場擴大(漢城での公貿易・私貿易、および明との朝貢貿易)の欲求が強まり、朝鮮側が「借重之計」で對應するという局面が增えていった。

　こうした狀況下の1613年、朝鮮側は「天朝事情」(明の事情)を口實として、上京問題をはじめとする對馬側の要求を却けようとしているが、このとき對馬側が書契のなかで朝鮮國王を　「今上皇帝陛下」と称したことが問題視された。すなわち、「我殿下」は「皇帝」の「藩國主」であり、「今上皇帝陛下」と称するのは　「禮儀名分」に背くというのである[146]。翌年にも朝鮮側は「本國」は「天朝之東藩」であると宣言している[147]。もちろん名分を正すということに眼目があるとしても、對馬側が　「東藩」としての立場で　「皇帝」たる朝鮮國王を仰ぐという形式をとり、さまざまな要求を突きつけてくるのを制止する意圖もあったと考えられる。

　宣祖代に浮上した　「帝王待夷之道」という論理は、そもそもが冊封關係上の名分を超えたものであり、日朝講和を實現するための方便として利用されたものであった。朝鮮政府內において「帝王」と「夷」「東藩」という名分が通用しなくなったということは、對馬と朝鮮との外交關係が講和交渉期の構圖から脫却し、新しい平和な段階へと移行したことを示すものとみることができよう。

---

146)　万曆41年4月日禮曹參議柳瀧書契寫(『善隣通書』4)。
147)　万曆42年4月日禮曹參議金緻書契寫(『善隣通書』4)。この書契の前提となる「倭書契」
　　にも「皇帝之語」があることを光海君は問題視している(『光海君日記』6年4月丁亥條)。

<번역문>

己酉約條의 締結・施行過程과 對馬의「藩営」貿易

荒木和憲 I 國立歷史民俗博物館

시작하며

「壬辰戰爭」[1](文祿・慶長の役, 壬辰・丁酉倭亂)의 講和交渉에 관해서는 어느 정도 연구가 축적되어 그 대략적인 내용은 밝혀졌다.[2] 하지만 중요한 사료로 사용되어 왔던 것은『朝鮮王朝實錄』이나『通航一覽』등과 같은 編纂 史料(二次 史料)이다. 그렇기 때문에 講和交渉의 과정을 보다 세밀히 분석하기 위해서는 一次 史料 또는 동시대성이 높은 史料를 아울러 살펴보는 방법이 필요하다.

---

1) 鄭杜熙・李璟珣編著『壬辰戰爭』(明石書店、2008年)。

2) 著書로서는 中村榮孝『日鮮關係史の研究』中(吉川弘文館、1969年)、田中健夫『中世對外關係史』(東京大學出版會、1975年)、田代和生 『書き替えられた國書』(中央公論社、1983年)、三宅英利 『近世日朝關係史の研究』(文獻出版、1986年)、李啓煌 『文祿・慶長の役と東アジア』(臨川書店、1997年)、孫承喆 『近世の朝鮮と日本』(明石書店、1998年、原著1994年)、貫井正之 『豊臣・德川時代と朝鮮』(明石書店、2001年)、仲尾宏・曺永祿編著 『朝鮮義僧將・松雲大師と德川家康』(明石書店、2002年)、中野等『文祿・慶長の役』(吉川弘文館、2008年)など。論文としては、高橋公明「慶長十二年の回答兼刷還使の來日についての一考察」(『名古屋大學文學部研究論集』 92・史學31、1985年)、米谷均 「近世初期日朝關係における外交文書の僞造と改竄」(『早稲田大學大學院文學研究科紀要』 41・第4分冊、1995年)、洪性德「壬辰倭亂직후日本의對朝鮮講和交渉」(『韓日關係史研究』3、1995年)、洪性德「조선후기 한일외교체제와 대마도의 역할」(『동복아역사논총』41、2013年) 등。

이러한 문제 관심에서 발표자는 日朝의 往復 外交文書인 書契에 주목하고 있다. 對馬藩에서 편찬된 外交文書集 『善隣通書』, 『万曆·天啓·崇禎年中不時來書』, 『万曆歲條來書』 혹은 外交僧 景轍玄蘇의 文案集 『仙巢稿』 등에 수록된 書契는3) 米谷均의 研究4)를 제외하면 講和交涉期 研究에 충분히 활용되지 않았다. 그러나 이러한 文書集에 수록된 書契와 이미 알려진 書契를 합치면 1598年부터 1615年까지로 제한해도 約 320通을 확인할 수 있다. 물론 해당시기의 原本은 한정되어 있으며 草案이나 寫本이 대부분을 차지한다는 위험성을 가지고 있지만, 外交交涉의 過程을 復元하는데 있어서 적극적으로 활용해야 한다.

이러한 문제의식을 바탕으로 필자는 1598년부터 1607년에 이르기까지의 日朝講和交涉의 과정을 별도로 검토한 것이 있다.5) 그 요점을 보면 다음과 같다.

朝鮮은 「帝王待夷之道」라고 하는 강화추진의 논리에 기초하여 對馬에 대한 羈縻의 再開를 1601年에 宣言한 이후, 기존 權益의 復舊를 단계적으로 인정해갔다. 1604年 釜山浦에서의 무역허가가 講和의 성립이라는 것은 朝鮮·對馬 모두가 인지하고 있었다. 1605년 이후 對馬側은 「帝王待夷之道」에 迎合하는 듯 「東藩」으로서의 입장을 명확히 표하며 모든 權益의 復活을 漸次的으로 추진해갔으며 한편으로는 德川政權(幕府)의 指示 아래 「通信使」 招聘에 奔走했다. 그 과정에서 발생한 해결하기 곤란한 모순은 國書 僞造 등의 僞計로 대처하였고, 朝鮮側도 「帝王待夷之道」이라고 하는 논리의 아래 이를 不問으로 하였던 것이다.

이같은 講和交涉의 과정에서 두드러졌던 朝鮮—對馬 사이에서의 「帝王」

---

3) 모두 「對馬宗家文書」(國史編纂委員會)에 전해져 존재한다.
4) 米谷均 「松雲大師의 來日과 朝鮮被虜人의 送還에 대하여」(前揭仲尾·曺編著書所收).
5) 荒木和憲 「「壬辰戰爭」의 講和交涉」(關口グローバル研究會發行 『SGRAレポート』揭載予定).

과「夷」,「東藩」이라고 하는 關係性은 그 후의 外交交涉에 어떠한 영향을 끼치고 있었을까. 이글에서는 이 문제를 염두에 두고 1607년의 日朝講和 성립후, 1609年에 己酉約條(對馬－朝鮮間의 무역협정)이 체결되고, 1611 년에에 시행되기까지의 교섭과정을 時系別로 밝히고, 그 위에 對馬의 초기 「藩營」貿易의 실태를 검토하여 約條의 시행전후에 표면화되는 上京問題의 의미를 經濟的인 측면에서 고찰하려고 한다.

1. 己酉約條의 締結過程(1607年 9月~1609年 7月)

① 1607年(慶長12·万暦35·宣祖39)

9月 禮曹는 參議 朴東說의 이름으로 宗義智에 書契를 보내어[6] 被虜人 64名의 送還에 謝意를 표하는 것과 함께 今後도 被虜人 送還을 계속한다면 對馬側의「口糧」의 負担이 무거워지기 때문에 이번에 지급하는 大米 200石을 비축하여 사용하자고 전하고 있다.

10月에는 禮曹가 參議 柳寅吉의 이름으로 宗義智에 書契를 보내어[7] 被虜人 11名의 送還에 대해서 謝意를 표하고 있다. 이 때 義智 앞으로의 東萊府使 書契와 釜山僉使 書契도 伝達되고 있는데[8] 모두 被虜人 11名의 送還을 禮曹에「轉報」하는 내용으로 기록되었다. 같은 안건에 대해서 禮曹 參議·東萊府使·釜山僉使의 書契가 作成·伝達된 것이 확실한 것으로 보이는 사례로는 이것이 처음 확인되며, 이는 東萊·釜山을 窓口로 하는 近世 日朝外交가 기능하기 시작한 것을 시사하고 있다.

12月 예조는 義智에 대해서 對馬로부터의 漂着船을 來使에 부탁하여 送

---

6) 万暦35年9月11日禮曹參議朴東說書契寫(『善隣通書』17)。
7) 万暦35年10月日禮曹參議柳寅吉書契寫(『書翰廿四本』『分類記事大綱附錄』)。
8) 万暦35年10月日東萊府使李信元書契寫·釜山僉使洪畯書契寫(『善隣通書』17、『不時來書』)。

還할 것, 求請品의 藥材를 給付할 것을 전달하고 있다.9) 近世 日朝外交에
서 日本人 漂流民 送還은 1618年 이후부터라고 알려져 있는데,10) 이러한
사례는 그를 거슬러 올라가는 것임을 보여준다.

日朝 國交回復 直後 對馬—朝鮮 사이의 通交關係는 書契 授受 시스템
이 기능하기 시작해서 被虜人·漂流民 相互 送還에 의해 안정적으로 진행
되고 있었는데, 새로운 貿易協定인 己酉約條 締結에 대한 움직임은 보이
지 않는다.

② 1608年(慶長13·万歷36·宣祖40·光海君 即位)

2月 1日 日朝 講和를 추진해온 宣祖가 세상을 떠나고 얼마 되지 않아
光海君이 즉위한다. 이 정보는 같은 해 여름까지는 對馬側에 전해지지 않
았고 가을 무렵부터 對馬—朝鮮 사이의 交涉에 영향을 끼치게 된다.

3月16日자 義智앞으로 예조참의 柳寅吉의 서계에 의하면 義智로부터
求請品의 조달에 시간이 필요하다는 뜻의 회답을 하고 있는데 그 구체적인
내용은 알 수 없다11). 이 때 3月 20日付의 東萊府使 書契 및 3月 26日付
의 釜山僉使 書契가 전달되었고,12) 朝鮮側의 書契 作成 순서를 엿볼 수
있다.

4月 21日자 義智 앞으로 보낸 柳寅吉의 書契13)에 의하면, 求請를 위해
來航한 義智의 使者 滯在가 길어져, 뒤이은 使者가 來航하여 그「回艕」(對
馬에의 出航)을 要請함과 동시에 被虜人 2名을 送還하고 있다. 다만 4月
29日付에서 釜山僉使는 義智에「前价回艕、後舸下碇」라고 전해하고 있으

---

9) 万歷35年12月日付禮曹參議柳寅吉書契寫(『善隣通書』17)。

10) 李薰著·池內敏譯『朝鮮後期漂流民と日朝關係』(法政大學出版會、2008年、原著は 2000年)。

11) 万歷36年3月16日禮曹參議柳寅吉書契寫(『不時來書』)。

12) 万歷36年3月20日東萊府使李安訥書契寫·同年3月26日釜山僉使洪曖書契寫(『不時來書』)。

13) 万歷36年4月21日禮曹參議柳寅吉書契寫(『善隣通書』17、『不時來書』)。

므로14), 곧 出航한 듯하다.

7月 11日付의 義智 앞으로 보내는 柳寅吉 書契15)에는 對馬로부터 被虜人이 送還된 것이 기록되었다. 이 書契와 엇갈린 듯 6月 20日付로 禮曹參議 및 東萊府使·釜山僉使 앞으로의 義智 書契가 作成·送付되었으며16), 蜜臘 100斤을 求請함과 동시에「吾國王」(德川秀忠)이「信使」(通信使) 派遣에 謝意를 표하려는 것, 柳川智永(景直17))의 歸島를 기다려「飛船」을 朝鮮에 派遣할 예정이라는 것을 전하는 내용이다. 같은 日付 釜山僉使 앞으로의 景轍玄蘇 書契18)에는 蜜臘은「吾殿下」(秀忠)에 獻上하기 위한 점이라는 것,「殿下」에 의한「信使」에 대한 謝禮가 완료되기 전에 求請할 수는 없기에 義智의「私求請」라고 하는 형태를 취했다는 것이 기록되었다.

7月 日付 예조참의 앞으로 보낸 柳川智永 書契19) 내용을 보면 智永는 7月 23日에 對馬로 歸島한 것,「吾殿下」는「大臣」을 派遣하려고 했던 것, 謝使 派遣을「陋島」(對馬)에서 명을 받도록 호소해 인정받은 것, 智永이 朝鮮에 渡航하여「國命」을 伝達할 예정이라는 점이 기록되었다.

德川秀忠이 通信使에 대한「回禮使」派遣을 계획한 사실은 확인할 수 없으므로 對馬側이「國命」의 伝達이라고 칭하고「國王使」(僞國王使)를 도모하기 위한 포석을 간 것이라고 할 수 있다.

「國王使」派遣은 즉시는 실행되지 않았다. 이 단계에서 先王 宣祖의 薨去 情報가 對馬側에 전해졌기 때문이다. 8月 10日付 東萊府使·釜山僉使 앞으로 보낸 義智 書契20)에는「先使平智淸回告、以 先王崩殂之事、雖

---

14) 万暦36年4月29日釜山僉使李天文書契寫(『不時來書』)。

15) 万暦36年7月11日禮曹參議柳寅吉書契寫(『書契廿四本』、『分類紀事大綱附錄』)。

16) 万暦36年8月20日宗義智書契案(『仙巢稿別本』)。

17) 柳川智永은 朝鮮에 대해서 일관되게「景直」라고 칭하고 있다.「景」은 義智의 初名昭景의 偏諱이며「景直」은 智永의 初名일 가능성도 있다. 본고에서는 引用文을 제외하고「智永」으로 表記를 통일한다.

18) 万暦36年3月20日景轍玄蘇書契案(『仙巢稿別本』)。

19) 万暦36年7月日柳川景直書契案·寫(『仙巢稿別本』、『善隣通書』5、『善隣通書』5·6)。

然、禮曹及閣下報章無此事」라고 한다. 지금까지 禮曹 및 東萊府使・釜山
僉使의 書契에 宣祖 薨去 사실이 서술된 적은 없었으므로, 6月 20日付의
義智 書契(前出)을 가지고 渡航한 使者「平智淸」(大浦智淸ヵ21))이 처음으
로 전해온 정보였다. 여기서 義智는 情報의 眞僞를 확인하기 위해 「平智
房」(中原智房ヵ22))을 派遣해 東萊府使・釜山僉使에 신속한 回答을 요구한
것이다.

이때 義智는 8月10日付의 禮曹參議앞으로 보낸 書契23) 및 같은 일자의
東萊府使・釜山僉使 앞으로 보내는 書契(前出)를 「平智正」24)에 맡기고 있
다. 前者는 智永에 「國命」을 伝達시키려는 때에 「先王崩殂」소식을 접한
것, 「東藩鎭臣」입장으로서는 「澆奠之禮」를 완료하기 전에 智永을 渡航시
키는 것은 「禮度」를 잃기때문에 智永의 渡航을 延期하고 있다는 것, 우선
平智正을 派遣하기에 「澆奠之禮」를 행하지 않아도 「國命」을 伝達하여도 좋
을지에 관한 回答을 받고 싶다는 뜻을 전하는 것이다. 서두에서 서술한 것
처럼 對馬側은 1605年 이후에 「東藩」의 言說을 누설하며 日朝講和를 促進
해 온 전력이 있는 것 만으로도, 「東藩鎭臣」으로서의 「澆奠之禮」를 결여한
채 시기상조로 「國王使」를 派遣하는 것으로 인해 約條締結 交涉에 惡影響
이 끼치게 될 것을 염려하고 있었던 것이다.

그로부터 3개월이 경과한 11月 15日付 東萊府使・釜山僉使 앞으로 보낸
義智 書契25)에 의하면 「源信安」26)을 使者로서 파견하는 것, 「香使」(進香

---

20) 万曆36年8月10日宗義智書契案・寫(2通)(『仙巣稿別本』、『善隣通書』 5・6)。
21) 『宗家文書』元和3年4月18日宗氏家中連署起請文寫에 의하면, 宗氏 家中에 「智淸」을 諱
　　로 하는 人物은 大浦彦右衛門智淸・早田七左衛門智淸・藤松四郎右衛門智淸 3名이 確
　　인된다. 大浦氏는 本姓이 平이며 中世 末期 단계에서부터 宗氏의 直臣으로서 活動
　　활동하였다.
22) 前揭元和3年4月18日宗氏家中連署起請文寫에 中原狩野助智房의 名을 확인할 수 있다.
23) 万曆36年8月10日宗義智書契案・寫(『仙巣稿別本』、『善隣通書』 5、『善隣通書』 5・6)。
24) 宗家 家中에 「智正」를 諱로 하는 人物은 多數 存在하므로 현단계에서의 比定은 곤
　　란하다.

使)의 派遣이 완료되지 않았기 때문에「吾殿下謝使」이 遲延되고 있는 것, 지난 날에 平智正을 派遣했는데 예조참의의「報章」(回答書契)가 없는 것, 「兩足下之書」(府使·僉使의 書契)에 입각하여「謝使」의 正使 玄蘇·副使 智永이 준비를 갖추었기에 12月에는 釜山浦에 도착하는 것이 전해졌다.「兩足下之書」에 해당하는 書契는 발견할 수는 없지만 府使·僉使의 이름으로 「香使」는 不要라는 意思를 伝達한 것으로 보인다.

　그 후 얼마 지나지 않아 예조참의 書契가 伝達된 듯한데, 다음해 예조참의 앞으로의 義智 書契27)에는「伝承 先王崩殂矣、快早雖要差香使、閣下報章曰、國使未來、約條未定、而先行 進香之禮、事体未安、敢辭云々々」라고 하였다.「閣下報章」(禮曹參議 回答書契)에 있어서「國使」가 到來하지 않고 約條도 締結하지 않으면서 義智가 먼저「進香之禮」를 행하는 것은 道理에 맞지 않는다고 하며 進香使 派遣을 謝絶하는 뜻이 전해졌기 때문이다.

　이에 따라 12月 16日付의 東萊府使·釜山僉使 앞으로의 義智 書契28)가 作成되었다.「吾殿下謝使」인 玄蘇·智永을 派遣하는 데 있어서 接待를 청하는 내용이다. 義智는 進香使의 謝絶이라고 하는 확실한 回答을 받은 후에「國王使」(회례사)를 우선해서 派遣한 것이다. 또「余皆陋嶋人、而不雜本邦人也、待禮、請應之」라고도 서술하여, 隨行員이 모두 對馬島人인 것을 전해 國王使의 使送人으로서 應接되도록 청하고 있다. 僞國王使의 運用을 再開하는 데 있어서 예전처럼 應接되도록 계획한 것이라고 할 수 있다.

---

25)　万曆36年11月15日宗義智書契案·寫(『仙巢稿別本』、『善隣通書』5、『善隣通書』5·6)。

26)　柳川智永은 源信安을「家官」라고 칭하고 있으며(後述), 柳川氏의 被官인 것을 알 수 있다.「信」字는 柳川調信의 偏諱이다.

27)　(万曆37年)月日未詳宗義智書契案·寫(『仙巢稿別本』、『善隣通書』5·6)。

28)　万曆36年12月16日宗義智書契案·寫(『仙巢稿別本』)。

③ 1609年(慶長14·万曆37·光海君1)

日本國王使를 迎接하는 宣慰使는 前年 正月에 이미 李志完에서 決定하고 있으며 禮曹는 東萊府에「倭人接待」,「約條節目」의 검토를 명하는「關」(명령문서)를 보냈다.29) 나아가 禮曹가 東萊府에「倭人接待改勘事目」에 대하여「關」을 보내는 등,30) 約條締結 交涉을 위한 주도면밀한 준비를 하고 있었다.

2月 10日付의 東萊府使·釜山僉使 앞으로 보낸 柳川智永 書契31)에는 昨年 12月 1日에 對馬府中(嚴原)을 보냈는데 바람이 불안하기 때문에 佐須 奈浦에서 東風(順風)을 오랫동안 기다리고 있기에 그 사정을「飛船」으로 파견하여 설명할 것, 현재의「通信船」은 매우 작아서「雜物」을 積載할 수 없기 때문에 수십여 척의 船団으로 渡航할 계획이라는 것이 기록되어 있다.

國王使의 釜山 到着日에 관해서, 景轍玄蘇는 惟政 앞으로의 書契32)에서 2月 28日이라고 전하고 있으나 玄蘇의 記錄33)에 의하면 府中이 出發한 것은 2月 2日자로 佐須奈를 出航하여「釜山浦 新館」(豆毛浦倭館)에 도달한 것은 3月 18日이라고 한다. 또 宣慰使 李志完은 3月 22日에 客使·從倭·格倭 300여 명이 上陸하여 倭館에 들어왔다고 中央政府에 馳啓하고 있다.34) 國王使 行程에 관해서는 史料에 따라 어긋나는 점이 있는 듯 보이지만 國王使船의 構成이 大船·中船·小船을 합쳐 13隻이고 乘員이 324名으로 이루어졌다고 된 것35)에 비추어 본다면 13隻이 2月 下旬부터 3月 中

---

29)『接待事目錄抄』戊申正月條(ソウル大學校奎章閣所藏『東萊府接倭狀啓謄錄可考事目錄 抄冊』에 의한다).

30)『接待事目錄抄』戊申2月條.

31) 万曆37年2月10日柳川景直書契案(『仙巢稿別本』,『仙巢稿別本』).

32) (万曆37年)月日未詳景轍玄蘇書契案(『仙巢稿別本』).

33)『仙巢稿』上.

34)『光海君日記』元年3月丁未(26日)條.

旬에 걸쳐 순차적으로 釜山浦에 到着하여 최종적으로 使節·乘員の倭館에
의 수용이 완료된 것이 3月 22日이라고 생각할 수 있다.

최초로 到着한 것은 都船主「平智廣」(杉村智廣[36])라고 여기지며, 3月 2
日 宣慰使 李志完에 대해서「商賈」으로 명하며「開市」(사무역)을 행하도록
청하고 있다.[37] 正使 玄蘇가 到着한 것은 3月 18日로 다음날 19日에는 宣
慰使·東萊府使·釜山僉使와의 연회가 개최되었고 玄蘇는 詩文 가운데「新
館賀」(왜관건설의 경하)를 낭독하였다.[38] 26日에 慶尙道 觀察使가 釜山에
到着하여 上京은 許可하지 않는다는「朝廷事目」가 宣慰使에 伝達되었고
宣慰使와 國王使와의 사이에서 折衝이 이루어졌다.[39] 이 때문에 玄蘇·智
永는 3月 28日에 宣慰使에 대한 書契를 보냈고[40], 釜山에서의 國書 授受
에 관한 재검토를 청하였다. 이러한 요구에 있어 對馬는 兩國의 중간에 있
으며 戰端이 발생하면 바로 피해를 입기 때문에「和平」에 최선을 다하고
있고「貴國平安」은「對馬之平安」에 직결된다는 주장을 하고 있다.

4月 2日 譯官 朴大根·金孝舜이 國王使에 開諭하여 또한 宣慰使와 慶尙
道 觀察使가「修書」하여 이해를 구했기 때문에 國王使는 上京을 斷念하고
3日에「釜山館」에서 國書를 증정하였다.[41] 宣慰使의「書」에 해당하는 것이
玄蘇·智永 앞으로의 李志完 書契[42]로 보여진다.「金·朴兩譯」을「釜山館」
에 파견하여「書契」와「節目」을 國王使에 伝達시켰던 것을 보고한 후「大

---

35)『接待事目錄抄』己酉3月條.
36) 杉村氏는 宗氏庶流의 佐須氏(佐須郡代家)가 改姓한 것이므로, 杉村釆女智廣은 義智
   沒後에 義成을 補佐한「國政を被成御談議候衆中」가운데 일인으로 생각되는 有力家
   臣이다(「宗家文書」交名錄、「杉村家文書」).
37) (万曆37年3月2日)杉村智廣書契案(『仙巢稿別本』).
38)『仙巢稿』上.
39)『光海君日記』元年4月癸丑(2日)條.
40) 万曆37年3月28日景轍玄蘇·柳川景直連署書契案(『仙巢稿別本』)、『光海君日記』元年3月
   庚戌(29日)條.
41)『接待事目錄抄』己酉4月條、『光海君日記』元年4月丙辰(5日)·己未(8日)條.
42) (万曆37年)月日未詳宣慰使李志完書契寫(『仙巢稿別本』).

恤」을 위한 「詔使」(明使)가 계속해서 到來하는 가운데 「王京」에 향하고 싶다는 것은 타당하지 않고 釜山에서 「書契」(國書)를 接受하고 「約條」를 締結한다는 것은 對馬를 위해 행한 것이다고 하는 回答이 기록되어 있다.

한편 「歲遣船」(對馬島主 歲遣船)은 평상시처럼 25隻으로 하는 방침이 前年에 決定되었다.[43] 4月 5日, 智永는 宣慰使에 대한 書契[44]에서

「歲遣船·受圖書·受職 및 「商賈」에 의해 「窮士」는 풍족하고 백성도 풍족했습니다. 이는 貴國이 「東藩」을 「堅固」하게 대했기 때문입니다. 그런데 [1512년 임신약조와 1557년 정사약조에 의해] 歲遣船이 50隻에서 30隻으로 되었기 때문에, 「東藩」은 절반이 「摧頹」(衰微)해 버렸습니다. 그리하여 「正統八年」의 예[1443년의 癸亥約條]로 복구시켜, 「東藩」을 堅固하게 받고 싶습니다」

라는 論理로 「正統八年」(1443) 癸亥約條의 復活을 요구하고 있다. 對馬側은 「東藩」의 論理를 驅使하여 戰前까지 시행되어왔던 壬申約條(1512年 締結)의 復活이 아니라 癸亥約條 復活을 要求한 것이다. 일부러 癸亥約條 復活이라고 하는 최대한의 요구를 한 다음 최종적으로 丁巳約條와 같은 수준으로 타결하기를 의도한 것이라 할 수 있다.

智永이 宣慰使에 보낸 다른 書契[45]에 의하면 慶尙道 觀察使와의 「初會之日」(3月 26日)에 歲遣船은 20隻으로 보고되었기 때문에 「正統以來歲船之事」(계해약조의 세견선 규정)를 「短書」(4月 5日付 書契)으로 호소한 것이라 한다. 그러나 시하시, 宣慰使로부터의 回答은 없고 「僉知」(譯官)이 15隻이라고 通告해 왔으며 후일 재차 20隻이라고 通告해 왔다고 한다. 이에 대해 智永는 「藩鎭之節」을 전력을 다할 수 있을 리가 없다고 반발하고 있

---

43) 『接待事目錄抄』戊申3月條。
44) 万曆37年4月5日柳川景直書契案(『仙巢稿別本』)。
45) (万曆37年)月日未詳柳川景直書契案(『仙巢稿別本』)。

다. 이 단계에서 歲遣船을 25隻이 아니라 20隻으로 하는 것이 規定 路線으로 되어있는데 譯官과의 交涉 속에서 混亂이 생긴 것으로 보인다.

「歲遣船」에 관한 交涉과 병행해「受圖書」,「受職」에 관한 交涉도 진행되었다. 4月 6日 智永은 宣慰使에 대해서 書契를 올렸고[46), 宗熊壽(3隻)·宗熊滿(3隻)·宗盛氏·宗澄泰「使船」및 受職人의 停止에 의해 對馬는 衰微하고 있으며「東藩」이란 이름뿐이라고 호소한 다음「仁恩」을 입어 島內의「諸卒」에「藩鎭之義」를 완수하도록 하는 것이 亡父調信의 遺言이라고 서술하고 있다. 또 留船主「藤永正」[47)들에 대해서 松雲·孫文彧의 來島時(1604年) 및 通信使 來日時(1607年)의 護送에 功勞가 있었다고 하며 授職을 청하고,[48) 平胤吉·平調連에 대해서는 戰中에 臨海君·順和君에게 忠義를 바쳤다고 하고 平胤吉과 平智之(調連의 자식이라고 함)에 대한 授職을 청하고 있다.[49)

5月 光海君으로부터「日本國王」에 대한 回答國書가 작성되었다.[50) 이것에 付隨하는 禮曹 書契는 확인할 수 없지만 東萊府使·釜山僉使이 義智에 대해서「禮曹書」를「遞報」(伝達)한다는 명을 전달하고 있다.[51) 그리고 6月 回答國書는 釜山에서 授受되었다.[52)

約條에 관해서는 5月에「十二件約條」(己酉約條)이「講定」(체결)되어 歲遣船은 20隻, 歲賜米豆는 100石으로 되었고 智永·橘智正(井手智正)들이

---

46) 万曆37年4月6日柳川景直書契案(『仙巢稿別本』)。

47) 藤永正의「永」字는 柳川智永의 偏諱인 까닭으로, 柳川氏의 被官으로 보여진다.

48) (万曆37年)月日未詳某[柳川景直]書契案(『仙巢稿別本』)。

49) (万曆37年)月日未詳柳川景直書契案(『仙巢稿別本』)。平胤吉과 平調連·平智之 父子에 관해서는 未詳。단「調連」은 柳川調信의 初名과 같은 것, 臨海君·順和君에 대한 忠節이 事實인지 의문시되고 있었다는 것에서 봤을 때, 柳川智永은 受職人 增加를 위해 계획했던 架空 人物일 可能性도 있다.「調連」의 子로 여겨지는「智之」에 관해서는 智永의 從兄弟인「智幸」으로 日本音의 音通한다.

50) 万曆37年5月日光海君國書寫(『續善隣國宝記』、『方策新編』4)。

51) 万曆37年5月日東萊府使李安訥書契寫·同釜山僉使尹先正書契寫(『不時來書』)。

52) 『接待事目錄抄』己酉6月條。

受職되었다.53) 義智(「島主」) 이외의 「受圖書」는 인정되지 않았고 「受職」도 제한적으로,54) 對馬側 通交 權益은 대폭 축소되었던 것이다. 또 6月에는 特送船 3隻을 歲遣船 20隻에 포함된다고 通告되었다.55)

2. 己酉約條의 施行過程(1609年 8月~1611年)

① 1609年(慶長14·万曆37·光海君1)

正使 玄蘇는 對馬에 무사히 歸還한 내용을 8月 6日付로 역관 박대근에 전달함과 동시에 후일 後日 「商奴」를 파견할 예정이었으나 「少憩堅約之事」, 즉 당분간은 約條 施行을 保留할 것이라는 意思를 전하고 있다.56) 宗義智도 예조참의에게 書契를 보내어57) 使者 「藤智嗣」58)에게 被虜人 8名을 送還시킬 것을 전한 다음 圖書를 受給했는데, 特送船 3隻을 歲遣船 20隻에서 포함되었던 것은 「東藩」은 「摧頹」(衰微)되어버린다고 호소해, 「留約條」(約條施行의 保留)이라는 意思를 전했다. 또 義智은 關東에 건너가 「殿下」(德川秀忠)에게 「國報」(光海君 國書)와 「約條」에 대해서 報告할 것, 圖書는 「殿下」의 「台覽」한 후 하는 것이기에 이번 書契에는 「手押」(花押)를 사용하고 있다는 것을 전하였다. 國王使가 僞使인 이상 幕府에 대해서 「約條」은 어찌 되었든 간에 「國報」가 報告될 리가 없다. 書契에 圖書를 찍는

---

53) 『接待事目錄抄』己酉5月條。

54) 藤永正의 受職이 實現하는 것은1625年의 것이다(前揭洪性德論文)。

55) 『接待事目錄抄』己酉6月條、『光海君日記』元年6月丁丑(28日)條。

56) 己酉8月6日景轍玄蘇書契案(『仙巢稿別本』)。

57) 万曆37年8月日宗義智書契案(『仙巢稿別本』)。

58) 藤智嗣의 「智」字는, 宗義智의 偏諱인 까닭에 宗氏의 被官으로 여겨지는데 「智嗣」라고 하는 人物은 확인할 수 없다. 일본어의 音通부터 「智次」이라고 한다면 宗氏 家中에 多數 存在하기 때문에 현단계에서의 比定은 困難하다.

것을 피한 것은 그로 인해 己酉約條 施行에 合意한 것으로 여겨지지 않도록 하기 위한 것이라 할 수 있다. 柳川智永 書契[59]에서는 義智는「殿下之言」를 듣고「閣下」(禮曹參議)에 稟議하고 있었기에 約條을「私定約」하는 것은 아니라고 강조하고 있다. 己酉約條를 유리한 방향으로 개정하기 위해 幕府의 권위를 빌렸다고 보여진다.

智永는 별도로 예조참의 書契를 보내[60]「父之職」(亡父調信의 同知中樞府事)를 世襲했는데 玄蘇에게도 圖書를 賜給되도록 청하였다. 또「約條」이「先規」과 다르다고 하여 불만을 드러내며 동시에 倭館의 開市에 모이는「市人」이 零細이고「商物」의 賣買가 성립하지 않는 것에서「東藩」는 有名無實이라고 호소하였다.

이처럼 對馬側는 幕府의 권위를 빌리면서「東藩」의 言說을 強調하고 朝鮮側으로부터 約條의 改定에 대해서 讓步를 도출해 내려고 했던 것이다. 義智가 幕府에 대해서 정확한 情報를 伝達했다고는 생각할 수 없지만, 關東에 대한 參府의 部分에 관해서는 완전히 虛僞로 단정할 수는 없다. 義智가 東萊府使·釜山僉使에 보낸 書契[61]에는 約條를 締結하지 않으면서「香使」가 遲延하는데는「東藩之義」를 상실하는 것이기에 平智直(內野勘左衛門智直)[62]를 파견해「進香之禮」를 행할 것을 전하고 있다. 그런 다음「陃島留鎭」(對馬의 留守居)을「平智就」(宗智順[63]))와「平康幸」(未詳)으로 명한

---

59) (万曆37年)月日未詳柳川景直書契案(『仙巢稿別本』)。

60) 月日未詳柳川景直書契案(『仙巢稿別本』)。

61)「慶長14年」月日未詳宗義智書契寫·案(『善隣通書』5、『善隣通書』5·6、『仙巢稿別本』)。『善隣通書』는 書契 記載의 明年号를 日本 年号로 改變해 收錄하고 있기 때문에『仙巢稿別本』에 年号의 記載가 없는 경우는 편의적으로「慶長14年」과 같이 表記하는 것으로 한다.

62) 後揭의 表1參照。

63) 宗智順은 宗義智의 甥(義智의 兄義純의 子)인 (拙著『中世對馬宗氏領國と朝鮮』山川出版社、2007年)。적어도 1615年 8月까지는 初名의「智就」을 칭하고 있다(「初村家文書」慶長20年8月15日宗智就官途實名宛行狀)。

것이기에 재차 兩名「手押」(花押)을 書面에서 전한 것, 혹시 義智들이 歸島하기까지 釜山에 「通信」할 필요가 생길 경우에는 智就·康幸 兩名의 「手押」를 사용할 것도 전하고 있다.

義智가 對馬에 不在라는 이유는 智永의 書契[64]에 의하면 8月 中旬에 義智·智永들이 「東行」(關東參向)하기 위한 것이라 한다. 같은 해 10月에 大御所 德川家康는 諸大名에 密令을 내려 12月中에 江戶에 參府하여 越年하도록 요구하고 있다.[65] 이는 近世 幕藩体制의 특징인 參勤交代의 정착을 시시하는 것이며 1611年 3月에 豊臣秀頼이 家康·秀忠 父子에게 謁見한 것을 계기로 확립한 것이다.[66] 그러한 정황에서 생각해보면 義智가 江戶에 參府한 것을 직접적으로 뒷받침하는 국내의 史料는 없지만, 이를 통해 1609年 겨울부터 1610年 봄에 걸쳐 江戶에 滯在했다고 생각할 수 있는 것이다.

10月 禮曹는 義智 앞으로의 書契를 作成하여[67] 被虜人 9名 送還을 사죄한 다음 「壬辰以前受職圖書人」(受職人·受圖書人)의 復活은 「擧論」하지 않고 「近年表有功勞者」만 授職·授圖書할 것으로 하고 玄蘇에게 圖書를 내리고 智永·井手智正·源信安에게는 同知中樞府事·僉知中樞府事·司猛의 官職을 수여한다고 전하고 있다. 「壬辰以前」부터의 受職人에 관해서는 己酉約條 第6條에 「平時受職人則免罪幸、不擧論事」라고 한 것을 언급했는데 受圖書人에 관해서는 第1條 「館待」(國王使·島主歲遣船·島內受職人)의 대상에서 제외된 것이기에 「近年表有功勞者」일 것이라고, 復活은 인정될 리가 없다. 그러나 朝鮮側은 玄蘇는 特例라고 하며 約條과 모순하는 대응을 한 것이다. 그렇다고 하나 特送船을 歲遣船 범위 내에 포함 것이나(第3條), 國王使船의 副船數(第2條)을 變更하지 않는 것을 전해 기본적으로는 約條

---

64) 「慶長14年」月日未詳柳川景直書契寫(『善隣通書』 5、『善隣通書』 5·6)。

65) 『當代記』慶長14年10月條。

66) 丸山雍成 『參勤交代』(吉川弘文館、2007年)。

67) 万曆37年10月20日禮曹參議柳澗書契寫(『善隣通書』 4)。

을 堅持하고자 하는 자세를 보이고 있다. 그리고 다음 해 正月부터 歲遣船을 再開하고, 報告 事項이 있으면 特送船이 아닌 歲遣船에 위임하도록 요구하고 있다.

② 1610年(慶長15·万曆38·光海君2)

對馬의 進香使는 작년 겨울에 出航할 予定이었으나 越年하여 釜山에 渡航하였다.[68] 3月 1日 禮曹는 東萊府에 關을 보내「對馬島進香船隻出來」에 관한 指示를 내렸다.[69] 요컨대「國家三年之喪」가 지났으므로「進香之禮」를 행하는 것은 부당하다고 한 다음 進香使가 持參한 書契에는 圖書가 押印되지 않았지만 對馬로부터의 使者이므로 應接 후 歸國시키도록 指示한 것이다. 이에 따라 東萊府使는 3月 26日付로 義智 앞으로의 返書를 作成했고[70]「禮曹關文」를 送付하므로「一覽」하도록 청함과 동시에 금후 圖書 制度를 遵守하도록 요구하고 있다. 義智는 進香使의 派遣에 있어서도 圖書의 押印을 피하고 있었던 것이다.

한편 3月에 智永이 예조참의 앞으로 보낸 書契[71]에 의하면 船 2隻으로 被虜人 30名을 送還하는데 있어서 藤信久와 馬堂古羅이 護送를 담당하는 것 및 義智와 智永는「東行」하고 있기 때문에 被虜人이 몇 개월 간 對馬에 滯留한 것을 알리고 있다. 約條 締結交涉 때 被虜人을 送還한 者에게는 그 人數의 많고 적음에 상관없이 授職한다는 방침이 결정되었기 때문에[72]

---

68) 「慶長15年」6月1日宗義智書契寫·案(『善隣通書』5、『善隣通書』5·6、『仙巢稿別本』)。

69) 万曆38年3月1日禮曹關文(『善隣通書』4、『朝鮮通交大紀』)、『光海君日記』2年3月丁丑(1日)條。

70) 万曆38年3月26日東萊府使吳允謙書契寫(『善隣通書』4)。

71) 万曆38年3月日柳川景直書契案(『仙巢稿別本』)。万曆38年11月15日柳川景直書契案·寫(『仙巢稿別本』、『善隣通書』17)에「今茲之春、李·鄭二公解纜之日」라고 있으며, 士族의 李·鄭 2名이 포함되어져 있다. 더욱이 後者에 의하면 晉州 臥龍山百寺의 僧六惠도 送還될 予定이었는데, 對馬島내의 다른 곳에 滯在하고 있었기 때문에 11月에 別途 送還된다. 이에 관해서는 『光海君日記』2年12月丁酉(26日)條의 記載와 일치한다.

對馬側이 受職人 增加를 의도한 것으로 보인다. 이에 대한 예조참의의 回
答書契는 확인되지 않지만 東萊府使가 義智에게 보낸 回答書契73)에 의하
면「護送人」의 藤信久·馬堂古羅(武田又五郎) 兩名에게「論賞職帖」이 發給
되었다.74) 또 東萊府使 書契(前出)에 의하면 이번 被虜人 送還은「別遣之
船」라고 의미짓고 있으며 義智의 書契에는 圖書가 없었다. 朝鮮側은 같은
해 正月부터 歲遣船을 再開하도록 요구하고 있는데 義智은 새로운 歲遣船
制度에 反發했기 때문에「別遣船」을 派遣한 것이다.

6月 1日付로 義智가 예조참의에게 보낸 書契75)에 의하면 橘智正(井手
智正)에게 被虜人 5名을 送還시킬 것과 함께「東行」하여「吾殿下」(德川秀
忠)에게 4개條를 報告했을 때 問答이 이루어졌다고 전해지고 있다. 第1條
에서는「貴國回書」(光海君 國書)와「号約條之短簡」를 올리고 後者는 譯官
이「約條」로 칭하여 전해진 것에 지나지 않는다고 설명할 때「殿下」는 이를
「約條」으로 칭하기에는「侮人」이외의 성가신 것도 아니라고 역정을 냈다고
한다. 第2條에서는 上京에 관해서 譯官 金孝舜·朴大根이 今年(1610年)부
터는 上京이 許可된다고「堅約」하고 있음에도 불구하고 이후 朴大根이 上
京은 不可하다고 전해와「變約」되어버렸다고 한다. 第3條에서는「殿下」는
「變約」이 있다고 해도「害」가 없다면 상관없다고 언급했다고 한다. 第4條에
서는 進香이 허가되지 않았던 것을 언급하며 義智이 進香使을 파견하는
것은「東藩舊例」에 입각한 것이라고 한다. 이 가운데 第4條는 幕府에 대한
報告 事項은 아니였을 것 같은데도 무슨 맥락에서인지 混入한 것이다. 第1

---

72)『接待事目錄抄』己酉6月條。

73) 万曆38年5月29日東萊府使吳允謙書契寫(『善隣通書』17、『朝鮮通交大紀』)、『光海君日
   記』2年5月壬子(8日)條。

74) 前揭의 洪性德 論文에서는 1610年에 藤永正이 職帖을 受給하고 1612年에 馬堂古羅
   이 官服을 受給했다는 것을 지적하고 있는데, 馬堂古羅는 1610년에「職帖」(敎牒、
   五位이하의 告身)을 받고 있었기 때문이다. 또 馬堂古羅를 護軍·僉知中樞府事에 임
   명한 1613年·1615年의「敎旨」(四位以上告身)이「武田家文書」에 現存한다.

75)「慶長15年」6月1日宗義智書契寫·案(『善隣通書』5、『善隣通書』5·6、『仙巢稿別本』)。

條~第3條에 관해서는「僞國王使」의 存在를 뜻하는「貴國回書」가 秀忠에게 전해질 리는 없고 義智와 秀忠 사이의 問答 內容도 虛構라고 보여진다. 義智로서는 譯官 對應에 미흡한 것이 있었기 때문에 約條問題와 上京問題로 불이익을 덮은 것이라고 주장하는 데 있어서 將軍의 권위를 빌리고자 한 것이다.

이에 대해 禮曹는 7月 20日付로 義智에게 回答書契를 作成하고 있다.[76] 進香와 上京은「修睦舊事」에 관련하는 것인데 朝鮮이「自斷」(獨斷)할 수 있는 것이 아니라「天朝」(明)의 허가를 얻어야 한다고 설명한 다음 兩 譯官에게「遠識」이 아니라「目前姑息」늬 대응에 묶여 있기 때문에「兩國之利害」가「朦朧」해 버렸다고 해명하고 있다. 日本人의 上京을 인정하지 않는다는 방침은 朝鮮이 明의 影響을 벗어나 독자적으로 對日外交에 임한 1604年에 결정된 것이므로,[77] 이러한 경위에서 봤을 때 明의 許可가 必要하다는 것은 사실과 다르다. 對馬側이 約條·上京問題를 將軍에 報告했다고 하며 再交涉으로 진행하려고 했던 것에 대해 朝鮮側은 明의 권위를 빌린「借重之計」[78]에 의해 對抗하려고 했던 것이다. 그렇다고 한다면 對馬·朝鮮과 함께「借重之計」를 驅使하여 外交交涉을 전개한 이유가 되는 것이다.

10月 義智는 재차 橘智正(井手智正)을 파견해 예조참의 앞으로 보낸 書契를 伝達시키도록 한다.[79] 작년에 釜山에서 國書를 交換한 것을 언급하며「和交」는 有名無實이라고 호소한 후「自來歲可許上京」라고 하는 것은 兩譯의「私言」이었다고 판단, 그 후에「變約」한 것에 대한 설명을 요구하고 있다. 나아가 작년「殿下」(秀忠)가 明에「貢路之事」를 요구할 때 朝鮮이 거절했다고 하며 불만을 드러내고 또 갑작스럽게「楊老爺」(明의 經理 楊鎬)

---

76) 万曆38年7月20日禮曹參議柳澗書契寫(『善隣通書』4).
77) 前揭拙稿「「壬辰戰爭」의 講和交涉」.
78) 李啓煌『文祿·慶長の役と東アジア』(臨川書店).
79) 「慶長15年」(10月)宗義智書契寫·案(『善隣通書』5、『善隣通書』5·6、『仙巢稿別本』).
本文에「今年纔余二三箇月也」라고 하므로, 10月에 作成된 것으로 보인다.

를 끌어내서 「强說」해온 것에도 설명을 요구하고 있다. 한편으로는 「釜山人」이 圖書를 찍지 않은 것은 無禮로 여기는 점은 道理에 합당하므로 「手押」(花押)를 그만두고 圖書를 찍도록 했다고 말하며 새해를 기다려 「第一船」(歲遣船第一船)을 派遣한다고 전했다.

對馬側은 上京問題보다도 歲遣船의 再開를 우선시한 것이다. 釜山에서의 貿易(公貿易·私貿易)은 1604年 對馬―朝鮮 사이의 講和 成立 때 공식으로 인정되었지만 어디까지나 非定例使節의 渡航에 따른 臨時的인 貿易에 지나지 않았다.[80] 이러한 상황이 계속되면 得策이 아니기 때문에 上京問題를 미루더라도 歲遣船 再開에 의한 貿易의 定例化를 우선시한 것이다. 게다가 對馬側이 왜 上京에 固執한 것인가도 중요한 문제인데, 이에 대해서는 다음 장에서 검토하는 것으로 하겠다.

12月 禮曹는 義智에 대한 回答書契을 作成하여[81] 上京問題에 관한 宣慰使와 역관의 說明 차이를 이제 와서 언급하는 것은 不當하며 「東事處置」은 전부 「撫院楊老爺手中」에 있다고 서술하고 있다. 또 「貢路一事」를 제기한 것에 대해서는 「天子·明命」를 위반한 것은 日本이라고 반발한 다음 「楊老爺」(楊鎬)의 사람이라고 언급하며 日本側이 「恭順之實狀」를 다한다면 조금씩 사태는 호전할 것이라고 했다. 對馬側은 上京問題에 더해 貢路問題를 언급했지만 朝鮮側은 어느 쪽이든 「借重之計」로 봉쇄하려고 한 것이다. 더욱이 이 때 惟政의 弟子 惠求의 이름으로 작성된, 거의 같은 내용의 書契가 智永와 玄蘇에 송부되었다.[82]

---

80) 前揭拙稿「「壬辰戰爭」の講和交涉」。
81) 万曆38年12月日洪瑞鳳書契寫(『善隣通書』4)。
82) 万曆38年12月日惠球書契寫[景直宛·玄蘇宛](『善隣通書』4)。『光海君日記』2年11月癸丑條(12日)에 對應하는 記事가 있다。

③ 1611年(慶長16·万歷39·光海君3)

2月 14日付 宗義智은 東萊府使·釜山僉使 앞으로 보낸 書契를 作成하였다.[83] 이에 의하면 작년 겨울 使者 橘智正(井手智正)은 正月 24日에 歸島했고, 義智은「禮曹報章」(回答書契)을 읽은 후 이를 江戶에 持參하도록 智永에 명했다고 한다. 또「兩足下」(東萊府使·釜山僉使) 및 역관 金孝舜이「橘使」(井手智正)와 갔던「問答旨趣」도 상세히 기록하고 將軍의 台覽에 바쳤다고 한다. 같은 해 3月에 大御所 德川家康은 京都에 上洛했기 때문에 諸大名도 모두 上洛했다는 기록이 있다.[84] 이로 인해 義智도 上洛한 可能性이 있으며 智永의「江戶參府」라고 하는 것은 이러한 사실을 반영한 것일지도 모른다. 다만 僞國王使의 存在를 시사하는「禮曹報章」,「問答旨趣」를 將軍의 台覽에 바쳤다는 것이 사실이라고는 생각하기 어려우며 朝鮮側이 楊鎬를 내세운 것에 대한 對抗策으로 보인다.

6月 28日付로 義智는 禮曹 앞으로의 書契를 作成한다.[85] 이에 의하면 智永는 6月 20日에 江戶에서 歸島, 日本 情勢의 無事를 보고했기에「平永世」[86]를 파견해 禮曹에 報告한다고 말하고 있다. 또「殿下」(德川秀忠)는「第一船」(歲遣船第一船)의 派遣을「詰難」했지만 智永가 재차 호소했기에 마지못해 허가를 내렸다고 하며 후일 반드시「第一船」를 派遣한다고 약속했다.

그리고 가을이 되어 歲遣船 第一船이 派遣되었다. 義智가 예조 참의에 보낸 書契[87]에는 서두에「和交已來、始通第一船」라고 되어 있고、正官 平智直(內野智直)·都船主 平調近(小田調近)·進上押物官 藤智治(石田智治)를 파견한다고 한다.[88] 계속해서 上京問題에 관한「變約」의 経緯를 상

---

83) 「慶長16年」2月14日宗義智書契寫(2通)(『善隣通書』5、『善隣通書』5·6、『仙巢稿別本』)。

84) 『義演准后日記』慶長16年3月2日條。

85) 「慶長16年」6月28日宗義智書契寫·案(『善隣通書』5、『善隣通書』5·6、『仙巢稿別本』)。

86) 「平永世」의「永」은 柳川智永의 偏諱인 까닭에 柳川被官으로 보인다。

87) 月日未詳宗義智書契案·寫(『仙巢稿別本』、『善隣通書』5、『善隣通書』5·6)。

세히 서술한 다음 「宗熊壽」,「宗熊滿」,「宗盛氏」에 대한 授圖書, 通信使護送·漂流民送還의 功勞者 授職 및 島主 歲遣船 50隻으로의 回復에 의해 「東藩」을 「堅固」하게 하고 싶다고 요청하고 있다. 上京問題에서 讓步하는 형태를 취하는 것으로 그 代價으로서 通交權 擴大를 의도한 것이라 할 수 있다.

歲遣船 第一船의 渡航에 이어 9月에 受職人「源信安」이 朝鮮에 渡航한다. 이에 智永은 書契를 信安에 맡기는데[89] 이에 따르면 信安은 智永의 「家官」(被官)이며 己酉年(1609年)에 受職했으나 歲遣船 第一船의 派遣이 늦었기 때문에 이윽고 첫 肅拜를 행하게 된 것이라는 경위가 기록되어 있다. 또 智永은 亡父調信의 菩提寺인 流芳院을 維持하기 위해 圖書도 賜給하고 싶다고 요청하고 있다.

10月에는 玄蘇이 처음으로 遣使하여[90] 時期는 알 수 없지만 義智이 司直「世伊所」(岡村淸藏[91])에 發給한 文引[92]도 확인된다. 世伊所는 1612年에 官服을 支給된 것이 알려져있는데[93] 文引의 記載에 의하면「金防禦」(防禦使 金應瑞)이 宜寧 滯在 중[94] 兵船에 승선해「忠信」을 했기 때문에 受職했으나 이번이 첫 肅拜라고 한다.

이처럼 島主 歲遣船의 派遣이 再開된 것으로 島內의 受圖書人·受職人 通交도 순차적으로 再開된 것이다. 한편 12月 日付로 禮曹는 義智앞으로 回答書契를 作成하여[95] 「庚午作耗」(1510年)와 「壬辰之事」를 참고하여 對

---

88) 人名에 關해서는、後揭의 表1參照。
89) 「慶長15年」9月5日柳川景直書契寫·案(『善隣通書』15、『仙巢稿別本』)。
90) 万曆39年10月10日景轍玄蘇書契案·寫(『仙巢稿別本』、『善隣通書』15)。
91) 人名에 關해서는、後揭의 表1參照。
92) 万曆39年月日未詳宗義智文引案(『仙巢稿別本』)。
93) 前揭洪性德論文。「世伊所」은 未詳이지만、音에서 類推한다면「淸藏」으로 생각된다。
94) 金應瑞의 宜寧에서의 行動에 대해서는『宣祖實錄』30年6月戊辰(9日)條·癸酉(14日)條에 관련 기사가 있다.
95) 万曆39年12月日禮曹參議尹暉書契寫(『雲崖隨筆』、『善隣通書』4、『朝鮮通交大紀』)。

馬側이 上京問題를 둘러싼 「變約」에 「不滿之辭」를 열거한 것을 비판, 宗熊壽들에 대한 授圖書 및 「平時受職之人」 接待는 인정하지 않는다고 回答한다. 단 「信使時隨行有勞松尾有右衛門等貳拾參人」[96]에는 綿紬이 賜給된다고 전한다.

3. 貿易復舊으로의 模索

① 最初期의 近世 日朝貿易

우선 중세일조무역의 시스템을 개관해 보자. 1471年、浦所(제포·부산포·염포)에서의 私貿易이 전면 금지되어서 公貿易에서 매매 물자가 增大함에 따라 그 물자는 慶尙道 花園縣에 輸送·一時 保管되어 農閑期를 기다려 漢城에 輸送되도록 했는데, 그 나머지는 京商이 輸送했다. 京商은 官府에 布貨를 前納해 두고 그 만큼의 輸入 物資를 花園縣에서 回收했을텐데 1487年에 花園縣으로의 輸送이 廢止되었기 때문에 京商은 직접 浦所에 下向하게 되었다.[97] 16世紀 전반에는 浦所에서의 私貿易은 조금 누그러졌는데 京商이 公貿易品 回收를 위해 浦所에 來航하는 構圖에 변화는 없고 密貿易으로의 關與도 지속되었다.[98] 16世紀 중반 이후의 日朝貿易은 公貿

---

96) 年月日未詳覺書(『善隣通書』 4)에는、松尾有右衛門·數山治部右衛門·平山相右衛門·松尾三郎右衛門·江島彦右衛門·松尾甚右衛門·有田久作·岩松孫兵衛·阿比留七右衛門·棧敷原伊右衛門·小島仁右衛門·長野源三郎·梶山源右衛門·樋口半右衛門·熊本總右衛門·重田三郎右衛門·脇田利兵衛·江島善兵衛·松尾作右衛門·松島孫右衛門·岩永三右衛門·後藤太郎兵衛·犬塚孫右衛門이 잇다. 宗氏의 御用商人(「六十人」)을 포함한 府中商人으로 보인다.

97) 長節子 「一五世紀後半の日朝貿易の形態」(中村質編 『鎖國と國際關係』吉川弘文館、1997年).

98) 拙稿 「粉粧粉靑沙器の日本流入経路に關する一試論」(『海洋文化財』 10、2017年)에서는 三浦私貿易의緩和를 1531年 以前이라고 指摘했는데, 『光海君日記』 2年 3月 壬子

易·京中 私貿易 및 浦所 私貿易·密貿易으로 이루어졌는데 모두 京商의 資本이 관계한 것이다. 요컨대 國家 財政과 漢城의 商業資本이 中世日朝 貿易을 지탱한 것이라고 할 수 있다.

이러한 貿易시스템은 壬辰戰爭으로 중단, 變容되었다. 1601年에 對馬으로의 羈縻 再開를 宣言한 朝鮮은 1602年에 對馬 使者와의 公貿易을 暫定的으로 許可했다. 1603年에는 使者 橘智正(井手智正)이 持參한 銅을 전부 慶尙道에 매입토록 했는데 너무나도 많았기 때문에 이후는 반 정도를 매입하는 것으로 했다. 그리고 1604年에 對馬와의 講和가 成立하면 日本人으 上京을 인정하지 않고 釜山에서 公貿易·私貿易을 실시하는 方針을 고수했다.[99] 戰後 日朝貿易은 완전히 釜山浦로 移行해 慶尙道 所管이 되고 公貿易은 기본적으로 그 財政의 범위 내에서 행해지게 되며 公貿易·私貿易 및 密貿易에 關與해 온 京商의 商業資本도 일시적으로 단절된 것으로 생각할 수 있다. 따라서 最初期 近世日朝貿易에서는 朝鮮側에 충분한 財政·資本이 뒷받침되었다고 생각하기 어려운 것이다.

1609年 柳川智永은 宣慰使 李志完에 대해서 東萊縣 商人 金莫同이 가진 「舊債」 가운데 「十之一」(10%)도 返還되지 않다고 하며 그 辨濟를 재촉하도록 의뢰한다.[100] 「舊債」이 어느 단계에 생긴 것인지는 잘 모르겠지만 金莫同에는 返濟 能力이 없고 私貿易의 東萊 商人의 信用이 충분치 않았다는 것을 추측할 할 수 있다. 또 智永는 禮曹에도 書契를 올려[101],

「館中一月三次開市、市人或携木綿二三疋、或携四五疋來之外更無他物、問如何、日、乃是官命也云々、是以館中雖有商物、不得賣買」(倭館에서 한 달에 3번 開市되는데 商人은 木綿2·3匹 혹은 4·5匹을 持參하는

(6日)條에 의하면 「弭中再來」 요컨대 1512年 壬申約條 締結 후에 米·布에 한해서 倭館에서 거래할 것을 許可했다고 한다.

99) 前揭拙稿 「壬辰戰爭の講和交涉」。

100)(万曆37年)月日未詳柳川景直書契案(『仙巢稿別本』)。

101)(万曆37年)月日未詳柳川景直書契案(『仙巢稿別本』)。

것일 뿐, 그 외의 代價는 持參하지 않습니다. 그 이유를 묻자 「官命」이라는 것입니다. 이걸로는 倭館에 商品이 있어도 賣買는 성사하지 않습니다)라고 호소하고 있다.

그리고 「如此輕些商物入市者、未曾聞之」(이 정도까지 輕微한 商品을 가지고 市를 찾는다 등 아직까지 들어 본 적도 없습니다)라고 언급해 「開市 之日」에 「市人」에게 号令를 내려주길 원한다고 호소하고 있다. 「市人」이 대답한 「官命」의 진위 여부는 명확하지 않지만 「開市之日」이 되어서도 「市人」이 모이지 않는 상황을 읽을 수 있다.

1610年 3月 朝鮮 政府는 倭館에서의 私貿易을 거의 全面的으로 許可하여 開市日과 取引品目 調整을 행한다.[102] 이 때 政府內에서는 上京과 釜山開市의 兩方을 遮斷하여 對馬를 「斥絶」하는 것은 得策이 아니라고 判斷, 보다 實害가 적은 釜山開市를 選擇한다.[103]

6月에 智永는 재차 李志完에 書契를 보내어[104],

「去歲辭釜山之時、俾兩譯官堅約隔五日開市、雖然、僕歸後、纔一月 三次開市、偶入市商賈亦不他官商賈、而只東萊商賈耳也、或肩木三四 匹·手木二三匹、別無他商物、是以倭商在館者不堪悶望之至」(작년 釜山을 출발했을 때 [宣慰使는] 兩 譯官에 5日 마다의 開市를 堅約시켰습니다. 그러나 제가 歸島한 후에도 한 달에 3번의 開市뿐, 가끔 방문한 商人 가운데는 他官의 商人이 포함되지 않고 東萊府 商人 뿐이었습니다. 肩木3·4 匹、手木2·3匹 외에 商品은 없습니다. 이걸로는 倭館에 滯在하는 商人은 悶望할 뿐입니다)라고 호소하고 있다.

譯官은 한 달에 6번의 開市를 約束한 듯 하지만, 실제는 3번 밖에 開市되지 않고 그곳을 찾는 자도 東萊商 뿐으로 그들이 持參한 代價도 변함없

---

102) 田代和生『新倭館』(ゆまに書房、2011年)。

103) 『光海君日記』2年3月壬午(6日)條。

104) (万曆39年)月日未詳柳川景直書契案(『仙巢稿別本』)。

이 적은 양이었을 듯하다.

같은 해 10月 開市는 6번으로 정해지는 한편 「京外商人」이 戶曹·各道 監司의 行狀(通行許可証)를 얻어 釜山 開市에 參加시키는 것이 提議된 다.105) 開市 日數에 관해서는 이러한 정보를 譯官이 앞서 전달한 것으로 混亂의 가능성도 있다. 한편 「京外商人」에 대한 行狀의 發行에 대해서는 京商뿐만 아니라 地方 商人에도 釜山 開市에 參入시키는 것으로 私貿易 의 振興을 꾀했다고 생각된다. 이는 對馬側의 要望에 응한 조치로 보이는 데 朝鮮側으로서는 釜山 私貿易이 密貿易의 溫床이 되는 것을 예방하기 위한 조치였을 것으로 생각된다.

1613年 이전에 進上·公貿易에 定品·定額制가 導入되었고 日朝貿易의 私貿易 重要性이 높아져갔는데106), 私貿易이 擴大하기 위해서는 東萊 商 人의 成長은 물론 京商이나 地方 商人이 參入하고 廣域的인 經濟와 連結 할 필요가 있었던 것이다.

② 歲遣船 再開 直後의 日朝貿易

1611年 가을에 島主 歲遣船 第一船이 渡航하여 銅鐵 5,000斤·鑞鐵 2,000斤·水牛角 2,000本·胡椒 5,000斤·丹木 10,000斤의 公貿易을 요구한 다.107) 『邊例集要』 卷5·公貿易條에 기재된 品目·數量과는 차이가 있으나 우선 그 항목을 근거로 검토를 하고자 한다.

당시 物資交換의 比率(折價)은 銅鐵 100斤＝木綿 60匹, 鑞鐵 1斤＝2匹, 水牛角 1桶＝3匹, 胡椒 1斤＝1匹, 丹木 3斤＝1匹이었던 것에서,108) 貝數

---

105) 『光海君日記』 2年9月辛亥(9日)條。또한 『接待事目錄抄』庚戌10月條에서는 京外商人 의 私貿易 參加를 禁止한다는 반대되는 意味의 文章으로 되어 있다。
106) 前揭田代 『新倭館』。
107) (万曆38年)月日未詳宗義智公貿目錄案(『仙巢稿別本』)。
108) 『邊例集要』卷8·公貿易條·己酉5月項。

의 單位가 다른 水牛角을 제외한다면 그 외 4種의 評價總額 만으로도 木綿 15,334匹이 된다.[109] 그러나 朝鮮側은 物資의 總量을 매매하지는 않고 歲遣船 第一船로부터 第十五船까지의 合計 支拂額은 木綿 262同 34匹 10尺에 머물렀다고 한다.[110] 匹로 환산한다면 13,134匹이다. 즉 歲遣船 15回 分의 公貿易에 대한 支拂總額은 第一船이 야기한 公貿易 物資의 評價總額에도 미치지 않는 것이다.

1607年경、宣慰使 李志完은、「銃材」(火器의 원료)인 生銅의 價格이「平時」(戰前)의 배까지 급등하는 상황에서、「日本商物」가운데 生銅 10,000斤에 대해서는「平時倭館貿直」(戰前의 倭館에서의 貿易對價)를 적용하여 구입할 것 과「弓角二千桶」(弓의 原料인 水牛角)도 마찬가지로 구입할 것을 國王에게 진언하였다.[111]。이 가운데 銅의 구입에 대해서는 1614年에 1614年 戶曹가 平安道 防衛의 火器를 鑄造하기 위해 釜山浦 公貿易에서 銅鐵 9,000斤을 매입했던 사례가 확인되었다.[112] 이와 같은 中央官廳으로부터의 특별한 매입이 없는 한 慶尙道 財政만으로 對應하기에는 한계가 있었다고 말할 수 있다. 1613年 이전에는 公貿易에 定品·定額制이 도입된 것은 이러한 현실적인 상황에 대응한 것으로 보인다.

③「藩營」貿易의 開始

戰前 對馬의 年間 通交 回數는 約118回였는데、[113] 己酉約條으로 島主 歲遣船 20回이 기본이 되어 受圖書人·受職人이 漸增하는 정도에 지나지 않았다. 貿易 回數는 戰前의 約20%로 격감한다.

16世紀 후반 宗氏 領國에서는 貿易權이 知行으로서 重臣·直臣(吏僚)層

---

109) 柳川景直은 代價를「上木綿」으로 支給되도록 희망하고 있었다.

110) 前揭田代『近世日朝通交貿易史の研究』。

111) 李恒福『白沙集』別集卷2·啓辭。

112) 辻大和『朝鮮王朝の對中貿易政策と明淸交替』(汲古書院、2018年)。

113) 拙著『對馬宗氏の中世史』(吉川弘文館、2017年)。

에 중점적으로 분배되었는데[114] 각자 개별적으로 權益을 行使하여 貿易 利潤을 얻는 방식이었다. 그러나 通交權이 激減함에 따라 宗氏 直營 方式으로의 집약적 운용이 꾀해진다. 이와 더불어 宗氏의 權力强化를 「藩」이 成立한 요점이라고 보는 견해가 있으므로[115] 17世紀 초기의 日朝貿易도 「藩營」貿易으로 간주하여 그 실태를 고찰하려고 한다.

歲遺船 再開 직후에 관해서는 歲遺船 第一船·特送使(一番·二番·三番) 및 「彦三」(宗義成)送使의 正官·都船主·封進 構成을 어느 정도 알 수 있다 (〈表 1〉). 이에 의하면 正官을 담당한 것은 宗氏의 「家中」(重臣·直臣層)을 構成하는 人物이다. 內野智直·岡智次·大浦智継·仁位智弘은, 義智의 沒後 義成을 補佐로 한 「國政을 被成御談議候衆中」으로 헤아려지는 측면이 있으며 義智 在世中부터 家中의 中樞을 담당하고 있었다고 생각한다. 또 家中의 地位는 확실치 않지만 柳川智慶·柳川外記는 重臣 柳川氏의 一族이며 仁位次郎左衛門尉은 宗氏의 庶流 仁位氏, 吉川藏人은 有力直臣 立石氏의 系譜를 잇는 人物이다.

特送使의 正官는 家中에 속하는 人物을 起用하는 것은 中世 이래로[116], 현지에서 貿易을 도맡아 관리하는 都船主에게도 家中의 일면이 많은 것이 주목된다. 또 特送船의 派遣에 있어서는 副船의 派遣을 强行하고 있었기에 1度에 2隻의 船가 준비되었다. 때문에 副船의 貿易 担當者로서 「二船主」, 「二船封進」, 「二船荷押物」, 「二船侍奉」이 임명되었던 것이다(〈表 2〉). 여기서 家中의 人物은 매우 적다. 거꾸로 府中의 御用 商人(古六十人·新六十人) 渡嶋淸兵衛·樋口太郎兵衛·熊本惣右衛門尉이 확인되는 것 외에 松尾氏·江嶋氏·住永氏와 같은 御用商人 一族[117]으로 보이는 人物을 다수 확인할 수 있다.

---

114) 前揭拙著 『中世對馬宗氏領國과 朝鮮』。
115) 鶴田啓 『對馬からみた日朝關係』(山川出版社、2006年)。
116) 前揭拙著 『中世對馬宗氏領國과 朝鮮』。
117) 前揭拙著 『中世對馬宗氏領國과 朝鮮』。

〈表 1〉歲遣船第一船·特送使·彦三送使の使送人(1611～14年)

西曆	種別	正官	都船主	封進
1611	第一船	內野勘左衛門[智直]◎	小田庄右衛門尉[調近]	石田伊兵衛[智治]▲
1612	一番特送使	柳川-大郎兵衛[智慶]	中里弥三兵衛	
	二番特送使	岡市郎右衛門尉[智次]◎	多田監物○	
	三番特送使	大浦權左衛門尉[智継]◎	松尾庄兵衛○	
	彦三	平田權右衛門尉●		
1613	第一船	吉川藏人	小田庄右衛門尉[調近]	扇九右衛門尉
	一番特送使	仁位民部少輔[智弘]◎	中原與一右衛門尉	
	二番特送使	柳川外記	津江多兵衛[智太]○	
	三番特送使	佐護五郎左衛門尉[智次]◎	佐護內善[智次]○	
	彦三	小川茂左衛門尉[智正]○		
1614	第一船	小林五郎衛門尉[智正]○	三浦雅樂助[智忠]○	
	二番特送使	大浦彦右衛門尉[智清]○	三浦雅樂助[智忠]○	
	三番特送使	仁位-大郎左衛門尉	小田藤兵衛[智忠]○	

주:「宗家文書」年月日未詳覺書(御送使僉官之初)에 의한 것.
凡例:◎「國政を被成御談議候衆中」(「宗家文書」交名錄、「杉村家文書」)　○御家中(「宗家文書」元和3年4月18日宗氏家中連署起請文寫)
●馬廻(「馬廻御判物帳」)　▲古六十人(「御判形之寫六拾人中」)

　　1612年 一番特送使 二船主인 松尾三郎右衛門尉智清은 府中의 町政組織인「五人司」를 創設한 有力町人 한 명으로 柳川一件 후 橋邊姓으로 개명한 人物이다.[118] 1607年 通信使 護送에도 功勞가 있었다(〈表 2〉). 智清의 使行에 대해서는 關聯 史料가 남아있다. 一番特送使는 1612年 10月에 釜山에 到着했는데[119] 동년 11月 9日付 및 正月 23日付로 宗義智가 智清에 보낸 書狀의 사본이 확인된다.[120]

---

118) 前揭田代『近世日朝通交貿易史の研究』。
119) 『接待事目錄抄』壬子10月條。
120) 「町人御判物帳」橋邊又六所持。

〈表 2〉特送使副船の使送人(1612〜14年)

西曆	種別	二船主	二船封進	二船荷押物	二船侍奉
1612	一番特送使	松尾三郎右衛門尉 [智淸]□■	住永甚三郎	渡嶋淸兵衛△	宮川勝十郎
	二番特送使	松尾甚右衛門尉■	熊本惣右衛門尉▲	樋口太郎兵衛△	武田庄助
	三番特送使	早田又右衛門尉	早田善左衛門尉	小田甚吉郎	林田仁左衛門尉
1613	一番特送使	江嶋彦右衛門尉■	江嶋喜兵衛	嶋彈左衛門尉	仁位與平次
	二番特送使	大浦彦右衛門尉 [智淸]○	吉加助右衛門尉 [吉賀智正ヵ]○	中村伊之助	山本勘右衛門尉
	三番特送使	古川六兵衛	熊本惣右衛門尉■	小嶋判左衛門尉	阿比留近八
1614	二番特送使	藤田勘三郎		長嶋淸三郎	大浦長介
	三番特送使	大浦源左衛門尉	高雄尾崎	熊本彦右衛門尉	小田村松兵衛

주:「宗家文書」年月日未詳覺書(御送使僉官之初)에 의한 것.
凡例:○御家中(「宗家文書」元和3年4月18日宗氏家中連署起請文寫) □町人(町人御判物帳) ■通信使護送(『善隣通書』4)
▲新六十人(御判形之寫町六拾人中) △古六十人(六拾人御判物控・御判形之寫町六拾人中)

먼저 11月 9日付 書狀은「江戶・駿府進上物注文」(將軍秀忠・大御所家康
에 대한 進上品 목록)을 건네는데, 서둘러 調達해서 對馬에 보낼 것 및 銀
子 500匁을 건네므로 人參・白糸을 구입할 것, 이것은「니시(にし)」를 위한
品物이므로 小嶋孫右衛門尉에게 보낼 것, 彦三(義成)을 위한 馬를 구매해
건넬 것을 명하고 있다. 日朝 往復 書契을 通覽해 보면「殿下」에 進上하기
위한 藥材・動物의「許貿」을 부탁하는 내용이 많이 나오는데「江戶・駿府進
上物注文」은 그러한「許貿」要請이 있을 정도로 사실에 입각한 것임을 시
사한다.121) 또「にし」가 누구를 의미하는지는 단정할 수 없지만 宗氏 當主
가 隱居하고 있는 동안「御西」(宗晴康・宗義調)이나「御東」(宗義純)으로 칭
했던 적이 있기에, 義智의 近親者라고 생각된다. 게다가 小嶋孫右衛門尉은
1619年에 一番特送使 都船主를 담당하고 있었고122) 家中의 一員일 가능

---

121) 이 문제는 宗氏와 幕府와의 관계를 추적할 실마리가 되는 것으로 다른 기회에 詳
 細히 檢討하려고 생각한다.

성도 있다.

한편 正月 23日付 書狀은「馬立船」을 釜山에 건네므로 구매해 둔 물건 등을 서둘러 운반해 對馬에 건넬 것, 「唐人」(朝鮮人)이 무엇을 희망하고 무엇을 구매하려는 가를 파악하기 위해, 구입한 물품을 상세히 기록해 건넬 것을 명한 것이다. 「馬立船」이란 馬을 輸送하기 위한 배로 보인다. 「許貿」를 구해서 입수한 馬의 輸送과 함께 倭館에 保管되어 있는 購入 物資를 對馬에 回送하도록 명한 것으로 생각된다. 또 義智가 실제로 팔린 品目을 파악하려고 하는 것은 「藩營」貿易을 운영해가는 데 있어서 必須인 市場調査를 행하는 것을 의미하므로, 매우 중요하다.

이처럼 歲遣船 第一船 및 特送船에 관해서는「家中」(直臣)과 府中의 御用商人이 運營하고 있었다. 中世의 단계에서는 宗氏·家臣이 權益을 分割 保有하였고 각각 별도로 府中町人이나 村落의 商人을 正官으로 명하여 貿易의 實務를 委託하는 방식을 취하고 있었으므로[123] 이와 비교한다면 매우 集約化·組織化된 방식이라는 것이다. 이를「藩營」貿易의 開始로 봐도 크게 다르지 않을 것이다.

다만 歲遣船 第二船에서 第十七船까지의 詳細는 알 수 없으며 이 외에도 受圖書人·受職人이 존재한다. 특히 柳川智永은 受職하고 더우기 流芳院 圖書를 入手할 뿐만 아니라 스스로의 名義로 受圖書를 꾀하고 있었고 柳川氏 家中(被官)의 受職도 진행하고 있었다. 따라서 이 단계에서는「藩營」貿易이 유일의 貿易 方式이 아니였을 것이라는 점은 주의해 둘 필요가 있다.

어쨌든 宗氏 家中에 속한 측면은「藩營」貿易의 利潤을 分配할 수 있어 그를 知行하게 된다. 1614年 宗義智은 古川右馬助에게「送使壹艘より米 壹俵宛」(歲遣船 1艘 당 米 1俵씩)을 給付하고 또「送使船中もとり二度之

---

122)「宗家文書」年月日未詳覺書(御送使僉官之初).
123) 前揭拙著『中世對馬宗氏領國と朝鮮』.

時、壹度ハ白米壹俵宛」(歲遣船의 중간에 돌아오는 것이 2度인 경우 1번째에 白米 1俵씩)을 給付하고 있다.[124] 古川氏는 中世 以來의 直臣이며 通交 權益을 分配했던 유력한 氏族인데[125], 歲遣船 20隻에서 米 20俵를 取得할 것 및 「중간에 돌아오기」가 2번인 경우는 추가의 米를 取得한다는 것을 인정한 것이다. 「중간에 돌아오는 것」이란 「再渡」라고도 하며 渡航한 使船이 使者의 滯在中에 對馬로 1往復하여 實質的인 渡航數를 增加시킨 것으로 설명되고 있으나[126] 이 시기에는 2往復하는 것도 있었던 듯하다. 白米의 取得 방법에 대해서는 「上官人手前より可請取者也」(上官人으로부터 직접 받는 것이라 함)라고 있어서 「藩」을 介在하는 것이 아니라 歲遣船의 正官으로부터 직접 取得하도록 되어 있었다. 이때는 아직 中世의 自力救濟的인 要素가 잔존하고 있다고 할 수 있다.

④ 「藩營」 貿易의 네트워크

「藩營」貿易을 전개하는데 있어서 당연한 것이지만 輸出 入物資를 움직이기 위한 네트워크가 필요하기 마련인데, 最初期의 그 양상에 대해 검토해 보고자 한다.

1611年 歲遣船 再開에 앞서 對馬에서 3名의 「專管買賣」하는 者가 倭館에 보내졌는데 이것이 公·私貿易의 賣買 交涉·決濟이나 支給物의 受取·催促 등을 專門으로 하는 「代官」의 기원으로 알려져 있다.[127]

1609년 가을, 柳川智永는 東萊府使·釜山僉使에게 書契를 보내어[128] 良馬·俊鷹의 「許買」를 희망하고 있으며 그 決濟에 관해서는 「其價在留館者之手、命渠則酬價者必矣」(그 代價는 倭館에 在留하는 者가 管理하고 있

---

124) 「馬廻御判物帳」古川治右衛門所持·慶長16年8月6日宗義智判物寫。
125) 前揭拙著『中世對馬宗氏領國と朝鮮』。
126) 前揭田代『近世日朝通交貿易史の硏究』。
127) 前揭田代『倭館』。
128) (万曆37年)月日未詳柳川景直書契(『仙巢稿別本』)。

습니다. 그 者에 命하여 반드시 代價를 支拂하겠습니다)라고 하여 物資 調達에 從事하는「在留館者」의 存在가 確認되었다. 이후 藥材·動物 등의 特定品目「許買」(「許貿」)를 要請할 때에 代價가 担保된 것을 宣言하는 文言가 빈번히 나온다. 또한「留住倭人·商賈坌集」[129]이라던가「倭商在館者」[130]라고도 하기 때문에「藩」의 駐在員으로서의「留住倭人」과 短期滯在하는 商人 등이 倭館內에 存在했다고 생각할 수 있다. 1613年 단계의「留館之倭」는 이미 400名에 이르렀다고 한다.[131]

그런데 公貿易의 輸出品이나 進上品에는 胡椒·丹木·水牛角 등 동남아시아 産品이 대량 포함되어있는데, 어떤 경유로 對馬에 도달하게 된 것일까. 15世紀 단계에서는 國際 貿易港 博多로부터의 調達이 主體였는데[132], 16世紀 후반이후, 華人海商(後期 倭寇)의 活動이 活發해지고 博多의 経済的 地位가 低下하는 가운데 物資調達의 루트가 어떻게 변화했는지를 구체적으로 알기는 어렵다. 다만 1611年 歲遣船 再開 전후의 對馬의 상황을 보여주는 몇 개의 事例를 확인할 수 있다.

먼저 주목되는 것이「宗家文書」에 포함된 交趾(베트남)渡海 朱印狀이다.[133] 慶長 16年(1611)8月 日付로 德川家康가 發給한 것인데, 확실히 歲遣船 再開의 時期와 일치하는 것이다. 歲遣船 運用 開始에 맞춰 이번 朝鮮에 대한 輸出物資를 交趾에서 直接 調達하려고 했던 것을 생각할 수 있다. 당시는 西國 大名이 朱印船 貿易을 経営하는 것이 인정되고 있었고 家康 側近의 本多正純나 長崎奉行 長谷川藤廣(左兵衛)의 斡旋이 있으면 渡海 朱印狀을 入手할 수 있었다.[134] 宗義智·柳川智永는 通信使 應接 무렵

---

129)『光海君日記』2年2月癸丑(7日)條。

130)「慶長15年」6月1日柳川景直書契寫·案(『善隣通書』5、『善隣通書』5·6、『仙巢稿別本』)。

131)『光海君日記』5年3月戊寅(20日)條。

132) 關周一『中世日朝海域史の研究』(吉川弘文館、2002年)。

133) 國史編纂委員會保管ガラス乾板寫眞。武田勝藏「慶長拾六年交趾國へ渡航免許朱印狀」(『史學』4-4、1925年)。

부터 本多正純와의 接觸이 있었고 특히 智永는 빈번히 駿府의 德川家康를 찾아오고 있었다.[135] 틀림없이 智永은 正純에 渡海 朱印狀이 發給되도록 斡旋을 依賴한 것으로 보인다. 더욱이 異國 渡海 朱印狀은 使用 後에 반납하는 것이 원칙이므로 「宗家文書」로서 伝存했다고 하는 것은[136] 실제로는 使用되지 않았을 가능성도 있다.

　이어서 주목되는 것이 영국 商館長 리처드 콕스의 往復 書翰이다.[137] 1613年 5月(ユリウス曆 6月) 영국 동인도회사의 貿易船 클로브号가 平戶에 到着했다. 얼마 되지 않아 家康으로부터 通商 許可의 朱印狀을 發給된 것을 받아 콕스는 司令官 세리스로부터 平戶의 商館長으로 임명되었다.[138] 11月 콕스는 세리스로부터 朝鮮과 어떠한 通商이 가능한지를 조사하도록 명을 받고 또 對馬를 위한 商品이나 胡椒의 積荷에 관해서도 지시를 받았다.[139] 다음 해 1614年 2月 콕스는 對馬 滯在中인 에드먼드 세이야로부터, 간바이아織 310匁과 胡椒 500斤이 팔렸다고 하는 것과 「王」(義智)과 「그 외 一人」이 羅紗 24야드를 대량 구매했을 정도이며, 對馬·朝鮮에서는 어떠한 경우도 좋은 것이 없기에 博多에 移動한다고 하는 報告를 받았다.[140] 그 이후 세이야는 對馬에서 취합한 金子를 博多에 持參했는데 그 금액은 극히 적은 것이었다.[141] 이와 같은 콕스의 往復 書翰으로부터는 1613年에 平戶로 來航한 영국 商人이 朝鮮貿易에 참가하기를 계획했고 동시에 朝鮮

---

134) 岩生成一 『朱印船貿易史の硏究』(弘文堂、1958年)、永積洋子 『近世初期の外交』(創文社、1990年)。

135) 『本光國師日記』慶長17年6月1日條。

136) 異國渡海 朱印狀의 發給 台帳인 「異國御朱印帳」 交趾條은 1609年 正月에서 1611年 正月까지를 記載한 것이 있고, 당시 朱印狀의 발급처를 확실히 증명할 수는 없다.

137) 岩生成一 譯注 『慶元イギリス書翰』(雄松堂書店、1966年、改訂復刻版)所收。

138) 前揭岩生 『慶元イギリス書翰』。解說.

139) ユリウス曆1613年11月30日セーリス覺書。

140) ユリウス曆1614年3月9日セイヤー書翰。

141) ユリウス曆1614年5月12日コックス書翰。

輸出用인 胡椒를 원하는 宗氏와 接觸하여 거래를 전개한 것을 알 수 있다. 다만 對馬에서의 胡椒 매상이 低調했다는 것은 당시「藩營」의 朝鮮貿易이 公貿易·私貿易 모두 부진했다는 것에 연동하는 현상으로 볼 수 있다. 우연히도 영국들으로부터 胡椒의 供給 루트를 확보할 수 있었으나,「藩營」貿易이 好轉되지 않는 이상 그 거래는 활발하게 진전되지 못했던 것이다.

주목해 두고 싶은 또 다른 하나는 1609年 7月부터 1612年 閏10月에 걸친 朝鮮에 대한 進上品·禮物 가운데「南蛮宜老眼物」(眼鏡)·「南蛮彩紋沙皿」(磁器皿)·「南蛮瑠璃盃」(硝子盃)등의「南蛮」渡來品이 포함된 것이다.[142] 영국 동인도회사가 日本에 進出하는 4年 전인 1609年 5月(グレゴリオ曆 7月), 네덜란드 동인도회사가 平戶에 到着하고 家康으로부터 通商 許可의 朱印狀을 얻어 商館을 設置한다.[143] 後發의 영국 商人은 네덜란드 상인에 대해서 羅紗·鉛·鋼鐵·眼鏡·硝子盃·탄스크 硝子壜·琥珀·花布·麻布 등을 취급 품목으로 하고 있으며 對馬를 경유해 朝鮮과도 接觸하고 있었다는 정보를 入手한다.[144] 요컨대 對馬로부터 朝鮮으로의 進上品·禮物로 볼 수 있는「宜老眼物」(眼鏡)이나「瑠璃盃」(硝子盃)등은 네덜란드 商人이 供給한 것일 가능성이 높다는 것이다.

이러한 事例는「藩營」의 朝鮮貿易 開始에 맞춰 당시 國際 환경에 유연히 대응하면서 동남아시아 상품의 새로운 조달 통로를 확보하려는 움직임이었다고 할 수 있다. 앞서 서술한 것처럼 宗義智은 特送使 松尾智淸에게 釜山 倭館에서의 市場 調査를 命하고 있으며 어떤 物資을 사들일 것을 정책적으로 판단하고 있었다.

그러나 이 시기 朝鮮貿易은 慶尙道 財政과 東萊 商人의 資本에 크게 의

---

142) (万曆37年)7月14日景轍玄蘇書契案(『仙巢稿別本』、以下同)、(万曆39年10月10日)玄蘇書契案、(万曆40年)規伯宗方(玄方)書契案、万曆40年閏10月2日宗方書契案。
143) 前揭岩生『慶元イギリス書翰』。解說.
144) ユリウス曆1613年1月12日ウィリアム・アダムス書翰、同年10月29日コックス書翰。

존하고 있었기 때문에 公貿易·私貿易 모두 物資를 충분히 매각할 수 없는
상황에 빠져 公貿易의 定品·定額制의 導入이 그를 더욱 몰아붙이는 형국
이었다. 이러한 상황이 계속된다면 설령 通交權(무역기회)을 확대하여 輸
出品 調達 통로를 확보한다고 해도 貿易 規模의 擴大로 이어질 리가 없다.
따라서 對馬側이 집요하게 계속적으로 上京 許可를 要求했던 것은 朝鮮
貿易을 재차 中央 財政이나 京商의 資本 등과 연결하여 그 市場을 擴大시
키기 위한 것이라고 생각할 수 있다.

이에 관련해서 1609年에 宗義智가 派遣한 僞國王使(正使 玄蘇)가 明에
대한 「貢路」를 재개하기 위한 알선을 요구한 것에도 주목된다. 당시 明과의
國交 回復과 貿易 再開가 德川政權의 重要한 課題였으며 그 交涉을 島津
氏가 琉球 経由로 전개한 것은 잘 알려져 있으며, 宗氏에 의한 要請도 같
은 문맥에서 파악하는 것도 가능하다. 다만 1580年에 宗義調가 派遣한 僞
國王使(正使 玄蘇)도 마찬가지로 「通貢」 재개의 알선을 要請하고 있으므
로,[145] 이것은 德川政權의 課題였을 뿐만 아니라 16世紀 후반 이래의 宗
氏 스스로의 欲求이기도 한 것이 된다. 즉 朝鮮의 漢城에서의 무역만 아니
라 明과의 正規의 무역(朝貢貿易)도 視野에 넣고 있었던 것이다.

마치며

임진왜란 후 日朝 講和交涉에 있어서 朝鮮側이 내세운 「帝王待夷之道」
라고 하는 論理가 決定的인 役割을 하며 그에 迎合하는 듯이 對馬側도
「東藩」의 論理를 전면에 내세웠다. 이러한 구도는 講和 成立 후의 對馬—
朝鮮 사이의 貿易協定인 己酉約條의 締結과 施行(歲遣船 再開)에 관한 交
涉過程에서도 지속되고 있었다는 것을 확인할 수 있었다.

---

145) 『宣祖實錄』 13年5月庚辰(12日)條、『朝鮮通交大紀』。

그런데 約條施行 후는 對馬側이「東藩」의 論理를 主張하는 局面이 減
少한다. 한편 釜山 倭館의 公貿易·私貿易의 不振에 의해서, 對馬側의 市
場 擴大(漢城에서의 公貿易 要求·私貿易、 및 明과의 朝貢貿易)의 욕구
가 강하여, 朝鮮側이「借重之計」으로 對應한다는 局面은 늘어갔다.

이러한 상황에서 1613年 朝鮮側은「天朝事情」(明의 事情)을 구실로 上
京問題를 비롯한 對馬側의 要求를 피하려고 하고 있으나 이 때 對馬側의
書契에서 朝鮮國王을「今上皇帝陛下」로 칭한 것이 問題視되었다. 요컨대
「我殿下」는「皇帝」의「藩國主」이며「今上皇帝陛下」라고 칭하는 것은「禮儀
名分」에 어긋난다는 것이다.146) 다음 해에도 朝鮮側에서는「本國」은「天朝
之東藩」라고 宣言하고 있다.147) 물론 名分을 바로잡는다고 하는 것에 요점
이 있다고 해도 對馬側이「東藩」으로서의 立場에서「皇帝」인 朝鮮國王을
칭송하는 형식을 취하며 여러 가지 要求를 들이대는 것에 대한 제지의 意
圖도 있었다고 생각한다.

宣祖代에 浮上한「帝王待夷之道」라고 하는 論理는 원래가 冊封關係 上
의 名分을 넘은 것이며 日朝講和를 서둘러 실현하기 위한 方便으로서 이
용된 것이었다. 朝鮮과 對馬가「帝王」과「夷」「東藩」라고 하는 關係에 견주
며 外交를 展開한다고 하는 방법이 통용되지 않게 된 것은 兩者 사이의 外
交關係가 講和交涉期의 構圖에서 벗어나 새롭게 평화로운 段階로 移行한
것을 보여주는 것이라고 생각할 수 있다.

---

146) 万曆41年4月日禮曹參議柳潚書契寫(『善隣通書』4)。

147) 万曆42年4月日禮曹參議金緻書契寫(『善隣通書』4)。 이 書契의 前提가 되는「倭書契」에
　　도「皇帝之語」가 있는 것을 光海君은 問題視하고 있다(『光海君日記』6年4月丁亥條)。

〈토론문〉
荒木和憲의「화해를 위한 노력과 결실─己酉約條의 체결과 시행 과정을 중심으로─」에 대한 토론문

鄭成一 | 광주여자대학교

1. 논문의 의의

○ 이 논문은 壬辰·丁酉倭亂(임진전쟁, 文祿·慶長の役 등으로 불림)으로 단절되었던 조선과 일본 사이의 국교 재개를 위한 講和交涉을 다룬 것이다. 일본 측에서는 中村榮孝·田中健夫·田代和生·貫井正之·仲尾宏·中野等·高橋公明·米谷均 등의 연구가 있다. 한국 측에서도 이민호·손승철·이계황·홍성덕·민덕기·이훈 등 여러 연구가 있다. 이를 통해 "① 德川家康의 '朝鮮使節' 요청과 조선의 대응, ② 1607년 '通信使[回答兼刷還使]'의 訪日[講和成立], ③ 1609년 己酉約條 체결, ④ 1611년 歲遣船의 부산 입항[派遣]" 등으로 이어졌음이 확인되었다. 발표자는 1598-1615년의 조·일 간 외교문서[書契] 약 320통(원본 또는 사본)을 활용, 기유약조 체결과 시행 과정을 실증적으로 분석하였다.

○ 먼저 ①과 관련하여 "豊臣政權의「大老」로서 講和에 관여한 德川家康이 朝鮮使節의 來日을 요구하였고, 이 지시를 받은 宗義智가 (조선을 상대로) 사절의 파견을 요구하면서 대마도의 旣得權益 부활을 위한 교섭을 하였다"는 발표자의 주장은 기존 연구와 일치한다. 다만 ②의 1607년 조선

의 통신사 파견 이후「回禮使」를 파견할 것인지와 관련하여, "대마도 측이「國命」(막부의 명령)의 전달을 이유로 내세우면서「國王使」(僞國王使)를 세우려했음"을 밝힌 것은 눈여겨 볼 대목이다(1608년 柳川智永 서계, 각주 19). 물론 이것이 바로 실행에 옮겨진 것은 아니지만 당시 대마도의 동향을 잘 보여주는 것이라 생각한다. ③과 ④가 이 논문의 핵심 내용이기에 항을 달리하여 언급하고자 한다.

○ 이 논문의 가장 큰 특징은 ③ 1609년 기유약조 체결에서 ④ 1611년 기유약조 체결 후 첫 번째 세견선의 부산 입항까지 무려 2년이나 되는 시간 공백을 메웠다고 하는 점에 있다. '1607년 국교가 재개되었는데도 2년이 더 지난 1609년이 되어서 기유약조가 체결된 이유는 무엇일까?' 그리고 '기유약조가 체결되자마자 대마도에서 무역선이 부산으로 건너온 것이 아니라, 2년 가까운 시간이 흐른 뒤에야 무역이 재개된 이유가 무엇일까?'

○ 戰後處理의 핵심 쟁점이었던 通信使 파견은 막부가 대마도에 지시한 것이었으며, 무역 협정이라고 말할 수 있는 己酉約條 체결과 시행은 대마도의 무역 이익과 관련된 것이어서, 양자의 처리 과정에서 현격한 차이를 드러낸 것이 아닌가 생각한다. 통신사 파견이든 기유약조 체결이든 朝鮮朝廷이 許諾해야만 성사될 수 있다는 사실을 잘 파악하고 있던 대마도는 被擄人과 漂流民의 送還에 최대한 성의를 보이면서 심지어는 양국의 國書까지도 僞造하고 말았다. 막부의 지시를 이행해야만 했고, 전후처리 성공 여부에 대마도의 死活이 달려 있었기 때문에, 대마도 입장에서는 그것이 不可避한 選擇이었다. 그러면서도 대마도는 戰爭責任을 물어서 貿易規模를 戰前보다 大幅 縮小한 朝鮮朝廷의 정책에 대해서는 마지막까지 버티기를 했다. 기유약조 체결(1609년)과 歲遣第一船의 부산 입항(1611년) 사이의 과정을 書契에 대한 분석을 통해 이 논문에서 증명하였다.

2. 질문

① 己酉約條에 따른 貿易縮小가 對馬島[對馬藩] 입장에서 보면 이른바 經濟制裁에 해당할 터이니, 1609년 5월 시점에서 12개 약조가「講定」되었음에도 동년 8월 宗義智가 약조의 시행을「保留」하겠다는 書契를 禮曹로 보낸 것은 "己酉約條를 유리한 방향으로 개정하기 위해 (대마도가) 幕府의 권위를 빌린 것으로 보인다."는 발표자의 의견에 공감이 간다. 이듬해인 1610년 1월 "조선 측이 歲遣船 再開를 요구하였는데도, 宗義智가 새로운 세견선 제도에 반발하여 (歲遣船이 아닌)「別遣船」을 파견"한 것은 대마도 측이 戰前에 비하여 貿易規模가 縮小된 기유약조에 강한 불만을 가지고 있었음을 보여준다. 대마도가 일본 사신[國王使, 僞國王使]의 上京을 시도하는 것도 막부의 힘을 빌려서 대마도에게 유리한 협상을 이끌려는 전략[借重之計]임은 분명해 보인다. 이에 대하여 禮曹는 1610년 7월 宗義智에게 보내는 서계에서 "上京은 조선이「自斷」할 수 있는 것이 아니라,「天朝」(明)의 허가사항"이라는 핑계를 대서 대마도의 요구를 거절하였다. 발표자의 지적처럼 조선이나 대마도의「借重之計」전략이 허위나 과장에 근거한 것이라 치더라도, 기유약조 개정이나 상경 허가가 끝내 실현되지 않은 결과만 놓고 본다면, '대마도의 전략은 실패한 반면 조선의 전략은 성공하였다'고 말할 수 있겠는데, 발표자는 이러한 차이를 가져온 이유나 원인이 무엇이라고 보는지 궁금하다.

② 발표자의 주장처럼 "己酉約條 이후 戰前에 비하여 歲遣船의 숫자가 줄어든 것에 대하여 대마도가 불만이었지만, 무역의 장소를 東萊府의 釜山浦에 설치된 倭館, 즉 豆毛浦倭館의 내부로 한정한 것에 대해서도 불만이 컸다"고 볼 수 있다. 그런데 書契에 적은 대마도의 주장을 액면 그대로 받아들여도 되는지 의구심이 생긴다. 예를 들면 貿易場所를 '왜관 안에서 열

리는 개시' 즉 倭館開市로 제한한 것에 대하여 대마도가 불만을 가졌던 좀 더 근본적인 이유는 대마도의 주장처럼 "東萊로 商人과 物資가 모여들지 않은 것"보다는 "日本人들이 上京을 할 수 없게 된 것"에 있지 않았을까 하는 의문이 든다. 만일 經濟的 관점에서만 본다면 일본 측이 수출품이든 수입품이든 무역품을 부산에서 서울까지 운반하는 데 소요되는 시간과 비용이 이제는 필요 없게 되었으니, 戰前에 비하여 기유약조 이후의 왜관개시가 오히려 대마도 입장에서는 더 유리한 측면도 있지 않았을까? 그럼에도 대마도가 불만을 가졌던 것은 上京不許로 말미암아 조선에 관한 정보—특히 중앙정부나 서울의 동향 등—를 전처럼 직접적이면서도 즉각적으로 수집하기가 어렵게 된 非政治的 측면의 변화에 대하여 대마도가 더 많은 비중을 두었기 때문은 아닐까? 朝鮮朝庭도 壬辰倭亂 때의 경험을 되살려서 經濟的 代價를 치르더라도 上京만큼은 막으려 했던 政治的 意圖가 있었다고 생각한다. 조선 측이 왜관개시의 回數를 月 3回에서 月 6回로 두 배나 늘려주고, 무역 활성화를 위해 지원까지 하면서도 대마도의 上京要求를 강하게 거부했던 근본적인 이유를 명확히 할 필요가 있지 않을까? 이 시기 朝鮮朝庭의 上京不許를 誤解한 일부 일본인들이 아직까지도 通信使 등 한일관계사에 대하여 왜곡된 시각으로 바라보는 것을 생각하면 더욱 그렇다(예 : '통신사는 일본의 江戶까지 왕복하였는데, 이에 비견되는 일본 사신[일본국왕사]이 조선의 수도까지 오지 않았으니, 통신사를 조공사로 볼 수 있다'는 잘못된 통신사 인식). 이에 대한 발표자의 高見을 듣고 싶다.

병자호란 이후 1643년의 계미통신사 파견과 대일본외교
- 외교사적 의미를 중심으로 -

이 훈 ㅣ 한림대

머 리 말

임란 이후 조선의 통신사 파견 목적은 일반적으로 도쿠가와 막부(德川幕府)의 쇼군(將軍) 습직을 축하하기 위한 것으로 알려져 있다.1) 그러나 1607년 국교 회복 이후부터 반세기도 안 되는 17세기 중반까지 6차례에 걸쳐 일본에 파견된 통신사를 보면 그때그때마다 파견 명분이 모두 달랐다. 임란 직후인 1607년에는 회답겸쇄환사라는 명칭으로 국교 회복을 위해 파견되었으며, 1617년의 회답겸쇄환사는 도쿠가와 정권의 도요토미(豊臣) 세력 소탕을 축하하기 위한 '오사카(大坂) 평정' 축하가 파견 명분이었다. 인조 재위 기간에 파견된 3차례의 통신사 또한 파견 목적이 모두 달랐다. 즉위 직후인 1624년에는 이에미츠(德川家光)의 쇼군 습직 축하를 위해 '회답겸쇄환사'라는 이름으로, 1636년에는 병자호란 직전 전쟁 위기라는 비상사태 속에서 일본의 태평을 축하하기 위해 '통신사'라는 이름으로 파견되었다. 그리고 병자호란 이후인 1643년에는 명·청 교체라는 국제관계의 변동 속에서 쇼군

---

1) 임란 이후 일본에 파견된 12차례의 대일본 외교사행 명칭은 조선의 필요에 따라 국교회복 직후에는 '회답겸쇄환사'라 칭하기도 하였으나, 여기에서는 특별한 경우를 제외하고는 '통신사'로 통칭하기로 한다.

이에미츠(家光)의 득남('와카기미'(若君) 탄생)을 축하한다는 명분으로 통신사를 파견하였다. 통신사의 파견 명분이 도쿠가와 쇼군 습직 축하로 정착되는 것은 1655년 을미통신사 이후부터라 할 수 있다.[2]

이와 같이 1607년 국교재개 이후 17세기 중반까지 6차례에 걸친 통신사의 명칭이나 파견 명분이 모두 달랐다는 것은 무엇을 의미하는 것일까? 비록 전쟁 직후 3차례에 걸친 회답겸쇄환사의 파견으로 조일간에 국교가 회복되기는 했지만, 병자호란 이후 급변하는 동아시아 국제관계 속에서 조일간의 필요에 따라 그때그때 새로운 명분을 모색해가며 교린외교를 이어갔음을 의미한다. 즉 전쟁 이후 조일간에 교린관계가 회복되었다 하더라도 양국관계가 곧바로 안정되지는 않았다는 반증이기도 하다. 특히 1643년에는 병자호란 이후 청(淸)과 새로운 관계 구축에 따른 현안 대응이 끊이지 않는 가운데서도 일본에 통신사를 파견하였다. 왜 이렇게 어렵고 복잡한 시기에 일본과 '교린'(交隣) 또는 '화호'(和好)로 일컬어지는 통신사외교를 필요로 했는지, 조선의 대일본외교 전략을 엿볼 수 있는 대목이기도 하다.[3]

본 논문에서 검토하고자 하는 1643년의 계미통신사는 1641년 일본측이 통신사 요청을 처음으로 언급하기 시작해서 실제로 통신사 일행이 일본으로 떠나기까지 1년 반 정도가 소요되었다. 그런데 이 시기 조선의 대외관계란 복잡하기 짝이 없었다. 우선 병자호란 이후 조·청관계가 교린관계에서 군신관계로 변경된 결과, 그에 따른 외교적 후속절차 및 조·명관계에 대한 견제 등으로 청이 조선에 가하는 정치·외교적 압박이 어느 때 보다도 거세던 시기였다. 또 이 시기란 명의 국운이 쇠퇴해졌다고는 하지만 아직 명·청

---

2) 임란 이후 12번에 걸쳐 일본에 파견된 통신사를 '교린관계'의 성격에 따라 분류할 경우, 맨뒤의 <부표>와 같이 정리할 수 있다.

3) 1636년 통신사의 경우 1달 만에 신속하게 파견을 결정했던 배경으로는 병자호란 직전 청과의 전쟁 위기 속에서 일본에 대해서는 외교·안보 측면에서 되도록 새로운 부담을 발생시키지 않으려는 전략적 결정이었다고 할 수 있다(이 훈, 「인조대의 국정운영과 1636년의 통신사외교」『한일관계사연구』56, 2017).

간의 패권 경쟁이 지속되고 있었기 때문에 명·청·일본도 각자 자국의 존립을 위한 전략들을 모색하면서 국제관계에서 어느 때 보다도 불확실성이 높았다고 할 수 있다. 명은 청에 대비하기 위해 일본과 연대할 가능성이 있었다. 이러한 명·일 연대를 견제하기 위해 청은 조선을 통해 일본 정보를 탐색하는 한편, 청·일간 통교 주선을 요구해왔다. 여기에 일본측 역시 대륙 정보탐색 및 조선의 위기를 이용하여 여러 가지 요구들을 해왔다. 조선의 입장에서 볼 때 임란 직후에는 명이 건재한 가운데 '남왜북로'라는 틀에서 일본을 대했다면, 병자호란 이후에는 명·청 패권 경쟁에 더하여 남북으로 불확실성이 고조되는 가운데 일본에 대해서도 새로운 대응전략이 필요한 시기였다고 할 수 있다. 1638년부터 국왕 인조의 주도하에 청에 보내기 시작한 '왜정자문'(倭情咨文)은 병자호란 이후 청·일간 연합을 막기 위한 새로운 대응 전략(對淸備倭論)으로 지적되고 있다.4)

이렇게 볼 때 1643년의 계미통신사 파견 역시 명·청교체 속에서 새로운 대일본 전략이 모색되는 가운데 내려진 외교적 결정이라 할 수 있는데, 중앙의 논의에서는 신료들보다도 국왕 인조의 의견이 결정적이었다. 일본측의 파견 요청 절차를 비롯하여, '쇼군의 세자(若君) 탄생' 축하 및 '닛코산(日光山) 제례'와 관련된 여러 가지 요구들은 전례에 보지 못했던 것들로, 동래부사 등의 외교실무자는 물론 조정의 신료들, 국왕인 인조 조차도 외교적 도발에 가까운 것으로 인식하였다. 그러나 그럼에도 불구하고 '일본을 달랜다'(撫倭)라는 명분으로 통신사 파견을 수용하였다.

지금까지 임란 이후 통신사에 대한 선행연구들을 보면, 260년간 12차례

---

4) 청에 보내는 「倭情咨文」을 청일간 연합을 막을 수 있었던 대응으로 보는 견해로는 다음과 같은 연구가 있다.
  김태훈, 「병자호란 이후 倭情咨文의 전략적 의미」『한일관계사연구』 50, 2015, 193쪽.
  이민호, 「仁祖朝의 對日關係考」『동서사학』 4, 1992.
  三宅英利, 「鎖國直後の通信使」『近世日朝關係史の研究』 소수, 文獻出版, 1987, 280~316쪽).

에 걸친 파견 사례만을 도려내어 일본측의 요청과 조선의 수용이라는 틀에
서 서술해 왔다. 또한 그 내용에 있어서도, 통신사로 파견된 이후 일본에서
의 행적(문화교류 활동)과 에도성(江戶城)에서 막부 '쇼군'에게 조선국왕의
국서를 전달하는 외교의례(傳命儀) 묘사에 비중을 둔 성과들이 많았다.
1643년 계미통신사에 대한 한일 양국의 선행연구도 마찬가지라 할 수 있다.
계미통신사 파견을 병자호란 이후 국제관계의 변화와 관련지어 검토한 연
구라 하더라도, 전반적으로는 조선에서 파견결정이 이루어지는 논의나 조
일간 교섭 경위에 대한 분석보다는 '傳命儀'나 닛코산(日光山) 치제'의 묘
사를 부각시킨 경향이 있다.5)

　사실 조일 양국간의 외교란 통신사들이 일본으로 떠나기 몇 개월 전부터
자국의 국익을 걸고 치열하게 따지는 '사전 교섭'(講定)이라 할 수 있다. 이
교섭 결과 합의를 도출해 낸 결과물이 바로 '국서'(國書)로, 조선 국왕과 도
쿠가와 쇼군(將軍)이 직접 주고받는 국서의 문면에는 상대방에 대한 대응
전략이나 정치적 함의가 어떤 형태로든 반영되었다. 따라서 '전명의'나 '닛
코산 치제'와 같은 의례의 묘사만으로는 조선이 왜 하필 조·청관계 변화에
따른 정치·외교적 부담으로 시달리던 와중에 일본에 통신사를 파견했는지,
조선측의 필요를 설명할 수 없다. 외교의례의 묘사만을 강조할 경우, 결과

---

5) 김태훈, 「병자호란 이후 倭情咨文의 전략적 의미」 『한일관계사연구』 50, 2015, 193쪽.
　이민호, 「仁祖朝의 對日關係考」 『동서사학』 4, 1992.
　문영규, 「인조대 대일외교의 성격」 『한일관계사연구』 19, 2003.
　仲尾宏, 「寬永20年通信使と日光山致祭」 『朝鮮通信使と德川幕府』 明石書店, 1997,
　127~150쪽.
　三宅英利, 「鎖國直後の通信使」 『近世日朝關係史の研究』 文獻出版, 1987, 280~316쪽.
　송지원, 「朝鮮通信使의 儀禮」 『조선통신사연구』 2, 2006.
　장혜진, 「17세기 중반 조선의 日光東照宮 인식 -조선후기 외교사료를 중심으로-」
　『일본문화학보』 36, 2008.
　심경호, 「일본 일광산(동조궁) 동종과 조선의 문장」 『어문논집』 65, 2012.
　정하미, 「일본근세의 신국사상 -도쿠가와 장군권력의 질서화와 일상화와 관련하여-」
　『일본사상』 10, 2016.

적으로는 도쿠가와(德川) 정권의 권위 강화에 조선의 통신사가 얼마나 기여했는지 일본측의 정치적 의도를 부각시키는데 기여할 뿐이라 생각된다.

따라서 여기에서는 회답겸쇄환사 파견으로 일본의 내부사정을 어느 정도 탐색한 이후, 화해를 위한 여정의 새로운 단계로서 명·청교체기 불확실성이 요동치는 국제관계 속에서 인조대에 파견되었던 1643년의 계미통신사에 대해 살펴보기로 한다. 구체적으로는 그동안 소홀히 취급되어 왔던 부분, 즉 통신사를 일본으로 파견하기 이전 조선의 논의 과정을 비롯하여, 조일간 강정 교섭 경위, 교섭 성과물로서의 국서를 검토함으로써 통신사외교의 실태를 검토하고자 한다. 그리고 또 한편으로는 통신사 요청을 계기로 조선과의 통교 확대를 시도하려 했던 쓰시마번(對馬藩)에 대한 대응 등을 살핌으로써 대일본 통교 명분이었던 '撫倭'의 외교사적 의미를 살펴보고자 한다.

1. 병자호란과 조·청관계의 변화

1637년 1월의 『인조실록』을 보면 병자호란에서 패한 조선이 아직 농성중인 남한산성에서 청의 항복 요구('招降')에 어떻게 대응할 것인지를 놓고 국왕 인조와 신료들간에 거의 매일이라 할 정도로 대책 논의가 계속되었다.[6] 청이 조선에 항복을 권유하는 문서는 '대청국황제'가 '조선국왕'에게 내리는 '詔諭'의 형식이었다.[7] 종전(終戰)을 둘러싼 논의에서는 '士論' 또는 '公論'이라 하여 청에 대해 '주전론'(主戰論)을 주장했던 신료들의 반대가 컸다. 그러나 이러한 주전론자들의 의견이란 병자호란 패배 이후 이미

---

6) 『인조실록』 권34, 15년(1637) 1월 2일 임인. 홍서봉이 받아온 '청한'(淸汗)의 항복 요구 문서.
『인조실록』 권34, 15년(1637) 1월 16일 병진('招降').
7) 『인조실록』 권34, 15년(1637) 1월 17일 정사.

정치적인 명분을 상실한 후였다. 이에 강화를 끌어내기 위한 교섭은 '주화론'(主和論)을 주장했던 최명길 등이 한성 근처에 주둔 중이던 청군 진영과 접촉을 통해 추진하였다. 1월 21일에는 사죄의 뜻이 담긴 조선국왕의 국서를[8], 1월 23일에는 청이 제시한 조건대로 화친을 배척한 신하를 포로로 보내겠다는 국서(최명길 찬)를 보냈다. 조선측 문서는 이미 이 단계에서부터 교린문서(왕복서계)가 아닌, 국왕 인조를 청황제의 '臣'이란 입장에서 '崇德'이라는 청의 연호가 들어간 문서(奏文)로 작성되었다.[9] 그리고 1월 27일에는 최명길을 사자로 보내 정식으로 항복국서를 전달하였으며,[10] 1월 30일에는 인조가 삼전포(三田浦)에서 청 황제에게 '삼배구고두례'(三拜九叩頭禮)라는 의례를 치루면서 군신관계가 시작되었다.[11]

병자호란 이후 조·청관계가 이렇게 군신관계로 변경되면서 청은 전승국으로서 조선이 받아들여야 할 항복 조건들을 곧바로 제시해 왔다. 조선의 항복 문서가 전달된 바로 다음날인 1월 28일 청이 조선측에 보내온 '청한'(淸汗)의 '奏文'(소위 '정축화약')에는 10가지가 넘는 요구조건들이 제시되어 있었다. 어느 것도 조선의 향후 외교 및 국정 운영에 결정적 영향을 미치는 것들이었다. 청의 문서에는 조·명관계에 대한 압박이 가장 먼저 제시되어 있었다. 明에서 받은 '고명'(誥命, 책봉문서)과 '책인'(册印, 인장)의 헌납 등, 명과의 修好 단절을 요구하는 내용이 그것이다. 뿐만 아니라 공문서에 명의 연호 대신 청의 연호(正朔) 기재를 요구하는 한편, 조·청간 외교의례도 교린의례에서 사대관계에 준해 변경해 주도록 요구하였다.[12] 청이

---

8) 『인조실록』 권34, 15년(1637) 1월 21일 신유.
9) 『인조실록』 권34, 15년(1637) 1월 23일 계해.
10) 『인조실록』 권34, 15년(1637) 1월 27일 정묘.
11) 『인조실록』 권34, 15년(1637) 1월 30일 경오.
12) 정묘호란(1627년) 이후 조선과 후금관계가 '형제지맹'이 됨에 따라, 조선은 교린의 례에 준해서 후금에도 '信使'(春信使 및 秋信使)를 파견했으며, 외교문서도 조일간에 주고받던 교린문서(서계)로 작성되었다. 그리고 대후금문서에 날인하는 국왕의 인장도 교린국간에 사용하던 '爲政以德'을 사용하였다. 그러나 병자호란 이후 청은

명을 정벌할 경우에는 조선에 군사 징발을 요구하는 조건도 있었다.[13]

그리고 청은 일찍이 이 단계에서부터 조·일관계에 대해서도 요구 조건을 제시해 왔다. 즉 조선이 일본과 무역하는 것은 허락하되, 일본의 사자를 (조선이) 인도하여 (청에) 조회하러 오도록 하라는 내용이 들어 있었다. 또 향후 (청이) 일본에 사자를 파견할 수도 있음을 언급하면서 청·일간 통교를 시도할 경우 조선의 협력을 요구한 것이다.[14]

이밖에도 황금 1만냥을 비롯한 22종에 달하는 물품을 세폐(歲幣)로 요구하였으며, 국왕 인조 및 대신들의 자제를 청에 인질로 보낼 것 등을 요구하였다.[15]

따라서 병자호란 이후에는 사실상 청이 조선에 제시한 항복 조건들, 즉 '전후처리' 문제를 해결하는 것이 국정의 우선순위가 되었다고 해도 과언이 아니다. 일본측이 통신사 파견 문제를 처음으로 언급하기 시작해서 실제로 통신사 일행이 일본으로 떠날 때(1641년 10월~1643년 3월) 까지 국정에서는 청의 '전후처리'에 대한 압박과 이에 대한 조선의 후속조치가 주요 현안이었다. 병자호란시 청에 대해 주전론(主戰論)을 외쳤던 '斥和 5臣' 에 대한 신병 처리, 전승국으로서 정묘호란 때보다도 더 큰 세폐(歲幣) 부담, 심양(瀋陽)의 인질 문제, 조·명간 접촉에 대한 견제 등, 청과의 사신 왕래에 따른 외교의례 정비 등, 청이 조선에 가하는 정치·외교적 압박을 둘러싸고

조선으로 하여금 청에 대해서도 명과 마찬가지로 「성절·정조·동지사 및 경조사」때 사신을 파견할 것이며, 외교문서도 교린문서 형식이 아니라 「표문·전문·주문/조칙· 유시」와 같은 사대문서로 작성하도록 하는 한편, 청의 사자 왕래시 접대 등도 사대 의례에 준할 것을 요구하였다.

13) 『인조실록』 권34, 15년(1637) 1월 28일 무진.
14) 『인조실록』 권34, 15년(1637) 1월 28일 무진.
15) 『인조실록』 권34, 15년(1637) 1월 28일 무진.
   22종의 세폐란 다음과 같다.
   黃金, 白銀, 水牛各, 豹皮, 茶, 水獺皮, 靑黍皮, 胡椒, 好腰刀, 蘇木, 好大紙, 順刀, 好小紙, 五爪龍席, 각종 花席, 白苧布, 각색 綿紬, 細麻布, 細布, 布, 米.

국왕 인조와 대신, 비변사 당상들간의 논의가 끊이지 않았다.

특히, 청의 조·명관계에 대한 압박은 조선 내부에 여전히 친명·반청 정
서가 존재하는 한편, 조·명관계가 완전히 단절되지도 않았기에 조선으로서
도 아주 난감한 문제였다. 그러나 병자호란 이후 실제로 대명 외교사절을
파견하기는 어려웠던 것 같다. 이에 1641년에는 명이 조선 사정을 탐문해오
는 한편 과거와 같이 조공을 요구하기도 하였다.16) 명·청의 대치 국면 속에
서 조선은 명의 국운에 대해 민감할 수밖에 없었다. 1642년에 들어서자 명
의 국력 쇠퇴가 완연하여 그해 3월에는 청의 군사가 금주(錦州)를 함락시켜
명의 장수(祖大壽)가 청에 항복을 하였다.17) 이에 조선은 청에는 신속하게
금주 획득을 축하하는 사자를 보내는 한편, 심양에서 돌아온 사자를 통해
명의 몰락을 확인하는 등, 기민하게 대응하였다.18) 이 시기 청은 조선이 혹
시 민간 교역을 명분삼아 명과의 접촉이 계속되는지를 확인하기 위해 1642
년 9월에는 조선에 조사를 요구하였다.19) 또 10월에는 서해안 쪽에 漢船
(명 선박)이 출몰했던 지역의 감사 및 병사에 대한 문책을 요구하기까지 했
는데 거의 내정간섭 수준이라 할 수 있다.20)

병자호란 이후 수년이 지났음에도 조·명관계가 지속되고 있다는 의혹을
가진 청으로서는 조선과 명의 접촉 내지는 관계를 단절시켜 조·청간의 군
신관계를 더욱 확고한 것으로 만드는데 주력하였다. 이에 통신사 일행의 출
발 시점이 정해진 1643년 초, 명군과 협력했던 임경업 및 병자호란 당시 청
과 전쟁을 주장했던 '斥和 5臣'을 조사한다는 명분으로 용골대(龍骨大)가
조선에 파견되었다.21) 이어 1643년 3월에는 청의 사자가 조선에 파견되어

---

16) 『인조실록』 권42, 19년(1641) 12월 29일 경오.
17) 『인조실록』 권43, 20년(1642) 3월 18일 정해.
18) 『인조실록』 권43, 20년(1642) 3월 21일 경인.
19) 『인조실록』 권43, 20년(1642) 9월 7일 갑술.
20) 『인조실록』 권43, 20년(1642) 10월 1일 무술.
21) 『인조실록』 권43, 20년(1642) 12월 4일 기사.

'척화 5신', 최명길, 김상헌 등의 하옥을 요구하는 한편, 조·명관계의 단절을 정식으로 요청하였다.[22] 뿐만 아니라 이를 모화관(慕華館)에서 조선의 백관과 백성이 보는 앞에서 '유시'(諭示)의 형태로 전달함으로써,[23] 청의 상국으로서의 권위를 가시화하려 했다.

한마디로, 병자호란 이후 조·청 군신관계의 실현을 위해서는 조·명관계의 청산이 그 전제였음을 알 수 있는데, 통신사 파견 교섭이 진행되던 1642년 말부터 1643년 초는 명의 패색이 완연하여 조선도 청의 막강한 위력과 압박을 인정하지 않을 수 없는 시기였다고 할 수 있다.

2. 청·일간 통교 시도와 일본측 동향에 대한 조선의 대응

병자호란 이후 명·청 대치가 지속되는 동안 명·청·조선의 각국 외교에서는 일본과의 관계가 큰 변수가 되었다. 국운이 쇠퇴한 명은 일본과의 연대를 시도했다. 청 또한 앞서 보았듯이 명·일 연대를 막기 위해, 1637년 1월 28일 조선에 요구한 항복 조건에 조선을 통한 일본정보 탐색 및 청·일 수교 시도 의사를 내비쳤다.[24] 조선으로서는 청의 조·명관계 견제에 시달리는 한편으로, 청·일간 수교 내지는 연대를 막아내는 것이 과제로 대두되었다. 그런데 여기에 일본도 조선의 약세를 틈타 조명·조청관계에 대한 탐색을 해오는 한편, 쓰시마번(對馬藩)도 기회가 있을 때마다 무리한 요구들을 해왔다. 이 시기 조·일관계에서는 청·일 연대를 막기 위한 일본 관리(대응)

『인조실록』 권44, 21년(1643) 2월 1일 을해.
22) 『인조실록』 권44, 21년(1643) 3월 25일 무오.
23) 『인조실록』 권44, 21년(1643) 3월 26일 기미.
24) 『인조실록』 권34, 15년(1637) 1월 28일 무진.

가 과제였다고 할 수 있다.

그렇다면 병자호란 직후 일본측의 요구에 조선은 어떻게 대응했을까?

우선 병자호란 패전 소식이 부산 왜관을 통해 쓰시마(對馬島)에 전해지자, 쓰시마번은 1637년(인조 15) 12월 사자(平成連)를 동래에 파견하여 전쟁이 끝난 것에 대해 위로의 뜻을 전한다면서 상경(上京)을 시도하였다.[25] 일단 홍희남(洪喜男)의 저지로 상경은 좌절되었지만,[26] 쓰시마번 사자가 지참한 서계에는 7가지의 요구사항이 담겨 있었다.

쓰시마번이 제기한 요구란 다음과 같다.

> 첫째, 교역하는 물화가 전만 같지 못하니 중국과 교통이 끊어져서 그런가. 북쪽 오랑캐의 난리로 인해서 그런가.
> 둘째, 조선 사신이 일본에 들어오면 상단(上壇) 사이에서 절하는데, 일본에서 보낸 사신은 모래밭에서 절을 하니, 예가 어떤지 모르겠다.
> 셋째, 해마다 쌀과 콩을 내려주는데 '사(賜)'자를 쓰지 말라.
> 넷째, '봉진가(封進價)' 석 자도 써서는 안 된다.
> 다섯째, 서한 가운데 '대마도(對馬島)'는 '귀주(貴州)'라고 일컬어라
> 여섯째, 사선(使船)이 와서 정박하는 곳을 돌로 쌓아 풍파를 면하게 하라.
> 일곱째, 돌로 쌓는 것이 쉽지 않으면 관사를 개축하라.[27]

즉, 교역량의 축소를 내세워 병자호란 직후 조·명관계의 단절 여부 및 병자호란의 결과에 대한 정탐을 비롯하여, 쓰시마번 사자가 부산에 파견되었을 때의 접대의례 변경, 조선이 쓰시마번에 작성해주는 서계의 글자 변경, 방파제 축조 건의 문제를 제기하였다.

쓰시마번의 위 요구에 대해서는 1638년 1월 인조를 비롯한 신료와 비변사 당상들간에 논의가 있었다. 7개 항목 가운데 인조가 가장 부정적으로 받

---

25) 『인조실록』 권35, 15년(1637) 12월 16일 경술.
26) 『승정원일기』 인조 15년(1637) 12월 19일 정축.
27) 『인조실록』 권36, 16년(1638) 1월 22일 병술.

아들였던 것은 쓰시마번 사자의 조선 파견 때 '뜰아래 숙배'를 '당상 숙배' (堂上肅拜)로 변경해 주도록 한 이의(異議) 제기였다. '당상 숙배' 요청은 1636년 쓰시마번 사자(橘成供) 이래 두 번째 시도로, 비변사가 불가하다는 입장을 제시하였다. 즉 통신사가 에도성(江戶城)의 '전명의'(傳命儀)에서 당상숙배를 하는 것은 조선국왕의 국서를 전달하는 것이기 때문에 도쿠가 와 막부의 쇼군(將軍)이 이를 존중한 것으로, 이번 차왜는 막부 쇼군의 사 자가 아니라 쓰시마번주의 사자이기 때문에 '전명의'에 준한 당상숙배는 처 음부터 불가하다는 의견이었다. 인조가 비변사의 의견을 수용함에 따라 쓰시 마번이 일본 사자라는 명분을 내세워 막부가 파견한 사자, 즉 '국사'(國使)의 자격으로 조선과 대등한 외교상대로 갈아타려는 시도는 좌절되었다.[28]

　단 조선이 쓰시마번에 작성해 주는 서계에 기재하는 글자에 대해서는 그 들의 요구를 수용해 주었다. 매년 '歲賜米' 지급시 작성하는 조선측 문서에 '賜'자 대신 '送'자를, 쓰시마의 호칭을 '귀주(貴州)'로 변경해 주기로 결정 했는데 홍희남(洪喜男)을 통해 전달되었다.[29] '賜'자의 경우 "상부에서 하 부로 내려주다"라는 의미가 있기 때문에, 쓰시마번 입장에서 보면 조선과 쓰시마번의 전통적인 기미(羈縻)관계가 반영된 종속적 표현이라 할 수 있 다. 또 쓰시마번에 대한 호칭의 경우도 조선에서 부르는 '貴島'(대마도)가 아니라 일본식 위계(位階)가 반영된 '貴州'(對馬州太守)로 변경해달라는 것 이었다. 조선은 쓰시마번의 이 요구가 조선과 도쿠가와 막부 사이에 이루어 지는 중앙외교의 근간을 흔드는 것은 아니었기 때문에 수용해 주었다.

　한마디로 쓰시마번이 병자호란 직후 도쿠가와 막부를 내세워 조선에 7개 항목을 요구했던 배경으로는 일차적으로는 조·청관계를 직접 탐색하려는 의도로 보인다. 그러나 조선과 쓰시마번의 관계에서 본다면, 기유약조(1609

---

28) 『인조실록』 권36, 15년(1638) 1월 24일 무자 및 1월 26일 경인.
　　『비변사등록』 인조 16년(1638) 1월 23일 1월 25일.
29) 『인조실록』 권36, 15년(1638) 1월 26일 경인.

년) 이후 축소된 무역량을 확대하는 한편, 조선측 외교문서에 기왕의 기미
(羈縻)관계적 표현들을 삭제해 나감으로써 조선에 대해서도 자신들의 주도
적 입지를 확보해보려 했던 것이라 할 수 있다.30)

   그런데 위의 1638년 1월 논의에서 일본측 동향에 불안을 느꼈던 인조는
이 7개 항목을 별록으로 작성하여 청에 보내 왜정(倭情)을 알리자는 제안을
하였으나 신료들의 반대로 실현되지는 않았다.31) 그러나 1637년부터 왜구
침략에 관한 유언비어로 일본의 무력도발 가능성에 대한 불안감이 증폭되
자 1638년 3월부터는 인조의 주도하에 조·일 연대에 대한 청의 의혹을 제
거하는 한편, 청·일간 연대를 막는 방법으로 일본정보를 '자문'(咨文)으로
청에 알리는 '왜정통보'를 일본에 대한 대비책으로 취하게 되었다. 1637년
쓰시마번의 도발적인 요구에 대한 대응으로 취해진 이 '왜정통보' 전략은
1638년 3월부터 인조 재위기간은 물론 효종대인 1650년 7월까지 지속되었
다.32) 일본측의 계미통신사 파견 요청과 귀국 후의 소식도 이 전략에 따라
청에 '왜정자문'으로 보고되었다.33)

   한편 조선은 1638년 3~5월 사이 쓰시마번 차왜의 통보로 도쿠가와 막부
의 기독교 금압과정에서 '시마바라의 난'(島原の亂)과 같은 내란이 있었다
는 소식을 접하면서 또 다시 불안을 느꼈던 것 같다. 1638년 3월 인조가 대
신 비국 당상을 인견하여 왜정을 논의하는 자리에서는 일본의 병력 동원
가능성이 재차 논의되었다. 이때 좌의정 최명길은 막부의 내부 단속으로 일
본의 무력도발 가능성은 없는 것으로 판단했다.34) 여기에는 막부의 '참근교

---

30) 仲尾宏 역시 쓰시마번의 이러한 요구를 도쿠가와 막부에 대해 자신들의 독자적인
    외교력을 어필하기 위한 것으로 보았다.(『朝鮮通信使と德川幕府』, 明石書店, 1997,
    133쪽).
31) 『인조실록』 권36, 15년(1638) 1월 26일 경인.
32) 김태훈, 「병자호란 이후 倭情咨文의 전략적 의미」 『한일관계사연구』 50, 2015, 182~
    183쪽.
33) 『승정원일기』 인조 20년(1642) 2월 25일 을축.
34) 『인조실록』 권36, 16년(1638) 3월 20일 계미.

대'(參勤交代) 등, 다이묘(大名) 無力化를 통한 文敎중시 정책 및 정권의
안정에 대한 인식도 바탕에 깔려 있었던 것으로 보이며, 일본의 병력 동원
가능성이 희박하다는 판단은 일본에 대한 대응에도 변화를 가져왔다. 1638
년 5월 국왕 인조가 신하들과 명·청의 동향 및 일본과의 교제를 논한 자리
에서는 조경(趙絅, 집의)이 일본과의 연대를 건의하였다. 논의 당시인 1638
년에는 청과의 전투를 염두에 둔 명이 일본에 군사원조를 요청한다는 쓰시
마발 정보도 떠돌았던 것 같다. 이에 향후 일본과의 교린관계를 더욱 강화
하여 비상시에 군사원조도 받을 수 있도록 미리 사자를 일본에 파견하여
병자호란 정보 및 조·청관계에 대한 조선의 입장을 이해시켜 양국간에 신
뢰를 구축해 놓자는 의견이었다.[35] 조경은 1640년에도 상소를 제출하여
'대일본외교론'을 피력하였으나 국왕 인조는 부정적이었다.[36]

　청을 견제하기 위해 일본을 연대의 상대로 보는 발상은 관료들 가운데
어느 정도 공감대가 있었던 것 같다. 이에 1639년 인조가 청·일 수교 가능
성을 전제로 대신들과 대비책을 강구했을 때에도, 최명길이 청·일 수교 성
립시 조선이 고립될 수 있음을 들어 차제에 병자호란 이후 조·청관계 변화
를 일본에 미리 알려 청의 군사·외교적 압박에 일본의 연대를 끌어내는 방
안을 내놓았다. 이 내용은 조경의 '대일본외교론'과 크게 다르지 않은 것으
로, 1639년의 국정 논의 때도 국왕 인조는 역시 일본 연대론에 대해 부정적
인 반응이었다.[37]

　『승정원일기』 인조 16년(1638) 3월 20일 계미.
　도쿠가와 쇼군 3대에 걸친 다이묘 통제책으로 조선에서도 막부의 관료제적 성격에
　대한 인식은 어느 정도 정착된 것 같다.
35) 『승정원일기』 인조 16년(1638) 5월 13일 을해.
　조경은 1629년 효方이 일본국사로 상경했을 때 접위관을 역임한 바 있으며, 1643
　년 계미통신사 때에는 종사관으로 일본에 파견되었다.
36) 『인조실록』 권40, 18년(1640) 5월 9일 기축.
37) 『인조실록』 권39, 17년(1639) 7월 1일 병진.
　『승정원일기』 인조 17년(1639) 3월 25일 경오.

인조는 조·청 대립시 우선 자국의 이익 추구가 우선인 외교전쟁에서 조선이 의도한 대로 과연 일본이 협력해 줄지 그 실현 가능성에 대해 기본적인 불신을 갖고 있었다. 최종결정권자인 국왕이 일본과 연대를 통해 청·일 간 통교 방지를 실현할 수는 없다고 판단함으로써 '對淸自强論'(對淸備倭論)에 바탕을 둔 '일본연대론'이 당시 구체적인 조선정부의 전략이나 방침으로 구현되지는 않았다. 그러나 일본의 무력 도발 가능성이 희박하다는 조정의 인식은 계속되는 일본측의 도발에 더 유연하게 대응하는 계기가 되었던 것 같다.

쓰시마번은 1642년 1월에도 차왜(差倭)를 파견하여 청의 錦州(明) 공격에 대한 정보 탐색을 시도하였다.[38] 쓰시마번의 對淸 정보탐색에 대해 인조는 일본이 청의 금주(錦州) 공격으로 명의 몰락이 확실해진 것을 이미 알고 확인 차 파견한 것으로 이해했다. 만약 이 시점에서 조선이 대청 정보를 주지 않아 청·일 수교가 실현될 경우 조선의 외교적 입지만 곤란해질 수도 있었다. 조선으로서는 이러한 일본측 동향에 대한 불안감을 없애는 한편 청·일 연대 저지를 위해 쓰시마번에 정확한 정보를 미리 주어 도쿠가와 막부와의 신뢰를 공고히 할 필요가 있었다. 이에 인조는 1642년 3월 '비망기'(備忘記)로 쓰시마번 차왜에게 청의 금주(明) 공격사실을 알려주라는 특단의 지시를 내리게 된다.[39]

요컨대, 병자호란 직후부터 통신사 파견 직전까지 일본측의 도발적인 요청에 대한 인조대의 대응이란 청·일 통교의 위기 속에서도 일본을 적극적인 연대의 상대로 여기지는 않았다는 것이다. 그러나 쓰시마번의 의례 관련 요구, 청의 명 공격과 같은 이미 알려진 정보 요청 등, 일본측의 요구를 사안에 따라서는 임기응변적으로 수용함으로써 쓰시마번을 통제하는 한편, 막부에도 신뢰감을 줌으로써 청·일 접근을 차단하려는 것이었다고 할 수

---

38) 『승정원일기』 인조 20년(1642) 1월 13일 계미.
39) 『인조실록』 권43, 20년(1642) 3월 24일 계사 인조 비망기.

있다. 물론 이러한 대응의 저변에는 조선의 위기에도 불구하고 일본의 국내 사정으로 인해 무력(武力) 도발 가능성은 없다는 판단이 있었기 때문이다.

3. 1642년 일본의 통신사 요청과 외교의례 변경 시도

병자호란 이후 일본의 대청 정보 탐색이 계속되는 가운데, 1642년에는 쓰시마번(對馬藩)이 막부 쇼군(將軍)의 '대군생자'(大君生子) 소식을 전하며 조선에 통신사 파견을 요청해 왔다.

이에 대한 조선의 대응은 어떠했을까?

조선은 일본측의 통신사 요청 절차나 내용을 도발로 인식했다. 그러나 논의과정을 보면 앞에서 본 1637년 12월 쓰시마번의 요구나 1642년의 대청 정보 제공에 대한 대응과 마찬가지로, 조선 국왕과 도쿠가와 쇼군의 '대등'을 바탕으로 하는 교린외교의 틀은 엄수하되 나머지 사항에 대해서는 임기응변적으로 대응한다는 1636년 병자통신사 이후의 대일본 전략이 기본적으로 관철되었다고 할 수 있다. 이하 일본측(對馬藩)의 통신사 요청 절차 및 강정 교섭 경위를 구체적으로 검토하기로 한다.

1) 막부 의사('와카기미'(若君) 탄생 축하 요청)의 구두(口頭) 전달

조선이 일본에 통신사를 파견하는 절차는 통상 일본측이 먼저 문서로서 요청을 해오면 조선이 수용하는 식으로 추진되었다. 임란 직후 국교 재개 단계에서 회답겸쇄환사 파견시(1607·1617·1624년)에는, 통신사 파견을 요청하는 도쿠가와 쇼군(將軍) 명의의 외교문서, 소위 '선위치서'(先爲致書)가 파견의 전제였다. 그러나 '국서개작사건'(일본에서는 '야나가와 잇켄'(柳川一件))과 같은 외교참사를 계기로 조선이 제시한 쇼군의 '선위치서'가 사실상 의미가 없게 되자, 1636년 병자통신사 때에는 쓰시마번이 사자(通信使請來差倭)를 조선에 파견하여, "막부의 지시에 따라 통신사 파견을 요청한다"는 쓰시마번주 소(宗)씨 명의의 서계(書契)를 가져왔다. 조선은 이 서계를 통해 막부의 의사를 확인할 수 있었기 때문에 통신사 파견에 응하였다. 이것을 보면 외교절차상 조선의 통신사 파견을 위한 전제조건이란, 명의가 누구이건 통신사 파견에 대한 '막부의 의사'를 서계라는 외교문서로서 확인하는 것이 가장 첫 번째 절차였다고 할 수 있다.

그렇다면 1643년 계미통신사 파견시, 일본측의 요청은 언제부터 어떻게 시작되었을까? 일본측의 통신사 요청에 대한 최초의 언급은 1641년 10월 쓰시마번이 파견한 부특송사에 대해 동래부가 마련한 연회(上船宴)에서 구두(口頭)로 이루어졌다. 즉 연회자리에서 부특송사 정관이 동래부사(丁好恕)에게 "大君(德川家光)이 아들(若君)을 얻었으므로 이 경사에 대해 내년쯤 조선이 통신사를 파견해 달라"는 내용이었다. 임란 이후 4차례에 걸친 사절 요청 이유는, 각각 '국교 회복'(1607년 회답겸쇄환사), 막부의 오사카(大坂) 평정(1617년 회답겸쇄환사), 3대 쇼군(德川家光)의 襲職(1624년 회답겸쇄환사), 일본의 泰平 축하(1636년 병자통신사)로, 조선 침략의 당사자인 도요토미(豊臣) 세력을 척결했던 도쿠가와(德川) 정권의 안정과 관련된 것이었다. 이에 비하면, '득남'(得男)이란 쇼군 집안의 조경사(弔慶事)로 교린국간의 교제에 해당은 되지만 조선으로서는 예기치 못한 뜻밖의 명분이라 할 수 있다. 이에 동래부사는 부특송사에 대해 문서가 아니라 구두로 말한 것이기 때문에 조정에 계달하기 어렵다고 하여 즉답은 피했다는 식으로 대응했음을 보고한 한편, 조정에 결정을 요청하였다.[40] 이에 대한 예조 및 비변사의 논의는 일본의 조경사(弔慶事)에 사자를 보내 축하하는 것이 교린의 도리이기는 하지만 쓰시마번주의 서계를 기다린 후라는 쪽으로 정해졌다.[41]

---

40) 『通信使謄錄』 신사(1641년) 10월 14일, 동래부사 丁好恕 장계.

조선의 반응이 없자, 쓰시마번은 1642년 2월 특별히 차왜 다이라 나리타카(平成幸, 平田將監)를 부산 왜관에 파견하여 조선측과 교섭하게 하였다. 당시 동래부 훈도(최의길)가 왜관 관수(平智連)로부터 들은 정보에 따르면, 차왜 다이라 나리타카는 쓰시마번의 에도(江戶)번저 가로(家老) 역임자로서 번정에서는 일단 물러나 있으나 번주(宗義成)의 신임이 두터운 비중있는 藩士로 조선측 교섭상대로서 역관 홍희남(洪喜男)과 이장생(李長生)을 지목해왔다.42) 이에 조선에서도 중앙에서 경접위관(李泰運) 및 역관 홍희남·이장생을 동래부로 내려 보내 교섭에 임하게 하였다.43)

쓰시마번 차왜(平成幸)가 왜관에 도착하자, 역관 홍희남 등은 차왜 처소에 들어가 현안을 사전에 구두로 탐문했는데, 파견 목적은 '大君生子' 소식을 조선에 전달하기 위함이며, 요컨대 조선이 먼저 알아서 통신사를 파견해 주었으면 한다는 내용이었다. 이에 홍희남 등이 쓰시마번 차왜가 지참해온 서계 내용을 미리 열람하기를 요청했지만 거절당했다. 뿐만 아니라 지참 서계에 '막부의 지시' 건은 구체적으로 기재되지 않은 것으로 답변하였다.44)

다음은 1642년 2월 쓰시마번 차왜(平成幸)가 지참해온 통신사 요청서계이다.

> 日本國對馬州太守拾遺平義成 啓書
> 朝鮮國禮曹大人 閣下
> 良月如春輕雲護暖, 緬惟
> 尊候勝裕慰仰不已,
> 本邦雍容垂拱, 且去八月上旬
> 若君慶誕, 日域歡仰太平盛事莫大於時焉, 誠吾

41) 『통신사등록』 신사(1641년) 10월 14일 예조 및 비변사 계목(의견서), 10월 26일 예조 啓目.
42) 『통신사등록』 임오(1642년) 정월 11일 경상감사(구봉서) 장계.
43) 『통신사등록』 임오(1642년) 2월 13일 동래부사 丁好恕 장계.
44) 『통신사등록』 임오(1642년) 2월 13일 동래부사 丁好恕 장계.

大君治化合道以故至公卿大夫凡民長發其祥喜慰無限好, 个
節微官供職于
東武伸封人之祝私躍何止,
貴國亦豈勝歡悆, 先奉賀緘以效鵲吉而已, 委瑣附平成幸舌端, 菲甚寸沈
錄在別幅,
完納如何, 伏乞, 崇照惟時初冬霜寒保嗇, 不宣.
寬永十八辛巳年十月二十二日
對馬州太守拾遺平義成[45]

　쓰시마번주(宗義成) 명의로 작성된 위 서계는 이미 1641년(신사) 10월
날짜로 작성되어 있었던 것 같으며, 다례(茶禮)날 조선측 접위관이 접수하
였다. 내용을 보면, 大君(쇼군)이 와카기미(若君, 세자)를 얻어 公卿大夫에
서 民에 이르기까지 기뻐하고 있으며, 쓰시마번주 자신도 막부(東武)에 축
하의 뜻을 아뢰었다. 조선 또한 기뻐하리라 여기니 먼저 축하 서신을 보내
달라는 것으로 자세한 것은 平成幸이 구두로 말하도록 하겠다는 것이다.
요컨대, 위 서계에는 쓰시마번 사자의 언급대로 통신사 요청이 막부의 지시
사항이라고 명기된 구체적 문언은 없다.
　쓰시마번 차왜가 어떤 현안을 가지고 왜관에 파견될 때 쓰시마번측 서계
(원본)는 다례날 조선측(접위관)에 전달된다. 그러나 그 자리에서 갑작스런
마찰이나 돌발상황이 발생할 수도 있기 때문에 이를 미연에 방지하기 위해
서계(원본)가 전달되기 이전 상호간에 내용 확인이 이루어지는 것이 통상적
인 절차였다. 절차로 미루어본다면 1642년 2월 통신사 교섭을 위해 특별히
파견된 쓰시마번 차왜(平成幸, 平田將監)는 1636년 이래 '통신사청래차왜'
에 준하는 사자라 할 수 있다. 그런데 그가 지참한 서계에, 大君 생자 축하 요
청만 있을 뿐, 막부의 지시라는 것이 구체적인 문언으로 적시되지 않았다고 하
는 것은, 막부의 지시 사항에 대해서는 '구두'(口頭)로 전달한 셈이 된다.

---

45) 『本邦朝鮮往復書』 6(대마도종가문서 기록류 No.2912, MF 486, 국사편찬위원회).

쓰시마번이 왜 '大君 生子' 축하를 위한 통신사 파견이라는 전례에도 없는 요청을 해오면서 구두 교섭 형태를 취하게 되었는지는 조선측 접위관(李泰運)이 다례날 차왜(平成幸, 平田將監)가 지참한 서계를 접수한 후 은밀하게 계속되는 구두교섭에서 확인할 수 있다. 다례 후에는 차왜의 요청으로 왜관 내에서 접위관과 역관이 동석한 가운데 일본측의 통신사 요청 의도, 조선측의 국서 작성시의 요령 내지는 지침 등에 대한 내용이 더 구체적으로 제시되었다. 다례 후 조선측과의 문답 과정에서 차왜는 일본측의 통신사 요청 배경을 다음과 같이 부각시켰다. 첫째는 '대군 생자'라는 일본의 경사에 조선의 통신사를 요청하여 치하하게 하자는 것은 막부 執政(老中)의 의사라는 것이다. 둘째는, 그러나 조선의 통신사 파견이 막부 지시를 받은 쓰시마번의 요청에 따라 축하사절을 보내는 모양새가 된다면 조선에서 생색이 안날 것이므로, 조선이 '대군 생자' 소식을 듣고 먼저 자발적으로 통신사를 파견하는 모양새로 해달라고 요구한 것인데, 이것이 바로 이번 통신사를 요청하는 숨은 의도라는 것을 피력하였다.46)

이에 대해 조선의 접위관이 '대군 생자'에 사절을 보내 축하하는 전례가 없음을 들어 중앙에 보고하겠다고 즉답을 피하자, 차왜(平成幸)는 통신사 요청에 관한 '언서'를 역관(李長生)에게 보여주었다.47) 차왜(平成幸)의 은밀한 언질대로 통신사의 파견 요청이 막부의 의도대로 조선이 자발적으로 통신사를 보내는 모양새로 연출하기 위한 것이라면, 쓰시마번으로서는 차왜(平成幸)가 지참한 쓰시마번주 명의의 서계에 굳이 '와카기미'(若君) 탄생 축하 요청 건이 '막부의 지시'라는 것을 구체적으로 적시할 필요가 없었다고 본다. 그러나 통신사 요청 이유에 대해서는 조선측을 납득시킬 필요가 있었기에 실무교섭을 담당하게 될 조선측 역관(홍희남, 이장생 등)에게도 쓰시마 번주 명의의 서한이 전달되었다.48)

---

46) 『통신사등록』 임오(1642년) 2월 21일 접위관(이태운) 및 동래부사(丁好恕) 장계.
47) 『통신사등록』 임오(1642년) 2월 21일 접위관(이태운) 및 동래부사(丁好恕) 장계.

　　동래부사 및 경접위관의 보고를 통해 구두교섭 내용을 보고받은 비변사
에서는, 비록 쓰시마번 사자의 지참 서계에 막부의 지시 사항이 구체적으로
적시되지는 않았다 하더라도 막부측의 지시라는 것을 납득한 결과, 군이
'막부 지시'가 명문화된 서계 개찬을 요구하지는 않았던 것 같다.[49] 그리하
여 비변사에서는 조선측 대응으로 통신사 파견 의사만 간단히 밝히는 수준
에서 답변할 것을 건의하였다.[50] 이에 따라 실제로 1642년 2월에 발급된
예조참의(趙緯韓) 명의의 답서에는 비변사의 의견을 반영하여, "득남에 대
해 교린의 도리상 전례는 없지만 사자를 보내 축하하겠다"는 간략한 취지
로 통신사 파견 의사를 쓰시마번에 통보하였다.[51] 조선정부가 일본측의 통
신사 파견 요구를 정식으로 수용한 지 1달만의 결정이었다.

　　이러한 통신사 파견 요청 절차를 그 이전 사례와 비교해 보면, 쓰시마번
은 조선이 '대군 생자' 소식을 듣고 자발적으로 통신사를 파견하는 모양새
를 연출하기 위해, 쓰시마번에서 비중있는 가로급 번사(平成幸)를 특사(소
위 '通信使請來差倭格')로 파견하여 교섭을 하되, 실제로는 가장 첫 번째
조건인 막부의 요청사항에 대해 외교문서(書契)가 아닌 구두 교섭 방식을
취했다고 할 수 있다. 그러나 통신사 요청이 막부의 의사라는 것을 조선측
에 납득시킬 필요가 있었기에 조선측 역관에게도 참고용으로 동일한 취지

---

48) 『本邦朝鮮往復書』6(대마도종가문서 기록류 No.2912, MF 486, 국사편찬위원회).
　　조선측기록(『통신사등록』임오(1642년) 2월 21일 접위관(이태운) 및 동래부사(丁好
　　恕) 장계)에는 쓰시마번 차왜를 응대했던 접위관(李泰運) 및 동래부사(丁好恕)의 장
　　계에 "저쪽 나라의 언서"(일본어)라고 되어있다. 그러나 쓰시마번 기록을 보면, 번
　　주가 「洪知事·李知事·康同知·崔僉知·朴判事」 앞으로 보내는 한문 문서로 되어 있
　　으며, 平成幸이 지참해왔다.
49) 『同文彙考』(권8 통신, 島主請信使書(寬永19年(1642)壬午7月15日, 1901쪽)에 수록된
　　1642년 7월 서계에도 「吾大君掌殊之慶, 撰華封之祝詞, 增通信之好音, 卽轉達公廳」이
　　라는 대군생자를 축하해달라는 통신사 요청만 있을 뿐, '막부 지시'가 구체적인 문
　　언으로 제시되지는 않았다.
50) 『통신사등록』임오(1642년) 2월 21일 비변사 계목.
51) 예조참의 趙緯韓 서계(국사편찬위원회 소장 서계, No.511)

의 서한을 보내온 것이라 여겨진다. 한마디로 1643년 계미통신사 파견 요청 시 쓰시마번이 취한 첫 번째 요청 절차란 1636년 병자통신사 때의 전례와 는 다른 방식이었다고 할 수 있다.

일본측(對馬藩)은 왜 전례에 없는 '약군 탄생' 축하 사절을 요구하면서, 굳이 조선이 자발적으로 통신사를 파견하는 형태를 고집했을까? 동래부사 (丁好恕)는 그 이유를 일본이 '대군 생자'를 이유로 조선의 통신사를 받아 들여 나라 안(일본내)에 과장하려는 의도가 있는 것으로 파악하였다.52) 즉 통신사 초빙을 통해 막부의 권위를 전국(諸藩)의 다이묘(大名)들에 보여주 려는 정치적 의도가 있는 것으로 파악하고 있었다. 한편 접위관(李泰運)도 은밀하게 내막을 알아 본 결과, 막부가 '대군 생자'에 대한 통신사 파견 요 청을 지시하게 된 배경으로는 쓰시마번주가 '관백(쇼군)의 뜻'에 맞춰 즐겁 게 해주기 위해 '뜻밖의 요구'를 하게 된 것으로 이해하고 있었다.53) 말하 자면 통신사 요청이라는 외교현안을 가장 먼저 취급하게 된 일선의 조선측 실무자들은 통신사 요청 방식이 '關白'(쇼군)의 정치적 의도를 파악한 쓰시 마번주(宗義成)의 자발적인 의사로 인지하고 있었다는 것이다.

쓰시마번의 『寬永二十癸未年 朝鮮信使記錄』을 보면, 「雖然、朝鮮國の 指引を仰蒙上ハ、彼國への聞得の爲とも存, 能を企, --」라고 하여 간단하 지만, 통신사 요청이 막부의 지시라 기록되어 있다.54) 또 막부측 기록인 『通航一覽』에도 「寬永十八辛巳年八月, 嚴有院殿御誕生により, 朝鮮國信 使聘禮の事, 宗對馬守義成より仰を傳へ, --」라고 되어 있어 간략하긴 하 지만 쓰시마번이 막부의 지시에 따라 조선에 통신사를 요청한 것임을 알 수는 있다.55) 현재 기록의 부족으로 막부의 지시 배경이나 쓰시마번의 의 도에 대해서는 구체적인 내용을 알 수는 없다.56) 그러나 당시 도쿠가와 막

---

52) 『통신사등록』 임오(1642년) 2월 13일 동래부사 丁好恕 장계.
53) 『통신사등록』 임오(1642년) 2월 23일 접위관(李泰運) 장계.
54) 『寬永二十癸未年 朝鮮信使記錄』 권1(と1711, 日本東京國立博物館).
55) 『通航一覽』 권31, 朝鮮國部 7, 宗氏通信使伺幷掛合 (從元和度至明曆度).

부의 제 3대 쇼군 이에미츠(德川家光)가 세습정권으로서의 위광(威光)을 강화하기 위해 의례행위를 정치적으로 활용했던 일본의 국내사정을 고려하면, 쓰시마번의 역할에 대한 조선측 실무자의 인식을 충분히 납득할 수 있다. 막부에 있어서 關白(쇼군)의 생자(生子, 得男), 즉 '와카기미'(若君, 德川家綱)'가 태어났다는 것은 정권의 승계 및 안정을 도모할 수 있는 중요한 계기였다. 이에 일본 국내적으로는 쇼군(德川家光)과 막부 집정(堀田加賀守正盛 등)의 주도하에 '와카기미' 탄생을 축하하는 각종 의례행사가 치러졌다. 에도성(江戶城)에서의 '와카기미' 배알과 축하 향연, 도쇼구(東照宮, 紅葉山) 참배에는 전국의 다이묘(大名)들이 동원되었으며, 쇼군 생자에 대한 다이묘들의 충성은 도쿠가와 막부의 권위 강화로 이어졌다.[57] 뿐만 아니라 쇼군 이에미츠 때에는 닛코산(日光山)의 도쇼구(東照宮) 조영 완성을 계기로 도쇼구 참배 의례시 다이묘를 동원하여 이에야스의 신격화에 공을 들이던 때였다.[58] 조선이 청으로부터 시달림을 받는 가운데 일본측의 도발적인 요구, 즉「조선이 '와카기미'(若君) 탄생을 축하하기 위한 사절 요청을 받아들여 자발적인 모양새의 통신사 파견」이 성사될 경우, 쓰시마번으로서는 자신들의 치밀하게 기획된 외교협상력으로 쇼군의 정치적 권위를 극대화할 수 있었다. 또 그렇게 함으로써 쇼군(德川家光)에 대한 쓰시마번주(宗義成)의 충성 내지 신뢰를 어필할 수 있는 절호의 기회가 될 수 있었다.[59]

---

56) 1643년의 계미통신사와 관련된 對馬藩의 기록『寬永二十癸未年 朝鮮信使記錄』은 현재 東京國立博物館 및 對馬博物館(假稱)에 소장되어 있다. 막부의 요청 의도 및 지시와 관련된 사항은『信使之儀二付朝鮮江被仰渡控』9番(寬永十九年十二月二十六日, 對馬博物館(假稱))에 기록되어 있을 것으로 보이나, 2020년 박물관 개관때 까지 열람이 불가한 상태이므로 추후 보완할 예정이다.

57) 仲尾宏,『朝鮮通信使と德川幕府』明石書店, 1997, 128~129쪽.

58) 정하미,「일본근세의 신국사상 -도쿠가와 장군권력의 질서화와 일상화와 관련하여」『일본사상』10, 2016.
　정혜진,「17세기 중반 조선의 日光東照宮 인식 -조선후기 외교사료를 중심으로」『일본문화학보』36, 2008.

따라서 앞서 동래부사 등 조선측 실무자들의 인식, 즉 '관백의 뜻'과 '뜻밖의 요구'라는 것이 암시하듯이, 일본측의 1643년 계미통신사 요청은 쓰시마번의 이러한 정치적 고려 하에 자발적으로 기획된 것을 막부가 받아들였을 것으로 보는 것이 사실(史實)에 가깝지 않을까라고 생각된다.60)

2) 일본측의 '신례'(新例) 제기와 강정 교섭

1642년 2월 조선의 통신사 파견 통보 이후, 실제로 통신사 파견을 위한 조일간의 강정 교섭은 1642년 12월 쓰시마번의 차왜 파견을 시작으로 1643년 3월 통신사가 파견되기 직전까지 3~4개월에 걸쳐 집중적으로 이루어졌다. 일본측이 제시한 강정 항목이 워낙 다양하고 새로운 요구도 많은데다, 조선측에서도 동래부(접위관) 및 경상감사가 중앙에 계문한 후 비변사나 예조 등 해당부서의 검토를 거쳐 국왕을 포함한 조정의 논의를 통해 결정되는 의사결정 절차를 감안한다면, 비교적 짧은 시간에 교섭이 타결되었다. 특히 이 시기가 조·명관계 단절을 요구하는 청의 압박이 최고조에 달했던 시기임을 감안한다면 긴박함 속에서도 일본에 대한 대응은 신속하게 이루어졌다고 할 수 있다.

---

59) 17세기 중반 도쿠가와 막부가 『寬永諸家系圖傳』을 편찬할 당시, 쓰시마번이 막부의 편찬 책임자(太田備中守)에게 제출한 것으로 보이는 번주 소(宗)씨의 가계도(「公義被差上候御系圖御控」국사편찬위원회 소장 귀중본 RB 37)에는, 쓰시마번주 소 요시나리(宗義成)의 업적으로 1643년 계미통신사의 초청에 관한 내용이 크게 부각되어 있다. 예를 들면, " 조선이 먼저 자발적으로 쇼군의 득남을 축하하기 위해 사자 파견을 요청해 왔기에 쓰시마번이 쇼군의 허락을 얻어 조선이 축하의 사자를 바쳤다(獻使介)"라든가, 닛코산 치제의 경우에도 조선국왕의 '自撰祭文'을 보내온 것을 강조하는 식으로 기술하고 있다. 쓰시마번은 쇼군의 威光을 극대화하는 용어나 표현을 통해 쓰시마번주의 대조선교섭력 및 쇼군에 대한 충성을 최대한 부각시키려 했던 것 같다.

60) 仲尾宏, 『朝鮮通信使と德川幕府』明石書店, 1997, 132쪽.
    三宅英利, 「鎖國直後の通信使」『近世日朝關係史の硏究』소수, 文獻出版, 1987, 287쪽.

그러면 구체적인 교섭경위를 보기로 한다.

우선 1642년 12월 처음으로 왜관에 파견된 쓰시마번 차왜 藤智繩(裁判 有田杢兵衛)이 가지고 온 교섭사안(강정절목)은 30항목이 넘을 정도로 방대했는데 일단 역관 홍희남(洪喜男)에게 전달되었다.[61] 쓰시마번으로서는 전례에 없는 교섭을 성공적으로 끌어내기 위해 양국 사정에 밝고 현안 경험이 풍부한 유능한 조선측 역관을 확보할 필요가 있었던 것으로 보이며, 30항목이 기재된 문서(方書, 일본어로 작성)를 홍희남 앞으로 작성해왔다. 실제 조선에서의 보고절차를 보더라도 역관 홍희남이 쓰시마번 차왜로부터 받은 강정절목 내용을 동래부사에게 보고하면, 동래부사가 그것을 장계(狀 啓)로 작성하여 조정에 보고하는 식이었다.

쓰시마번 차왜가 동래부사를 통해 조선에 제기하고자 한 교섭사안(강정 절목)은 어떤 것이었을까? 1642년 12월 동래부사(鄭維聖)가 올린 장계는 다음과 같다.

① 신사가 명년(1643) 5월 안으로 江戸에 오도록.
② 若君에게도 서계·별폭을 하되, 大君에게 보내는 예에 따르며, 별폭토의는 奇貴한 물품을 써넣을 것.
③ 별폭 1장에는 式例에 따라 '朝鮮國王' 이라는 4글자 밑에 '御寶'를 찍을 것.
  그리고 또 다른 별폭 1장에는 단지 '御寶'만을 찍어올 것.
④ '御筆·鍾·爐'를 日光山에 보낼 때 사신이 '焚香之禮'를 하도록 할 것.
⑤ "祭文"은 '국왕전하'가 製送하여,
⑥ '香奠'(제사 器物)을 입송할 것.[62]

쓰시마번이 제기한 위의 절목에서 통신사의 파견 시기를 1643년 5월 이전

61) 『통신사등록』 제1책, 계미(1643년) 정월 10일 동래부사(鄭致和)의 장계.
62) 『변례집요』 권18 信使, 임오(1642년) 12월.

으로 요청한 것을 제외시킨다면, 요점은 크게 쇼군의 아들, 즉 '와카기미'(若君)에 관한 외교의례와 '닛코산(日光山) 치제'의 두 가지라 할 수 있다.

그런데 외교의례와 관련해서 눈에 뜨이는 것은, '와카기미' 탄생을 명분 삼아 대군(大君, 쇼군)에게 보내는 국서와 마찬가지로 '와카기미'에 대해서도 조선국왕 명의로 작성된 국서를 하나 더 확보(若君致書)하려고 한 점이다. 그리고 '와카기미' 앞으로 보내는 예물을 기재한 별폭에 대해서도 특별히 '조선국왕'이라는 명의와 '어보'(御寶)를 찍어줄 것을 요구했는데, 이것 또한 전에 없던 신례였다.

그리고 '닛코산 치제'의 경우, 1636년 병자통신사 때에는 통신사들이 에도(江戸)에 체류하는 동안 쇼군 이에미츠(家光)의 지시를 받은 쓰시마번주(宗義成)의 요청에 따라 에도 체류중 통신사 개인의 판단에 따라 임기응변적으로 이루어진 것이었다. 그런데 이번에는 조선이 1642년 2월 통신사 파견 결정을 통보한 직후부터 일본측이 '닛코산'의 이에야스 사당 준공 축하를 이유로 요구해오던 인조의 어필(御筆)과 제문(祭文) 등을 아예 강정절목에 정식으로 포함시켜 왔다.

1643년 1월 동래부사(鄭致和)의 장계를 보면, 쓰시마번 차왜가 전례에 없던 위의 요구사항들을 연향이 끝난 후 사적인 자리에서까지 쓰시마번주의 지시라며 문서(別錄)를 들이대며 집요하게 요구함에 따라, 외교일선의 동래부사도 당혹해하는 한편 통신사를 파견한다 하더라도 일본에서 일어날 수 있는 예기치 못할 불상사에 대해 불안해할 정도였다. 장계에는 중앙의 조정에서 위의 내용에 대해 최종결정을 해주도록 요청하되, 조선국왕 명의로 '와카기미'에게 서계를 보내는 건 및 '닛코산' 사당에 조선국왕 명의의 제문 건은 불가하다는 대일교섭 실무자로서의 의견을 개진하였다.[63] 예조 및 비변사의 논의에서는 동래부사의 의견이 많이 참작되었던 것 같으며, 특히 '와카기미' 앞으로 보내는 조선국왕 문서 및 내용을 기재하지 않은 공장

---

63) 『통신사등록』 계미(1643년) 정월 10일 동래부사 鄭致和 장계.

(空帳) 별폭 등과 같은 '신례'에 부정적이었다.64)

그 결과 조정에서 다음과 같은 지시가 내려왔다. 동래부에 대한 회계(回啓)로 알려온 결정사항은, '와카기미'(若君)에게 보내는 '空帳書契', 祭文, 香奠, 使臣禮貌의 4건은 전례에 없는 일로 지금 '新規'를 만드는 것은 不可하며 가벼이 허락할 수 없으니 (동래부사가) 잘 타일러서 저지(防塞)하도록 하라는 것이었다. 단 '닛코산 치제'와 관련된 요구에 대해서는, '鐘·爐'를 지참케 하는 것은 佛法設齋로 심히 편하지 않으니 土物을 정비하고 讀文設齋해도 무방할 것 같다는 것이었다.65)

쓰시마번이 요구한 항목 가운데, 조선이 민감하게 반응한 것은 '와카기미'에 대한 조선국왕 명의의 서계(若君致書)와 '空張書契(별폭)'에 관한 것으로, 향후 조일 교린관계에서 전례가 될 수도 있는 '신례' 요구에 대해서는 아예 강정 초기단계부터 조선이 거절하겠다는 의지가 분명하여 동래부사로 하여금 원천 봉쇄(防塞)하도록 지침을 내렸다. 그 대신 '닛코산 치제' 관련 요구에 대해서는 되도록 반영해 주는 쪽으로 정해졌다.

그런데 앞서 언급했듯이 쓰시마번 차왜(藤智繩)는 다례가 끝난 후 동래부사에게 강정내용이 더 자세하게 제시된 쓰시마번주 및 봉행(家老)의 「信使節目講定別錄 2장」과 「執政 성명 및 별폭 물목 3장」을 전달하면서 또 다시 압박을 가해왔다. 이에 1643년 1월에는 역관 이형남(李亨男)이 위 별록을 한성에 가지고 가서 예조와 비변사(廟堂)에서도 각 항목 하나하나에 대한 검토가 있었다.66)

쓰시마번주의 별록(小紙)은 6항목, 봉행의 별록(小紙)은 30개 항목에 달했다.

---

64) 『통신사등록』 계미(1643년) 정월 10일 예조 및 비변사 계목.
65) 『변례집요』 권18, 신사 임오(1642년) 12월.
66) 『변례집요』 권18, 신사 계미(1643년) 1월.

〈표 1〉 1643년 계미통신사 강정 항목

항목	쓰시마번주 小紙	조선의 수용 여부	奉行 小紙(쓰시마번)	조선의 수용 여부
1	- 통신사 도해시기는 3월 중순~ 하순 사이에 쓰시마에 들어가도록 해줄 것	시행	- 통신사 도해시기 3월중 쓰시마 - 쓰시마번 차왜 藤智繩 통신사 도해시까지 왜관체류 지시	시행
2	- 大君 앞 서계 및 별폭 - 若君 앞 별폭은 대군과 약간 차등	* 비변사 조치	- 대군 앞 별폭	시행
3	- 若君 앞 서계 작성 - 별폭의 '御寶'를 대군 앞 서계의 어보와 동일한 것으로 할 것.	* 인조의 지시 준수	- 약군 앞 별폭으로 鷹.馬 요구	비변사 지시 대기
4	- 닛코산(日光山)에 3사 행차시, 御筆 새긴 鐘, 향로·촛대·화병 지참	시행	- 약군 앞 '空張別幅' 작성 (조선국왕, '御寶' 날인)	불허
5	- 닛코산 치제시 인조의 祭文, 香奠 마련	시행	- 3사의 잡물 수량 증가	시행
6	- 大君 및 若君 상견례시 배례	'若君' 배례불허	- 執政 등에게 보내는 예조 서계	전례 시행
7	- 집정 앞 서계 및 별폭 작성	시행	- 서계에 집정의 성명 기재	시행
8			- 鷹子(54~55련) 신속 요청	병자년전례 시행
9			- 닛코산에 3사가 지참할 鐘 등의 물건에 대한 예조 서계 요청	시행
10			-닛코산에 3사가 갈 때 제문과 향전 이외에 3사 개인의 예단 요청	시행
11			- 통신사 수행 員役을 최상으로 선발	3사의 자율
12			- 역관은 일본어 능통자로 인원도 증가	3인 선발
13			- 儒者·畵員 수 증가 - 의원·악공 최상 선발	시행
14			- 大君 앞 傳命儀 때 3사의 脫靴 요청	불허
15			- 3사의 상하 원역의 귀국시 法制 사목	시행
16			- 사신 왕래시 선박 정박 장소	사신의 임시

			및 숙소로 지정된 곳에서는 3사중 상륙하여 접대에 응해줄 것	선처
17			- 육로 및 숙박 지정 장소에서도 가능한 접대에 응해 줄것	사신이 임시 선처
18			- 3사가 공식 업무 쉬는 날을 통지해 줄 것	사신 선처
19			- 육로 및 해로상의 휴식처에서 하인들의 임의 출입 단속 요구	사신 선처
20			- 통신사 일행의 원역이 탈 말을 일행 중에서 감관을 정해 분정해 주도록 요구	시행
21			- 해로상에서 바람 등, 일기 불순시의 3사 선박에 대한 정박 지침	시행
22			- 마상재 2명의 최상 선발	시행
23			- 승마·포수 등의 기예자 데려오도록 요구	시행
24			- 3사의 에도(江戶) 도착 후 쓰시마번주의 번저 연향에 3사 참석 요청	시행
25			- 각 역참에서의 접대시 상하 원역이 먹을 수 있는 음식만 제공	시행
26			- 상하 원역의 사적인 상거래 금지 및 불조심 등 행동 지침 요구	시행
27			- 3사의 가마 앞에는 말 1필만 배치	시행
28			- 3사의 선박 제작시 용 그림 문양 및 운항시 일본사공의 지시에 따를 것	시행
29			- 통신사 행차가 무사히 추진될 수 있도록 동래부사 및 부산 첨사에게 당부	시행
30			- 위 항목에 대한 선처 및 수용하기 어려운 일은 飛船으로 알려주도록 해달라는 당부	시행

『통신사등록』·『변례집요』

　위의 〈표 1〉에 제시된 30개 항목은 국서 등의 외교의례와 '닛코산(日光山) 치제'가 중심을 이루고 있지만, 앞서 동래부사의 장계에 없던 내용들이 새로 추가되었다. 그리고 통신사 구성원에 대한 선발 기준을 비롯하여, 통신사 일행이 일본에 도착하여 에도(江戶)에 들어갈 때 까지 일본측에서 제공하는 접대에 대응하는 기준, 또 통신사 수행원에 대한 자세한 행동지침 까지가 총망라되어 있었다.

　우선 이 가운데 교린의례와 관련된 항목은, '若君致書' 및 '若君 앞 공장별폭' 이외에도, 인조의 국서를 에도성의 쇼군에게 전달하는 '전명의'에서 3사의 '脫靴' 문제, 3사의 '와카기미' 상견례시 4배례 건이 새로 추가되었다. '약군치서'란, 이번 통신사 요청 명분이 '와카기미'(若君) 탄생 축하이니만큼, 조선국왕이 막부의 쇼군(大君)에게 보내는 국서와는 별도로 '와카기미' 앞으로도 조선국왕 명의로 된 서계(국서)를 1장 더 작성해달라는 것이었다. 뿐만 아니라 '와카기미'에게 보내는 예물(鷹·馬)도 '별폭'으로 작성해달라는 것인데, 이때 별폭을 2장 작성해 달라는 것이었다. 1장은 실제 예물 물목을 기재하되, 나머지 1장은 물목 기재는 없지만 '조선국왕'이 기재되고 '御寶'까지 날인된 '공장별폭'(空張別幅)을 요구한 것이었다.

　그러나 이중에서 조선이 처음부터 분명하게 거부의사를 밝힌 것은 국서 수령자로 '쇼군'(大君) 이외에 '와카기미'(若君)를 지정해 온 '약군치서' 문제와 '전명의'에서 3사의 탈화 문제 2가지였다. '약군치서'에 대한 조정의 대응은 앞서 홍희남의 보고 때와 마찬가지로, '와카기미'에 대한 조선국왕의 문서라는 '신례'는 아예 처음부터 만들지 않겠다는 입장이었다. '약군치서'를 제안한 주체가 누구이건 조정에서는 1643년 강정 초기단계부터 '강보에 쌓인 어린아이에게 치서한 전례가 없다'는 점을 들어 단호한 거부 방침이 정해졌다. 이러한 조정의 방침에 따라 동래부사(鄭維城)도 강정차 부산에 체류중이던 쓰시마번 차왜(藤智繩)를 끈질기게 설득한 결과,[67] 실제로

────────────

67) 『통신사등록』 계미(1643년) 2월 초6일 동래부사 정유성의 장계.

조선국왕 명의로 '와카기미'에게 주는 서계는 발급되지 않았다.

또한 '전명의'에서 3사의 탈화(脫靴) 요구에 대해서도 단호하게 거절하였지만, 통신사의 '와카기미' 상견례시 4배례 문제는 융통성 있게 대응하도록 하였다.

이에 비해 '닛코산(日光山) 치제'와 관련된 편액(인조 御筆)을 비롯하여 사당의 祭文(인조 작성), 詩文, 香奠, 鐘의 주물 제작 등과 같은 요구는 1642년 2월 통신사 요청 이후 준비가 진행되고 있었던 사안으로, 어필은 義昌君李珖(선조의 8자)의 글씨(日光淨界彰孝道場)로,[68] 제문은 예문관에서 작성할 것을 결정하였다.[69] 鐘의 주물 제작 건에 대해서는 재정적 어려움 때문에 결정이 지연되고 있었으나 1642년 6월 최명길의 일본 '효유론'을 인조가 수용함에 따라 모두 수용되었다.

이 밖에 나머지 詩文에 뛰어난 사람이나, 譯官·儒者·畫員·醫員의 인원 증가와 수준 향상, 馬上才의 파견에 이르기까지 전례에 없던 새로운 요구라 할지라도 대부분 거의 다 수용해 주었다.

요컨대 이와 같은 강정 교섭 결과로 볼 때, 조선의 대응 방침은 다음의 두 가지였다고 할 수 있다. 하나는 쓰시마번의 '신례' 요구를 거의 외교적 도발에 가까운 것으로 인식했지만, '若君치서' 및 '전명의 탈화' 거부와 같이 조선 국왕과 도쿠가와 쇼군의 '대등'에 바탕을 둔 교린의례를 훼손시키지 않는 수준에서 강정이 이루어졌다는 것이다. 그리고 또 하나는 예물 및 鐘 등의 주물(鑄物) 제작과 같이 다소 재정이 소요된다 하더라도 일본의 요구를 수용함으로써 조선이 재정적으로 건재하다는 것을 보여주려 했다는 것이다.

그리고 마지막으로 강정 교섭에서 하나 더 주목해야 할 부분이라면, 쓰시마번이 왜 강정 단계부터 조선측 서계와 별폭에 기재하는 '조선국왕'호와

---

68) 『인조실록』 권43, 20년(1642) 2월 18일 무오.
69) 『승문원일기』 인조 21년(1643) 1월 17일.

'어보'(御寶, 인장)'를 새삼 확인하려 했을까라는 것이다. '어보'와 관련해서
는 통신사 파견 준비가 본격적으로 시작된 1643년 1월부터 예조에서도 전
례(1624년 회답겸쇄환사)를 조사하여 '大君'(막부 쇼군, 德川家光)을 비롯
한 일본측 서계 수령자를 파악하는 한편, '대군' 앞으로 보내는 조선국왕 서
계(국서)에는 교린문서에 날인하는 '爲政以德' 印을 사용하도록 이미 내부
방침이 정해져 있었다.70) 그런데 1643년 2월 통신사를 맞이하러 온 쓰시마
번 차왜(平成幸)는 동래부사와의 면담자리에서 '대군' 앞으로 보내는 조선
측 국서의 '어보'가 그 이전의 '어보'와 다름이 있어서는 안 될 것이라고 다
시 한 번 확인을 하고 있다.71) 과거 일본측이 통신사를 요청해올 때 강정단
계에서 '어보' 확인을 요청한 사례는 보이지 않는다. 바로 1636년 병자통신
사 강정시에도 외교의례의 변경이 있기는 했지만, '국서개작사건'을 계기로
도쿠가와 쇼군의 외교호칭을 '일본국왕'에서 '大君'으로 변경해달라는 것이
관건으로 이때 '어보'의 인문(印文)이나 '조선국왕'의 호칭 언급은 없다.72)
　이것은 무엇을 의미하는 것일까? 일본은 쓰시마번을 통해 1636년 병자호
란 이후 조·청관계가 '형제지맹'에서 '군신관계'로 변경된 것을 이미 숙지
하고 있었다. 앞서 보았듯이 청은 병자호란 직후인 1637년 1월부터 조선이
받아들여야 할 항복조건으로 공문서에 청의 연호 사용을 요구해왔다. 그러
나 명이 아직도 건재하고 있었기 때문에 국내 행정문서에서는 명의 몰락이
확실해지는 1642년 10월쯤이 되어서야 청의 연호를 사용하기 시작했던 것
같으며, 준수하지 않은 관리는 처벌을 받았다.73) 그러나 조선이 일본측(對
馬藩)에 보내는 서계(외교문서)에는 1644년까지 명의 연호를 사용하였다.74)
쓰시마번은 1642년 1월 조선에 사자를 파견하여 청의 금주(錦州, 명)공격

---

70) 『통신사등록』 계미(1643년) 정월 초5일 및 초6일, 예조 계목.
71) 『통신사등록』 계미(1643년) 2월 26일 동래부사 鄭維城 장계.
72) 『변례집요』 권8 信使 병자(1636년) 4월.
73) 『인조실록』 권43, 20년(1642) 10월 2일 기해.
74) 『대마도종가관계문서 서계목록집』 I (국사편찬위원회, 1991) 참조.

정보를 탐색한 바 있다.75) 명의 몰락이 확실시되는 시점에서 조선국왕의 '어보'를 못박았던 이유로는, 일본이 통신사 파견을 위한 외교교섭을 추진하는 가운데서도 조일 교린관계에 대한 청의 영향력 및 조선의 외교적 입지를 확인하기 위한 탐색을 계속하고 있었음을 말해주는 것이라 하겠다.

4. 1643년 계미통신사 파견과 국서의 왕복

강정 교섭이 마무리되자 조선에서는 이를 반영하여 1643년 2월 통신사 (尹順之)가 일본에 가지고 갈 국서와 예물 준비를 마쳤다. 그리고 교섭의 마지막 절차로서 통신사들이 떠나기에 앞서 교섭 실무자간에 국서 내용의 확인이 있었다. 즉 그동안 강정 교섭에 임했던 역관 홍희남이 통신사를 호행하기 위해 부산에서 대기하고 있던 쓰시마번 차왜(平成幸)에게 구두로 인조의 국서는 '若君 탄생 축하'에 대한 취지로 작성되었음을 확인해 주었다.76) 1643년 계미통신사 윤순지 일행이 일본에 지참해간 인조의 국서는 7월19일 에도성(江戶城)의 전명의(傳命儀)에서 도쿠가와 쇼군(德川家光)에게 전달되었다. 그 내용은 다음과 같다.

> 朝鮮國王李 倧 奉書
> 日本國大君 殿下
>   逖聞,
> 殿下祥恊熊夢,
> 篤生令嗣, 福祐攸曁,
> 洪祚可誕, 舊好之義, 寔切歡忭, 玆遣近臣, 顒備賀儀, 所以彰累世修睦
> 之義,

---

75) 『승정원일기』 인조 20년(1642) 1월 13일 계미.
76) 『통신사등록』 계미(1643년) 3월 10일 동래부사 鄭維城 장계.

　與同大慶者也, 土宜甚略, 傭效衷忱, 惟冀
　益固邦基,
　茂迓天休, 不宣
　　崇禎十六年二月　日
　朝鮮國王李　倧　*御寶(印文, 爲政以德)[77]

　발신자가 '朝鮮國王 李倧', 수신자가 '日本國大君'(德川家光)로 되어 있
는 위 국서에는 홍희남의 언급대로 "쇼군(殿下)의 후사 탄생에 대해 舊好를
다져온 도리상 근신을 보내 축하함으로써 화의를 다지자"는 내용만이 아주
간략하게 기재되어 있다.

　그런데 아무리 이러한 강정결과를 반영한 것이라 하더라도 인조 국서는
그 내용이 너무 간략하다는 것을 지적하지 않을 수 없다. 여기에는 그간의
논의과정으로 볼 때 몇 가지 이유를 추측해 볼 수 있다.

　우선 첫째는, 본문의 시작 부분에 상투적인 인사말이나 파견 배경, 절차
에 대해서도 구체적인 언급이 전혀 없다. 바로 첫머리부터 "쇼군(殿下)의
후사 탄생에 대해 舊好를 다져온 도리상 신하를 보내 축하함으로써 화의를
다지자"는 내용만이 아주 간략하게 기재되어 있을 뿐, 어떤 식으로든 통신
사 요청과 관련된 쓰시마번의 역할이나 존재에 대한 표현이 없다. 쓰시마번
에 대한 기재가 없다는 것은 1643년 계미통신사 강정 교섭 당시, "조선이
먼저 알아서 축하사자를 보내는 모양새로 만들기" 위해 쓰시마번이 문서행
위 없이 구두 교섭이라는 치밀한 전략을 구사해 온 결과라 할 수 있겠다.[78]
1636년 병자통신사 때 조선 국왕(인조)의 국서에, "대마도 사자로부터 쇼군

---

77) 조선국왕 李倧(인조) 국서(日本東京國立博物館 소장).
　『동문휘고』 2, 附編 권8, 通信 1(국사편찬위원회 1978) 1903~1904쪽.
　『通航一覽』(사본)에는 「寔切歡忭」의 「忭」자가 「抃」으로 되어있다(권94, 朝鮮國部 70).
78) 1643년 시점에서는 국서개작사건 직후처럼 쓰시마번주 소(宗)씨의 존재와 역할을
　쇼군(德川家光)에게 부각시킬 필요는 없었다고 생각된다.

습직을 전해 들었다"(此因馬州行李往來, 竊聞比承先緒")라는 문구를 명기
함으로써 '국서개작사건'(柳川一件) 이후 대조선외교에서 쓰시마번(對馬藩)
의 존재를 막부 쇼군(德川家光)에게 부각시키려 했던 것과는 대조적이라
할 수 있다. 쓰시마번으로서는 '국서개작사건'이라는 외교참사를 계기로
1636년의 병자통신사 초빙을 성사시킨 이후 이미 쇼군(德川家光)의 신뢰가
두터워졌기 때문에, 그로부터 7년이나 지난 시점에서는 쓰시마번주(宗義成)
의 존재보다는 막부의 위광(威光)을 부각시킬 수 있는 교섭력을 발휘함으
로써 쇼군의 신뢰를 얻으려 했던 것 같다.79)

둘째는, 강정교섭시 주요 의제중의 하나였던 '닛코산(日光山) 치제'에 대
한 언급 또한 전혀 없다는 것이다. 사실 '닛코산 치제'와 관련해서는 1642
년 2월 조선이 쓰시마번에 통신사 파견을 통보한 직후부터 쓰시마번의 요
구가 끊이지 않았다. 이에 조선에서도 강정 교섭이 본격화하는 시기(1642년
12월~1643년 1월)까지 거의 1년에 걸쳐 일본이 요구한 어필, 제문, 시문, 종
등의 준비가 계속되었다. 물론 이 '닛코산 치제'에 대해서는 예조참판이 막
부의 執政(老中) 4명과 奉行(6명) 앞으로 보내는 서계에 그 내용이 기재되
어 있기는 하다.80) 그러나 국서를 비롯하여 막부측에 보내는 외교문서의
경우, 예조에서 작성한 후 그 내용과 용어 및 교린문서로서의 기재형식에
이르기까지 최종적으로 국왕 인조의 점검을 거쳤다.81) 예를 들면 1643년
계미통신사 때 '피로인 쇄환 건'에 대해서는 막부 집정 앞으로 보내는 서계
에 추가하도록 인조가 지시한 바 있다.82) 1642년 2월 통신사 요청과 관련
하여 청(瀋陽)에 보내는 '왜정자문'의 경우에도 비변사의 보고에 대해 인조
가 일본측의 요구나 행태 등, 너무 자세한 정보를 기재하지 않도록 통제한
바 있다.83) 일본과 중국에 보내는 외교문서를 국왕이 최종 점검했다는 절

---

79) 앞의 주 59) 참조.
80) 『동문휘고』 2, 附編 권8, 通信 1(국사편찬위원회 1978) 1904~1905쪽.
81) 『승정원일기』 인조 21년(1643) 2월 17일 신사.
82) 『승정원일기』 인조 21년(1643) 2월 17일 신사.

차를 감안할 경우, '닛코산 치제' 내용이 인조의 국서에 명기되지 않았다는 것은 조선의 통신사 파견을 받아들이되 '와카기미'(若君) 탄생'과 같이 오로지 일본측이 요청한 내용에 국한하겠다는 조선의 의지가 내포된 것이라 할 수 있다.[84] 뿐만 아니라 혹시라도 '닛코산 치제' 관련 사항을 조선 국왕의 국서에 명문화할 경우, 전례로서 규례화할 가능성도 있었다. 따라서 '닛코산 치제'에 관련 요구를 대부분 수용했음에도 불구하고 막부의 집정과 봉행에 보내는 예조참판 명의의 서계에만 기재했는데, 이는 어디까지나 일본을 달래기 위한 1회성 대응으로 취급하되 교린통교의 내역을 확대하지 않으려는 의도에서였다고 할 수 있다.

세번째로는, 인조의 국서를 임란 직후 '회답겸쇄환사'가 지참해간 국서와 비교해볼 경우 통신사 파견에 어떤 전제조건이나 외교적인 명분도 제시하지 않았다는 것이다. 1617년 광해군의 국서처럼 일본에 사자를 파견하는 것이 명(明)에 대한 보고사항이라는 전제도 없다. 또 병자호란 이후 조·청관계에 대한 정보 등, 당시 국제관계의 변동 속에서 조선의 입장을 짐작할 수 있을 만한 어떤 언급도 없다. 오로지 '舊好의 도리상'이라는 점만을 제시하였다. 연기(年紀) 표기 역시 명의 멸망이 확실시(1643년 3월)되는 시기임에도 불구하고 아직 '崇禎'이라는 명의 연호를 사용했으며 조선국왕의 어보(御寶)로 '爲政以德'印을 날인했다.

요컨대 인조 국서에 보이는 지극히 간략한 내용이나 명분·정보의 부재, 명의 연호(崇禎) 표기는 병자호란 이후 조·청관계 변화를 일본측이 인지하지 못하도록 한 인조의 대일본 대응방침을 반영하는 것으로 볼 수 있다. 즉 도쿠가와 막부에 여전히 조선이 외교적으로 건재함을 확인시킴으로써 교린관계의 안정을 통해 청·일 접근을 저지하려는 전략이 반영된 문장이라 할

---

83) 『승정원일기』 인조 20년(1642) 2월 25일 을축.

84) 『통신사등록』 신사(1641년) 10월 14일 예조 및 비변사 계목(의견서), 10월 26일 예조 啓目.

수 있겠다.

그렇다면 계미통신사 일행이 받아온 일본측의 답서는 어떠했을까?

> 日本國源家光 奉復
> 朝鮮國王 殿下
> 專价云到, 舊好益深, 省書具審, 賀我有祚胤之慶遠修
> 嘉儀, 其所遺方物如數收之, 禮意之至, 欣歡猶甚, 且自撰祭
> 文遣价于日光山, 敬祀東照大權現, 惠親筆之大字, 備寶鐘
> 瓶爐之供, 何不答其歡, 誠亦可以感謝, 其交際恭敬之志, 永以爲好, 則不
> 易不善乎,
> 价還附土物, 當依副幅被檢取, 餘希亮鑑, 不宣
> 寬永二十年癸未八月 日
> 　日本國源家光 　*印85)

위 쇼군(德川家光)의 답서는 윤순지(尹順之) 일행이 '닛코산 제례'를 마치고 에도에 돌아온 1643년 8월 3일 막부 로쥬(老中 酒井讚岐守忠勝)가 통신사의 숙소로 찾아와 전달하였다. 통신사 일행은 그 자리에서 답서를 열람한 후 쇼군의 외교칭호로 '大君'호 대신 '源家光'이라는 실명이 기재된 것과 '닛코산' 사당(편액)의 인조 어필을 언급하는 문장의 글자를 수정해 주도록 요구하였다. 로쥬가 들고 온 답서는 막부의 유학자 林羅山(道春)이 작성한 초안으로, '대군'호에 대해서는 "일본에서는 존경하여 받드는 호칭이라 하더라도 외국에 대해서는 일컬을 수 없는 호칭"이라는 쓰시마번주의

---

85) 『동문휘고』에는 '惠親筆之大字'로 되어 있어 실제로 통신사 일행이 받아온 답서가
　　수록되어 있다(『同文彙考』2, 附編 권8, 通信 1「關白奉復書」(국사편찬위원회 1978)
　　1905쪽).
　　『通航一覽』에는 '呈親筆之大字'(8월3일)로 기재되어 있어 수정하기 이전 초안이라
　　할 수 있다(권94, 朝鮮國部 70).
　　또한 답서 가운데,「瓶爐之供, 何不答其歡」의 '瓶'과 '歡'은『동문휘고』에 각각 '缾'
　　과 '款'으로 기재되어 있다.

구두 설명을 수용하여 수정을 요구하지는 않았다.86) 그러나 인조의 어필을 언급하는 부분은 초안에 「呈親筆之字」라는 문장으로 작성되어 있었다. '呈' 자는 주고받는 상대가 상하관계일 때 쓸 수 있는 글자였다. 이에 통신사가 '呈'자를 상대를 서로 대등한 존재로 존중하는 교린국간의 교제에 부합하는 '惠'자로 개찬해 주도록 요구함에 따라 「惠親筆之字」로 개찬되었다.87)

그런데 쇼군의 답서를 보면 인조의 국서가 '와카기미(若君) 탄생 축하' 1 건만을 언급한 것에 비해, '와카기미' 건' 이외에도 조선측 국서에서는 언급 조차 없던 '닛코산 치제'와 관련된 제문·어필·종·향전 까지 포함하여 감 사의 뜻을 전하고 있다. 그리고 '親筆'과 마찬가지로 제문의 경우에도 「自 撰祭文」이라는 표현으로 조선국왕이 스스로 작성했다는 것을 명기하고 있 다. 쇼군 답서의 내용 구성과 기재 문언(文言)으로 볼 때, 조선(국왕)이 먼 저 통신사를 자발적으로 파견하는 모양새를 취하게 함으로써 쇼군가의 4대 에 걸친 세습정권으로서 부각 및 도쿠가와 이에야스(德川家康)의 신격화를 통해 도쿠가와 막부의 권위를 강화하려 했던 이에미츠(德川家光) 정권의 정치적 의도가 분명히 반영되었다고 생각된다.

이렇게 조일 양국의 국서를 비교할 경우, 통신사 요청과 파견을 둘러싼 조일 양국의 입장이나 정치적인 의도에는 분명히 차이가 있었다고 할 수 있다. 그러나 쇼군 답서의 말미 부분을 보면, "조선과의 교제에 있어서 공 경하는 자세로 화호(和好)를 영원히 계속하겠다"는 내용이 언급되어 있다. 조선과의 '和好'를 다짐한 이 부분을 인조 국서의 '修睦之義'에 대한 응답 으로 피차 외교적 수사에 불과하다고 할 수도 있다. 그러나 조선 국왕과 일 본의 국왕적 존재인 도쿠가와 쇼군이 상호간에 '修睦·和好'를 언급했다는 것은 향후 조일관계의 방향을 제시한 것이라 할 수 있다. 사실 인조가 1643 년 계미통신사를 파견한 의도는 여기에 있었다고 볼 수 있으며, 조선으로서

---

86) 『癸未東槎日記』(미상), 1642년 8월 4일, 8월 5일조.
87) 『계미동사일기』(미상), 1642년 8월 4일, 8월 5일조.

는 도쿠가와 정권으로부터 조일 교린관계의 안정을 끌어냈다는 점에서 소기의 외교적인 성과를 거두었다고 해야 할 것이다.

5. 인조대의 '撫倭'와 계미통신사의 외교사적 의미

지금까지 보아 왔듯이, 1643년 계미통신사 파견시 일본측(對馬藩)의 요청 절차나 요구 사항은 외교상 도발이라 할 수 있을 정도로 전례와 다른 점들이 많았다. 이에 교섭사안을 가지고 부산에 오는 쓰시마번 사자를 가장 먼저 상대해야 되는 동래부사(丁好恕)나 접위관(李泰運)과 같은 조선측 외교실무진들은 통신사 파견에 대해 우려와 불안감을 조정에 전달하였다. 쓰시마번이 조선에 통신사 파견 의사를 타진하기 시작한 1642년 초에는 경상감사(具鳳瑞)가 조정에 반대의사를 제시하였다. 통신사 파견시 경상도에서도 비용의 일부를 직접 분담해야 하는 부담주체로서 연이은 흉작과 재력이 바닥났음을 들어 통신사 파견을 반대했던 것이다.[88] 조선이 예조의 서계로 통신사 파견을 공식화한 1642년 2월 이후에도 일본측의 요구에 대해서는 조정 내에 부정적인 의견이 있었다. 1642년 2월 차왜(平成幸) 파견을 시작으로 부산에 온 쓰시마번 차왜들은 동래부사나 역관 홍희남 등 조선측 실무자를 만난 자리에서 淸國 일을 언급하면서 '닛코산'(日光山) 사당 준공을 기념하는 조선국왕의 御筆, 詩文, 鐘의 제작 등을 요청해 왔다. 논의에 참가한 관료들은 조선의 외교적 입지가 어려워진 틈을 이용하여 전례에 없던 요구로 도쿠가와 정권의 권위 강화에 이용하려는 것으로 인식하였다.[89] 영의정 이성구(李聖求)는 '닛코산 치제'와 관련된 일본측의 요구를 교활하다며 반대하였다.[90] 2월 논의에서는 일단 御筆과 詩文에 대해서만 부분적으

---

88) 『통신사등록』 임오(1642) 정월 27일, 경상감사 구봉서 장계.
89) 『인조실록』 권43, 20년(1642) 2월 23일 계해.

로 수용하기로 했지만, 鐘의 주물 제작 요구에 대해서는 국왕인 인조 조차
도 일본이 조선의 물력(物力)이 약하다는 것을 알면서 집요하게 요청하는
배경에 대해 일본의 의도를 모르겠다며 거부감을 드러낼 정도였다.91)

그런데 1642년 6월 논의에서 최명길이 건의한 일본 '효유'(曉諭)론이 국
왕 인조의 결정을 끌어내는 계기가 되었다. 최명길은 상소를 올려 일본측이
국교 회복의 명분을 제공한 도쿠가와 이에야스(德川家康)의 공덕에 생색을
내면서 고압적인 태도로 '닛코산 치제'와 관련된 종의 제작을 요청해 왔으
나, 이를 허용해 줌으로서 막부 관백(쇼군)을 '효유'(曉諭)하는 한편 일본
정탐의 필요성을 건의하였다. 국왕 인조가 최명길의 상소를 받아들임에 따
라 결국은 '닛코산' 종의 주물 제작을 허락하였다.92) 병자호란 이후 대청관
계 및 일본 대응에서 주도적인 역할을 해온 주체는 최명길과 국왕 인조라
할 수 있는데, 1642년 초부터 본격화된 통신사 강정 교섭에서도 일부 신료
의 우려에도 불구하고 결단력을 발휘하였다. 특히 인조의 경우 '닛코산 치
제'와 관련된 다종다양한 요구 하나하나에 대해서까지도 일일이 지침을 제
시할 정도였다. 일본측의 편액(국왕 御筆), 祭文과 詩文의 요구에 대해서는
작성 주체는 물론 문장의 내용과 형식까지도 언급하였다. 宰臣들이 지은 시
문을 모은 '시축'(詩軸) 제작의 경우, 인조가 글자의 배치와 같은 규격까지
도 일일이 지시할 정도로 신중하였다.93) 인조가 일본측의 '닛코산 치체' 관
련 요구를 재정 압박으로 여기면서도 이를 수용하기 위해서는 외교적 명분
이 필요했다고 보는데, 그것은 '機宜'(필요시 임기응변)에 따라 '撫倭'(일본
을 달랜다)한다는 것이었다.94)

---

90) 『인조실록』 권43, 20년(1642) 2월 18일 무오 및 2월 23일 계해.
91) 『인조실록』 권43, 20년(1642) 2월 18일 무오.
　　『인조실록』 권43, 20년(1642) 6월 11일 기유.
92) 『인조실록』 권43, 20년(1642) 6월 12일 경술.
93) 『승정원일기』 인조 20년(1642) 2월17일, 2월 19일, 2월 23일, 2월 28일. 3월 16일,
　　7월 6일.

'무왜'란 일본에 대한 임기응변적 대응으로 조일관계를 안정시켰던 것은 1636년 병자통신사 파견시에도 구사된 적이 있다. 최명길은 1636년 병자호란 직전 청이 조선과의 외교관계 변경을 시도하면서 조·청관계가 전쟁 직전의 위기에 이르렀을 때, 일본이 조선에 대해 병력(兵力) 동원 가능성만 없다면 '權時之策'(임기응변적 대응)으로 일본의 통신사 요청을 받아들이자는 의견을 냈었다. '권시지책'의 핵심은 예물과 같은 외교비용은 다소 들여서라도 군사·안보비용을 절감하자는 실리(實利)를 추구하는 전략으로 볼 수 있는데 결국 인조도 이를 수용했었다.[95] 최명길이 1642년 6월 상소에서 임란 이후 국교 재개 당시의 명분을 상기시키면서 일본을 '효유'(달램)하자고 했던 것은 1636년 병자통신사 때의 '권시지책'과 같은 맥락이라 할 수 있다. 인조 역시 일본측의 '若君치서' 요구와 같이 '대등'을 바탕으로 하는 교린관계의 근간을 흔드는 요구가 아니라면, 대청 정보 요청이나 '닛코산치제'와 관련된 물적 요구에는 임기응변적(機宜)으로 대응하여 "일본을 달램"(撫倭)으로써 조일 교린관계를 안정시키려 했다고 생각된다.

일본과 통신사 파견 교섭이 진행되던 1641~1642년은 청에 대한 세폐 부담으로 재정적 압박이 컸을 때였다. 혹시라도 조선이 물력 고갈이 염려되어 도쿠가와 막부의 요청을 거절함으로써 조선의 약체화가 노출될 경우 이를

---

94) 『인조실록』 권44, 21년(1643) 2월 20일 갑신.
　　『승정원일기』 인조 20년(1642) 2월 23일, 3월 24 계사(機宜).
95) 1636년은 후금이 몽고침략을 계기로 '칭제'하는 등, 교린관계에 있던 주변국과의 관계도 사대관계로 변경을 시도하려 한 때였다. 조·청간에도 교린문서가 아니라 사대문서로 변경해줄 것을 시도했으나 조선이 거절하자 조·청관계가 전쟁위기로 치닫던 시기였다. 모든 재정을 청(후금)과의 전쟁준비에 집중해야 하는 상황에서 일본의 통신사 파견 요청을 거부할 경우 남변의 군사안보에 새로운 비용이 발생할 처지였다. 이에 최명길은 일본이 조선에 군사력을 동원할 가능성만 없다면, 일본의 통신사 요청을 수용하는 편이 예물 비용 정도만 들어서 일본과의 관계를 안정시킬 수 있었기 때문에 '권시지책'(임기응변적 대응)으로 통신사 파견을 건의함으로써 조선정부의 군사안보 부담을 덜어보려 했던 것이다(이 훈, 「인조대의 국정운영과 1636년의 통신사외교」『한일관계사연구』 56, 2017, 120~126쪽.)

계기로 조일관계가 새로운 국면으로 전환될 수도 있었다. 이에 조선 내부적
으로는 향후 '규례'로 만들지는 않겠다는 전제하에 '닛코산 치제'의 鐘과
같은 주물 제작 요구는 다소 비용을 소요하고서라도 대체적으로 수용하는
쪽으로 결정했던 것이라 생각된다.

따라서 인조의 대일외교 명분이라 할 수 있는 '撫倭'란 다소 재정이 소요
된다 하더라도 일본측의 요구를 그때그때 적절히 수용하여 조선의 국력이
건재함을 일본에 확인시켜 줌으로써 기왕의 조일 교린관계를 유지·안정시
키는 전략이었다고 할 수 있다.

조일관계에 대한 이러한 인조의 방침은 통신사가 한성 출발을 앞두고 국
왕 인조를 인견했을 당시 통신사 일행의 일본체류시 행동지침에 압축적으
로 표현되어 있다. 정사 윤순지(尹順之)가 일본이 조·청관계에 대한 문의
및 혹시라도 청의 침략시 일본이 무력원조를 제안할 경우에 대한 대응지침
을 문의했을 때, 인조는 다음과 같이 답하였다. 병자호란 이후 조·청관계에
대한 정보를 일본에 주지 말 것이며, 청의 침략을 가정한 일본측의 무력 원
조 제안 또한 거절하라는 것이었다. 인조는 설사 조·일간에 연대가 실현되
어 청을 적대시할 상황이 발생한다 하더라도, 명의 몰락이 확실시되는 시점
에서 현실적으로는 청이 가해올 막강한 압력을 더 부담스러운 것으로 판단
했기 때문이다.[96] 즉 1643년 계미통신사 파견을 통한 인조의 대일본 통교
방침이란 일본측의 요청을 시의적절하게 수용함으로써 기왕의 조일관계에
변화를 가져올 수 있는 빌미(계기)를 일본측에 주지 않겠다는 것이었다.

한편, 이 '무왜'의 대상에는 도쿠가와 막부 뿐만 아니라 쓰시마번도 포함
되었다.

1643년 계미통신사 파견을 보면, 조선으로서는 막부 자체에 대한 대응도
문제였지만, 조선의 외교적 입지 약화를 틈타 끊임없이 통교확대를 시도하
려는 쓰시마번에 대한 통제 역시 큰 문제였다. 예를 들면, 쓰시마번은 막부

---

96) 『인조실록』 권41, 21년(1643) 2월 20일 갑신.

의 지시를 이유로 조선에 藥材, 良馬, 書籍의 요청을 비롯하여,97) 1642년
8월에는 쓰시마번 차왜가 막부 쇼군에게 헌상할 목적이라며 '화살넣는 통'
등을 구청(求請)의 형태로 요청해 왔다.98) 게다가 공무목(公貿木)의 수량
확대는 물론 기유약조(1609년)로 축소된 교역량을 확대하기 위해 세견선 증
대를 시도하였다. 1642년에는 '닛코산(日光山) 치제'와 관련된 요구를 하면
서 끼워놓기 식으로 '彦滿 圖書'를 요청해왔다. '언만 도서'란 쓰시마번주
아들의 아명(兒名, 宗義眞)도서로 1640년에 이미 쓰시마번주(宗義成)가 도
서선(세견선) 1척을 요청한 적이 있었지만 불허했던 사안이었다.99) 그런데
도 쓰시마번은 1642년 4월에 조선이 병자호란 이후 청에 보내는 세폐 문제
를 언급하며 '언만 도서'건을 다시 요청해왔다. 이에 인조의 명에 따라 도주
가 살아있는 동안만 적용하여 규례로 삼지 않는다는 조건하에 '彦三'과 '언
만도서' 지급건을 허용하였다. '圖書'(銅印)가 지급되면 '도서사'의 부산 파
견시 조선측의 접대를 받을 수 있었으며 일정 한도 내에서 무역(布木 30同)
도 할 수 있었다. 조선측의 접대란 체류비를 무상으로 제공했기 때문에 일
종의 특혜로 조선의 외교비용 중에서는 청에 보내는 세폐보다도 큰 부담으
로 여길 정도였다. 쓰시마번 사자가 조·청관계를 언급하며 '도서' 지급을
요청하는 것에 대해 인조나 비변사에서는 기유약조(1609년) 이후 감소된 세
견선 무역을 확대해보려는 의도로 이해하였다.100) 이에 대한 대응 역시 신
료들보다도 인조의 판단이 결정적이었다고 할 수 있는데, 1609년 기유약조
이래 쓰시마번과의 통교 총량에 큰 변화를 가져오지 않는 수준에서 통제하
도록 지침을 제시하였다.101) 조선으로서는 도쿠가와 막부와의 외교를 위해
쓰시마번 루트가 유효했기 때문에, 쓰시마번주(宗義成) 당대로 그치는 특혜

---

97) 이민호,「仁祖朝의 對日關係考」『동서사학』4, 1992. 91쪽.
98) 『승정원일기』인조 20년(1642) 8월 22일 기미.
99) 『인조실록』권41, 18년(1640) 12월 14일 경신.
100) 『승정원일기』인조 20년(1642) 4월 11일 경술, 동년 4월 13일 임자.
101) 『승정원일기』인조 20년(1642) 4월 11일 경술, 동년 4월 13일 임자.

라면 기유약조 때 정한 대일무역 총량(총액)에 그다지 큰 변화가 있는 것은 아니었으므로 임기응변적으로 대응했던 것이다.

　요컨대, 병자호란 이후 대일본 대응을 주도해온 인조나 최명길 등은 일본측의 대청정보 탐색, 외교의례 및 서식 변경 시도, '닛코산(日光山) 치제'와 관련된 詩文 및 鑄物 제작, 쓰시마번의 통교 확대 등을 대체로 조선에 대한 협박 내지는 외교적 도발행위로 인식하고 있었다. 그러나 이러한 요구들이 조선정부와 도쿠가와 막부의 대등이라는 교린관계를 손상시키지만 않는다면, 기유약조(1609)의 범위를 넘지 않는 선에서 1회에 한하여 임기응변적(機宜)으로 허용함으로써 규례화(전례화)에 따른 재정 부담을 줄이려 하였다. 조선이 일본을 적극적인 연대는 아니라 할지라도 '달랜다'(撫倭)라는 명분으로 쓰시마번의 요구까지도 적절히 통제·수용했던 것은 일본과의 원만한 관계를 통해 청·일 연대라는 위험부담을 줄일 수 있었기 때문이다.

맺 음 말

　지금까지 명·청교체기 청의 외교적 압박이 가중되는 가운데 유지된 조일 교린관계의 실태를 1643년의 계미통신사 파견 사례를 통해 살펴보았다. 그 결과 다음과 같은 결론을 얻을 수 있었다.

　첫째는, 일본측(對馬藩)은 조선에 통신사 파견을 요청하기 이전 및 통신사 파견 교섭을 추진하는 과정에서도 명·청의 조선에 대한 영향력 및 조선의 외교적 입지에 대한 탐색을 시도하였으며, 그 과정에서 조선에 도발적인 요청을 해왔다. 이에 대한 인조대의 대응이란 청·일간 통교 시도라는 위기 속에서도 일본을 적극적인 연대의 상대로 여기지는 않았다는 것이다. 그러나 쓰시마번의 의례 관련 요구, 청의 명 공격과 같은 이미 알려진 정보 요청, 도쿠가와 막부의 '와카기미'(若君) 탄생 축하를 위한 통신사 요청에 대해서는 임기응변적으로 수용하여 일본에 조선 국력이 건재함을 확인시킴으로써 청·일 접근을 차단하려 했다고 할 수 있다. 물론 이러한 대응의 저변에는 임란 이후 '회답겸쇄환사'등의 일본 정탐을 바탕으로 일본의 다이묘(大名) 통제정책상 무력(武力) 도발 가능성은 없다는 판단이 있었기 때문이었다.

둘째는, 그 결과 1643년 계미통신사 파견을 둘러싼 교섭 과정에서도 조선조정에서 1달만에 신속하게 파견을 결정했는데, 통신사 요청이 '막부 의사'라는 것을 구두로 확인한 후, 쇼군의 득남, 즉 '와카기미'(若君) 탄생 축하라는 신례(新例)를 수용하였다는 것이다.

셋째, 강정교섭 경위를 보면, 조선이 일본측의 '若君致書'나 '공장서계'(空帳書契) 발급 시도 등, 도발적인 요구에 대해 단호하게 거부한 것을 제외하고는, 일본측의 요구 항목 하나하나에 대해 아주 엄격한 기준을 들이대지는 않았다는 것이다. 즉 '약군치서'와 같이, 조선 국왕과 도쿠가와 쇼군이 서로를 대등한 외교상대로 삼아 국서를 직접 주고받는 교린외교의 큰 틀만 손상시키지 않는다면, 나머지 사항에 대해서는 임기응변적으로 수용해 주었다고 할 수 있다. 이에 일본이 공을 들인 '닛코산(日光山) 치제'와 관련된 요구, 즉 인조 御筆, 祭文, 詩文, 鐘의 주물 제작 등에 대해서도 거의 다 수용해 주었으며, 화원, 역관, 의원, 마상재 등에 대한 여러 가지 요구 사항들도 최종적으로 수용해 주었다.

넷째는, 계미통신사 파견을 통해 조선 국왕(인조)과 도쿠가와 쇼군(德川家光)이 주고받은 왕복 국서에는 '修睦·和好'가 명문화됨으로써 향후 양국의 교린관계 약속에 대한 의지를 확인할 수 있었다. 그러나 한편으로는 자국의 필요에 따른 외교전략도 반영되어 있었음을 지적하였다.

먼저 계미통신사가 지참한 인조의 국서에는 '약군' 탄생 축하라는 단 1건만이 아주 간략하게 기재되어 있을 뿐, 일본측이 공을 들인 '닛코산 치제 관련' 내용은 전혀 언급이 없다. 뿐만 아니라 통신사 파견에 대한 어떠한 명분이나 對淸 정보, 또 조선의 외교적 입지를 짐작할 만한 어떠한 정보도 기재되지 않았다. 인조 국서의 간략한 문장 구성은 일본과의 교제를 상대방에 대한 조경사(弔慶事) 축하로 국한함으로써 교린외교의 범위를 더 이상 확대하지 않으려는 조선의 의도 내지는 전략이 반영된 것으로 볼 수 있다. 즉 병자호란 이후 청·일 연대가 우려되는 가운데 조·청관계에 대한 정보 통제를 통해 외교적으로 조선의 건재함을 일본에 확인시킴으로써 기왕의 교린관계에 변화를 가져올 수 있는 빌미를 차단하려는 전략이 반영된 것으로 보았다.

이에 비해, 도쿠가와 쇼군의 답서에는, '와카기미'(若君) 탄생 축하에 대한 답례인사와 더불어, 조선측 국서에는 언급조차 없었던 '닛코산 치제' 내용이 기재되어 있었는데, '自撰祭文, '呈(惠)親筆'과 같은 문언을 사용하여 조선이 자발적으로 통신사를 파견해온 모양새를 취하였다. 일본으로서는 명·청 교체기 조선의 외교적 위기를 이용하여 계미통신사 파견을 성사시킴으로써 도쿠가와 쇼군가의 신격화 및 세습정권으로서의 권위 강화라는 국내정치에 이용한 측면이 다분히 있었음을 지적하였다.

다섯째는, 1643년 계미통신사 파견 당시 '효유'(曉諭)라는 명분에 반영된 조선의 대일본외교 방침 내지는 전략의 문제로, 1636년 병자통신사 때의 외교명분인 '기의(機宜)에 따른 '撫倭'(일본을 달랜다)를 계승한 것으로 보았다. 인조 재위 27년 동안 파견 명분을 달리하면서도 1624년과 1636년에 통신사를 파견했던 것은 병자호란 전후로 급변하는 국제관계 속에서 일본과의 관계 안정으로 군사·안보 부담을 덜어보려는 특단의 결정이었다.[102] 1643년 계미통신사 파견에 반영된 대일본 전략 역시 엄격한 방어 보다는 외교 및 재정적으로 조선의 건재를 일본이라는 외교상대에게 보여줌으로써 신뢰를 확보하려는 것에 가까운 것이었다고 할 수 있는데, 여기에는 쓰시마번의 요구도 포함되는 것임을 지적하였다.

---

102) 이 훈, 앞의 논문.

마지막으로 조선의 이러한 '무왜' 방침에 대해서는 일본에 많은 양보를 했다거나, 수동적인 외교였다고 하는 평가가 일부 있을 수 있다. 또는 대일본외교에 있어서 과연 정책 내지는 전략이란 것이 있기는 했을까라는 의문을 가질 수도 있다. 그러나 1643년의 인조 '국서'로 상징되는 계미통신사 외교는 명·청 패권 경쟁이라는 불안정한 국제관계 속에서 청·일 연대를 저지하는 한편, 조일 교린관계의 유지를 통해 조선의 존립을 지키려는 전략으로, 이러한 여정을 거쳐 조일간의 통신사외교가 비로소 안정을 맞게 되었다고 할 수 있다. 그 결과 1655년 을미통신사 이후부터 통신사 파견 명분이 '쇼군 습직 축하'로 비로소 정착되게 되었다고 할 수 있으며, 교린 적례외교의 내용에 보다 더 가까워졌다고 할 수 있다. 뒤에 첨부한 〈부표〉는 조일 교린관계의 추이가 동아시아 국제관계의 변화와 연동되어 있었음을 근거로 시기구분을 시도해 본 것인데, 통신사 파견 명분이 1655년 이후부터 1811년 신미통신사 때까지 쇼군 습직 1건으로 안정되었던 이유는 '오삼계의 난' 평정 이후 조·청관계의 안정에 따른 것임을 엿볼 수 있다.

〈부표〉 통신사로 본 조일 교린외교

구분	파 견	명칭	조선 국서 (파견 명분)	일본 답서 (파견 명분)	통신사 특별임무	대중국 관계
교린 외교 탐색기	1607(선조 40, 慶長 12, 정미)	회답겸 쇄환사	● 국교 재개	● 修好	일본정탐 피로인쇄환	조명관계 우선
	1617(광해군 9, 元和 3, 정사)	〃	● 오사카(大坂) 평정	● 大坂평정 축하	일본정탐 피로인쇄환	조명관계 우선
	1624(인조 2, 寬永 元, 갑자)	〃	● 쇼군 습직 (德川家光)	● 쇼군 습직	일본정탐 피로인쇄환	후금 대두 (정묘호란)
회복기	1636(인조 14, 寬永 13, 병자)	통신사	태평 축하	태평축하 *국서개작사건 추가언급		병자호란 (정축화약)
	1643(인조 21, 寬永 20, 계미)	〃	若君 탄생 (德川家綱)	若君탄생 *닛코산(日光山) 치제 추가언급		명·청교체
	1655(효종 6. 明曆 元, 을미)	〃	쇼군 습직 (德川家綱)	쇼군 습직 *닛코산치제 언급		원명항청
안정기	1682(숙종 8, 天和 2, 임술)	〃	쇼군 습직 (德川綱吉)	쇼군 습직	*임술약조 (표류겸대) *계해약조 (1683)	청의 안정 (吳三桂의난 평정)
	1711(숙종 37, 正德 元, 신묘)	〃	쇼군 습직 (德川家宣)	쇼군 습직	교간(交奸) 약조	對淸관계 안정
	1719(숙종 45, 享保 4, 기해)	〃	쇼군 습직 (德川吉宗)	쇼군 습직		대청관계 안정
	1748(영조 24, 寬延 元, 무진)	〃	쇼군 습직 (德川家重)	쇼군 습직		대청관계 안정
	1764(영조 40, 明和 元, 갑신)	〃	쇼군 습직 (德川家治)	쇼군 습직		대청관계 안정
	1811(순조 11, 文化 8, 신미)	〃 (對馬易地 통신)	쇼군 습직 (德川家齊)	쇼군 습직	기사약조 (1809)	대청관계 안정
쇠퇴기	1830~1840	(大坂)역지 통신시도 (무산)				서세동점

● 印 -- 위서(僞書)

〈토론문〉

이훈, 「병자호란 이후 1643년의 계미통신사 파견과 대일본외교-외교사적 의미를 중심으로-」

장순순 | 전주대

○ 논문의 의의

- 발표자께서는 최근 몇 년간 통신사 연구에 집중하시면서 많은 연구 성과물을 내셨다. 본 연구는 그 연장으로 볼 수 있으며, 쇼군 도쿠가와 이에미츠(德川家光)의 득남 축하라는 명분으로 실시된 1643년 계미통신사를 병자호란 이후 국제관계의 변화와 관련지어 외교사적 의미에서 검토한 것이다.

- 본 연구에서는 임진왜란 이후 조일간의 화해를 위한 여정의 단계로서 조선의 통신사 파견결정 논의 과정과 조일간 교섭 경위에 대한 분석을 중심으로-조·청 관계 변화에 따른 정치·외교적 부담으로 시달리던 와중에 조선이 왜 일본에 통신사를 파견했는지- 통신사 외교의 실태를 검토하였다. 이를 통해서 1643년 계미통신사는 조선국왕과 도쿠가와 쇼군 상호간의 국서에서 '修睦·和好'를 언급함으로써 이후 조일관계의 방향을 제시한 사행이었으며, 조선으로서는 도쿠가와 정권으로부터 조일 교린관계의 안정을 이끌어내는 소기의 외교적 성과를 거두게 되었다는 점을 밝혔다.

○ 질문 및 논의 사항

- 발표자께서는 1643년 계미통신사의 파견이 명·청교체라는 동아시아 상

황 속에서 새로운 대일본 전략을 모색하는 가운데 내려진 조선의 외교적 결정이며, 이러한 외교적 결정에는 국왕 인조의 의견이 결정적이었다고 언급함으로써 인조의 외교적 역량을 높게 평가하고 있다. 이러한 점은 인조의 대청외교에 대한 기존의 평가와는 대조적이다. 발표자께서 대일전략 내지 정책에 있어서 인조의 '결정적' 판단 내지 역량이 돋보인 구체적인 사례를 든다면 무엇을 들 수 있는가.

- 인조대에는 3회에 걸쳐 일본에 통신사가 파견되었다. 이는 조선시대 한일관계에서 전례가 없는 일이다. 지속적으로 조선후기 통신사 연구에 천착하고 계시는 입장에서 인조대의 대일정책이 갖는 특징, 그리고 조일간의 화해를 위한 여정의 새로운 단계로서 1643년 계미통신사가 갖는 의미는 어떻게 설명할 수 있는지에 대해 의견을 부탁드린다.

- 본 연구에서는 조일수호조규(병자수호조약, 강화도 조약) 이후 3회에 걸쳐 일본에 파견된 수신사를 통신사의 범주에 포함시켰다.(논문 말미에 있는 표 참조) (참고로 제1차 수신사는 김기수를 정사로 1876년 4월 파견되어 약 1개월에 걸쳐 일본을 방문하였다. 제2차 수신사는 예조참의 김홍집을 정사로 하고 총 인원 58명이 수행하였다. 1880년 수신사의 표면상 목적은 일본외무성 이사관 미야모토 고이치(宮本小一)의 수차례 내한에 대한 답례를 겸하여 조일간의 현안 문제, 즉 부산항에서의 관세징수, 미곡금수(米穀禁輸), 인천개항, 일본공사 주경(駐京) 등을 일본정부와 협의하기 위한 것이었다. 제3차 수신사는 박영효가 특명전권대신 겸 수신사의 직함으로 1882년 8월에 파견되었다.) 기존의 연구에 따르면 제1차 수신사는 통신사와 유사한 특징을 가지고 있기도 하지만 이후 수신사와는 성격을 달리한다고 한다는 견해도 있다. 한편, 수신사는 소위 '최초의 근대적 조약' 이후에 실시된 '최초의 사절'이라는 점에서, 수신사가 지참한 외교문서가 예조↔외무성 간에

서계였으며, 수신사의 초청과 파견에 있어서 조일간의 목적이 확연히 달랐다는 점 등 등을 볼 때 수신사를 일률적으로 통신사의 범주에 포함시키는 것이 적절한지에 대해서는 논의가 필요하지 않을까 생각한다.

和解の主役たち(朝鮮通信使を通じた事例研究) 静岡市 宝泰寺・清見寺の事例を中心に

小幡倫裕 | 前 平澤大

Ⅰ. はじめに

筆者が暮らす静岡縣静岡市の中心市街地は、江戸時代には駿府と呼ばれていた。通信使の使行録には"駿河州""駿州"などの地名が登場するが、駿府は"駿河國の府中"を略した名称である[1]。

駿府は壬辰・丁酉倭亂後の日朝國交再開の中で、日本側の中心人物である徳川家康と深い縁のある都市である。家康は、三河國(現在の愛知縣岡崎市)出身ではあるが、75年の生涯のうち、その3分の1に当たる25年間(足掛け27年)を静岡市で過ごした。特に人格形成に大きな影響を受ける8歳から19歳の時期(1549~1560)は、当時駿河國を支配していた戰國大名今川義元の人質として駿府で過ごした。さらに、征夷大將軍職を息子の徳川秀忠に讓った後、66歳で再び駿府に移り、75歳で逝去するまでのいわゆる"大御所政治"(1607~1616)の期間、駿府において外交政策を進めていった。

このように徳川家康に縁が深い静岡市には、通信使迎接との關わり

---

1) 15世紀までは主として"府中"が使われていたが、16世紀以降は"駿府"が一般的な名称となった。小和田哲男「徳川家康の駿府築城」、小和田哲男他著『家康と駿府城』、静岡新聞社、昭和58年(1983)を参照。

で重要な宝泰寺と日朝文化交流の象徴的な場所である清見寺がある。私に与えられた課題は、この２つの寺院と通信使との關わりを通じて、日朝兩國の「和解の主役たち」について考えることである。

Ⅱ. 朝鮮通信使と宝泰寺·清見寺

通信使が靜岡市を通過したのは、1617年の回答兼刷還使(京都伏見での國書伝達)と、1811年の通信使(對馬での易地聘礼)を除く10回の通信使である。往路の場合、東海道を江戸へと向かう通信使は、藤枝宿(現在の靜岡縣藤枝市本町)を出發し、宇津ノ谷峠を越えて安倍川を渡り、府中宿(＝駿府、現在の靜岡市中心部)に入り、その後、江尻宿(現在の靜岡市清水區銀座)、興津宿(現在の靜岡市清水區興津本町)へと移動していく。復路はこの逆の順序となる。本稿で言及する宝泰寺は府中宿の、そして清見寺は興津宿の東海道沿いにあった。府中宿すなわち駿府は晝休憩や晝食の場として利用され、宿泊には使用されていない。興津宿の場合、清見寺は1607年と1624年の回答兼刷還使が宿泊したが、それ以降は江尻宿での宿泊となり、清見寺は訪問や通過となっている。

宝泰寺と清見寺の利用狀況を整理すると以下のようになる。

宝泰寺 清見寺の利用狀況(『海行摠載』を基本とし『駿国雜志』を参考として作成)

年代	往路 / 復路	宝泰寺	清見寺
1607年 (丁未、慶長12、宣祖40)	往路	駿府は通過するが、訪問せず (5月17日)	宿泊(5月17日)
	復路	駿府城で家康に面會、本多正純邸で食事をとるが、宝泰寺については記錄なし。	宿泊(6月18日)
1617年 (丁巳、元和3、光海君9)	京都伏見での聘禮のため、駿府は通過せず		

1624年 (甲子、寛永元、仁祖2)	往路	駿府は通過するが、訪問せず、言及なし(花陽院＝華陽院か管轄、12月7日)、	宿泊(12月7日)
	復路	駿府で晝食をとったが、言及なし(12月29日)	宿泊(12月28日)
1636年 (丙子、寛永13、仁祖14)	往路	言及なし。(華陽院で晝食、12月1日)	言及あるが通過 (12月1日)
	復路	言及なし。(華陽院で晝食、1637年1月7日) 『駿國雜志』には言及なし	言及なし (1637年1月6日)
1643年 (癸未、寛永20、仁祖21)	往路	『駿國雜志』に法泰寺(＝宝泰寺)に入ったとの記事あり(駿府通過は7月1日)	訪問(7月2日)
	復路	『駿國雜志』に往路と同じ場所で晝休みを取ったとの記事あり(8月11日)	言及なし (8月10日)
1655年 (乙未、明暦元、孝宗6)	往路	寺に立ち寄る。(9月25日)	言及あるが通過 (9月26日)
	復路	言及なし(11月6日) 『駿國雜志』では11月5日 宝泰寺に入ったと記載	訪問 (11月5日)
1682年 (壬戌、天和2、肅宗8)	往路	寺で晝食(8月16日)	言及あるが通過 (8月17日)
	復路	『駿國雜志』に往路と同じ場所で 晝休みを取ったとの記事あり	言及なし
1711年 (辛卯、正德元(宝永7年)、 肅宗37)	往路	寺で接待(10月13日)	正使が訪問(10月14日)
	復路	寺で接待(11月24日)	訪問(11月23日)
1719年 (己亥、享保4、肅宗45)	往路	寺で接待(9月22日) 『駿國雜志』では9月21日に法泰寺(＝宝泰寺)に入ったとの記事あり	言及あるが通過 (9月23日)
	復路	寺に立ち寄る(10月20日) 『駿國雜志』では10月22日に法泰寺(＝宝泰寺)に入ったとの記事あり	言及なし(10月19日)
1748年 (戊辰、延亨5(寛延元)、英祖 24)	往路	寺で晝食(5月16日)	訪問(5月17日)
	復路	言及なし(駿府での接待が厚かったとの記録はあり)。	言及あり(6月17日)
1764年 (甲申、宝暦14、英祖40)	往路	館舎として利用(2月10日)	訪問(2月11日)、
	復路	元重擧　『乘槎録』に宝泰寺を館所とした との記録あり(3月21日)。 『駿國雜志』では往路と同じと記録。(3月 21日)	訪問(3月20日)
1811年 (辛未、文化8、純祖11)	對馬での易地聘禮のため、駿府は通過せず		

宝泰寺が信使の畫休憩の場として利用されるのは、1643年通信使以降であり、12回の通信使のうち6回が宝泰寺を訪れている。1624年と1636年の使節の際に利用された華陽院(花陽院、現在の靜岡縣靜岡市葵區鷹匠に所在)は、現在の宝泰寺から歩いて5分ほどの距離にある寺院である。德川家康の祖母源應尼(華陽院殿)の菩提寺として建立され、やはり東海道に面する大寺院だった[2]。どのような理由で華陽院から宝泰寺に變更されたのか定かではない。

Ⅲ. 朝鮮通信使と駿府・宝泰寺

1) 駿府の歴史的位相

少々長くなるが、宝泰寺について考える上で、それがある駿府がどのような歴史的背景を持つのかについて説明しておきたい。

駿府があった駿河國(現在の靜岡縣中部から東部にかけての地域)は、律令時代(7世紀後半~10世紀)から行政區域としての東海道[3]の一部である。また、東海道という名称は、朝廷による東國経營のためにこの地域を通過する幹線道路の名称でもある。この中で、駿河國はその西側にある遠江國(現在の靜岡縣西部)も含めて、日本の東西の接点としての意味合いをもつ地域でもあった。鎌倉時代(1185~1333)に入ると、駿河

---

2) 玉桂山華陽院は『駿國雜志』三(吉見書店、昭和52年〈1977〉、以下『駿國雜志』からの引用は本書による)、卷四十七之三「仏閣」741頁~758頁では「府中寺」として詳しい來歷が記されている。また、1624年回答兼刷還使副使の姜弘重は『東槎錄』12月7日條で「府中民舍、約可六千餘云。所管花陽院巨刹也。」と記している

3) 西は伊賀國(現在の三重縣西部)から東は常陸國(現在の茨城縣)に渡る太平洋沿岸およびその隣接地域。

國は天皇がいる西の京都と武士政權の中心たる幕府がある東の鎌倉の間の中間地点となり、室町時代(1336~1573)に入っても京都の室町幕府と關東十カ國を統治する鎌倉府(關東地域を経営するための機關)の間でも中間地域の位置にあった。

　このように、駿河國は重要な幹線道路として發達していく東海道の中で、東西の接点としての性格を持つようになるが、その國府(奈良時代から平安時代にかけて朝廷から地方に派遣された國司の政廳)が置かれたのが駿府であった。その点で、駿府は行政上の重要地域と考えられるが、駿府の重要性が歴史上明確に浮上するのは、いわゆる戰國時代(1467~1568)に入った16世紀後半以降のことである。

　14世紀に駿河守護職として駿河國を支配した今川氏は、今川義元(1519~1560)の代になって全盛期を迎えた。駿府はその本據地となり、都市の發展にともなって商業活動も活發化した。また、中世日本史の重要史料 『言継卿記』の著者として有名な(1507~77)や正親町三條家の出身で今川義元の祖父義忠の娘を正室とした(1463~1530)などの京都の公家、連歌師として名を馳せ、日本中世の代表的紀行日記 『宗長日記』の著者(1448~1532)や同じく連歌師としてのちに豊臣秀吉などとも交渉を持った(1525~1602)などの文化人も訪れ文化面でも發展を見せた。徳川家康(当時の名は松平竹千代)が人質となって駿府での生活を始めるのは、この今川義元の時である。今日の静岡市民が静岡市の歴史を語る時も、その起点は、駿府における家康の人質生活の始まりと關連付けられるのが一般的である。

　徳川家康は8歳になった1549年から19歳の1560年に渡る11年の歳月を、人質として駿府で過ごした。しかしそれは自由が全くない拘束生活ではなかった。家康が特に駿府での生活で大きな影響を受けたとされるのが、今川義元の軍師(号は雪齋、1496~1555)であった。政治・軍事

における今川義元の參謀であった太原崇孚は、京都妙心寺の高僧(円滿本光國師、1468~1549)の弟子であった。彼が師の大休宗休を開山とし、自らは第二世(實質的には太原崇孚が開祖)となった大龍山臨濟寺(靜岡縣靜岡市葵區大岩町所在)は、今川家の菩提寺であるとともに、1550年に勅願寺として、駿河國における中心寺院となった。さらに太原崇孚は当時荒廢していた五山派の淸見寺を妙心寺派に接收し、自ら第一世となった。臨濟寺と淸見寺のどちらにも人質時代の家康が勉強に勵んだという「手習いの間」が殘されており4)、駿府での家康の暮らしぶりを垣間見る史跡となっているが、家康が1607年回答兼刷還使を景勝地に建つ淸見寺で迎接したのも、こうした人質時代の経驗も少なからず影響していると考えられる。

　今川義元は桶狹間の戰い(1560)で織田信長に敗れて死亡し、今川氏は衰退の一途を辿った。今川義元の敗死によって家康は故鄕三河國の岡崎城に戻ったが、その間、甲斐(現在の山梨縣)の武田氏が駿河國に進出した。しかし、その武田氏も1582年に滅びると、家康はその領地を駿河國へと擴大し、三河國・遠江國・甲斐國・信濃國(現在の長野縣)も含め、五カ國を治める大名となった。そして1585年にその據点を駿府とし、駿府城を築城した。しかし、豊臣秀吉の小田原征伐(1590)の先鋒となった家康は、秀吉により關東への轉封(領地の移動)を命じられる。その後、秀吉が死亡し、家康は1603年に征夷大將軍として江戶に幕府を開くが、その2年後には息子の秀忠に將軍職を讓る。そして、1607年に再び駿府に移り、江戶と駿府の二元政治を展開する。家康が駿府に移ることを決めた理由として、幼年の頃の思い入れがある、南西に大井川や安倍川などの瀑流があり、北東には富士川があって要害堅固の地で

---

4)　臨濟寺は1568年と1582年に兵火によって消失しており、現在傳えられている「手習いの間」は江戶時代になって再現されたものである。

ある、また幕府への参勤で大名・小名が自分へのご機嫌伺いをするのに便利であるなどの理由を上げたと伝えられている[5]。幼少期(人質時代)の思い出や河川に挟まれた防衛上の利点、大名たちの参勤交代の話からわかる交通上の利点などは、駿府の歴史的地理的重要性を考える上でも首肯できる部分である。

また、家康の駿府移住に伴い、本多正純や林羅山、金地院崇伝など、通信使の使行録にも登場する重要人物も、駿府に随行している。「大御所政治」時代の駿府は、江戸に匹敵するだけの權力を持っていただけでなく、外交に關しては、駿府からさまざまな命令が出されており、政治の中心都市であった。家康と駿府の關わりは、その後、通信使が使行錄の中で駿府を通過するときに毎回言及される。家康の移住によって駿府はさらに整備され、駿府城を中心とした城下町として發展した。当時の駿府の状況について、若尾俊平は、江戸幕府の機能の半分が駿府に移ったものであり、全國で5本の指に入る大都市であったことは間違いないと述べている[6]。

家康の死後、駿府は家康の十男である德川(1602~1671)が駿府城主となり駿河藩が誕生するが、彼は1619年に紀伊和歌山城に移る。これが御三家のひとつである紀伊德川家の誕生である。その後、駿府には城代が派遣され幕府直轄地となったが、1624年に2代將軍德川秀忠の三男

---

5) 『駿國雜志』二、卷之廿七之二、雜事、「愛駿州勝地」、415頁。"廓山和尚供奉記云。慶長十二年七月某日、江戸增上寺觀智國師、駿府城に出仕、仰に曰、予當國に住する事、五の故あり。一には幼年の時、此所に住ければ、いつとなく、古郷の思入有て、其時子供にて見知し者が、成長も中々面白し。二には、北に富士群峯ありて、列々たれば、冬暖にして老を養ふに便あり。三には米の風味他國にまされり。四には、南西に大井阿倍の瀑流有り、北東に筥根富士河の堅ありて、要害堅固也。五には、幕府の方へ參勤の大小名、吾が機嫌を聞に便ありて、別勞なし。その上國ひらけ、景色勝れたれば、富士を不死に思て、南山の壽を養ふ也。"

6) 若尾俊平「家康の町づくり」、『駿府の城下町』、靜岡新聞社、昭和58年、23頁。

(1606~1634)が駿府城主となり、ふたたび駿河藩が置かれた。しかし、徳川忠長はその振る舞いが凶暴であるとして、三代將軍徳川家光によって甲府への蟄居を命じられ、その後自刃を命じられる。これにより、駿府は再び幕府直轄地となり、その後は駿府城代が行政の長となって都市運営が行われていく。

　駿府城代は江戸幕府の職名のひとつであり、江戸時代を通じて"城代"が置かれたのは大坂と駿府の2ヶ所のみである。駿府は東海道における交通の要所であり、徳川家康の遺骸を祀った久能山東照宮があったことから、徳川忠長の改易以後は、藩を置かず、幕府直轄地として治めることとしたのである。通信使が経験した駿府は、その大部分がこの駿府城代を長とする幕府直轄地としての都市であった。

　歴史的な比較をすれば、家康在住時期の駿府が最も盛んであり、17世紀前半以降の駿府城代による統治時期は都市の規模においては大きく縮小した。徳川忠長の改易による駿河藩の消滅は、駿府の人口減少の大きな要因となり、それに伴い、商業活動もその規模が以前よりも小さくなった7)。實際に駿府を訪れた通信使は、駿府は駿河州の中心地として、徳川家康と關わりが深い賑わいのある都市として記録する場合もあれば8)、家康と關わりがある場所にしてはそれほど榮えてはい

---

7)　1609年に日本に漂着して11ヶ月ほど日本に滞在し、駿府で徳川家康とも會見したエスパニア人のロドリゴ・デ・ビベロ・イ・アベルサ(Rodrigo de Vivero y Aberruza)は、その見聞録(『ドン・ロドリゴ日本見聞錄／ビスカイノ金銀島探檢報告』、村上直次郎譯、雄松堂書店、昭和45年改訂復刻版)の中で「此市(江戸、筆者注)は住民十五万人を有し」(16頁)と記しているのに對し、駿府については「駿河市は人口約十二萬にして、市街及び家屋は江戸の如く好からざれども、寺院は勝れりとせらるゝが故に、皇帝太閤樣 Taycosama ○家康の誤 之を選びて其住居と定めたり。」(25頁)として、家康在住中の駿府の人口は12万人いたと記している。だが、17世紀以降の記録では17,000人前後まで減少している。若尾俊平 「駿府の町人社會」、『駿府の城下町』、靜岡新聞社、昭和58年、117頁。

ないという見方を示す記録もある9)。

　いずれにしろ、駿府は、最も重要な幹線道路である東海道の要所であり、徳川家康ゆかりの地という"歴史的特殊性"は一定の訴求力を持っていた10)。この点が、通信使の日本認識や江戸幕府による迎接にも深く關わっているものと見ることができる。

---

8)　例えば次のような記録がある。
　　任絖　『丙子日本日記』　1636年十二月一日、"中火於駿河州府中花陽院。府中間閻櫛比。人物繁華。可與名護屋比肩。此乃家康屯駐之處。而今爲倉入之地。"
　　趙曮『海槎日記』甲申(1764年)二月十日壬辰、"晴。駿河州中火、宿江尻。(中略)　此乃駿河州邑治。故村閻殷盛、市廛繁華、亞於彦根城矣。(中略)此州乃家康始都之地。傳位後常居於此處。因以爲藏入之地。卽嶺西之一都會也。"

9)　元重擧『乘槎錄』、1764年3月21日壬申(キム・ギョンスク譯『朝鮮後期知識人、日本と出會う』、ソミョン出版、2006年、399頁~400頁)には次のような記録がある。
　　"遲く出發して駿河府に到着した。幾つかの宿場は荒廢していたが、ここはわずかに榮えていた。家康の古の都邑地だからである。それ故、当然武州(江戸)と伯仲の間(優劣がつけがたい關係)としてその雄壯と富裕を比べなければならないのだが、そうした關係となっていないのは(駿府が)暮らしにくいからである。"(김경숙 옮김,『조선 후기 지식인, 일본과 만나다』, 소명출판, 2006년, 399쪽 400쪽, "느지막이 출발을 하여 駿河府에 닿았다. 여러 站들이 황폐했는데 여기는 조금 번화하였으니 이곳이 家康의 옛 도읍이기 때문이다. 그러므로 마땅히 武州와 더불어 伯仲으로 웅장함과 부유함을 계루어야 할 것이나 이와 같이 않으니 살아가는 것이 어렵기 때문이다.")

10)　駿府の町人らが自らの經濟的困窮を訴える際に提出した「駿府御救書」「駿府由緒書」には徳川家康との關わりが全面に出された(『静岡市史・近世』、静岡市役所、昭和54年、535~563頁を參照)。また、江戸時代の庶民の情報源のひとつであった「見立番付」の中には、駿河府中を上位ランクに位置づける都市番付があり、当時の民衆の認識において、駿府の歴史的・地理的位相は決して低くはなかったものと思われる(茨志麻「都市と番付」、林英夫・青木美智男編『番付で讀む江戸時代』、柏書房、2003年を參照)。

2) 通信使と宝泰寺—正徳年度の事例を中心に

　宝泰寺は正式名称を金剛山宝泰寺という。もともと眞言宗の寺院で
あったが、1381年に後醍醐天皇の皇子と言われる無文元選(1323~1390)
を開山として臨濟宗に改めた。そののち、寺院は一時衰退するが、
1577年に雪峰禪師が諸堂を再建して中興し、その後は妙心寺派の寺院と
なった。

　江戸時代末期に駿府城外の警備を担当する加番として赴任した阿部正
信が1843年に編纂した地理志であり、今日、静岡市の重要な郷土史料と
されている『駿國雜志』には、宝泰寺について次のように記されている。

> 　往古は、七堂伽藍の地にて有りしが、燒亡して古來の証文紛失しぬ。
> 去れども駿州三ヶ寺の一にして、紫衣の地也。五カ年一度、江戸に出
> 府、御年頭の嘉儀をのぶる。此寺、朝鮮來聘の時、信使止宿せること定
> 例たり。(中略)寺中八ケ寺、行甫院、梅林軒、壽泉院、西院軒、右之四ケ
> 院、当寺有之。安立院、德雲院、種德院、近松院、右四ケ寺存在す。[11]

　ここで古來の証文が燒失したというのは、戰國時代において駿河國
で今川・武田・德川の勢力爭いの中で寺院が火災にあったことを意味す
ると思われる。また、「駿州三ヶ寺の一」という場合、臨濟寺・宝泰寺・淸
見寺の3ヶ所を意味する。どれも德川家康と縁があるとともに、宝泰寺
と淸見寺は通信使とも關わりがある。

　宝泰寺は東海道に面した位置に建っており、朝鮮通信使の書の休憩
所として利用された。特に1711年通信使の製述官申維翰は『海游錄』の中で
この寺の景勝を「國中第一奇麗」と賞贊し、次のような記録を殘している。

---

11) 『駿國雜志』三、卷之四十七之二、仏閣、有度郡、「寶泰寺」、691~692頁。

　　庭のほとりに上下二つの池があるが、石を削って堤を作っていた。仰ぎ見れば奇異なる峰から瀧が吹き出ており、その長さは數十尺となって池に落ちていた。池の中には石の橋を作り、左右には美しい石や奇異な草があって名狀できないものであった。(中略)軒の前には板塀があり、塀の外側には橘の木が植えられていた。橘の一本の枝を板塀に穴を開けて通し入れ、人々が坐る席に近づけてあったが、その實はたわわに實り、新鮮で愛らしくみえた。その他にも高い松、大きな竹、椿や枇杷の類が蒼く茂って四方にめぐって園林や別館をなすものが非常に多かった。聞くところでは、家康が初めて駿河を都府と定めて寺を置き、江戸から移って後にこれを願堂とした。後の關白(＝幕府將軍)もまたここに來て香を焚くという。12)

　申維翰が 「願堂」としての宝泰寺を具体的にどのようなものとして認識していたのかはこの記錄だけでははっきりしないが、この寺には、德川家康からの寺領寄付の旨を記した朱印狀の寫しが殘されている。朱印狀寫しの實物を確認することはできなかったが、『駿國雜志』にはその文面が記されており、慶長七年(1602)12月10日に內大臣(德川家康)より駿河國有度郡南安藤の五十石を寺領とすること、寺中の竹木や諸役は免除し、仏事の修行に勵むよう記されている13)。また同じく静岡市の郷土資料である 『駿河志料』にも、この朱印狀の要旨が記されるとともに、駿府に移住後の家康がたびたび寺を訪れたというとの記錄が記

12) 申維翰『海游錄』、9月22日。庭邊有上下兩池。削石爲堤。仰看奇嶺噴瀑。瀑之長數十尺而落于池。池中起石梁。左右蓄怪石異卉。不可名狀。爰可楔竹金竹之奇。楔竹一名鳳尾。其葉細而長。散散垂垂若鳳尾。金竹。間有黃金色。內實不虛。博望侯所謂大夏邛竹之屬歟。軒前有板墻。墻外植橘樹。引一枝穿墻而入。近人坐席。結子累累。所見新巧。其外高松大竹多柏枇杷之類。蒽蒨四繞。作園林別館者甚多。聞家康始都駿河而置寺。後徙江戸。因以爲願堂。後之關白。亦來焚香云。
13) 『駿國雜志』二、卷之三十二上、古文書、“寶泰寺御朱印”、735頁、“駿河國、有渡郡、南安藤之內五拾石之事、全可寺納、並寺中竹木諸役令免許訖者、守此旨佛事勤行修造等不可有怠慢者也、仍如件。慶長七年十二月十日 內大臣 御朱印”

されている。14)

　現在、宝泰寺に殘る通信使關連史料は、1748年通信使正使洪啓禧の七言律詩「過宝泰寺住持長老寄一律步韻以謝」一首と、この時の宝泰寺住職だったの七言律詩「恭裁一律呈上朝鮮國三使相閣下　伏乞高和」一首、そして、宝泰寺における通信使迎接の準備過程を記錄した史料①「宝永七年寅四月廿三日　朝鮮人來聘之覺」、②「享保四己亥年15) 朝鮮人來聘覺記」③「享保四己亥年　朝鮮來聘覺記」、④「延享五戊辰年　朝鮮三使來聘覺書」である。

　宝泰寺は第二次世界大戰中までは1万平方メートルの敷地を誇る大寺院であったが、1940年の靜岡大火や1944年から1945年にかけてのアメリカ軍による空襲で靜岡市中心部は廣範囲にわたって火災にあった。その中で宝泰寺も燒失し、多くの史料が失われてしまった可能性が高い。そうした狀況をかいくぐって今日まで傳えられた記錄が上記の史料である。

　ここでは、①の　「宝永七年寅四月廿三日　　朝鮮人來聘之覺」を中心とし、『通航一覽』、『駿國雜志』などの關連記事を參考にして、宝泰寺での迎接がどのような形で準備されたのかについて探ってみたい。「宝永七年寅四月廿三日　朝鮮人來聘之覺」は表紙の題目の橫に「正德元年辛卯五月四日より改り申候」と記されており16)、1711年通信使が宝泰寺を訪れ

---

14)『駿河志料』一、卷之三十七、府內部　三、上下伝馬町、「金剛山寶泰寺」(歷史図書社、昭和44年)821頁、"慶長七年十二月、寺領弁山林、竹木、諸役免除、神君御印章を賜ふ、同十四年府城御在所となり、當寺へ度々成せられしと云"。本書は1861年に淺間神社(靜岡縣靜岡市葵區宮ヶ崎町所在)の神職にあった中村高平が編纂した地理志。『駿國雜志』と同樣、靜岡市の重要な郷土資料のひとつである。

15)②の史料の題名について、この部分は「享保四年」と書かれているものが"見せ消ち"で「享保四己亥年」と修正されており、結果として③の史料と同じタイトルになっている。

16)　正德元年への改元は宝永8年、すなわち1711年4月25日であるが、なぜ「五月四日

た時の迎接準備を記録したものである。迎接までの日々が全て漏れなく記載されているわけではないが、基本的には日付順に記載されているために、駿府における通信使迎接までの準備過程や迎接当日の様子などを比較的具体的にたどることができる。②③④もそうした点を記録しているという点では同じであるが、①に比べるとその情報量は少なく、④に至っては1748年4月28日までの記録のみが記されていて(往路での信使の駿府到着は5月16日)、非常に断片的なものである。

　もちろん、①から④以外の時期、すなわち1643年、1655年、1682年、1764年における通信使迎接に關する史料が宝泰寺に存在していた可能性もあるので断言はできないが、①の史料が②~④の史料に比べて格段に詳細であるのは、①の正德年度が新井白石による通信使迎接改革が行われた時であり、それまでの迎接方法からの変更ある状況の中で、詳細な記録を殘そうという意識が作用したのではないかと考えられる。

　考察にあたっては、宝泰寺の通信使關連史料の翻刻本『朝鮮人來聘之覺』(岩崎鐵志編、金剛山寶泰禪寺刊行、平成19年)を中心に使用し、引用もこの翻刻本の內容をもとにする。

3) 「宝永七年寅四月廿三日　朝鮮人来聘之覚」の内容

　それでは、ここからは「宝永七年寅四月廿三日　朝鮮人來聘之覺」の中で、宝泰寺での迎接の様子がどのように記録されているかを見ていきたい。

(a) 1711年通信使の駿府迎接の背景

　1711年通信使に關する準備は、1705年4月23日に老中の土屋相模守正

_____

　より改り申候」としたのかは不明である。

直を 「朝鮮御用」に任命されたところから始まり、さらに、1709年11月
25日には寺社奉行(日本國內の寺院・神社を統制)の本多彈正少弼忠晴、大
目付(諸大名に對する監察)の仙石丹波守久直、御勘定頭(勘定組頭、幕府
財政を統括する勘定所の長である勘定奉行のもとで財政事務を担当)の
荻原近江守源左衛門の三名を 「御用掛り」に任命するなど、通信使迎接
に關する担当者を順次決定していく[17]。それと同時に、1709年から
1711年にかけて新井白石が聘礼改革に關する建議を相次いで行い[18]、
幕府內では、從來とは異なる方式での通信使迎接準備が進められた。

　しかし、聘礼改革に關するこうした動きは事前に朝鮮側に通達され
ていなかった。1711年通信使では、使節に對する路宴を五ヶ所(往路は
赤間關・大坂・京都・名古屋・駿府の順、復路は駿府・名古屋・京都・大坂・牛
窓の順)のみとし、それ以外の地では下行(食材の提供)とした。いわゆ
る「五所路宴」の改革である。五ヶ所というのは新井白石が申叔舟『海東
諸國記』「朝聘応接記」の項目 「路宴」に記された國王使路宴(慶尙道3ヶ
所、忠淸道と京畿道でそれぞれ1ヶ所)をもとに、兩國の對等な迎接のあ
り方を主眼として主張したものであるが[19]、幕府內では1711年2月には
すでに言及されている。『德川實紀』のこの時の記錄からもわかるように、

---

17)『通航一覽』卷之三十六、朝鮮國部十二、「來聘御用掛 附御書付類 御褒美等 正德度」、
　　明治45年、國書刊行會、460頁~468頁を參照(以下、『通航一覽』からの引用は本書に
　　よる)。
18) 新井白石『折たく柴の記』(桑原武夫編『日本の名著15 新井白石』、昭和58年、中央公
　　論社)および三宅英利 『近世日朝關係史の研究』(昭和61年、文研出版)によれば、宝
　　永6年(1709)6月23日に將軍德川家宣から朝鮮使節に際して使用する儀式用の武器に
　　關する指示があり、それに對する見解が述べられている。さらに、翌年の宝永7
　　年(1710)1月22日には「朝鮮聘事後議」、2月1日には「朝鮮応接事議」、4月20日に「朝
　　鮮國信書式の事」、翌宝永八年(1711)6月23日には「朝鮮信使進見儀注」「朝鮮信使賜饗
　　儀注 」「朝鮮信使辭見儀注 」が提出されている。
19)「朝聘応接記及抄譯」、『新井白石全集』第四、國書刊行會、明治39年、(以下、『新井白
　　石全集』からの引用は本書による)、685~692頁を參照。

駿府は京都・大坂といった大都市と並んでその名が擧げられている[20]。

　日朝關係と關連して新井白石は、德川家康の存在が朝鮮にとっても非常に重要だと強調する。すなわち、家康以前の日朝關係は日本にとっては自國に乏しい物を朝鮮に求めるためのものであり、時には日本の恥辱といえる狀況もあった。しかし家康はそうした目的のために日朝の國交を再開したのではなかった。それは、豊臣秀吉の侵略により苦しんでいる朝鮮の「國人」(民衆)を安心させるためであった。家康が「前代の非」(秀吉の朝鮮侵略)を改めたことで兩國の講和が成立し、朝鮮の民衆は百年にわたって兵革を忘れているのだから、家康による　「再造の恩」は朝鮮の君臣にとって忘れることのできないものであると述べている[21]。朝鮮側にはかなり厚かましいものと取られる內容ではあるが、6代將軍德川家宣の側近として政治改革に邁進する白石としては、幕府の創始者である　「神祖」德川家康の業績の重要性を強調するのは当

---

20)「文昭院殿御實記」卷九、正德元年二月七日、『國史大系』13卷、經濟雜誌社、144頁。
　「この日宗對馬守義方に仰下されしは。朝鮮は古より礼儀の國といひ伝ふ。さらばこなたにても待遇せられんに。そのこゝろえあるべきなり。よて和漢代々外國接待の例を悉く查檢ありて。こたび仰出さる。先々の儀は寛永十三年よりの習はしにて。古來より將軍家ならびに　当家の旧例とも見えず。今より後は隣國聘問の礼にかなひ。また彼國にて我使を応接の儀にもあたるべくとの盛慮により。往來の饗応は。彼國にて五所の路宴に准じ。京阪駿の三城下にて御使給はり。饗宴を開かれ。中國にては來時長門。去時備前。尾州にて。來往とも一所。その領主より上位の旨にて饗すべく命ぜらる。その他は各所にて米穀。魚鳥をあて行ひ。參府の後は。ことに礼教嚴重たるべしとの御旨なれば。あらかじめその心してあるべしなり。」(引用文中の下線は筆者による)。
21)　新井白石　「朝鮮聘使後議」、『新井白石全集』第四、679頁、"朝鮮の君臣も(中略)國人を蘇息せんことをおもひしに、東照宮御代をしろしめされて前代の非を改られし事共を傳へ聞、又朝鮮の男女我國の兵の爲にとらはれしものとも還し遣はされし所、前後三千人に及びければやがて兩國の和事なりて、夫より此かた彼國東西の民兵革の事を相忘れし且既に百年に及たり。我國再造の恩においては彼國の君臣長く忘るべからざる所也。"

然のことだといえよう。その家康が本格的な外交政策を展開した地であり、彼が國交再開後の初めての使節と對面した駿府は、その歴史的意味合いからも路宴の場所として京都・大坂に並ぶにふさわしいと考えられたのではなかろうか。

(b)史料の体裁に関して

「宝永七年寅四月廿三日　朝鮮人來聘之覺」は美濃判の大きさで、表紙を含め全39丁で構成されている。その表紙には　宝永七年寅、すなわち1710年4月23日と記されているが、實際の記録は前日の4月22日から始まり、正德元年(1711)12月1日までの記録が日を追って記されている。ただし、完全に日付順となっているわけではなく、日付の前後が食い違っているところもある。その後に正德元年12月3日の日付で使節の饗応場所や人員配置を列記した「座敷之覺」が續く。この直後に「琉球人」という項目が1頁分に記録され、さらに3頁分が白紙、そしてそのあとに往路時における人員配置と警備道具・防火道具・幕や屏風などの物品などをしるした箇條書きが正德元年10月の日付で記録されている。なぜ琉球に關する記録が入っているのか、なぜ12月3日付けの記録のあとに10月付の記録が來ているのかについては不明である。そしてこのあと3ページ分の白紙をおき、一番最後に「大正五年(1916)四月廿五日　貫宗手補シテ保存ス」という奥書が記されている。貫宗は当時の宝泰寺住職で、この史料のほか、先に言及した②③④の史料にも、その末尾に貫宗によって補修がなされたことが記されている[22]。この時の補修(貫宗がいうところの「手補」)がどのような形で行われたのかははっきりと

---

22)　補修の時期については、②は大正五年(1916)四月、③は大正乙卯之秋十月下澣(大正4年(1915)10月下旬)、④は大正3甲寅之歳(1914)と記されており、史料に記録された通信使の使行年度の順番に關係なく補修が行われている。

していない。

(c) 迎接準備から終了までの流れ

〈往路〉

　前述したように、17世紀以降の駿府は藩主の代わりに城代をおく直轄地となっており、通信使が駿府を通過するときは、準備・迎接實務の中心は駿府城代(駿府城の警備および駿府行政の最高責任者)、町奉行(行政・訴訟・裁判を担当)、三加番(大加番〈または一加番〉・二加番・三加番、駿府城外の警備を地域を分けて担当)23)、(駿府城內の警備を担当する番衆を統率)、駿府目付(駿府役人の監察)、与力・同心(城代、奉行、加番などの臣下)、手代(雑務を担当する下級役人)など駿府の役人たちであった。これに加え、幕府から任命された 「御用掛」が道筋の状況や休息のための建物を檢分するために駿府に派遣された。もちろん迎接の

---

23) 『駿國雑志』三、卷三十六之上~下にそれぞれの加番についての詳細が記されているが、その担当業務の中に、一加番は「朝鮮聘使、府中驛畫休、傳馬町、金剛山法泰寺(=宝泰寺、筆者注)に於て、上官馳走の事。但、天和元年より此事始り、寶暦十三年相止み、府中より江尻驛迄、道警固の人数を出す事」(8頁)、二加番は 「朝鮮聘使、府中驛畫休の節、傳馬町遍照山新光明寺に於て、中官の馳走役たる事。但、寶暦十三年、馳走御免、府中より江尻驛迄警護の事」(36頁)、三加番は「 朝鮮聘使、府中驛畫休、傳馬町、鷲宮山法傳寺に於て、下官馳走の事。但、寶暦十三年、此事止み、府中より江尻驛まで警護の事」(58頁)という項目が入っている。なお、宝暦年度の通信使の駿府通過は宝暦14年(1764)である。『駿國雑志』では城代や町奉行の項目には通信使迎接と關連した記述が見られず、駿府加番の項目に上記のような説明がなされている。265年に渡る江戸時代を通じて朝鮮使節が駿府を通過したのはわずか10回であり、また 『駿國雑志』が江戸時代末期の1843年編集であることから、江戸時代を通じて信使迎接が駿府加番の任務として明確に意識されていたのか明言することはできない。しかし一方で、駿府城代や町奉行の項目に通信使迎接を業務のひとつとするといった記述がないことから見て、少なくとも 『駿國雑志』の編者である阿部正信や参考とした資料に、駿府の三加番が通信使迎接の直接的な担当者であるという認識があったということは推測できよう。

場である宝泰寺とその塔頭、隣接する新光明寺や法伝寺[24]などの僧侶
や寺院關係者も大きな役割を果たした。

　1711年通信使の場合を見てみると、宝泰寺に通信使迎接の件が伝え
られたのは通信使が來る前年の1710年4月22日である。「宝永七年寅四月
廿三日　朝鮮人來聘之覺」はこの日の記述から始まっている。この日、駿
府町奉行のが宝泰寺を訪れた。江戸から奉書が届き、翌年秋に通信使の
來聘があること、仙石丹波守ら御用掛をはじめ幕府の担当役人が道筋
の休憩や宿泊についての檢分を行うことが伝えられた。ここでは　「大
事は九月時分通り可申由申來候」[25]と記録されており、「大事」すなわち
重要事項としての通信使の宝泰寺通過は1711年9月ごろと伝えられてい
る。實際にはその予定より遅れて10月13日に宝泰寺を訪問するのだ
が、宝泰寺にはほぼ1年6ヶ月ほど前には通達があったことがわかる。

　翌日の4月23日には、町奉行の命を受けた与力の佐藤・が同心や大工
を引き連れて檢分を行っている。本史料の表紙に、町奉行からの通達
があった4月22日ではなく、この4月23日を記してあるのは、初めての
檢分があったこの日から通信使迎接の準備が始まったという意識が記
録者にあったものと思われる。この4月23日の記録には、佐藤・力石ら
町与力の檢分は翌年の1711年2月21日まで續いたと記されている。その
あと、10月2日まで記録はないが、この10月2日に道中巡見のため、御
用掛として幕府で任命された大目付の仙石丹波守久直、勘定奉行の大久
保大隅守、御勘定組頭の荻原近江守源左衛門、勘定(勘定所で財政業務

---

24) 遍照山新光明寺は宝泰寺の北西側に隣接していた淨土宗の寺院。現在、本院は靜岡
　　市葵區足久保に移轉し、江戸時代当時敷地に建つビル内に別院が置かれている。ま
　　た鷲宮山法伝寺は新光明寺の北西側に隣接していた淨土宗の寺院。現在、江戸時代
　　当時の敷地に建てられたビル内に本院が置かれている。
25) 「宝永七年寅四月廿三日　朝鮮人來聘之覺」寅四月二十二日(岩崎鐵志編『朝鮮人來聘之覺』、
　　金剛山寶泰禪寺刊行、平成19年、30頁。以下、この史料の引用は本書による)。

を担う役人)の奈佐清大夫と朝倉藤九郎が駿府を訪れ、翌10月3日には前
出の町与力佐藤弥惣左衛門·力石市左衛門の案内で宝泰寺の方丈·書院·
庫裏など寺内を殘らず檢分した。彼らは12月14日に歸ったと記されて
いるが、その間についての記録はなく、具体的なことはわからない。
しかしその間も入念な檢分が行われたことは充分推察される。

　記録の內容がより具体的になっていくのは1711年4月以降からであ
る。4月4日から大加番遠藤下野守の檢分が始まり、宝泰寺の塔頭であ
る近松院や西院、德雲院などの檢分も行われるようになった。また御
賄代官として任命された中川吉左衛門[26]の手代も宝泰寺を訪れて詳し
く檢分を行っている[27]。また、6月22日は駿府城代の青山信濃守や番頭
の板倉筑後守を始めとして、町奉行、大加番らも立ち會って檢分、7月
18日には江戸から松平石見守ら3名が檢分にやって來た[28]。

　8月に入ると、通信使に同行している對馬島主の宗義方の家來による
檢分があり(8月4日)、翌日の8月5日には大加番の 「遠藤下野守殿御家來
被、座席之札張り申候」[29]とされている。宝泰寺の饗応の場における使
節一行や日本側役人の位置をこのころから決めていたであろうことが
窺える。

　9月に入り、通信使一行が9月16日に大坂に着いたとの知らせがあり(9

---

26) 『通航一覧』卷之三六、朝鮮國部十二、來朝御用掛附御書付類御褒美等　正德、468頁~
　　469頁を參照。
27) 「宝永七年寅四月廿三日 朝鮮人來聘之覺」、33頁、"四月八日に江戸より中川吉左衛門
　　手代富澤伴助·久能半平兩人被參、紺屋町九左衛門所、宿にて御座候。(中略)十一日
　　十二日兩日は江戸手代兩人·大工兩人參候て、委細に見分仕候"。
28) 『通航一覧』卷之三六、朝鮮國部十二、來朝御用掛附御書付類御褒美等　正德(466頁)に、
　　正德元年7月5日に大目付の松平石見守·御勘定組頭の荻原源左衛門·平勘定の柘植兵
　　太大が攝州兵庫まで見分のために派遣されたとあり、その道中で檢分に立ち寄っ
　　たと思われる。
29) 「宝永七年寅四月廿三日 朝鮮人來聘之覺」八月五日、44頁。

月19日)、同月21日には將軍に獻上する鷹、22日には馬とそれを運搬する使節の隨行員3名が駿府を通過した。彼らは宝泰寺で晝休みをとった模様である30)。

　この間、寺内や周辺家屋の改築・修繕や饗応料理に關する連絡があり(後述)、その準備が進められてきたが、それまで檢分に多く立ち會ってきた御賄代官の中川吉左衛門から宝泰寺側へ、9月23日に檢分業務を御馳走方(遠藤下野守をはじめとする三名の加番)へ引き渡す旨が傳えられた。この日を境に饗応における給仕、莫蓙や畳などの内裝、饗応料理の本格的な準備が始められていく31)。使節到着まで殘り3週間ほどの時期である。

　9月23日からは方丈や配膳所、大門に番人を置き、出入札を準備して迎接場所への出入りを監視するなど警備が強化された。9月24日からは迎接のための予行演習が行われた。この日は、町奉行の水野小左衛門、大加番の遠藤下野守、町与力の佐藤惣左衛門などが用人や同心などの家臣を引き連れて參加し、また駿府市内を通る東海道沿いの町(本通1丁目~五丁目〈現在の靜岡市葵區本通1丁目~5丁目〉、四つ足丁〈現在の靜岡市葵區中町〉)の年行事(町の代表者)、給仕人50名ほど、合計170~180名が集まった。宝泰寺塔頭の德雲院では上官に對する給仕、宝泰寺方丈では五役者への給仕の練習を行い、小童の給仕については3通りの練習を行った。9月26日も、駿府城番の伊丹覺左衛門、番頭の板倉筑後守，組頭の近藤十兵衛，目付の荒川内記、大加番の遠藤下野守、二

---

30)「宝永七年寅四月廿三日　朝鮮人來聘之覺」、48頁、"九月十九日に、朝鮮人去る十六日に大坂着之由申來候、獻上之御鷹御馬、廿日に当宿晝休にて候由、廻狀通候、同廿一日に御鷹斗通、御馬之内煩申候付、廿二日に通申候、次官壹人・中官壹人・下官壹人、以上三人差添通り申候"

31)「宝永七年寅四月廿三日　朝鮮人來聘之覺」49頁"同日(9月22日)、中川吉左衛門より使者參、弥普請仕舞申候間、明日廿三日に御馳走方へ相渡し可申由申來候。"

加番の齋藤飛驒守、三加番の戸田、宿直警護を担当する御番衆25名が集まって給仕の稽古が行われた。さらに御番衆は10月8日、饗応当日に着用する素襖と袴を實際に着て給仕の稽古を行った。幕府からの使者として使節一行を迎える任務を負った上使長澤壹岐守も10月10日には駿府に入り、宝泰寺を見聞している。使節一行が到着する10月13日の前日である12日にも七つ過ぎ(午後5時)ごろから駿府城代の青山信濃守を始め、駿府役人の中心メンバーが相次いで宝泰寺を訪れ、五つ過ぎ(午後9時)まで滞在していた。

このように繰り返された予行演習は、例えば1719年通信使を迎えた時の記録である「享保四己亥年　朝鮮人來聘覺書」(前述の宝泰寺所藏史料①~④のうち②)の内容と比べると相当に回数が多いものであった。「享保四己亥年　朝鮮人來聘覺書」では「正德(1711年)には御番衆之御給仕故、又ならし御座候て、御城代も毎度御出被成候、此度(1719年)は朝鮮人登り前に一度御出被成候様に覺え申候」[32]と記録されており、1711年　通信使を迎えるために宝泰寺で相当の續習が重わらねれたことがわかる。

10月13日、いよいよ通信使一行が駿府に到着する。当日は大加番の遠藤下野守が卯の上刻(午前5時頃)から宝泰寺に來ており、その後、町奉行や代官など駿府の役人が相次いで到着し對馬藩の役人大浦忠左衛門ら3名が使節到着に先立って宝泰寺に到着して檢分している。『通航一覽』の記録では、この日は宝泰寺で幕府から派遣された上使による迎接があるため、大浦忠左衛門らを先に向かわせたと記されている[33]。一

---

32) 「享保四己亥年　朝鮮人來聘覺書」、　岩崎鐵志編『朝鮮人來聘之覺』、金剛山寶泰禪寺刊行、平成19年、114頁。

33) 『通航一覽』卷之五七、朝鮮國部三十三、信使參向道中　正德度、205頁、"今日於駿府三使江御饗應有之、其上上使被成下候に付、大浦忠左衛門、幷樋口久米右衛門、雨森東五郎、其外通詞下知役、御祐筆通詞等、先達而駿河へ罷越可然旨申談、右之面々鞠子より駿府へ先達而罷越す。

方、通信使の三使は寅の中刻(午前4時ごろ)に駿府から20キロほど離れた藤枝宿を出發し、安倍川を渡ったところに設けられた茶屋で休憩するとともに、宝泰寺での饗応に備えて裝束に着替えた[34]。「宝永七年寅四月廿三日　朝鮮人來聘之覺」では辰の上刻(午前7時ごろ)から徐々に使節一行が到着し、巳の上刻(午前9時ごろ)には三使・官員全員・宗對馬守・兩長老(別宗祖緣と雲巖永集)が到着したと記されているが[35]、『通航一覽』には、三使は午の中刻(正午)に駿府に到着し、宝泰寺で晝休みをとったと記されている[36]。時間表記については『通航一覽』の記錄のほうが細かい感があり、「宝永七年寅四月廿三日　朝鮮人來聘之覺」は順を追ってやってくる使節一行の到着時間を大雜把に記している。

　三使が到着すると、國書を載せた輿が宝泰寺大門にて熨斗目に麻裃を着た御馳走方と御步行衆の8名によって寺內の大書院まで運ばれ、三使や對馬守、上使が出入りするときには管弦が演奏され、鐵砲が放たれた[37]。「宝永七年寅四月廿三日　朝鮮人來聘之覺」には使節一行及び日本側の隨行者の休憩場所の割りふりを記錄した「座敷之覺」も收められている[38]。それによると、三使にはそれぞれに休憩用の部屋が準備されており、正使の休憩所に國書を置くようになっていた。また學士・医師・判事などの人員も宝泰寺內に休憩用の場所が確保され、そこで食事

---

34) 『通航一覽』卷之五七、朝鮮國部三十三、信使參向道中　正德度、205頁~206頁、"三使阿部川茶屋龜屋新左衛門所へ被立寄、府中に御饗應有之に付、裝束替被致".

35) 「宝永七年寅四月廿三日　朝鮮人來聘之覺」、61頁、"辰の上刻より段々官人參、巳の上刻に三使・官人不殘、對馬守殿・兩長老致到着候。"

36) 『通航一覽』卷之五七、朝鮮國部三十三、信使參向道中　正德度、207頁、"三使午中刻同所參着、晝休宿坊寶泰寺".

37) 「宝永七年寅四月廿三日　朝鮮人來聘之覺」、62頁、"御書翰出入之時、三加番中門之前にて一行之礼在之候。三使・對馬守・御上使出入之時、管弦有之候。三使出入に鐵炮一はなし打申候。"

38) 「座敷之覺」の日付は正德元年12月3日となっており、往・復路の迎接が全て終わった後に記されたものである(「宝永七年寅四月廿三日　朝鮮人來聘之覺」、82頁~88頁)

も提供された。上官・軍官・冠官などは塔頭の徳雲院、次官は同じく塔頭の種徳院で休憩したと記録されている。また郷土資料の『駿國雑志』にもこれに關する記事があるが、ここでは、上官は宝泰寺、中官・下官は宝泰寺に隣接する別寺院である新光明寺と法伝寺にそれぞれ休憩所があてがわれていたと記録されている。さらに通信使一行に對する接待の直接的な業務は、大加番・二加番・三加番が御馳走方として分担して行うようになっていた。『駿國雑志』では宝泰寺は大加番の遠藤下野守、新光明寺は二加番の齋藤飛驒守、法伝寺は戸田靭負がそれぞれの場所での統括を担当したと記されている。また實際の給仕業務については、上官に對しては在番の板倉筑後守が率いる番衆15名、中官以下に對しては駿府の町人200名が担当した39)。加番は本來、駿府城外の警護を主な任務とするが、通信使が駿府を通過する場合には御馳走役として直接接待に携わったのである。

　『通航一覽』では、上使の長澤壹岐守は午の下刻(午後1時ごろ)に宝泰寺を訪れた。通信使正使と上使が並んで本堂に入り、その後に副使や従事官、對馬守、兩長老が續いていく。會見の部屋では上使から三使に對して、幕府による饗応を行うという上意が伝えられ、三使からも感謝の意が伝えられる。その後、五五三膳による饗応(後述)が行われるが、上使の長澤壹岐守は饗応には出席せず、對馬守と兩長老が相伴す

---

39) 『駿國雑志』三、巻四十一、外夷、「朝鮮人」、352頁、"傅云、正徳元年十月十三日、朝鮮人來聘。府中驛書休み、正使趙泰大號平泉、副使任守軒字用譽號靖庵、從事官李邦彦字美伯號南岡を始め、上官已下中官百四十四人、下官百七十四人也。上官は法泰寺に入り、御馳走、一加番遠藤下野守胤親、中官、新光明寺、御馳走、二加番齋藤飛驒守三政、下官は法傅寺に入る。御馳走、三加番戸田靭負光輝、上官の給仕は、在番の御書院板倉筑後守重行平番十五人、中官以下の給仕は、府中の町人二百人是を勤む。"この記録では、正使と副使の氏名が「趙泰大」(本來は趙泰億)、任守軒(本來は任守幹)と誤って記されている。

る形が取られている[40]。ここでは勸盃之式が行われるとともに五五三膳の饗応料理が提供された。

　一連の饗応行事が終わり、使節一行は未の刻(午後2時頃)から徐々に移動を開始し、三使は申の刻(午後4時頃)に宝泰寺を出發し、宿泊予定地の江尻へと向かっていった。饗応に携わった役人たちも日没までには引き上げ、宝泰寺での往路迎接は一段落した。

〈復路〉

　往路の時にさまざまな準備が行われたこともあって、復路における記録は往路の時ほど詳細ではない。11月24日に通信使一行は再び宝泰寺を訪問するが、その時の迎接や饗応の様子はほとんど記されていない。おそらく往路の時と変わらない形で迎接・饗応が行われたため、記録されなかったのではなかろうか。

　復路での迎接の準備は10月14日から始まる。10月14、15の両日にかけて御馳走方の役人たちが諸事を片付け、再び御賄方に引き継ぎを行った。

　さらには加番の交代があり、大加番土方丹後守、二加番一柳主税直長、三加番石河藏人貞固が新たに着任した。前述した通り、加番は駿府での通信使迎接を任務のひとつとしたことから、交代にともなって新任の彼らが復路における通信使の御馳走方を担当することになった。10月20日には土方丹後守が用人らとともに宝泰寺を訪問して檢分し、24日には前任者の遠藤下野守と宝泰寺を訪問して引き継ぎを行った。また、番頭についても板倉筑後守から岡野備中守成勝へと交代があり、彼らもまた27日にともに宝泰寺を訪れて饗応の場所や給仕の通り道を檢分して引き継ぎを行った。

───────────────

40) 『通航一覽』巻之五七、朝鮮國部三十三、信使參向道中　正德度、208~209頁を参照。

　11月に入り、7日から番人衆が大門に毎日勤務するとともに出入札が使用されるようになって警護が強化された。9日からは五五三膳や料理の準備が始められた。より直接的な接待方式である料理の準備が始まったことで、それまでの御賄方から御馳走方へ再び引き継ぎが行われた。

　11月11日には、通信使一行が16日に江戸を出立することが伝えられると、17日には駿府城代の青山信濃守を始めとした駿府の主要役人と番衆20名によって迎接の予行演習が行われた。その後も座敷の装飾や検分、下乗・下馬の立て札の準備などが連日行われ、22日には高家(幕府の儀礼・典礼を担当する職)の畠山下總守が復路の上使として駿府に到着、24日に通信使一行を再び迎えることとなった。

　当日は明け六つ(午前6時)ごろには使節が到着し始め、三使は四つ時(午前10時)に到着した。迎接・饗応の具体的な様子については記されていないが、文化交流のひとつともいうべき記録が記されている。塔頭の徳雲院の僧侶竹翁がやって來て、使節一行に隨伴している對馬藩の平田隼人と平田直右衞門に大般若經の奥書を使節に依頼したところ、このふたりは雨森藤五郎(雨森芳洲)に頼み、彼はさらに使節の學士官「はんへんす」に依頼し、三使全員が奥書を書いてくれることとなった。現在、宝泰寺には七世住職の禪師書寫による「大般若経六百卷奥書」が伝えられている。江戸時代に作成されたこの経典が、竹翁の依頼によって三使が奥書を書いたものと同一である可能性はあるが、筆者は確認する機會を得ることができなかった(末尾の追記を参照)。また、このとき、東頭(人名なのか職名なのか不明)なる人物が、詩を獻上して和韻を求めたが、書休みのため叶わなかったと記されている[41]。

---

41) 「宝永七年寅四月廿三日　朝鮮人來聘之覺」十一月廿四日、78頁、"(前略)大般若奥書之儀、竹翁罷出、平田隼人殿、平田直右衛門殿賴、願申候へば、通辭頭雨森藤五郎と

　通信使一行はその日のうちに出發したが、宝泰寺ではすぐに片付けに入った。11月29日からは方丈の普請(信使迎接のために改修された部分をもとに戻す作業を指すものと思われる)が始まっている。そして12月3日に塔頭の近松院と德雲院が、銀子を下賜してくれた大加番の土方丹後守へのお礼に行ったという記録で、日付順の記録は終わる。

　このあと、〈往路〉の項目でも言及した「座敷之覺」があり、さらに「遠藤下野守様飾り道具之覺」が續く。これについては記述した日付や筆者は記されていないが、往路と復路で御馳走方の交代があったことから、參考のために往路での迎接に用いられた裝飾の諸道具を整理しておいたものと思われる。

　　(d) 迎接に関わる工事について

　1711年の宝泰寺での迎接では、使節を迎えるために寺院および周辺の改修・改築が行われた。上記の「c)迎接準備から終了までの流れ」でも述べたように、通信使迎接の知らせとともに宝泰寺では相次ぐ檢分が行われたが、その中で多くの改修・改築が見られた。当然ながら、外國からの賓客を迎える上で恥ずかしくない施設を準備するためである。

　通信使訪問の知らせが宝泰寺に届いた翌日の1710年4月23日には、町与力の佐藤弥惣左衛門らが大工の棟梁2名を連れて檢分を行っており、その檢分は翌年の2月21日まで續けられたと記されている。また、1711年4月10日には、江戸から大工棟梁の源五郎と藤兵衛が到着し、翌日には詳細な檢分が行われた。さらには寺内の庫裏の東方に「馳走小屋」を4ヶ所建てるので、そこに植えられている蜜柑の木を切るよう命じられ

　　申仁に、右両人被申渡、此通辭學士官へんはんすと申官人へ藤五郎被申渡、此學士肝煎にて三使なから大般若の奥書被成被下候。東頭より詩を被上候、和韻之義願申候へとも、畫休故叶不申候".

た(4月18日)。そして5月2日には惣普請方による仕様帳(建物の寸法や図形が記された帳面)が完成し、13日から工事に取り掛かった。大工や木挽(製材業者)が入って工事が進められ、上使の休憩場所(5月22日)、塔頭の近松院の天井・玄關・畳の檢分、大門脇の練壁工事(24日)、副使のための座敷の棟上げ(25日)、庫裏のひさしの継ぎ足し(26日)、小書院の屋根葺きと廊下の天井張り(29日)、大書院のひさしとこけら葺きの作業完了(6月9日)と連日さまざまな作業が續けられた。また、一度工事が完了した湯殿や雪隠に對して、その狀態が悪いことから作業のし直しが命じられることもあった[42]。

　こうした工事は宝泰寺だけでなく、周辺の民家にも及んでいる。江戸から檢分に來ていた松平石見守らに對し、宝泰寺側から、門前にある2軒の茅葺屋根の家に對する修繕を頼んだところ許可が出て、翌日には改修費用として金子が渡されている[43]。

　通信使迎接に伴う寺内の改修工事が大掛かりであることは、「宝永七年寅四月廿三日　朝鮮人來聘之覺」に記録されている次の記録から推察できる。それは復路の通信使迎接が迫ってきた11月9日に、普請が行われた場所への對應について奉行所に提出した願書の内容である。それによると、今回の一連の改修作業は例年にまして念を入れたものであったようで、寺内の空き地や作場(耕作地)が御用地となって自由に使えなくなり、蜜柑をはじめとする樹木の伐採もあって非常に難儀している

---

42) 「宝永七年寅四月廿三日　朝鮮人來聘之覺」八月十四日。44頁~45頁、"前度通り被成候道中巡檢松平石見守様・萩原源左衛門殿・柘植平大夫殿御歸被成見分、水野小左衛門様御立合にて見分被成候、湯殿雪隠悪敷御座候て、殊之外御立腹、普請手代衆しかられ、不殘仕直し候様にと被申付、(以下略)"。

43) 「宝永七年寅四月廿三日　朝鮮人來聘之覺」、42頁、"同(七月)十八日……(松平石見守らが見分から)御歸之時、門前之源藏・伊左衛門貳軒之かや屋願申候へは、是も首尾よく被仰付候。十九日、兩手代衆へ願申候て、金子此方御渡し被下候"。

ということ44)、そして、念を入れた改修作業だったため、以前の状態に戻すことも苦勞しているので、ぜひとも元通りにしてもらえるよう支援を望むということであった45)。接待場所である寺院にこうした大きな負担を強いるほど、1711年通信使の迎接は重要な儀礼として位置づけられていたと見ることができる。

(e) 飲食物について

それまでの通信使迎接と異なり、往路・復路ともに饗応地を限定したいわゆる 「五所路宴」の改革のなかで、駿府は重要な五ヶ所の饗応地として選ばれた。駿府では三使と上々官に對して、儀礼用の料理である本膳料理の膳立てのうち、五五三膳が提供されることとなった。

この点については、1711年4月15日に宝泰寺に伝えられている。それによると、以前とは異なり、幕府の使者である上使が派遣されるので、宝泰寺も晝の休憩時に五五三膳を出すことになったとのことであった46)。その後、しばらく間があき、9月24日に五五三膳の担当者として頭分の志賀半助・只右衛門の親子とその下役合わせて18名が江戸から到着した。彼らは往路・復路ともに儀礼膳の準備を担当しており、往路においては9月19日から10月2日まで、復路では11月9日から五五三膳

---

44) 「宝永七年寅四月廿三日 朝鮮人來聘之覺」、71頁、"当年修復之義、惣体入御念被仰付応し、寺内空地作場御用地に成、其上寺付勝手にも罷成候、蜜柑其外樹木等切取、御用地に仕、野菜等も仕付不申難儀仕候御事"。

45) 「宝永七年寅四月廿三日 朝鮮人來聘之覺」、71頁~72頁、"右之通御修復被入御念応し、古來之住居間違跡修復等難儀仕候間、定て本之通に御仕直し可被下置と奉存候。右寺々住居違申候所仕直し之爲に金子被下例も御座候。併此段何分にも御意次第可仕候御事"。

46) 「宝永七年寅四月廿三日 朝鮮人來聘之覺」四月十五日、34頁、"今年朝鮮人之儀は従御公儀御馳走結構に被逐仰出、晝休にても三使え五五三、上々官え五五三、前々と違申候て、御上使被仰付候由、此休息所も入申候と御物語被申候"。

の準備を始めた。「宝永七年寅四月廿三日　朝鮮人來聘之覺」には具体的な獻立についての記述はない。『宗家記録』によれば儀礼膳としての五五三膳と、實際の食事である引替膳として三汁十五菜にうどんや菓子などの後段が付けられた食事が提供された。中官や下官への膳部數も多く、丁寧な御馳走であったことが指摘されている。[47]

　五五三膳は通信使到着前には完成していた。往路については前述のとおり10月2日まで準備をしていたという記述から、この時には完成していたと思われる。その後、10月11日に大原又右衛門という人物が子息とともに五五三膳を見物に來ており、[48]　12日にも町奉行の水野小左衛門が娘や内儀の雇い人を連れて五五三膳を見物に來ている。[49]

4) 本史料が持つ意義

　以上、「宝永七年寅四月廿三日　朝鮮人來聘之覺」に記録された1711年の宝泰寺での通信使迎接の様子をたどってみた。全体を通じて、迎接およびその準備に關する記録が淡々と記されており、記録者の考えや、迎接關係者のその時々の感情や思いが表現された文章はほとんど見当たらない。先に言及した、大般若経奥書の依頼や漢詩和韻を求める行爲が、本史料の中では朝鮮に對する文化意識を示す唯一の記録と言える。1748年通信使正使洪啓禧と当時の宝泰寺住職澄月界が唱和した七言律詩も殘されていることから、朝鮮に對する文化的憧憬に基づく交流

---

47) 高正晴子『朝鮮通信使の饗応』、明石書店、2001年、94~101頁。

48) 「宝永七年寅四月廿三日　朝鮮人來聘之覺」十月十一日、59頁、"大原又右衛門殿御子息方同道にて五々三見物に御出被成候"。

49) 「宝永七年寅四月廿三日　朝鮮人來聘之覺」十月十二日、59頁、"此晩方、水野小左衛門様御娘御家中内儀衆御雇御同道にて御出被成候。先德雲へ御立寄、緩々と休息被成、其上五々三見物被成御歸候"。

が、記録に殘されていないところでもあったであろうことは十分推測できる。しかし、本資料に限って言えば、その史料的性格はあくまでも一連の迎接準備を事實に卽して淡々と記録しようとするところにある。當時の迎接關係者が朝鮮に對してどのような認識を持っていたのかを知る手がかりはあまり見えてこない。

　しかし、駿府がもつ歴史的位相との關わりで本史料を考えるならば、國交再開の中心人物のひとりである德川家康と深い關わりがある駿府という場所が、通信使迎接という儀礼を通じて、中央政府である德川幕府にとってどのような意味合いをもつ地域なのかを探る端緒になる。新井白石による聘礼改革で経費削減のための簡素化が進められ、多くの場所で通信使への接待が下行(食料の現物支給)に変えられる中、駿府が饗応地として選ばれた理由も、德川家康との關わりを通じて、當時の幕府がその重要性を認めていたからと考えざるを得ない。そうした重要な地である駿府で、幕府および駿府城代を始めとする地元の役人たちがどのように迎接準備を進めていったのかを記録した本資料は、外交儀礼において日朝兩國の和好がどう維持されていたかを考えることができる史料であるといえよう。

Ⅳ. 朝鮮通信使と興津・清見寺

1) 興津の歴史的位相

　靜岡縣靜岡市淸水區にある興津は、古來より風光明媚な場所としてその名を馳せていた。海に面したこの地にはと呼ばれる景勝地があり、訪れる人々の感性を刺激する文化的・文學的性格をもつ地として知られてきた。古代より續く東海道の歴史の中で、興津を通る旅人は淸見潟の風景に感銘を受けて歌を詠み、繪畫を描いた。例えば、鎌倉時代の作品で東海道を記錄した代表的な紀行文學作品『海道記』(作者未詳、1223年以降成立)・『紀行』(作者未詳、1242年以降成立)・『十六夜日記』(女流歌人〈?~1283〉著)では、どれも淸見潟や興津に言及されており、その美しさが歌われている。また、室町時代においても、先に言及した連歌師宗長の紀行文　『宗長日記』でも、興津を通過した時に詠んだ歌が記されている。

　この興津の歴史的ランドマークとして存在してきたのが、通信使と關わりの深い淸見寺(正式名稱は巨鼇山淸見興國禪寺)である。前述の「駿府の歴史的位相」の中で、東海道との關わりで、靜岡が歴史的に東西の接点に位置していることを述べたが、淸見寺は白鳳年間(7世紀後半ごろ)に淸見潟に建てられた淸見が關という關所を護る小刹に始まると伝えられている。關所は政治・軍事上の要衝地に置かれるものであり、淸見寺周辺が古くは東西の接点として認識されていたであろうことを物語る。

　室町時代には初代將軍足利尊氏の庇護を受けて七堂伽藍が造營され、二代將軍の足利義詮のときには、幕府から認められた寺院の格式順位を示す五山十刹の第九位に列せられて室町幕府の官寺となり、三

代將軍足利義滿の時には第七位となった。東海道の一寺院が全國の十刹の中に含まれたのは、室町幕府が關東を押さえるという意味合いがあったと考えられ50)、やはりここでもこの地域の東西の接点としての特徴が指摘されている。

戰國時代に入り、この地を支配した今川氏も清見寺を庇護した。前述の「駿府の歴史的位相」でも言及したとおり、今川氏における全盛期を築いた今川義元の軍師は今川家の菩提寺臨濟寺とともに清見寺の住職も兼任し、さらに駿府で人質として過ごしていた幼少期の德川家康の學問の師でもあった。太原崇孚との關わりから家康も清見寺を訪れたと伝えられ、そうした経驗がのちに1607年の回答兼刷還使への清見寺での接待と少なからずつながっていると考えられる。德川家康が幕府を開いてからも、清見寺は幕府の庇護を受け續け、知行二百石が与えられる駿河國を代表する寺院として存續する。

興津は東海道の宿場でもあるが、興津宿とその隣の由比宿をつなぐ道は、兩宿の間にある薩埵山の下の海岸沿いの狭い道しかなかった。それが、1655年通信使の來日の際に薩埵山中に新しい道(中道)が整備され、さらに1681年通信使の時に上道と呼ばれる道が開通した。もともと難所として知られていた薩埵山を通過するルートは、通信使との關わりの中で整備されたという背景を持っている。江戸時代を代表する浮世繪師歌川廣重(安藤廣重)の「東海道五十三次」で描かれた由比の薩埵峠は、通信使來日によって整備された道から旅人が富士山を眺める美しい風景となっている。

このように興津と清見寺の周辺は、政治·軍事的な歴史を持ちつつも、全体としては景勝地として人々の記憶に殘る場所となっていった。

---

50) 市毛弘子『巨鼇山清見興國禪寺の歴史』、新人物往來社、昭和49年、27頁。

2) 通信使と清見寺

　通信使と清見寺の關係を語る上で起点となるのは、1607年回答兼刷還使の清見寺訪問である。江戸にいる二代將軍德川秀忠に國書を伝達し、歸國の途に付いた6月19日、使節一行は清見寺を訪れる。德川家康は彼らのために5隻の船を準備し、「海中松林」(古來より景勝地として知られた三保の松原)の遊覽を勸めた。金銀で飾られ、左右には三十六の櫓が設けられた船は家康が使用している船であり51)、國交再開を象徴する使節に對する破格の對應がなされたことがわかる。清見寺に宿泊し、翌日の20日には駿府城において德川家康と使節一行の歷史的會談が行われた。

　清見寺は1607年と1624年の回答兼刷還使の時には往路·復路ともに宿泊地として利用された。しかしその後は、次の宿場である江尻が宿泊に利用され、清見寺は休憩地として利用されたり、時には使行日程の都合により通過してしまう場合もあった。

　しかし清見寺は、歷代の通信使に沿路における代表的景勝地として受け継がれていく。いくつか事例を擧げれば、1624年回答兼刷還使の副使姜弘重は、奇花異草にあふれ瀑流が落ちる境內を　「天地間一奇觀」として稱贊し52)、作者未詳の『癸未東槎日記』(1643年通信使)では、ひときわ廣く美しい海に蒼々と廣がる松林を前にし、老幹屈曲する様々な樹木が植えられた境內の庭園を、屛風を廣げたような美しさだと稱え

---

51) 慶暹『海槎錄』6月19日庚戌、" 景直使人言曰。家康送船五隻。自駿河卽刻來到。以候使臣。往賞海中松林云…… 卽家康所騎船也。粧以金銀。左右各設三十六櫓。"

52) 姜弘重『東槎錄』12月7日、" 未末抵清見寺。卽駿河州地方。而地名興津也。寺中有奇花異草瀑流澄潭。珍禽怪獸和鳴於竹林。其聲悽惋。感人鄉思。庭中又有老查香梅。橫亘百餘步。枝枝結英。欲吐未吐。日光之下。恰似老龍橫臥。鱗甲生輝。裁制眞松。繚繞如墻。天地間一奇觀也。"

られている53)。また、1748年通信使副使の曹命采は、廣く爽快な大海
に臨み、味わいある形狀の樹木が茂る境內の樣子を「無限幽趣」「都不能
名狀」などの表現で表している54)。

　『論語』「子路」篇には、孔子が外國に使節としていく人は、儒敎の基本
經典である 『詩經』にある漢詩を覺えるだけでなく、それを自由自在に
活用して、相手國の要人とやりとりできなければならないと述べたと
書かれている55)。近世の東アジア國際社會でも、漢詩文のやりとりが
敎養として非常に大きな役割を果たしていた。單なる知識としてでは
なく、それらを活用して新たな漢詩を詠み、相手國との交流を進める
ことが自分の國の文化水準を示す大きな要素となっていた。漢文は当
時の東アジアの共通語であり、漢詩は知識と知惠を最大限に發揮して
自らの創造性を發揮し、文化水準を誇るための重要な武器になってい
たといえる。

　そうした文化的背景もあって、通信使が來日した時には、漢詩をや
り取りしようと通信使の宿舍を訪れる日本人がたくさんいた。これは
当時の日本の知識人が朝鮮の學問レベルを高く評價していたことの証
である。こうした要請に答えるために、通信使もたくさんの詩文を殘

---

53) 『癸未東槎日記』7月2日、"寺宇不甚宏傑。而景致清妙。前臨滄溟。浩渺無際。浦外有
　　一島嶼。松翠掩翳。風帆浪楫。往來不絶。寺後蒼壁巉巖。飛瀑流瀉。望之如匹練。
　　其下自成深潭。開渠引流。以通池沼。池之左右。雜植珍木。皆椶欄冬柏松竹柑橘之
　　類。庭前有蟠梅一株。老幹屈曲。上無直梢。左右傍枝。橫去若數匹之長。枝條蜿
　　蜒。見之如驚龍走蚪焉。梅樹之外。列植杉木眞松。裁制枝條。使之方正。如展屛
　　障。亦一奇也。"

54) 曹命采『奉使日本時聞見錄』5月17日、"入道傍清見寺。上數十級石層。前臨大海。眼
　　界廣爽。兼有無限幽趣。庭植一梅樹。短查屈曲。長纔尺餘。左右二枝。連蔓三間
　　許。後庭有所謂霸王草者。非木非草。而其株過丈餘。不柔不剛。其葉如厚掌。而或
　　似菌茸。或似贅肉。花發莖端。其色則微紅。而都不能名狀。"

55) 『論語』子路第十三、" 子曰。誦詩三百。授之以政不達。使於四方。不能專對。雖多亦
　　奚以爲。"

し、交流が行われた。日本各地の殘されている通信使關連の史料はこうした状況の中から生まれたが、なかでもこの清見寺の史料はそうした文化交流の足跡が歴史的に累積している場所として重要な意義を持っていたのである。

3) 清見寺の通信使関連資料とその保存背景

では、現在の清見寺には、文化交流の足跡として累積した史料がどのように殘されているのだろうか。『清見寺綜合資料調査報告書』(靜岡縣文化財調査報告書　第49集、靜岡縣教育委員會、平成9年)をもとに清見寺の史料を整理してみると、次のようになる56)。

〈1〉詩文原本：① 軸装されたもの(朴安期、南龍翼の詩文)
②『朝鮮國通信使詩文帖』
〈2〉扁額・聯：慶長12年通信使三使詩稿懸板 、總門「東海名區」扁額など 18点
〈3〉寫本・版本：『朝鮮聘使唱和集』、『來觀小華使臣詩集』
〈4〉屛風：金有聲筆「山水花鳥図押繪貼屛風」

〈1〉は通信使直筆の詩文原本を軸装したり、詩文帳にして保管したてきたものである。日韓両國の通信使關連史料が、NPO法人朝鮮通信使緣地連絡協議會と財団法人釜山文化財団という民間団体による共同申請によって 「朝鮮通信使に關する記録－17世紀~19世紀の日韓間の平和構築と文化交流の歴史」の名称でユネスコ 「世界の記憶」に登録されたことは記憶に新しいが、この〈1〉に該当する史料48点が登録された。これは、登録リストの中でも特定の一ヶ所に所藏された史料の点數としては最

---

56) 池内敏「解題(六) 朝鮮通信使關係資料」、『清見寺綜合資料調査報告書』(靜岡縣文化財調査報告書 第49集、靜岡縣教育委員會、平成9年を参照。

も多く、清見寺の文化交流の歴史の厚さを物語るものとして廣く指摘
されている。

〈2〉は通信使が記した文字を板に彫ったものが殆どで、例外として染
筆扁額が1点ある(1748年通信使の副使伴人金啓升が書いたと伝えられる
「潛龍室」扁額)。これらは清見寺大方丈內や仏殿、鐘樓などに掛けられ
ており、〈1〉の詩文を刻んだものもあれば、詩文帳などにオリジナルが
なく、扁額のみに詩文が殘されているような場合もある。

〈3〉の『朝鮮聘使唱和集』は1607年回答兼刷還使から1711年通信使まで
の交流の中で通信使や清見寺住職が詠んだ詩の中から22首を收めたも
の、『來觀小華使臣詩集』は1764年通信使と清見寺住職らが応酬した詩文
をまとめたものである。

〈4〉は1764年通信使の畵員金有聲が描いた繪が貼られた四曲一双の屏
風で、中でも江原道の洛山寺を描いた「洛山寺眞景図」と金剛山を描いた
「金剛山眞景図」が有名である。

このように清見寺には多くの史料が保存されてきたが、その背景に
ついて、韓泰文は詩文史料を中心として次のように指摘している[57]。

(a) 詩文唱和能力が高い僧侶の存在

清見寺の詩文史料の中には、通信使が清見寺を訪れた時に住職をは
じめとする多くの僧侶と唱和した詩文がたくさん殘されている。清見
寺には通信使資料の他にも、「鼇山文庫」と呼ばれる書籍群が保存されて
いるが、仏教経典を中心にしつつも、儒教に關する中國の経書や歴史
書も多數存在している。「鼇山文庫」の書籍數は現存するだけで3,300冊
を越え、清見寺が學問において盛んな雰囲氣を持っていたことを物

---

57) 韓泰文 「清見寺所在の詩文に反映された韓日文化交流」、靜岡市・社団法人朝鮮通信
使文化事業會發行『清見寺所藏朝鮮通信使遺物図録』、2006年を參照。

語っている[58]。そうした空間で修行を續けていた僧侶たちも學問的好奇心が高かったとみられる。1764年の通信使書記の元重擧は 『乘槎錄』の中で「清見寺の僧侶たちはみな文字(=漢文)に通じており、詩を書いて和答を求める人もまた8~9人いた」[59]と記しており、漢文を讀み書きし、詩文を詠むことが出來る僧侶が多くいたことを示している。

(b) 詩文唱和の前例尊重と保存意識

上記〈1〉詩文原本には、1643年通信使の讀祝官朴安期の詩書から1764年通信使の正使趙曮ら三使·製述官·書記などの詩書に至るまで、5回の通信使の史料が殘されている。累年120年の長期に渡って通信使の足跡が清見寺で保存されており、さらに今日まで殘されてきたのである。

また、詩文原本ではないが、1607年回答兼刷還使の三使の五言絶句三首が刻まれた「慶長十二年通信使三使詩稿懸板 」は、1624年回答兼刷還使一行も清見寺を訪問したさいに目にしたと考えられ[60]、少なくとも1624年以前にはこの扁額が作られていたと推測できる。その後の通信使も清見寺に立ち寄ったときにはこの扁額に言及している。

また、1700年代後半に清見寺の住職を努めた關椳主忍は、先述〈3〉の『來觀小華使臣詩集』でも言及したとおり、通信使との積極的な文化交流を行った人物である。さらに〈1〉②の『朝鮮國通信使詩文帖』には1764年通信使使行員の詩文が相當數入っており、この時期に詩文による文化交流が盛んに行われたと考えられる。現在、清見寺に殘る扁額の多くはこの時期に制作されたと考えられている。それらはそのオリジナル

---

58) 堀池信夫「鼇山文庫目錄解說」、市毛弘子『巨鼇山清見興國禪寺の歷史』、新人物往來社、昭和49年、付錄を參照。

59) 元重擧『乘槎錄』卷3，甲申3月20日辛未(이혜순 감수, 김경숙 옮김『조선 후기 지식인, 일본과 만나다』, 소명출판, 2006년, 397頁)。

60) 姜弘重『東槎錄』12月7日" 壁間有三篇題咏。郎呂祐吉慶暹丁好寬丁未奉使時所題也。"

である詩文原本をもとに彫られたものであるため、筆者である通信使の直筆とはいえない。しかし歴代の通信使の詩文を扁額として作成して寺内に掛けておくことで、清見寺という空間がもつ文化交流の歴史の累積を直に感じることができるようになった。その結果、前代の通信使の詩文の存在が次の通信使に伝えられ、さらに新たな詩文を次へと受け継いでいくという過程が、清見寺では長期間に渡って繰り返されてきたことが一目でわかるような形になったのである。

(c) 詩興を刺激する優れた風景

さらに、清見寺を含む興津周辺の景觀の美しさが、通信使や彼らと交流する日本人の詩興を刺激し、それが多くの漢詩作品の誕生につながったという点である。前述〈興津の歴史的位相〉や〈通信使と清見寺〉で言及したように、清見寺を含む興津周辺は当時の日本を代表する景勝地であった。こうした自然景觀を、通信使たちは「仙境」として詩に詠んだ。こうして生まれた多くの作品が清見寺に累積し、伝えられてきたのである。

4) 清見寺での詩文交流がもつ意味

このような形で長い年月に渡って詩文や史料を保存してきた清見寺には、通信使との關わりの中でどのような意義をもつのであろうか。ここでは次の3点を指摘してみたい。

(a) 押韻による相互交感[61]

漢詩には押韻という規則がある。その難しさによって依韻・用韻・次韻があり、なかでも次韻は原作の韻字を同じ順で使用しなければならないため、最も嚴しいものとされている。通信使を通じた文化交流には漢詩の次韻による唱和が廣く行われた。言い方を変えれば、次韻という行爲は、漢詩文という敎養文化を通じて双方の友好を確かめ合う「エネルギー」のような性格を持っていた[62]。原作を次韻することで、その作者は原作者との文學的感性を感じ合うことが可能になる。

(b) 共時的な交流

次韻による漢詩文の交流は、通信使同士が移動の途中で互いに行うこともあれば、各地で交流した日本人との漢詩のやり取りの中で行うこともあった。ある特定の通信使行の過程で行われるこうした交わりを、「共時的な交流」と呼ぶことにする。清見寺でもこうした共時的交流が行われたが、先に言及した 『來觀小華使臣詩集』は、1764年通信使の三使を始めとする10名が、清見寺住職の關栝主忍を始めとする7名の日本人と唱和した結果物であり、共時的な交流の具体例である。こうした交流は通信使が來日するたびに日本各地で行われた。

(c) 通時的な交流

さらに通信使は、先代の通信使が殘した詩文に、日本各地で出會う。そこで彼らは殘された詩文に次韻することで、先人ととの文學的な完成の交感を行う。これを「通時的な交流」とする。

---

61) この項目については、岩崎鐵志「清見寺に殘る文華の香り」(清見寺發行『清見寺所藏 朝鮮通信使資料集成』、平成27年)から多くの示唆を受けている。

62) 岩崎鐵志「清見寺に殘る文華の香り」(清見寺發行『清見寺所藏 朝鮮通信使資料集成』、平成27年)、176頁。

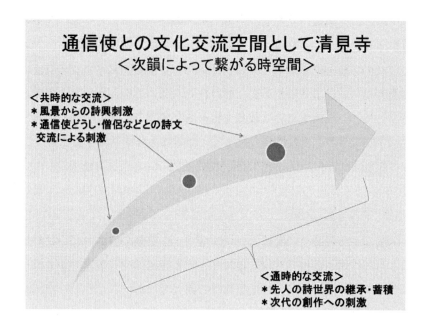

　清見寺では、學識高い僧侶が共時的な交流の結果としての詩文を長年に渡って保存してきた。それにより通信使は先人の文學的感性に触れ、自らの創作意欲をかきたてられて新たな作品が 「通時的な交流」の結果として誕生する。そこで生まれた詩文は、新たに清見寺で保存され、次代の人々の文學的感性を刺激していくことになる。1655年通信使の從事官南龍翼の詩 「夜過清見寺」がその後清見寺を訪れた通信使によって數多く次韻され、新たな作品が生まれていったのは、通時的な交流の實例である。

5) 清見寺の意義 - 時空をつなげる文化交流の場

　上記4)の a)、b)、c)をイメージ化すると、下の図(通信使との文化交流空間としての清見寺)のような形になる[63]。

　左から右に向かう大きな矢印の中にある丸印は、その時々の通信使が清見寺を訪れた時の交流、則ち共時的な交流を意味する。また、矢印の流れは時代の流れを意味している。丸印や矢印が時代の流れにしたがって大きくなっていくのは、先人の通信使の詩文世界が継承・蓄積され、それがさらなる詩文創作への刺激になっていくことを示している。つまり、清見寺に殘された通信使關連の詩文史料は、過去の記録というだけではなく、その時代ごとの交流の結果でもあり、同時に過去・現在・未來を繋ぐ交流の結果でもある。そしてそれは、兩國の和好が長期間に渡って維持されてきたことを實感させるものであり、その状況を今後も継續していくための土台になったと考えられる。

Ⅴ. まとめ

　以上、駿府の宝泰寺と興津の清見寺が通信使とどのように關わってきたのかについて考えてみた。駿府は地方都市であり、興津はそれよりもさらに規模が小さい宿場町であり、外交の主役にはなれない。しかし、どちらも徳川家康と深い關わりがあることから、通信使外交の中では宝泰寺も清見寺も一定の歴史的象徴性を持っていたと言えよう。

　ここで扱った宝泰寺の史料は、新井白石の聘礼改革という　「特殊な」状況・時期における史料である。しかし、江戸時代を通じて多くの通信使が宝泰寺を畫の休憩所として利用したことから、この史料は宝泰寺を含めた駿府での通信使迎接の様子を知る重要な史料といえる。

---

63) この図表については、Microsoft Office Powerpoint 2007の「スマートアート」内の図表を活用した。

　通信使の往來は外交儀礼である。それゆえ、どのような場合でもその行爲が行われる上での順序や手續きのあり方が重要になる。駿府は江戸や京都、大阪に比べれば遙かに小さい地方都市である。しかし、小さいとはいえそこで外交使節団の迎接が行われる以上、手拔かりなく準備万端の上に進められなければならない。

　和解とは對立する兩者が仲直りすることである。しかし一般的には双方の紛爭について簡單に許しあうことは出來ないであろう。それゆえに双方が話し合いを繰り返し、讓歩するところは讓歩して、摩擦の原因を最小化することで關係を安定化させるのが、實際の和解であると思う。日朝兩國の國交再開の過程にもそうした側面は見られたはずである。そこで折り合いがつけられた双方の新たな關係性を維持し、安定性を保っていくことで和解の深度は深まっていくのではないか。

　宝泰寺において通信使が來るたびに滯りなく迎接を行い次回への參考にすることと、淸見寺において通時的な交流を維持していくことは、ともに当初の和解によって生まれた兩國の關係性にできるだけ摩擦を起こさず、安定的に維持することにつながる。その意味で、宝泰寺での接待や淸見寺での交流に關わった人々は、和解の繼續と深化の主役といってもいいかもしれない。

　〈追記〉
　本稿は、2018年11月2日に韓國のソウルで行われた韓日文化交流基金國際學術會議「壬辰倭亂から朝鮮通信使の道へ—戰爭の傷と治癒、そして和解—」において筆者が發表した原稿をもとに、會議当日、討論者の張眞熀先生から指摘を受けた点を加筆し修正したものである。筆者の至らない部分を指摘してくださった張先生に感謝申し上げる。
　また、本稿の中で、「宝永七年寅四月廿三日　朝鮮人來聘之覺」に宝泰寺

塔頭の僧侶竹翁が通信使の三使に大般若経の奥書を依頼し、書いてもらったとの記述があることを紹介した。發表原稿の締切までに三使が記した大般若経の奥書が現存するのかどうかは確認できなかったが、學術會議のための訪韓直前に宝泰寺住職の藤原東演師にご連絡を差し上げ、奥書の有無を確認させていただいた。突然の連絡だったため、長いお話はできなかったが、第七世住職の澄水東壽禪師が記した大般若経跋文の翻刻本　『澄水禪師大般若波羅蜜多経』(金剛山宝泰禪寺刊、平成21年)を賜った。そこに所收の日比野秀雄　「澄水禪師一筆奉寫大般若経の寫経時代」には、大般若経の奥書には通信使による文章は確認できなかったことが言及されていた。筆者の日比野氏は「経巻それ自体には奥書きを記さず、ほかのものに書いたということも考えられるし、あるいはあったが今日失われてしまったのかもしれない」(91頁)と述べている。

　藤原東演師にはお忙しいところに突然のご連絡を差し上げ、大変なご迷惑をおかけしてしまった。この場をかりてお詫び申し上げたい。また、そのような訪問の中で貴重な書籍を賜ったことに深く感謝する次第である。

〈번역문〉

和解의 主役들(조선통신사를 통해본 사례연구)
静岡市 宝泰寺·清見寺의 사례를 중심으로

小幡倫裕 | 전 평택대

I. 서론

필자가 살고 있는 静岡縣 静岡市의 중심 시가지는 에도시대에는 駿府라고 불렀다. 통신사 使行錄에는 "駿河州" "駿州" 등의 지명이 등장하지만 駿府는 "駿河國의 府中"을 부르는 명칭이다.[1]

駿府는 임진·정유왜란 후에 日朝國交가 再開하는 가운데 일본 측의 중심인물인 德川家康와 인연이 깊은 도시이다. 家康는 三河國(현재의 愛知縣 岡崎市)출신인데, 75년의 생애 가운데 3분의 1에 해당하는 25년간을 静岡市에서 보냈다. 특히 인격 형성에 큰 영향을 미친 8세에서 19세의 시기(1549~1560)를 당시 駿河國을 지배하고 있던 戰國大名 今川義元의 인질로 駿府에서 보냈다. 더욱이 征夷大將軍職을 자식인 德川秀忠에게 물려준 후 66세에 다시 駿府로 돌아와 75세에 서거하기까지 소위 "大御所政治"(1607~1616)의 기간, 駿府에서 외교정책을 행했다.

이렇게 德川家康와 인연이 깊은 静岡市에는 통신사 영접과 관련이 깊은

---

1) 15세기까지는 주로 "府中"이 사용되었지만, 16세기 이후는 "駿府"가 일반적인 명칭이 되었다. 小和田哲男「德川家康の駿府築城」、小和田哲男他著『家康と駿府城』、静岡新聞社、昭和58年을 참조.

宝泰寺와 일조문화교류의 상징적 장소인 清見寺가 있다. 나에게 주어진 과제는 이 두 절과 통신사와의 관련성을 통하여 日朝兩國의「和解의 主役들」에 대하여 고찰하는 것이다.

II. 조선통신사와 宝泰寺・清見寺

통신사가 靜岡市를 通過한 것은 1617년의 回答兼刷還使(京都伏見에서의 국서전달)과、1811년의 통신사(對馬에서의 易地聘禮)를 제외하고 10차례나 되었다. 往路의 경우, 東海道를 거쳐 江戸로 향하는 통신사는、藤枝宿(현재의 靜岡縣 藤枝市 本町)를 출발하여 宇津ノ谷峠를 넘어 安倍川를 건너, 府中宿(＝駿府、현재의 靜岡市 中心部)로 들어오고, 그후 江尻宿(현재의 靜岡市 清水區 銀座)、興津宿(현재의 靜岡市 清水區 興津 本町)로 이동해 갔다. 復路는 이 반대의 순서가 된다. 이 글에서 언급하는 宝泰寺는 府中宿의 그리고 清見寺는 興津宿의 東海道沿에 있다. 府中宿 즉 駿府는 휴식이나 점심 식사 장소로 이용되었고, 宿泊하지는 않았다. 興津宿의 경우, 清見寺는 1607년과 1624년의 回答兼刷還使가 숙박했지만, 그 이후는 江尻宿에서 숙박했고, 清見寺는 방문이나 통과했다.

宝泰寺와 清見寺의 이용 상황을 정리하면 다음과 같다.

〈宝泰寺・清見寺의 이용 상황〉
(『海行摠載』를 기본으로 하고, 『駿国雑志』를 참고하여 작성)

년대	왕로 / 복로	宝泰寺	清見寺
1607년 (정미、慶長12、선조40)	왕로	駿府는 통과하고 방문하지 않음(5월17일)	숙박(5월17일)
	복로	駿府城에서 家康 면담、本多正純邸에서 食事를 했지만, 宝泰寺에 대한 기록은 없음	숙박(6월18일)

1617년 (정사、元和3、광해군9)	京都 伏見 聘禮 때문에 駿府는 오지 않음		
1624年 (갑자、寬永元、인조2)	왕로	駿府는 通過하지만 방문하지 않음, 언급없음. (花陽院＝華陽院이 관할、12월 7일)、	숙박(12월7일)
	복로	駿府에서 점심을 하지만 언급이 없음 (12월29일)	숙박(12월28일)
1636년 (병자、寬永13、인조14)	왕로	언급없음(華陽院에서 점심、12월1일)	언급이 있지만 통과 (12월1일)
	복로	언급없음(華陽院에서 점심、 1637년 1월 7일) 『駿國雜志』에 언급없음	언급 없음 (1637년1월6일)
1643년 (계미、寬永20、인조21)	왕로	『駿國雜志』에 法泰寺(＝宝泰寺)에 간 기록이 있음(駿府 통과는7월1일)	방문(7월2일)
	복로	『駿國雜志』에 往路와 같은 장소에서 휴식을 했다고 기록(8월 11일)	언급없음(8월10일)
1655년 (을미、明曆元、효종6)	왕로	절에 들름(9월25일)	언급있지만 통과 (9월26일)
	복로	언급없음(11월6일) 『駿國雜志』에는 11월5일 宝泰寺에 들어 갔다고 기록	방문(1월5일)
1682년 (임술、天和2、숙종8)	왕로	寺에서 점심(8월 16일)	언급있지만통과 (8월17일)
	복로	『駿國雜志』에 往路와 같은 장소에서 휴식을 했다는 기록이 있음	언급없음
1711년 (신묘、正德元 (宝永7年)、숙종37)	왕로	절에서 접대(10월13일)	正使가 방문 (10월14일)
	복로	절에서 접대(11월24일)	방문(11월23일)
1719년 (기해、享保4、숙종45)	왕로	寺で接待(9월22일) 『駿國雜志』에는 9월21일에 法泰寺 (＝宝泰寺)에 들어갔다는 기록이 있음	언급있지만 통과 (9월23일)
	복로	절에 들림(10월20일) 『駿國雜志』에는 10월22일에 法泰寺(＝宝 泰寺)에 들어 갔다는 기록이 있음	언급 없음 (10월19일)
1748년 (무진、延享5 (寬延元)、영조24)	왕로	절에서 점심(5월16일)	訪問(5月17日)
	복로	언급없음(駿府에서의 接待가 후하다는 기록이 있음)	言及あり (6月17日)

1764년 (갑신、宝曆14、영조40)	왕로	館舍로서 이용(2월10일)	訪問(2月11日)、
	복로	元重擧『乘槎錄』에 宝泰寺를 館所로 했다는 記錄이 있음(3月21日)。『駿國雜志』 에는 왕로와 같았다는 기록(3月21일)	訪問(3月20日)
1811년 (신미、文化8、순조11)	對馬에서의 易地聘禮 때문에 駿府은 오지 않음		

宝泰寺가 信使의 휴게장소로 이용된 것은 1643년 통신사 이후로, 12회 통신사 중 6회에 걸쳐 宝泰寺를 방문했다. 1624년과 1636년의 사절 때에 이용된 華陽院(花陽院, 현재의 靜岡縣 靜岡市 葵區 鷹匠에 소재)은 현재의 宝泰寺로부터 걸어서 5分 정도의 거리에 있는 절이다. 德川家康의 조모 源應尼(華陽院殿)의 菩提寺로 건립되었고, 역시 東海道에 있는 大寺院이었다.[2] 어떠한 이유에서 華陽院에서 宝泰寺로 변경되는 지는 알 수 없다.

III. 朝鮮通信使와 駿府·宝泰寺

1) 駿府의 역사적 위상

조금 길지만 宝泰寺에 대해 생각해보면서 駿府가 어떠한 歷史的背景을 가지고 있는가에 대해 설명하고 싶다.

駿府가 있었던 駿河國(현재의 靜岡縣 중부부터 동부에 걸친 지역)은 律令時代(7세기 후반 ∽ 10세기)부터 行政區域으로서 東海道[3]의 일부였다.

2) 玉桂山 華陽院은『駿國雜志』三(吉見書店、昭和52年〈1977〉、이하『駿國雜志』로부터의 인용은 本書에 의함)、卷47의 3「仏閣」741쪽~75쪽에서는 華陽院는 府中寺라고도 부르며,『駿國雜志』卷四十七之三「仏閣」에서는「府中寺」의 항목에 상세하게 來歷이 써있다. 또 1624년 回答兼刷還使 副使 姜弘重은『東槎錄』12月7日조에서「府中民舍、約可六千餘云。所管花陽院巨刹也。」라고 쓰고 있다.
3) 西는 伊賀國(현재의 三重縣 西部)에서 東은 常陸國(현재의 茨城縣)에 이르는 太平洋

또한 東海道라는 명칭은 朝廷에 의한 東國経營을 위해 이 지역을 통과하
는 幹線道路의 명칭이기도 하다. 그 가운데 駿河國은 그 서쪽에 있는 遠江
國(현재의 靜岡縣 西部)도 포함한다. 일본의 동서의 접점으로서의 의미도
가진 지역이었다. 鎌倉時代(1185∽1333)에 오면 駿河國은 天皇이 있는 서
쪽의 京都와 武士政權의 중심지인 幕府가 있는 동쪽의 鎌倉 사이의 중간
지점이었고, 室町時代(1336∽1573)에 와서도 京都의 室町幕府와 關東10國
을 통치하는 鎌倉府(소위 鎌倉公方)의 사이에서도 中間地域에 위치하고
있었다.

이와 같이 駿河國은 중요한 幹線道路로서 발달해가는 東海道의 중간에
서 동서의 접점으로서의 성격을 가지게 되지만 國府(奈良時代에서 平安時
代에 걸쳐서 朝廷에서 地方에 파견된 國司의 政廳)가 설치된 곳이 駿府였
다. 그 점에서 駿府는 행정상의 중요한 지역이라고 생각되지만, 駿府의 중
요성이 명확하게 歷史上으로 부상되는 것은 소위 戰國時代(1467∽1568)에
들어선 16세기 후반이다.

14세기에 駿河守護職으로서 駿河國을 지배했던 今川氏는、 今川義元
(1519~1560)의 대에 이르러 전성기를 맞이했다. 駿府는 그의 본거지가 되
고, 도시의 발달과 함께 상업활동도 활발해졌다. 또 중세일본사의 중요사료
인『言継卿記』의 저자로 유명한 山科言継(야마시나 도키츠구)(1507~77)나
正親町三條家의 출신인 今川義元의 祖父義忠의 딸을 正室로 맞이한 三條
實望(산조 사네모치)(1463~1530)등의 京都의 公家、連歌師로 이름을 날린
일본중세의 代表的 紀行日記『宗長日記』의 著者 宗長(쇼우죠)(1448~1532)
나 같은 連歌師로 후에 豊臣秀吉등과도 교류를 했던 里村紹巴(사토무라
죠와)(1525~1602)등 文化人도 찾아와 문화면에서도 발전하였다. 德川家康
(당시의 이름은 松平竹千代)가 인질이 되어 駿府에서 생활하기 시작한 것
은 이 今川義元의 때였다. 오늘날 靜岡 시민이 靜岡市의 역사를 말할 때도

沿岸 및 그 인접지역.

駿府에서의 家康의 인질생활의 시작과 관련짓는 것이 일반적이다.

德川家康는 8세가 된 1549년부터 19세인 1560년에 이르는 11년의 세월을 인질로서 駿府에서 지냈다. 그러나 그것은 자유가 전혀 없는 생활도 아니었다. 家康가 특히 駿府에서의 생활에 크게 영향을 받았던 것은 今川義元의 軍師 太原崇孚(다이켄 스부)(호는 雪齋、1496~1555)였다. 정치·군사면에서 今川義元의 參謀였던 太原崇孚는 京都妙心寺의 高僧 大休宗休(円満本光國師, 1468∽1549)의 제자였다. 그가 스승인 大休宗休를 開山(절을 처음 세우거나 종파를 새로 연 승려)으로 하고, 스스로는 第二世(실질적으로는 太原崇孚가 開祖)가 된 大龍山 臨濟寺(靜岡縣 靜岡市 葵區 大岩町 소재)는 今川家의 菩提寺가 되었고, 1550년에 勅願寺로서 駿河國에서 중심사원이 되었다. 더욱이 太原崇孚는 당시 황폐해진 五山派의 淸見寺를 妙心寺派에 접수하여 스스로 第一世가 되었다. 臨濟寺와 淸見寺 모두에 인질시대의 家康가 열심히 공부했다고 하는「手習いの間」이 남아 있어4), 駿府에서의 家康의 생활상을 엿볼 수 있는 사적이 되고 있지만 家康가 1607년 回答兼刷還使를 경승지인 淸見寺에서 영접한 것도 이러한 人質時代의 경험도 적지 않게 영향을 주었다고 생각된다.

今川義元는 桶狹間의 전투(1560)에서 織田信長에게 패방하여 사망하고, 今川氏는 쇠퇴일로의 길을 걸었다. 今川義元의 敗死에 의해 家康는 고향인 三河國의 岡崎城으로 돌아왔지만, 그 사이 甲斐(현재의 山梨縣)의 武田氏가 駿河國에 진출했다. 그러나 武田氏도 1582년 멸망하자, 家康는 그 영지를 駿河國로으로 확대하여 三河國·遠江國·甲斐國·信濃國(현재의 長野縣)을 포함해 5國을 통치하는 大名가 되었다. 그리고 1585년에 그 거점을 駿府로 하고, 駿府城을 구축했다. 그러나 豊臣秀吉의 小田原征伐(1590)의 선봉이 된 家康는 秀吉로부터 關東으로 轉封(영지의 이동)을 명령받았다.

----

4) 臨濟寺는 1568년과 1582년에 兵火에 의해서 消失되었고, 현재 전해지는「手習いの間」는 江戸時代에 再現된 것이다.

그후 秀吉이 사망하고, 1603년에 征夷大將軍으로서 江戸에 幕府를 열었지만 그 2년 후에는 자식인 秀忠에게 將軍職을 넘겨주었다. 그리고 1607년에 다시 駿府로 돌아와 江戸와 駿府의 二元政治를 전개했다. 家康가 駿府로 돌아온 이유로 유년시절의 추억이 남아있는 남서쪽의 大井川이나 安倍川 등의 瀑流가 있고, 北東으로는 富士川가 있어 要害堅固한 땅이며, 또 幕府에 參勤하는 大名·小名이 自分을 좋아하는지 싫어하는지를 알아보기가 편리하다는 것 등을 이유로 들고 있다고 전해진다.[5] 幼少期(人質時代)의 추억이나 河川이 가깝다는 防衛上의 이점, 大名들의 參勤交代의 이야기에서 알 수 있는 交通上의 이점 등은 駿府의 歷史的 地理的 重要性을 생각하는 점에서도 수긍할 수 있는 부분이다.

또 家康의 駿府移住에 따라 本多正純이나 林羅山、金地院崇伝등、通信使의 使行錄에도 등장하는 중요인물도 駿府에 수행하고 있다. 「大御所政治」時代의 駿府는 江戸에 필적하는 권력을 가지고 있었을 뿐만 아니라 외교에 관해서는 駿府부터 여러 가지 명령이 나오고 있어 정치의 중심도시였다. 家康와 駿府의 연관성은 그 후 通信使들도 使行錄에서 駿府를 통과할 때마다 每回 言及하고 있다. 家康의 이주에 의해서 駿府는 더욱 정비되고, 駿府城을 중심으로 城下町로 발전했다. 당시의 駿府 상황에 대하여 若尾俊平는 江戸幕府 기능의 절반은 駿府로 옮겼고, 전국에서 책에 들어갈 수 있는 손꼽을 수 있는 大都市였다는 것이 틀림없다고 서술하고 있다.[6]。

---

5) 『駿國雜志』卷之廿七之二、雜事、「愛駿州勝地」(吉見書店、昭和52年)、415쪽. "廓山和尙供奉記云。慶長十二年七月某日、江戸増上寺觀智國師、駿府城に出仕、仰に曰、予當國に住する事、五の故あり。一には幼年の時、此所に住ければ、いつとなく、古郷の思ふ有て、其時子供にて見知し者が、成長も中々面白し。二には、北に富士群峯ありて、列々たれば、冬暖にして老を養ふに便あり。三には米の風味他國にまされり。四には、南西に大井阿倍の瀑流有り、北東に筥根富士河の堅ありて、要害堅固也。五には、幕府の方へ參勤の大小名、吾が機嫌を聞に便ありて、別勞なし。その上國ひらけ、景色勝れたれば、富士を不死に思て、南山の壽を養ふ也。"

家康의 사후, 駿府는 家康의 十男인 德川賴宣(요시노부)(1602~1671)가
駿府城主되어 駿河藩이 탄생했는데, 그는 1619년에 紀伊 和歌山城으로 옮
겼다. 이것이 御三家의 하나인 紀伊 德川家의 誕生이다. 그 후 駿府에는
城代가 파견되어 幕府直轄地가 되었지만 1624년에 2代將軍 德川秀忠의
三男 忠長이 駿府城主가 되고 다시 駿河藩이 설치되었다. 그러나 德川忠
長(1606∽1634)은 그 행동이 흉포하다고 하여 三代將軍 德川家光에 의해
甲府에의 칩거가 명해졌고, 그 후 자결이 명해졌다. 이에 따라 駿府는 다시
幕府直轄地가 되고, 그 후는 駿府城代가 行政의 長이 되어 都市運營이 이
루어져 갔다.

駿府城代는 江戸幕府의 職名 가운데 하나이고, 江戸時代를 통하여 "城
代"가 설치된 것은 大坂와 駿府 2개소뿐이다. 駿府는 東海道에서 交通의
요지이며, 德川家康의 유해가 안치된 久能山 東照宮이 있었기 때문에 德
川忠長의 改易以後는 藩을 두지 않고, 幕府直轄地로서 다스리기로 한 것
이다. 通信使가 경험한 駿府는 대부분이 이 駿府城代를 장으로 하는 幕府
直轄地로서의 도시였다.

歷史的으로 보면 家康가 있던 시기의 駿府가 가장 번성했고, 17세기 전
반 이후의 駿府城代의한 통치 시기는 도시의 규모가 크게 축소되었다. 德
川忠長의 改易에 의한 駿河藩의 소멸은 駿府 인구감소의 큰 원인이 되고,
그에 따라 商業活動도 그 규모가 이전보다도 작아졌다.[7] 실제로 駿府를 방

---

6) 若尾俊平「家康の町づくり」, 『駿府の城下町』, 静岡新聞社、昭和58年、23쪽.

7) 1609년에 日本에 漂着하여 11개월 정도 일본에 체류하면서 駿府에서 德川家康와도
會見한 에스파니아인 로드리고·이·아베르자(Rodrigo de Vivero y Aberruza)는 그의
견문록(『ドン·ロドリゴ日本見聞録 / ビスカイノ金銀島探檢報告』(村上直次郎譯、
雄松堂書店、昭和50年 改訂復刻版)에서 「이 도시(강호, 필자주)의 인구가 15만인데」
(16쪽)라고 기록하였는데, 駿府에 대하여는 「駿河市는 인구가 약 2만이고, 市街 및
家屋은 다를 바가 없지만 사원은 비교할 수 없이 많아서 皇帝太閤樣 Taycosama이
주거지로 정했다」(25쪽)고 하여 家康가 잇을 당시 駿府의 인구는 12만인이라고 기
록하고 있다. 그러나 17세기 이후의 기록에서는 17,000인 전후까지 감소하고 있다.

문한 通信使는 駿府는 駿河州의 중심지로서 德川家康와 관련이 깊은 도시로서 기록한 경우도 있으면서,8) 이에야스와 관련된 곳치고는 그다지 번성하지 않았다는 견해를 나타내는 기록도 있다.9)

어쨌든 駿府가 가장 중요한 간선도로인 東海道를 지나고, 德川家康의 땅이라고 하는 "歷史的 特殊性"은 일정한 訴求力을 가지고 있다.10) 이 점이 通信使의 日本認識이나 江戸幕府에 의한 영접에도 깊은 관련이 있는 것으로 볼 수 있다.

2) 通信使와 宝泰寺— 正德年度(1711)의 사례를 중심으로

宝泰寺의 正式名稱은 金剛山 宝泰寺이다. 원래 眞言宗의 사원이었는데, 1381년에 後醍醐天皇의 皇子로 불리는 無文元選(1323∽1390)을 開山으로

若尾俊平「駿府の町人社會」、『駿府の城下町』、靜岡新聞社、昭和58年、117쪽.

8) 예를 들면 다음과 같은 기록이 있다.

任絖『丙子日本日記』1636年十二月一日、"中火於駿河州府中花陽院。府中閭閻櫛比。人物繁華。可與名護屋比肩。此乃家康屯駐之處。而今爲倉入之地。"

趙曦『海槎日記』甲申(1764年)二月十日壬辰、"晴。駿河州中火、宿江尻。(中略) 此乃駿河州邑治。故村閭殷盛、市廛繁華、亞於彦根城矣。(中略)此州乃家康始都之地。傳位後常居於此處。因以爲藏入之地。卽嶺西之一都會也。"

9) 元重擧『乘槎錄』、1764년 3월 21일 임신"(김정숙 옮김, 『조선 후기 지식인, 일본과 만나다』、소명출판, 2006년, 399-400쪽, "느지막이 출발을 하여 駿河府에 닿았다. 여러 站들이 황폐했는데 여기는 조금 번화하였으니 이곳이 家康의 옛 도읍이기 때문이다. 그러므로 마땅히 武州와 더불어 伯仲으로 웅장함과 부유함을 계루어야 할 것이나 이와 같지 않으니 살아가는 것이 어렵기 때문이다.")

10) 駿府의 町人들이 스스로 經濟的 困窮을 호소할 때 제출했던「駿府御救書」「駿府由緒書」에는 德川家康와의 관계가 全面에 나온다. (『靜岡市史・近世』、靜岡市役所、昭和54年、535~563쪽을 참조). 또 江戸時代의 庶民의 情報源의 하나였던「見立番付」의 가운데는 駿河府中을 上位에 위치시킨 都市番付가 있어, 당시의 민중의 인식에 잇어서 駿府의 歷史的・地理的位相이 결코 낮아C�던 것은 아니라고 생각된다.(茨志麻「都市と番付」、林英夫・青木美智男編『番付で讀む江戸時代』、柏書房、2003년을 참조).

하여 臨濟宗으로 고쳤다. 그 후 寺院은 일시적으로 쇠퇴했는데, 1577년에
雪峰禪師가 諸堂을 재건하여 중흥하고 그 후는 妙心寺派의 寺院이 되었다.
江戸時代 말기에 駿府城外이 경비를 담당하는 加番으로 赴任한 阿部正
信가 1843년에 編纂한 地理志로 오늘날 静岡市의 鄕土硏究에 있어 중요사
료인『駿國雜志』에는 宝泰寺에 대하여 다음과 같이 쓰여져 있다.

> 옛부터 七堂伽藍의 땅에 있었으나 불에 타서 전해오던 証文이 소실되었
> 다. 駿州 3사의 하나로 紫衣의 땅이다. 5년에 한번 江戸에 出府하고, 3년주
> 기로 嘉儀를 썼다. 이 절은 조선 사신이 래빙할 때에 信使가 머무르는 것이
> 정례가 되었다. (중략)사찰 가운데 8개절, 行甫院、梅林軒、壽泉院、西院
> 軒, 安立院、德雲院、種德院、近松院이 있다.[11]

여기서 예로부터 証文이 불타버렸다는 것은 戰國時代에 駿河國에서 今
川・武田・德川의 세력다툼 가운데 寺院이 불에 탄 것을 의미한다고 생각된
다. 또「駿州의 3절」이라고 하는 경우, 臨濟寺・宝泰寺・淸見寺의 三개소를
의미한다. 모두 德川家康와 인연이 있으며, 宝泰寺와 淸見寺는 通信使와
도 관련이 있다.

宝泰寺는 東海道를 바라보고 세워졌으며, 朝鮮通信使의 휴게소로서 이
용되었다. 특히 1711년 通信使의 製述官 申維翰은『海游錄』에서 이 절의
경승을「國中第一奇麗」극찬하면서 다음과 같은 기록을 남겼다.

> "마당 주변에 상하 두 개의 연못이 있는데 돌을 다듬어 둑을 만들었다.
> 올려다보면 기이한 봉우리에서 폭포수가 솟아났고 그 길이는 수십 척으로
> 연못에 빠져 있었다. 연못 안에는 돌다리를 만들고 좌우에는 아름다운 돌과
> 기이한 풀이 있어 형용할 수 없었다.
> (중략) 처마 앞에는 널판이 있었고 담장 바깥쪽에는 귤나무를 심었다. 귤

---

11)『駿國雜志』三、卷之四十七之二、仏閣、有度郡(691~692쪽)。

나무 한 그루를 판벽에 구멍을 뚫어 들어가 사람들이 앉는 자리로 가까이 가 있었는데, 열매가 주렁주렁 달려있고, 신선하고 사랑스럽게 보였다. 그밖에도 높은 소나무, 큰 대나무, 동백과 비파류가 푸르게 무성하고 사방을 둘러싸고 정원과 별관을 이루는 경우가 많았다. 듣기로는 家康이 처음으로 駿河를 都府로 정해 절을 짓고, 江戶로부터 옮겨 후에 이것을 원당으로 했다. 뒷날 關白(=막부장군)도 다시 이곳에 와서 향을 피운다고 한다."12)

申維翰이 「願堂」으로서 宝泰寺를 구체적으로 어떻게 인식하고 있었는가는 이 기록만으로 확실하지 않지만, 이 절에는 德川家康로부터 받은 寺領 寄付의 뜻이 쓰여진 朱印狀의 사본이 남아있다. 朱印狀 사본 실물을 확인할 수는 없었지만 『駿國雜志』에는 그 내용이 기록되어 있다. 慶長 7년(1602)12월 10일에 內大臣(德川家康)으로부터 駿河國 有度郡 南安藤의 50石을 寺領으로 할 것, 寺中의 竹木이나 諸役을 免除하고, 仏事의 修行에 힘쓴다고 하는 기록이 있다.13) 또 같은 靜岡市의 鄕土資料인 『駿河志料』에도 이 朱印狀의 요지가 쓰여 있으며, 駿府에 이주 후에도 家康가 자주 절을 찾았다는 기록이 남아 있다.14)

---

12) 申維翰 『海游錄』、9月22日。庭邊有上下兩池。削石爲堤。仰看奇嶺噴瀑。瀑之長數十尺而落于池。池中起石梁。左右蓄怪石異卉。不可名狀。爰可楼竹金竹之奇。楼竹一名鳳尾。其葉細而長。散散垂垂若鳳尾。金竹。間有黃金色。內實不虛。博望侯所謂大夏邛竹之屬歟。軒前有板墙。墙外植橘樹。引一枝穿墙而入。近人坐席。結子累累。所見新巧。其外高松大竹冬柏枇杷之類。蔥蒨四繚。作園林別館者甚多。聞家康始都駿河而置寺。後徙江戶。因以爲願堂。後之關白。亦來焚香云。

13) 『駿國雜志』二、卷之三十二上、古文書、「寶泰寺御朱印」、735쪽 "駿河國、有渡郡、南安藤之內五拾石之事、全可寺納、並寺中竹木諸役令免許訖者、守此旨佛事勤行修造等不可有怠慢者也、仍如件。慶長七年十二月十日 內大臣 御朱印"

14) 『駿河志料』一、卷之三十七、府內部 三、上下伝馬町、「金剛山寶泰寺」(歷史圖書社、昭和44年)821쪽 "慶長七年十二月、寺領幷山林、竹木、諸役免除、神君御印章を賜ふ、同十四年府城御在所となり、當寺へ度々成せられしと云"。本書는1861年에 淺間神社(현재도 靜岡市에 있음)의 神職에 있던 中村高平가 編纂한 地理志。『駿國雜志』와 같음. 靜岡市의 중요한 鄕土資料의 하나이다.

현재 宝泰寺에 남아있는 通信使關連史料는 1748년 通信使 正使 洪啓禧의 七言律詩「過宝泰寺住持長老寄一律步韻以謝」1수와 이 때의 宝泰寺 住職이었던 澄月界의 七言律詩「恭裁一律呈上朝鮮國三使相閣下 伏乞高和」1수, 그리고 宝泰寺에서 通信使迎接의 준비과정을 기록한 사료 ①「宝永七年寅四月廿三日 朝鮮人來聘之覺」、②「享保四己亥年15) 朝鮮人來聘覺記」③「享保四己亥年 朝鮮來聘覺記」、④「延享五戊辰年 朝鮮三使來聘覺書」이다.

宝泰寺는 제2차 세계대전중까지는 1만평방미터의 부지를 가진 大寺院이었지만, 1940년의 静岡大火와 1944년부터 1945년에 걸친 미군에 의한 공습으로 静岡市 중심부에 큰 화재가 있었다. 그 때 宝泰寺도 소실되어 많은 사료가 불타 없어졌을 가능성이 높다. 그러한 상황을 겪으면서 전해진 기록이 위의 사료이다.

여기서는 ①의「宝永七年寅四月廿三日 朝鮮人來聘之覺」을 중심으로 『通航一覽』、『駿國雜志』 등의 관련기사를 참고하여 宝泰寺에서의 영접이 어떠한 형태로 준비되었는가에 대하여 더듬어 보고 싶다.「宝永七年寅四月廿三日 朝鮮人來聘之覺」에는 표지의 제목 옆에 세로로「正德元年辛卯五月四日より改り申候」라고 쓰여져 있는데,16) 1711년 通信使가 宝泰寺를 방문했을 때의 迎接準備를 기록한 것이다. 영접까지 매일 매일 빠짐없이 기재된 것은 아니지만 기본적으로 날짜순으로 기재되었기 때문에 駿府에서의 通信使迎接까지의 준비과정이나 영접 당일의 모습등을 비교적 구체적으로 볼 수 있다. ②③④도 그러한 점을 기록하고 있다는 점에서는 같지만 ①에 바하면 그 정보량이 적고, ④에 이르러서는 1748년 4월28일까지의 기

---

15) ②史料의 題名에 대해 이 부분은 「享保四年」라고 써 있는 것을 살짝 지우고「享保四己亥年」라고 수정되어 있어 결과적으로는 ③의 史料와 같은 제목으로 되어 있음.
16) 正德元年은 宝永8年、즉 1711년4월25일이지만, 왜「五月四日로 고쳤다」고 했는지는 알 수 없다.

록만이 쓰여져 있어(往路에서의 信使의 駿府 도착은 5月16일) 아주 단편적이다.

물론 ①부터 ④이외의 시기, 즉 1643년、1655년、1682년、1764년의 通信使 영접에 관한 사료가 宝泰寺에 존재했을 가능성도 있으므로 단언할 수는 없지만, ①의 史料가 ②~④의 사료 비해 아주 상세한 것은 ①의 正德年度가 新井白石에 의한 通信使 迎接改革이 행해진 시기여서, 그때까지의 迎接方法이 변경된 상황에서 상세한 기록을 남기고자 하는 의식이 작용했던 것은 아닐까 생각한다.

이 글에서는 宝泰寺의 通信使關連史料의 翻刻本『朝鮮人來聘之覺』(岩崎鐵志編、金剛山寶泰禪寺刊行、平成19年)을 중심으로 사용하고, 인용도 번각본의 내용을 참고했다.

3)「宝永七年寅四月卄三日 朝鮮人来聘之覚」의 내용

그러면 이제부터 「宝永七年寅四月卄三日 朝鮮人來聘之覺」에는 宝泰寺에서의 영접 모습이 어떻게 기록되어 있는가를 살펴보고자 한다.

(a) 1711年通信使의 駿府迎接의 배경

1711년 通信使에 관한 준비는 1705년 4월23일에 老中인 土屋相模守正直을 「朝鮮御用」에 임명하는 것을 시작으로 1709년 11월25일에는 寺社奉行(日本國內의 寺院·神社를 통제)인 本多彈正少弼忠晴、大目付(諸大名에 대한 감찰) 仙石丹波守久直、御勘定頭(勘定組頭、幕府財政을 統括하는 勘定所의 長인 勘定奉行아래에서 財政事務을 담당) 荻原近江守源左衛門 등 3명을 「御用掛り」(책임자)로 임명하고 통신사 영접에 관한 담당자를 순차적으로 결정해 갔다.17) 그와 동시에 1709년부터 1710년에 걸쳐서 新井白石이 聘禮改革에 관한 건의를 연달아 실시하여18) 막부내에서는 종래와는 다른 방식으로 통신사 영접준비를 진행했다.

그러나 聘禮改革에 관한 이러한 움직임은 사전에 조선측에 전달되지 않았다. 1711년 通信使에서는 사절에 대한 路宴을 5개소(왕로는 赤間關·大坂·京都·名古屋·駿府의 순으로, 복로는 駿府·名古屋·京都·大坂·牛窓의 순으로) 로 정하고, 그 이외지역에서는 下行(식재료의 제공)만 했다. 소위 「五所路宴」의 개혁이다. 5개소라고 하는 것은 新井白石이 申叔舟『海東諸國記』「朝聘應接記」의 항목「路宴」에 쓰여진 國王使路宴(慶尙道 3개소、忠淸道와 京畿道의 각 1개소)를 기준으로 양국의 대등한 영접방식으로 주안점으로 주장한 것이지만19) 幕府內에서는 1711년 2월에 이미 언급되었다.20)『德川實記』의 이때의 기록에서도 알 수 있는 것처럼 駿府는 京都·大

---

17) 『通航一覽』卷之三十六、朝鮮國部十二、「來聘御用掛 附御書付類 御褒美等 正德度」。明治45年、國書刊行會、460쪽~468쪽을 참조(이하、『通航一覽』에서 인용한 것은 本書에 의함)。

18) 新井白石『折たく柴の記』(桑原武夫編『日本의 名著15 新井白石』、昭和58年、中央公論社) 및 三宅英利『近世日朝關係史의 硏究』(昭和61年、文硏出版)에 의하면、宝永6年(1709)6월 23일에 將軍德川家宣부터 朝鮮使節왔을 때 使用하는 儀式用武器에 관한 지시가 있었고, 그것에 대한 견해가 쓰여 있다. 더욱이 다음해인 宝永7年(1710)1월 22일에는 「朝鮮聘事後議」、2월 1일에는 「朝鮮應接事議」、4월 20일에 「朝鮮國信書式의 事」、翌宝永八年(1711)6월 23일에는 「朝鮮信使進見儀注」「朝鮮信使賜饗儀注」「朝鮮信使辭見儀注 」가 제출되고 있다.

19) 「朝聘應接記及抄譯」、『新井白石全集』第四、國書刊行會、明治39年、(이하、『新井白石全集』에서의 인용은 本書에 의함)、685~692쪽 참조。

20) 『文昭院殿御實記』卷九、正德元年二月七日、『國史大系』13卷、経濟雜誌社、144쪽。「この日宗對馬守義方に仰下されしは。朝鮮は古より禮儀の國といひ伝ふ。さらばこなたにても待遇せられんに。そのこゝろえあるべきなり。よて和漢代々外國接待の例を悉く査檢ありて。こたび仰出さる。先々の儀は寛永十三年よりの習はしにて。古來より將軍家ならびに 當家の舊例とも見えず。今より後は隣國聘間の禮にかなひ。また彼國にて我使を應接の儀にもあたるべくとの盛慮により。往來の饗應は。彼國にて五所の路宴に准じ。京阪駿の三城下にて御使給はり。饗宴を開かれ。中國にては來時長門。去時備前。尾州にて。來往とも一所。その領主より上位の旨にて饗すべく命ぜらる。その他は各所にて米穀。魚鳥をあて行ひ。參府の後は。ことに禮教嚴重たるべしとの御旨なれば。あらかじめ

坂 등 대도시와 함께 이름이 나와 있다.[21]

　日朝關係와 관련하여 新井白石는 德川家康의 존재가 조선으로서도 아주 중요하다고 강조하였다. 즉 家康 이전의 일조관계는 일본이 부족한 것을 조선에 요구한 것이었고, 때때로 일본에게 치욕적인 상황이었다. 그러나 家康는 그러한 목적을 위해 日朝國交再開를 행했던 것은 아니었다. 그것은 豊臣秀吉의 침략으로부터 고통받고 있는 朝鮮의 「國人」(民衆)을 안심시키려는 것이었다. 家康가 「前代의 잘못」(秀吉의 朝鮮侵略)을 바로잡아 兩國의 講和가 성립하고, 朝鮮民衆은 100년에 걸친 兵革이 있었기 때문에 家康에 의한 「再造の恩」는 朝鮮의 君臣으로서도 잊을 수 없는 것이라고 쓰고 있다.[22]. 朝鮮側으로서는 꽤나 뻔뻔한 것으로 받아들여지는 내용이기는 하지만, 6대장군 德川家宣의 측근으로서 정치개혁에 매진했던 白石으로서는 幕府의 창시자인 「神祖」 德川家康의 업적의 중요성을 강조하는 것은 당연한 일이었다고 말할 수 있다. 그 家康가 본격적으로 외교정책을 전개한 땅으로 國交再開後에 처음으로 사절을 대면한 駿府는 歷史的 意味에 맞는 路宴의 장소로서 京都·大坂에 나란히 필적하는 곳이 아니었을까.

その心してあるべしなり。」(인용문중의 밑줄친 부분은 필자에 의함)。

21)　新井白石 「朝鮮聘使後議」, 『新井白石全集』第四、679쪽、"朝鮮の君臣も(中略)國人を蘇息せんことをおもひしに、東照宮御代をしろしめされて前代の非を改られし事共を傳へ聞、又朝鮮の男女我國の兵の爲にとらはれしものとも還し遣はされし所、前後三千人に及びければやがて兩國の和事なりて、夫より此かた彼國東西の民兵革の事を相忘れし且既に百年に及たり。我國再造の恩においては彼國の君臣長く忘るべからざる所也。"

22) 補修의 時期에 대해서는 ②는 大正五年(1916)四月、③은 大正乙卯之秋十月下澣(大正4年(1915)10月下旬)、④는 大正3甲寅之歲(1914)라고 써져있고, 史料가 나타내는 통신사의 사행연도의 순번에 관계없이 보수가 행해지고 있다.

(b) 史料의 体裁에 관하여

「1711年朝鮮人來聘之覺」은 美濃版 크기의 표지를 포함하여 모두 39丁
으로 구성되어 있다. 이 표지에는 宝永七年寅, 즉 1710년 4월23일이라고
쓰여 있지만 실제 기록은 전날인 4월22일부터 시작하여 正德元年(1711)12
월1일까지의 기록이 날짜에 따라 쓰여 있다. 다만 완전하게 날짜순으로 되
어 있는 것은 아니고, 날짜의 전후가 엇갈리는 것도 있다. 그 뒤에 正德 元
年 12월3일자로 사절의 향응장소나 인원배치를 써 놓은 「座敷之覺」이 있
다. 그 다음에는 「琉球人」이라는 항목이 한쪽이고, 그다음은 3쪽분의 白
紙、그리고 그 다음에 往路時의 人員配置와 警備道具・防火道具・幕이나
屛風등의 物品등을 표시하고 正德元年10월의 날짜가 적혀있다. 왜 琉球에
관한 기록이 들어갔고, 12월3일자 기록뒤에 10월자의 기록이 있는가는 알
수 없다. 그리고 3쪽분의 백지를 끼우고 1번 최후에「大正五年(1916)四月
廿五日 貫宗手補シテ保存ス」이라는 구석글씨가 써있다. 貫宗은 당시의 宝
泰寺住職으로 이 사료 외에 上記의 ②③④의 史料에도 그 말미에 貫宗에
의해서 補修가 되었다고 쓰여있다.23) 이 때의 보수(貫宗이 말하는「手補」)

---

23) 『駿國雜志』三、卷三十六之上~下에 각각의 加番에 대하여 상세하게 쓰여져 있는데,
   그 담당업무 가운데 一加番은「朝鮮聘使、府中驛書休、傳馬町、金剛山法泰寺(=宝
   泰寺、필자주)에서 上官을 접대하는 일。단、天和元年부터 이일을 시작하며、寶
   曆十三年에는 쉬고、府中에서 江尻驛까지、道警固의 사람을 차출하는 일」(8쪽)、
   二加番은「朝鮮聘使、府中驛에서 낮에 휴식할 때、傳馬町 遍照山 新光明寺에서 中
   官을 접대하는 일。단、寶曆十三年에는 쉬고 府中에서 江尻驛까지 경호하는 일」
   (36쪽)、三加番은「朝鮮聘使、府中驛 휴식、傳馬町、鷺宮山法傳寺에서 下官을 접
   대하는 일。단、寶曆十三年、이일을 쉬고、府中에서 江尻驛까지 警護」(58쪽)라고
   하는 항목이 들어있다. 宝曆年度의 通信使의 駿府通過는 宝曆14年(1764)이다. 『駿國
   雜志』에는 城代나 町奉行의 항목에는 通信使迎接과 관련한 記述이 보이지 않고、駿
   府加番의 항목에 위와 같은 설명이 되어 있다. 265년에 걸친 江戶時代를 통하여 朝
   鮮使節이 駿府를 통과한 것은 거의 10회에 달하는데、또『駿國雜志』가 江戶時代末
   期인 1843년 편집된 것이기 때문에 江戶時代를 통하여 信使迎接이 駿府加番의 任
   務로서 明確하게 의식되었다고는 말하기 어렵다. 그러나 한편으로 駿府城代나 町奉

가 어떤 형태로 행해졌는가는 알 수 없다.

(c) 迎接準備에서 종료까지의 흐름

〈왕로〉

전술한 바와 같이 17세기 이후 駿府는 藩主 대신 城代를 두고 直轄地가 되어 통신사가 駿府를 통과할 때의 준비·영접실무는 駿府城代、町奉行、 三加番(大加番〈또는　は一加番〉·二加番·三加番)、番頭、駿府目付、與力、 同心、手代 등 駿府의 役人들이 담당했다. 여기에 더하여 幕府부터 任命 된「御用掛」가 도로의 상황이나 휴식을 위한 건물을 점검하기 위해 駿府에 파견되었다. 물론 영접장소였던 宝泰寺나 그 塔頭、인접한 新光明寺나 法 伝寺[24] 등의 승려나 寺院關係者들도 큰 역할을 했다.

1711년 通信使의 경우를 보면, 宝泰寺에 通信使迎接의 사실이 전해진 것은 통신사가 오기 전해인 1710년 4월 22일이었다. 「1711年朝鮮人來聘之 覺」은 이 날의 기록부터 시작되어 있다. 이 날 駿府町 奉行인 水野小左衛 門信房이 宝泰寺를 방문했다. 江戶로부터 奉書가 도착해 다음해 가을에 通信使 래빙이 있다는 것, 仙石丹波守등 御用掛를 비롯한 幕府의 担當役 人이 도로 상태나 숙박에 대하여 점검을 실시할 것이 전해졌다. 여기에는 「大事는 9월에 있을 것」[25]이라고 기록되어 있는데,「大事」는 즉 중요사항인 통신사의 宝泰寺通過는 1711년 9월경이라고 전하고 있다. 실제로는 그 예

行의 項目에 通信使迎接이 業務의 하나였다고 하는 기술이 없었던 것으로 보아 적 어도『駿國雜志』의 編者인 阿部正信가 참고한 자료에 駿府의 三加番이 通信使迎接 의 직접적인 担當者였다고 하는 인식이 있었다고 하는 것은 추측이 가능하다.

24) 遍照山 新光明寺는 宝泰寺의 北西側에 인접해 있던 淨土宗寺院。현재 本院은 靜岡 市 葵區 足久保로 이전하고, 江戶時代 당시 敷地에 세운 건물안에 別院을 두고 있 다. 또 鷲宮山 法伝寺는 新光明寺의 北西側에 인접해 있던 淨土宗 寺院。현재、江 戶時代 당시 부지에 세워진 건물내에 본원이 있다.

25) 「宝永七年寅四月卄三日　朝鮮人來聘之覺」寅四月二十二日(岩崎鐵志編 『朝鮮人來聘之 覺』、金剛山寶泰禪寺刊行、平成19年、30쪽。이하、이 史料의 페이지는 本書에 의함).

정보다 늦은 10월13일에 宝泰寺를 방문하였는데, 宝泰寺에는 거의 1년 정도 전에 통보가 있었음을 알 수 있다.

다음날인 4월23일에는 町奉行의 命을 받았던 與力의 佐藤弥惣左衛門・力石市左衛門이 同心인 大工을 이끌고 점검을 行하였다. 본 史料의 표지에 町奉行에게서 通達이 있던 것은 4월22일이 아니고, 4월23일로 기록한 것은 처음으로 점검이 있었던 날부터 通信使迎接의 준비가 시작되었다고 하는 의식이 기록자에게 있었다고 생각된다. 이 4월23일의 記錄에는 佐藤・力石등 町與力의 점검은 다음해 1711년 2월21일까지 계속되었다고 기록되어 있다. 그 후 10월2일까지의 기록은 없지만 이 10월2일에 道中巡見을 위해 御用掛로서 幕府에서 임명된 大目付 仙石丹波守久直、 勘定奉行 大久保大隅守忠香(타다까)、御勘定組頭 荻原近江守源左衛門、勘定 奈佐清大夫와 朝倉藤九郎이 駿府에 왔고, 다음 10월3일에는 앞에 나온 町與力 佐藤弥惣左衛門・力石市左衛門의 안내로 宝泰寺의 方丈・書院・庫裏등 寺內를 빠짐없이 점검했다. 그들은 12월14일에 돌아갔다고 기록하고 있지만 그 사이의 기록은 없어 구체적인 것은 알 수 없다. 그러나 그 사이도 꼼꼼히 점검이 이루어졌음은 충분히 알 수 있다.

기록의 내용이 보다 구체적으로 되어 가는 것은 1711년 4월 이후부터 이다. 4월 4일부터 大加番遠藤下野守胤親의 점검이 시작되어 宝泰寺의 塔頭인 近松院나 西院、德雲院등의 점검도 행해지게 되었다. 또 御賄代官으로 임명된 中川吉左衛門26)의 手代도 宝泰寺를 방문하여 세밀한 점검을 행하였다.27) 또 6월 22일은 駿府城代인 靑山信濃守幸豊(요시토시)와 番頭인 板倉筑後守重行을 비롯해 町奉行、大加番등도 와서 점검했고, 7월18일에

---

26) 『通航一覽』卷之三六、朝鮮國部十二、來朝御用掛附御書付類御褒美等 正德(468쪽~469쪽)를 참조.

27) 『宝永七年寅四月廿三日 朝鮮人來聘之覺』四月十一日、十二日。33쪽。"四月八日に江戶より中川吉左衛門手代富澤伴助・久能半平兩人被參、紺屋町九左衛門所、宿にて御座候。(中略)十一日十二日兩日は江戶手代兩人・大工兩人參候て、委細に見分仕候".

는 江戶에서 松平石見守 등 3인이 점검하러 왔다.[28]

8월이 되면, 通信使에 동행했던 對馬島主인 宗義方의 신하들에 의한 점검이 있었고(8월4일), 다음날인 8월5일에는 大加番의「遠藤下野守殿御家來被、座席之札張り申候」[29]이루어졌다. 宝泰寺의 향응장에는 使節一行과 日本側役人의 位置를 이때부터 정하고 있음을 알 수 있다.

9월이 되면, 통신사일행이 9月16日에 大坂에 도착했다는 것이 알려졌고(9월19일), 동 월 21일에는 將軍에게 獻上하는 매, 22에는 말과 그것을 운반하는 사절 수행원 3명이 駿府를 통과했다. 그들은 宝泰寺에서 점심식사를 한 것으로 보인다.[30]

전날 寺內나 周邊家屋의 改築·修繕이나 饗應料理에 관한 연락이 있었고(후술), 그 준비가 진행되어 왔지만 그때까지 점검에 많이 입회했던 御賄代官인 中川吉左衛門으로부터 宝泰寺측에게 9월 23일에 점검업무를 御馳走方(遠藤下野守를 비롯한 3명의 加番)에게 넘긴다는 연락이 왔다. 이날을 경계로 饗應에서의 給仕、莫蓙나 疊 등의 수리、饗應料理에 대한 본격적인 준비가 시작되어 갔다.[31] 사절도착까지 나머지 3주간 정도의 시간이 다.

9월23일부터는 方丈이나 配膳所、大門에 番人을 배치해 出入札을 준비하여 영접장소에의 출입을 감시하는 경비를 강화했다. 9월 24일부터는 迎接을 위한 예행연습이 행해졌다. 이 날은 町奉行인 水野小左衛門、大加番

28) 『通航一覽』卷之三六、朝鮮國部十二、來朝御用掛附御書付類御褒美等 正德(466쪽)、正德元年7月5日에 大目付인 松平石見守·御勘定組頭인 荻原源左衛門·平勘定인 柘植兵太夫가 攝州兵庫까지 見分위해 派遣되어 그 도중에 점검하였다고 생각된다.
29) 「宝永七年寅四月廿三日 朝鮮人來聘之覺」八月五日、44쪽。
30) 「宝永七年寅四月廿三日 朝鮮人來聘之覺」、48쪽、"九月十九日に、朝鮮人去る十六日に大坂着之由申候、獻上之御鷹御馬、廿日に當宿書休にて候由、廻狀通候、同廿一日に御鷹斗通、御馬之內煩申候付、廿二日に通申候、次官壹人·中官壹人·下官壹人、以上三人差添通り申候"
31) 「宝永七年寅四月廿三日 朝鮮人來聘之覺」49쪽 "同日(9月22日)、中川吉左衛門より使者參、弥普請仕舞申候間、明日廿三日に御馳走方へ相渡し可申由申來候。"

遠藤下野守、町與力 佐藤惣左衛門등이 用人이나 同心등 가신을 이끌고 참가하고, 또 駿府市内로 통하는 東海道 연변의 町(현재의 靜岡市葵區 本通1丁目~五丁目、四つ足丁〈현재의 靜岡市 葵區 中町〉)의 年行事(町의 대표자)、給仕人 50명 정도, 합계 170~180명이 모였다. 宝泰寺塔頭인 德雲院에서는 上官에 대한 給仕、宝泰寺方丈에서는 五役者에의 給仕의 연습을 행하고, 小童의 給仕에 대해서는 3가지 연습을 행했다. 9월26일에도 駿府城番 伊丹覺左衛門、番頭 板倉筑後守、組頭 近藤十兵衛、目付 荒川内記、大加番 遠藤下野守、二加番 齋藤飛驒守、三加番 戶田靭負(유키에)、宿直警護를 담당하는 御番衆 25명이 모여 給仕의 연습이 행해졌다. 또한 御番衆은 10월8일, 향응당일에 착용하는 素襖과 袴를 실제로 입고 給仕의 연습을 했다. 幕府로부터 使者로서 사절일행을 맞이하는 임무를 맡은 上使 長澤壹岐守도 10월10일에는 駿府에 와서, 宝泰寺를 見聞했다. 사절일행이 도착한 10월13일 전날인 12일에도 오후 5시(七つ過ぎ)경부터 駿府城代인 青山信濃守를 비롯한 駿府役人의 중심 멤바가 계속하여 宝泰寺를 방문하여 오후 9시(五つ過ぎ)까지 머물렀다.

이렇게 반복된 예행연습은 예를 들면 1719년 通信使를 맞이할 때 기록인「享保四己亥年 朝鮮人來聘覺書」(전술의 宝泰寺所藏史料①~④중 ②)의 내용과 비교하면 상당히 회수가 많았다. 「享保四己亥年 朝鮮人來聘覺書」에서는 「正德(1711年)에는 御番衆之御給仕故、又ならし御座候て、御城代も毎度御出被成候、此度(1719年)は朝鮮人登り前に一度御出被成候様に覺え申候」32)라고 기록되어 있고, 1711년 通信使를 맞이하기 위해 宝泰寺에서 상당한 연습이 거듭되고 있음을 알 수 있다.

10월13일, 드디어 通信使 일행이 駿府에 도착했다. 당일은 大加番인 遠藤下野守가 오전 5시경(卯の上刻)부터 宝泰寺에 왔고, 그 후 町奉行이나

32)「享保四己亥年 朝鮮人來聘覺書」、岩崎鐵志編『朝鮮人來聘之覺』、金剛山寶泰禪寺刊行、平成19年、114쪽。

代官등 駿府의 役人이 차례로 도착했고, 對馬藩의 役人大浦忠左衛門등 3
이 使節到着에 앞서 宝泰寺에 도착해서 점검을 했다.『通航一覽』의 기록에
서는 이 날은 宝泰寺에서 幕府에서 파견된 上使에 의한 영접이 있기 때문
에 大浦忠左衛門 등을 앞서 보냈다는 기록이 있다.33) 한편 통신사 삼사는
오전 4시덩(寅の中刻)에 駿府에서 20키로 떨어진 藤枝宿을 출발하여 安倍
川을 건넌 곳에 마련된 茶屋에서 휴식을 하면서 宝泰寺에서의 饗應에 대비
한 치장을 했다.34)「宝永七年寅四月廿三日 朝鮮人來聘之覺」에는 오전 7시
경(辰の上刻)부터 서서히 사절일행이 도착했고, 오전 9시경(巳の上刻)에는
三使・官員全員・宗對馬守・兩長老(別宗祖緣와 雲鞏永集)가 도착했다고 기
록하고 있는데,35)『通航一覽』에는 삼사는 정오(午の中刻)에 駿府에 도착하
여 宝泰寺에서 점심을 먹었다고 기록하고 있다.36) 시간표기에 대하여는
『通航一覽』 기록 쪽이 자세한 감이 있고,「1711年朝鮮人來聘之覺」은 순서
에 따라 사절일행의 도착시간을 대략적으로 나타내고 있다고 생각된다.

三使가 도착하면 國書를 모신 가마가 宝泰寺大門에서 熨斗目에 麻裃를
입은 御馳走方과 御步行衆 8명에 의해 寺內의 大書院까지 운반되고, 三使
와 對馬守、上使가 출입할 때는 管弦을 연주하고 鐵砲를 쏘았다.37)「宝永

---

33) 『通航一覽』卷之五七、朝鮮國部三十三、信使參向道中 正德度(205쪽)。"今日於駿府三
使江御饗應有之、其上上使被成下候に付、大浦忠左衛門、幷樋口久米右衛門、雨森
東五郎、其外通詞下知役、御祐筆通詞等、先達而駿河へ罷越可然旨申談、右之面々
鞠子より駿府へ先達而罷越す。

34) 『通航一覽』卷之五七、朝鮮國部三十三、信使參向道中 正德度(205쪽~206쪽)。"三使
阿部川茶屋龜屋新左衛門所へ被立寄、府中に御饗應有之に付、裝束替被致"。

35) 「宝永七年寅四月廿三日 朝鮮人來聘之覺」、61頁、"辰の上刻より段々官人參、巳の
上刻に三使・官人不殘、對馬守殿・兩長老致到着候。"

36) 『通航一覽』卷之五七、朝鮮國部三十三、信使參向道中 正德度(207쪽)。"三使午中刻同
所參着、晝休宿坊寶泰寺"。

37) 「宝永七年寅四月廿三日 朝鮮人來聘之覺」、62쪽、"御書翰出入之時、三加番中門之前
にて一行之禮在之候。三使・對馬守・御上使出入之時、管弦有之候。三使出入に鐵炮
一はなし打申候。"

七年寅四月廿三日 朝鮮人來聘之覺」에는 使節一行 및 日本側의 隨行者 休憩場所를 나누었다고 기록한 「座敷之覺」도 수록되어 있다.[38] 그것에 의 하면 삼사는 각각 휴게실이 마련되어 있고, 정사의 휴게소에 국서를 놓아 두도록 되어 있다. 또 學士·医師·判事등의 인원도 宝泰寺內에 휴게용 장 소가 확보되고, 거기서 식사도 제공받았다. 上官·軍官·冠官 등은 塔頭인 德雲院、次官은 같은 塔頭인 種德院에서 휴식했다고 기록되었다. 또 鄕土 資料인 『駿國雜志』에도 이에 관한 기록이 있지만, 여기에는 上官은 宝泰 寺、中官·下官은 宝泰寺에 인접한 別寺院인 新光明寺와 法伝寺에 각각 休憩所가 있었다고 기록하고 있다.

또 通信使一行에 대한 접대의 직접적인 업무는 大加番·二加番·三加番 이 御馳走方으로서 분담하여 행하도록 했다. 『駿國雜志』에는 宝泰寺는 大 加番인 遠藤下野守、新光明寺는二加番인 齋藤飛騨守、法伝寺는 戶田靭 負이 각각의 장소를 통괄하여 담당했다. 또 실제의 給仕業務에 대해서는 上官에 대해서는 在番인 板倉筑後守가 거느린 番衆 15명, 中官이하에 대 해서는 駿府 町人 200명이 담당했다.[39] 加番은 본래 駿府城外의 警護를 주임무로 하지만, 通信使가 駿府를 통과하는 경우에는 御馳走役으로서 직 접 접대에 종사했다.

『通航一覽』에는 上使인 長澤壹岐守가 오후 1시경(午の下刻)에 宝泰寺

---

38) 「座敷之覺」의 日付은 正德元年12月3日로 되어 있고, 왕· 복로의 영접이 전부 끝난 후에 쓴 것이다. (「宝永七年寅四月廿三日 朝鮮人來聘之覺」, 82쪽~88쪽)

39) 『駿國雜志』三、卷四十一、外夷、朝鮮人、352쪽. "傳云、正德元年十月十三日、朝鮮 人來聘。府中驛晝休み、正使趙泰大號平泉、副使任守軒字用譽號靖庵、從事官李邦 彦字美伯號南岡을 始め、上官已下中官百四十四人、下官百七十四人也。上官은 法泰 寺に入り、御馳走、一加番遠藤下野守胤親、中官、新光明寺、御馳走、二加番齋藤 飛騨守三政、下官은 法傳寺に入る。御馳走、三加番戶田靭負光輝、上官의 給仕는、 在番의 御書院板倉筑後守重行平十五人、中官以下의 給仕는、府中의 町人二百人是 를 勤む。" 이 기록에서는 正使와 副使의 氏名이 「趙泰大」(본래는 趙泰億)、任守軒 (본래는 任守幹)이라고 잘못 쓰여져 있다.

를 방문했다. 通信使 正使와 上使가 나란히 本堂에 들어왔고, 그후에 副使
나 從事官、對馬守、兩長老가 계속해 들어왔다. 會見의 방에서는 上使부
터 三使에 대해 幕府로부터 饗應을 행한다는 위의 뜻을 전하고, 三使로부
터도 感謝의 뜻이 전해졌다. 그 후, 五五三膳에 의한 饗應(후술)이 행해지
는데, 上使인 長澤壹岐守는 饗應에는 나오지 않고, 對馬守와 兩長老가 相
伴하는 형식이 취해졌다.[40] 여기서는 勸盃之式이 행해졌고, 五五三膳의 饗
應料理가 提供되었다.

　일련의 饗應行事가 끝나고, 使節一行은 未の刻(오후 2시경)부터 서서히
이동을 시작하고, 三使는 申の刻(오후 4시경)에 宝泰寺를 출발하여 宿泊
予定地인 江尻로 향해갔다. 饗應에 참석했던 役人들도 日沒까지는 철수하
고 宝泰寺에서의 往路迎接은 일단락되었다.

〈복로〉

　왕로의 때에 여러 가지 준비가 행해졌기 때문인지 복로의 기록은 왕로
때 정도로 상세하지 않다. 11월24일에 통신사일행은 다시 宝泰寺를 방문하
지만 그 때의 영접이나 향응의 모습은 거의 기록되어 있지 않다. 아마 往路
때와 같은 형태로 영접 향응이 행해졌기 때문에 기록되지 않은 것은 아닐까.
　복로에서의 迎接 준비는 10월14부터 시작된다. 10월 14、15 양일에 걸쳐
御馳走方의 役人들이 諸事를 나누어서 다시 御賄方에게 접대를 인계했다.
　또한 加番의 交代가 있어 大加番 土方丹後守豊義(도시요시)、二加番
一柳主税直長、三加番 石河藏人貞固가 새로 부임했다. 전술한대로 加番
은 駿府에서의 通信使 迎接을 임무의 하나로 했기 때문에 교대와 함께 新
任의 그들이 復路에서의 通信使의 御馳走方를 담당하게끔 되었다. 10월20
일에는 土方丹後守가 用人등과 함께 宝泰寺를 방문하여 점검하고, 24일에
는 前任者인 遠藤下野守와 宝泰寺를 방문하여 인계를 했다. 番頭에 대해

---

40) 『通航一覽』卷之五七、朝鮮國部三十三、信使參向道中　正德度、208~209쪽을 참조.

서도 板倉筑後守로부터 岡野備中守成勝에게 교대가 되고, 그들도 또한 用人과 함께 宝泰寺를 방문하여 饗應의 장소나 給仕의 다니는 길등을 점검했다.

11월에 들어가 7일부터 番人衆이 大門에 매일 근무를 하며 出入札를 사용하게끔 되어 경호가 강화되었다. 9일부터는 五五三膳이나 料理의 준비가 시작되었다. 보다 직접적인 접대방식인 요리의 준비가 시작되었고, 지금까지의 일이 御賄方부터 御馳走方에게 다시 인계가 되었다.

11월 11일에는 통신사일행이 16일에 江戶를 출발한다는 것이 전해졌고, 17일에는 駿府城代인 靑山信濃守를 비롯해 駿府의 主要役人과 番衆 20명이 영접 예행연습을 행했다. 그후에도 座敷의 장식이나 점검, 下乘・下馬의 팻말의 준비등이 연일 행해졌고, 22일에는 高家(幕府의 儀禮・典禮를 담당하는 職)인 畠山下總守義寧(요시야스)가 복로의 上使로서 駿府에 도착했고, 24일에 通信使一行을 다시 맞이하게 되었다.

당일은 새벽 오전 6시(六つ)경에는 사절이 도착하기 시작해 三使는 오전 10시(四つ時)에 도착했다. 迎接・饗應의 구체적인 모습에 대해서는 써있지 않지만 文化交流의 하나라고 말할 수 있는 記錄이 있다. 塔頭인 德雲院의 僧侶竹翁이 드디어 와서 使節一行을 수행하고 있는 對馬藩의 平田隼人과 平田直右衛門에게 大般若經의 奧書를 사절에게 의뢰했는데, 이 두사람이 雨森藤五郎(雨森芳洲)에게 부탁하여 그는 사절의 學士官「はんへんす」에게 의뢰하여 三使全員이 奧書를 써주었다. 현재、宝泰寺에는 七世住職인 澄水禪師書寫에 의한「大般若経六百卷奧書」가 전해오고 있다. 江戶時代에 작성된 이 경전이 竹翁의 依賴에 의해 三使가 奧書를 쓴 것과 동일한 것일 가능성이 있지만 筆者는 확인할 기회는 없었다.(말미의 追記를 참조) 또 이때 東頭(인명인지 직명인지 알 수 없음)라는 인물이 詩를 獻上하며 和韻을 구했으나 점심시간이어서 이루어지지 않은 것으로 되어 있다.41)

---

41)「宝永七年寅四月廿三日　朝鮮人來聘之覺」十一月廿四日、78쪽、"(前略)大般若奧書之儀、竹翁罷出、平田隼人殿、平田直右衛門殿賴、願申候へば、通辭頭雨森藤五郎と

통신사 일행은 그날 중으로 출발했고, 宝泰寺에서는 즉시 정리에 들어갔
다. 11월29일부터 方丈의 普請(信使迎接 때문에 改修된 부분을 되돌리는
작업을 가리킨다고 생각됨)을 시작하고 있다. 그리고 12월3일에 塔頭인 近
松院과 德雲院이, 銀子를 하사해준 大加番인 土方丹後守에게 예를 행했
다는 내용으로 날짜순의 기록은 끝이 난다.

이 후, 〈왕로〉의 항목으로 「座敷之覺」가 있고, 또 「遠藤下野守樣飾り道
具之覺」가 계속된다. 이것에 대하여 기술한 날짜나 필자는 써있지 않지만
왕로와 복로에서 御馳走方의 교대가 잇었던 것부터 참고를 위해 往路에서
영접에 쓰인 裝飾의 諸道具를 정리해 둔 것이라고 생각된다.

(d) 영접에 관한 공사에 대하여

1711년 宝泰寺에서의 영접은 사절을 맞이하기 위해 寺院 및 주변의 改
修·改築이 행해졌다. 위의 (c) 「영접준비에서 종료까지의 흐름」에서도 서술
한 것처럼 通信使迎接의 통보와 함께 宝泰寺에서는 잇따른 점검이 행해졌
지만 그중에서도 많은 改修·改築을 볼 수 있었다. 당연히 外國으로부터 賓
客을 맞이하기 위해 부끄럽지 않은 施設을 準備하기 위해서 였다.

통신사 방문의 소식이 宝泰寺에 도착한 다음날인 1710년 4월23일에는
町與力 佐藤弥惣左衛門등이 大工(목수)인 棟梁 2명을 데리고 점검을 했는
데, 그 점검이 다음해 2월21일까지 계속되었다고 기록되어 있다. 또 1711년
4월10일에는 江戶에서 大工棟梁인 源五郎과 藤兵衛이 도착하여 다음날에
는 상세한 점검을 행했다. 심지어는 寺內의 庫裏의 동쪽에 「馳走小屋」을 4
군데 짓기 때문에 거기에 심어져 있는 감귤나무를 베도록 명령했다(4월18
일). 그리고 5월 2일에는 토지소유자에 의한 仕樣帳(建物의 치수나 圖形이

申仁に、右兩人被申渡、此通辭學士官へんはんすと申官人へ藤五郎被申渡、此學士
肝煎にて三使なから大般若の奧書被成被下候。東頭より詩を被上候、和韻之義願申
候へとも、畵休故叶不申候"。

적힌 장부)이 완성되고, 13일부터 工事에 들어갔다. 大工이나 木挽(製材業者)가 들어가 공사를 했고, 上使의 휴게장소(5월 22일)、塔頭인 近松院의 天井·玄關·疊의 점검、大門脇의 練壁工事(24일)、副使를 위한 건물의 상량(25일)、창고의 차양 이음(26일)、小書院의 지붕과 복도천장(29일)、大書院 차양 및 지붕작업 완료(6월9일) 등 연일 여러 가지 작업이 계속되었다. 또 한번 공사가 완료되었다고 생각되는 목욕탕이나 눈덮개에 대해 그 상태가 나쁘기 때문에 다시 작업을 하라는 지시도 있었다.42)

이러한 공사는 宝泰寺만 아니라 주변의 민가에도 미치고 있다. 江戸에서 점검하러 와있던 松平石見守등에 대해 宝泰寺側에서 門앞에 있는 2채의 초가집에 대해 수선을 요청했는데 허가가 나서 다음날 개수비용으로 金子가 전달되었다.43)

通信使迎接에 수반되는 절내의 改修工事가 대규모적인 것은 「宝永七年寅四月廿三日 朝鮮人來聘之覺」에 기록되어 있는 다음의 기록으로부터 추측할 수 있다. 그것은 復路의 通信使迎接이 임박했던 11월9일에 普請이 행해지는 장소에 대응하기 위해 奉行所에 제출된 원서의 내용이다. 그것에 의하면 이번의 一連의 改修作業은 例年에 비해 공이 들여진 것 같고, 寺内의 공터나 作場(경작지)를 자유롭게 사용할 수 없게 되어, 귤을 비롯한 수목의 벌채에 아주 고생하고 있다고 한다.44) 그리고 공을 들인 改修作業이

---

42) 「宝永七年寅四月廿三日 朝鮮人來聘之覺」八月十四日。44~45쪽、"前度通り被成候道中巡檢松平石見守樣·萩原源左衛門殿·柘植平大夫殿御歸被成見分、水野小左衛門樣御立合にて見分被成候、湯殿雪隱惡敷御座候て、殊之外御立腹、普請手代衆しかられ、不殘仕直し候樣にと被申付、(이하 생략)"

43) 「宝永七年寅四月廿三日 朝鮮人來聘之覺」、42쪽、"同(七月)十八日……(松平石見守らが見分から)御歸之時、門前之源藏·伊左衛門貳軒之かや屋願申候へは、是も首尾よく被仰付候。十九日、兩手代衆へ願申候て、金子此方御渡し被下候"。

44) 「宝永七年寅四月廿三日 朝鮮人來聘之覺」、71쪽、"當年修復之義、惣体入御念被仰付應し、寺内空地作場御用地に成、其上寺付勝手にも罷成候、蜜柑其外樹木等切取、御用地に仕、野菜等も仕付不申難儀仕候御事"。

기 때문에 예전의 상태로 돌이키는 것도 쉽지 않기 때문에 꼭 원래대로 돌이킬 수 있게끔 지원을 해주기를 원한다는 것이었다.45) 接待場所인 寺院에 이렇게 큰 부담을 강하게 할 정도로 1711년通信使의 영접은 중요한 의례로서 위치 지을 수 있다고 볼 수 있다.

(e) 음식물에 대하여

지금까지의 通信使迎接과는 달리 往路·復路 모두 饗應地를 한정한 소위 「五所路宴」의 개혁 속에서 駿府는 중요한 5개소의 饗應地로서 선택되었다. 駿府에서는 三使와 上上官에게는 五五三膳이 儀禮膳으로 제공되게 되었다.

내용에 대해서는 1711년 4월15일에 宝泰寺에 전하고 있다. 그 기사에 의하면 이전과는 달리 幕府의 使者인 上使가 派遣되기 때문에 宝泰寺도 점심때에 五五三膳을 내기로 했다고 한다.46) 그후 잠시 공백이 있다가 9월24일에 五五三膳의 담당자로 頭分의 志賀半助·只右衛門의 아들과 아랫사람을 합쳐 18명이 江戸에서 도착했다. 그들은 往路·復路 모두 儀禮膳의 준비를 했으며, 往路에서는 9월19일부터 10월2일까지, 復路에서는 11월9일부터 五五三膳의 준비를 했다. 「1711年朝鮮人來聘之覺」에는 구체적인 식단에 대한 기술은 없다. 『宗家記錄』에 의하면 儀禮膳으로서 五五三膳에 실제의 식사인 引替膳으로서 三汁十五菜에 우동이나 과자등의 後段이 붙은 것이어서、中官이나 下官에의 膳部數도 많으며, 공손한 음식이었다는 것이 지

---

45) 「宝永七年寅四月廿三日　朝鮮人來聘之覺」、71~72쪽、"右之通御修復被入御念應し、古來之住居間違跡修復等難儀仕候間、定て本之通に御仕直し可被下置と奉存候。右寺々住居違申候所仕直し之爲に金子被下例も御座候。併此段何分にも御意次第可仕候御事"。

46) 「宝永七年寅四月廿三日　朝鮮人來聘之覺」四月十五日、34쪽、"今年朝鮮人之儀は從御公儀御馳走結構に被逐仰出、晝休にても三使え五五三、上々官え五五三、前々と違申候て、御上使被仰付候由、此休息所も入申候と御物語被申候"。

적되고 있다.[47]

五五三膳은 通信使 도착전에 이미 완성되어 있었다. 往路에 대해서는 전술한 바대로 10월2일까지 준비하고 있었다는 기술에서부터 이때에는 완성되어 있었다고 생각된다. 그 후, 10월11일에 大原又右衛門이라는 인물이 자식과 함께 五五三膳을 보러왔고,[48] 12일에도 町奉行인 水野小左衛門가 딸이나 고용인을 데리고 와서 五五三膳을 구경하러 왔다.[49]

3) 본 사료가 가진 의의

이상 「宝永七年寅四月廿三日 朝鮮人來聘之覺」에 기록된 1711년 宝泰寺에서의 통신사 영접의 모습을 살펴보았다. 전체를 통해 영접 및 그 준비에 관한 기록이 담담하게 기록되어 있어 기록자의 생각이나 영접 관계자의 그때그때 감정이나 생각이 표현된 문장은 거의 눈에 띄지 않는다. 앞서 언급한 大般若経奥書의 의뢰나 漢詩和韻을 구하는 행위가 본사료 중에서는 조선에 대한 문화의식을 보여주는 유일한 기록이라고 할 수 있다.

1748년 통신사 정사 洪啓禧와 당시 宝泰寺 住職 澄月界가 창화한 七言律詩가 남아 있기 때문에 조선에 대한 문화적 동경을 바탕으로 한 교류가 기록에 남지 않았으리라 생각된다. 그러나 본 자료에 한해서 말하면, 그 사료적 성격은 어디까지나 일련의 영접 준비를 사실에 입각해 담담하게 기록하려고 한 점에 있다. 당시의 영접 관계자가 조선에 대해 어떤 인식을 갖고 있는지를 알 만한 단서는 별로 없다.

---

47) 高正晴子『朝鮮通信使の饗應』、明石書店、2001年、94~101쪽。
48) 「宝永七年寅四月廿三日 朝鮮人來聘之覺」十月十一日、59쪽、"大原又右衛門殿御子息方同道にて五々三見物に御出被成候"。
49) 「宝永七年寅四月廿三日 朝鮮人來聘之覺」十月十二日、59쪽、"此晩方、水野小左衛門樣御娘御家中內儀衆御雇御同道にて御出被成候。先德雲へ御立寄、緩々と休息被成、其上五々三見物被成御歸候"

그러나 駿府가 갖는 歷史的 位相과의 관련지어 本史料를 생각하면 國交再開의 중심인물의 한사람인 德川家康과 깊은 관련이 있는 駿府라고 하는 장소가 통신사영접이라는 儀禮를 통해 중앙정부인 德川幕府에 있어서 어떠한 의미를 가진 지역인가를 찾는 단서가 된다. 新井白石에 의한 聘禮改革으로 經費削減을 위해 簡素化를 추진하고, 많은 장소에서 통신사에의 접대가 下行(식료의 현물지급)으로 변해 가는 가운데 駿府가 饗應地로 선택된 이유도 德川家康와의 관련을 통해 당시 幕府가 그 중요성을 인정하였다는 것을 인정하지 않을 수 없다. 그러한 중요한 장소인 駿府에서 幕府 및 駿府城代를 비롯한 현지의 役人들이 어떻게 迎接準備를 했던 가를 기록한 本資料는 外交儀禮에 있어서 日朝兩國의 和好가 어떻게 유지되고 있었던 가를 생각할 수 있는 史料라고 말할 수 있다.

Ⅳ. 조선통신사와 興津·清見寺

1) 興津의 역사적 위상

靜岡縣 靜岡市 清水區에 있는 興津은 옛날부터 풍광이 좋은 곳으로 이름을 날렸다. 바다에 면한 이곳에는 清見潟(기요미가타)라는 경승지가 있고, 관광객의 감성을 자극하는 文化的·文學的性格을 가진 곳으로 알려져 있다. 고대로부터 계속된 東海道의 역사속에서 興津을 지나는 여행객은 清見潟의 경치에 감명을 받아 노래를 부르고 繪畫를 남겼다. 예를들면 鎌倉時代의 작품속에서 東海道를 기록한 대표적인 紀行文學 작품『海道記』(작자미상, 1223년 이후 성립)『東關紀行』(작자미상, 1242년 이후 성립)『十六夜日記』(女流歌人 아불니, ?∽1283)에는 모두 清見潟나 興津을 언급했고, 그 아름다움을 노래하고 있다. 또 室町時代에도 앞서 언급한 連歌師 宗長

의 紀行文『宗長日記』에도 興津을 지날 때 부른 노래가 실려 있다.

이 興津의 역사적 랜드마크로서 존재하는 것이 通信使와 관련이 깊은 清見寺(정식 명칭은 巨鼇山 清見 興國禪寺)이다. 전술의「駿府의 歷史的 位相」가운데 東海道와의 관련에서 静岡가 역사적으로 東西의 접점에 위치하고 잇는 것을 서술했는데, 清見寺는 白鳳年間(7세기 후반경)에 清見潟에 세워진「清見が關」라는 關所를 지키는 小利로 시작되었다고 전한다. 關所는 政治·軍事上의 요충지에 세우는 것으로 清見寺 주변이 옛날부터 東西의 접점으로서 인식되고 있었다는 이야기이기도 하다.

室町時代에는 初代將軍 足利尊氏의 비호를 받아서 七堂伽藍이 조성되고, 二代將軍인 足利義詮 때에는 막부에서 인정한 사원의 격식순위를 나타내는 五山十刹의 第九位에 올라 室町幕府의 官寺가 되고, 三代將軍 足利義滿 때에는 第七位가 되었다. 東海道의 한 사찰이 全國의 十刹 중에 포함된 것은 室町幕府가 關東을 제압한다고 하는 의미였다고 생각되며50), 여기서도 이 지역이 가진 東西 접점으로서의 특징을 지적할 수 있다.

戰國時代에 들어와 이 지역을 지배한 今川氏도 清見寺를 비호했다. 전술의「駿府의 歷史的位相」에서도 언급한대로 今川氏 가운데 전성기를 만든 今川義元의 軍師 太原崇孚(타이겐수부)는 今川家의 菩提寺 臨濟寺와 함께 清見寺의 住職도 겸했고, 그는 駿府에서 人質로 지냈던 幼少期 德川家康의 學問의 스승이었다. 太原崇孚와의 관계에서 家康도 清見寺를 방문했다고 전해지며, 그러한 경험이 1607년 回答兼刷還使에의 清見寺의 접대와도 조금씩 연결된다고 생각한다. 德川家康가 幕府를 열면서부터도 清見寺는 幕府의 庇護를 받아 知行 200石이 주어진 駿河國을 대표하는 寺院으로 존속했다.

興津은 東海道의 宿場이지만, 興津宿과 인근의 由比宿을 잇는 길은 兩宿의 사이의 薩埵山 아래 해안을 따라 이어지는 좁은 길밖에 없었다. 그 길

---

50) 市毛弘子『巨鼇山清見興國禪寺の歷史』、新人物往來社、1974、27쪽.

이 1655년 通信使 來日 때에 薩埵山 가운데로 새로운 길(中道)이 정비되고, 이어 1681년 通信使 때에 上道라고 불린 길이 개통되었다. 원래부터 험한 곳으로 알려진 薩埵山을 通過하는 루트는 通信使와의 관계속에서 정비되었다고 하는 배경을 가지고 있다. 江戸時代를 대표하는 浮世繪師 歌川廣重(安藤廣重)의 「東海道五十三次」에서 묘사된 由比의 薩埵峠는、通信使來日에 의해 정비된 길에서 여행자가 富士山을 바라보는 아름다운 風景을 바라보고 있다.

이처럼 興津과 清見寺의 주변은 政治·軍事的인 역사를 가지고 있고, 전체적으로는 景勝地로서 사람들의 기억에 남는 장소로 자리 잡았다.

2) 通信使와 清見寺

通信使와 清見寺의 관계를 이야기하는 데 起点이 되는 것은 1607년 回答兼刷還使의 清見寺 방문이다. 江戸에 있는 二代將軍 德川秀忠에게 國書를 전달하고, 歸國의 도중인 6월19일、사절일행이 清見寺를 들렀다. 德川家康는 그들을 위해 5隻의 배를 준비해서, 「海中松林」(옛부터 景勝地로 알려진 三保의 松原, 소나무숲)의 유람을 권했다. 金銀으로 장식되어 있고, 좌우에 36개의 노가 설치된 배는 家康가 사용하고 있는 배이며,[51] 國交再開를 상징하는 사절에 대한 파격적인 대응의라는 것을 알 수 있다. 清見寺에 숙박하고, 다음날 20日에는 駿府城에서 德川家康와 사절일행의 역사적인 회담이 행해졌다.

清見寺는 1607년과 1624년의 回答兼刷還使 때에는 往路·復路의 宿泊地로 이용되었다. 그러나 그 후에는 다음의 宿場인 江尻가 숙박에 이용되었고, 清見寺는 휴게지로서 이용되기도 하고, 때에 따라서는 사행일정에 맞

---

51) 慶暹 『海槎錄』 6月19日庚戌、" 景直使人言曰。家康送船五隻。自駿河卽刻來到。以候使臣。往賞海中松林云…… 卽家康所騎船也。粧以金銀。左右各設三十六櫓。"

추어 통과해버린 경우도 있었다.

　그러나 淸見寺는 역대의 通信使에게 연로에 있는 대표적인 경승지로서 계승되어 갔다. 몇가지 사례를 들면 1624년 回答兼刷還使의 부사 姜弘重은 奇花異草가 넘치고 瀑流가 떨어지는 境內를「天地間一奇觀」으로 칭찬했고,[52] 작자미상의『癸未東槎日記』(1643년 통신사)에서는 한층 더넓고 아름다운 바다에 창창한 松林을 앞에 두고 老幹屈曲하는 다양한 수목을 심은 경내의 정원을 屛風을 넓게 쳐 놓은 것 같은 아름다움이라고 했다.[53] 또 1748년 通信使 부사 曹命采는 넓고 상쾌한 큰 바다를 마주하고 수목들이 무성한 경내의 모습을「無限幽趣」「都不能名狀」등의 표현으로 묘사했다.[54]

　『論語』「子路」篇에는 孔子가 외국에 사절로 가는 사람은 유교의 기본경전인『詩経』에 있는 漢詩를 외울 뿐만아니라 그것을 자유자재로 활용하여 상대국의 요인과 교류하지 않으면 안된다고 쓰고 있다.[55] 근세의 동아시아 국제사회에서도 漢詩文의 교환이 교양으로서 아주 중요한 역할을 하고 있었다. 단순한 지식만이 아니라 그것을 활용하여 새로운 漢詩를 읽고 상대국과 교류를 추진하는 것이 자국의 文化水準을 나타내는 요소가 되었다. 漢文은 당시 동아시아의 공용어 이기도 하고, 漢詩는 知識과 知惠를 최대한

---

52) 姜弘重『東槎錄』12月7日、"未末抵淸見寺。卽駿河州地方。而地名興津也。寺中有奇花異草瀑流澄潭。珍禽怪獸和鳴於竹林。其聲悽惋。感人鄕思。庭中又有看香梅。橫亘百餘步。枝枝結英。欲吐未吐。日光之下。恰似老龍橫臥。鱗甲生輝。裁制眞松。繚繞如墻。天地間一奇觀也。"

53)『癸未東槎日記』7月2日、"寺宇不甚宏傑。而景致淸妙。前臨滄溟。浩渺無際。浦外有一島嶼。松翠掩翳。風帆浪楫。往來不絶。寺後蒼壁巉巖。飛瀑流瀉。望之如匹練。其下自成深潭。開渠引流。

54) 曹命采『奉使日本時聞見錄』5月17日、"入道傍淸見寺。上數十級石層。前臨大海。眼界廣爽。兼有無限幽趣。庭植一梅樹。短査屈曲。長纔尺餘。左右二枝。連蔓三間許。後庭有所謂霸王草者。非木非草。而其株過丈餘。不柔不剛。其葉如厚掌。而或似菌茸。或似贅肉。花發葉端。其色則微紅。而都不能名狀。"

55)『論語』子路第十三、"子曰。誦詩三百。授之以政不達。使於四方。不能專對。雖多亦奚以爲。"

도로 발휘하여 자신의 창의성을 발휘하고 문화수준을 자랑하기 위한 중요
한 무기가 되었다고 말할 수 있다.

그러한 文化的인 背景도 있어서 通信使가 來日했던 때는 漢詩를 주고
받으려고 通信使의 숙소를 찾아 온 日本人이 많았다. 그것은 당시의 日本
知識人이 조선의 학문수준을 높이 평가했다는 증거이기도 하다. 이러한 요
청에 답하기 위해 통신사도 많은 시문을 남겼고 교류가 행해졌다. 일본각지
에 남아 있는 通信使關連의 사료는 이러한 상황속에서 생겨난 것인데, 그
중에서도 清見寺의 사료에는 그러한 文化交流의 족적이 역사적으로 누적
되어 있는 장소로서 중요한 의의를 가지고 있는 것이다.

3) 清見寺의 通信使 관련자료와 그 보존배경

그러면 현재 清見寺에는 文化交流의 족적으로서 누적된 사료가 어떻게
남아 있는 것일까?『清見寺綜合資料調査報告書』(静岡縣文化財調査報告書
第49集、静岡縣教育委員會、平成9年)를 참고하여 清見寺 史料를 정리하
면 다음과 같다.56)

　〈1〉 詩文原本 : ① 軸裝된 것(朴安期、南龍翼의 詩文)
　　　　　　　　　 ②『朝鮮國通信使詩文帖』
　〈2〉 扁額·聯 : 慶長12年通信使三使詩稿懸板、總門「東海名區」扁額 등
　　　　　　　　　 18점
　〈3〉 寫本·版本 :『朝鮮聘使唱和集』、『來觀小華使臣詩集』
　〈4〉 屛風 : 金有聲筆「山水花鳥圖押繪貼屛風」

〈1〉은 通信使直筆의 詩文原本을 軸裝하여 詩文帳으로 보관하고 있는
것이다. 日韓兩國의 通信使關連史料가 NPO法人朝鮮通信使緣地連絡協議

---

56) 池內敏「解題(六) 朝鮮通信使關係資料」、『清見寺綜合資料調査報告書』(静岡縣文化財
　　調査報告書 第49集、静岡縣教育委員會、平成9年を參照。

會와 財団法人釜山文化財団이라는 민간단체에 의한 공동신청에 의해「朝鮮通信使에 關한 記錄－17세기~19세기의 日韓간의 平和構築과 文化交流의 歷史」의 명칭으로 UNESCO「世界記錄」에 등록된 것이 기억에 새롭지만, 이〈1〉에 해당하는 史料 48점이 동록되었다. 이것은 등록리스트 중에서도 특정 1개소에 소장된 점수로서는 최대이고, 清見寺의 文化交流의 歷史의 풍부함을 말해준다고 널리 지적되고 있다.

〈2〉는 通信使가 쓴 文字를 板에 새긴 것이 대부분으로 예외로 染筆扁額이 1점 있다(1748년 通信使 부사 伴人 金啓升이 썼다고 전해지는「潛龍室」扁額). 이것들은 清見寺 大方丈內나 仏殿、鐘樓등에 에 걸려있고,〈1〉의 詩文을 새긴 것이라도 詩文帳 등의 원본은 없고, 扁額만으로 詩文이 남겨진 경우도 있다.

〈3〉의『朝鮮聘使唱和集』은 1607년 回答兼刷還使에서 1711년 通信使까지의 교류가운데 通信使나 清見寺 住職이 읊은 詩가운데 22首를 수록했고,『來觀小華使臣詩集』은 1764년通信使와 清見寺住職 關棙主忍(간레이슈닌)등이 응수한 詩文을 정리한 것이다.

〈4〉는 1764년 通信使 畫員 金有聲이 그린 四曲一双의 屛風으로, 그 가운데도 강원도의 洛山寺를 그린「洛山寺眞景圖」와 金剛山을 그린「金剛山眞景圖」가 유명하다.

이처럼 清見寺에는 많은 史料가 보존되어 왔는데 그 背景에 대해 韓泰文은 詩文史料을 중심으로 다음과 같이 지적하였다.[57]

(a) 詩文唱和 능력이 높은 승려의 존재

清見寺의 詩文史料 가운데는 통신사가 清見寺를 방문했던 때에 住職을

---

57) 韓泰文「清見寺所在의 詩文에 反映された韓日文化交流」、静岡市·社団法人朝鮮通信使文化事業會發行『清見寺所藏朝鮮通信使遺物圖錄』、2006년을 참조

비롯한 많은 僧侶와 唱和한 詩文이 많이 남아있다. 淸見寺에는 통신사자료 외에도 「鼇山文庫」라고 불리는 書籍群이 보존되어 있는데, 仏敎経典을 중심으로 하면서도 儒敎에 관한 中國의 경서나 歷史書도 다수 존재한다. 「鼇山文庫」의 서적수는 현존하는 것만 3,300册을 넘어, 淸見寺가 學問이 성했던 분위기를 가지고 있었음을 말해준다.58). 그런 공간에서 修行을 계속했던 승려들도 學問的 好奇心이 높았던 것으로 보인다. 1764년의 通信使書記 元重擧는『乘槎錄』에서 「淸見寺의 僧侶들은 모두 文字(=漢文)로 통했고, 詩를 써서 和答을 구하는 사람도 8~9인 있었다」59)고 적고 있어 漢文을 읽고 쓰고 詩文을 읊는 것이 가능한 僧侶가 많았다는 것을 보여주고 있다.

(b) 詩文唱和의 前例尊重과 보존의식

위의 〈1〉 詩文原本에는 1643년 通信使 讀祝官 朴安期의 詩書부터 1764년 通信使 正使 趙曮 등 三使·製述官·書記 등의 詩書에 이르기까지 5회의 通信使 史料가 남아있다. 전부 합쳐 120년 이란 장기간에 걸쳐 왔던 通信使의 족적이 淸見寺에 보존되어 왔으며 오늘날까지도 남아 있는 것이다.

또한 詩文原本은 아니지만 1607년 回答兼刷還使 三使의 五言絶句 三首가 새겨진 「慶長十二年通信使三使詩稿懸板」은 1624년 回答兼刷還使一行도 淸見寺를 訪問했던 때에 봤다고 생각되어60), 적어도 1624년 이전에는 이 편액이 만들어 졌다고 추측할 수 있다. 그후 通信使도 淸見寺에 들렀을 때 이 편액을 언급하고 있다.

---

58) 堀池信夫「鼇山文庫目錄解說」、市毛弘子『巨鼇山淸見興國禪寺の歷史』、新人物往來社、昭和49年、부록을 참조.

59) 元重擧『乘槎錄』卷3, 甲申3月20日辛未(이혜순 감수, 김경숙 옮김『조선 후기 지식인, 일본과 만나다』, 소명출판, 2006년, 397쪽)

60) 姜弘重『東槎錄』12月7日" 壁間有三篇題咏。卽呂祐吉慶暹丁好寬丁未奉使時所題也."

또한 1700년대 후반에 清見寺의 住職을 위해 노력한 關板主忍(간레이슈닌)은 앞서 서술한 〈3〉의 『來觀小華使臣詩集』에서도 언급한대로 通信使와의 積極的인 文化交流를 행했던 인물이다. 또 〈1〉②의 『朝鮮國通信使詩文帖』에는 1764년 通信使使行員의 詩文이 상당수 들어 있고, 이 시기에 詩文에 의한 文化交流가 번성했다고 생각된다. 현재, 清見寺에 남은 扁額의 상당수가 이 시기에 제작되었다고 생각된다. 그것들은 오리지날한 詩文原本을 기초로 조각된 것이기 때문에 筆者인 通信使의 친필이라고 말할 수는 없다. 그러나 歷代 通信使의 시문을 扁額으로 만들어 寺內에 걸어놓음으로서 清見寺라는 공간이 갖는 文化交流의 역사의 누적을 직접 느낄 수 있게 된다. 그 결과 前代의 通信使의 詩文의 存在가 다음차의 通信使에게 전해지고, 또한 새로운 詩文을 차례차례 이어간다고 하는 과정이 清見寺에서는 長期間에 걸쳐 반복되어 왔다는 것을 한 눈에 알아 볼 수 있게 되었다.

(c) 詩興을 자극하는 뛰어난 풍경

더욱이 清見寺를 포함하는 興津 주변의 경관의 아름다움이 通信使나 그들과 교류하는 日本人의 詩興을 자극하여, 그것이 많은 漢詩作品의 탄생에 연결되었다는 점이다. 앞에 언급한 〈興津의 歷史的位相〉이나 〈通信使와 清見寺〉에서 언급하고 있는 바와 같이 清見寺를 포함한 興津 주변은 당시의 일본을 대표하는 景勝地였다. 이러한 自然景觀을 通信使들은 「仙境」으로 詩를 읊었다. 이렇게 탄생한 많은 작품이 清見寺에 누적되어 전해져 왔던 것이다.

4) 清見寺에서의 詩文交流가 가지는 의미

이러한 형태로 오랜 세월에 걸쳐서 시문과 사료를 보존해 온 清見寺는 通信使와의 관련성에서 어떠한 의미를 가진 것일까. 여기서는 3점을 지적해 두고 싶다.

(a) 押韻에 의한 相互交感[61]

漢詩에는 押韻이라는 규칙이 있다. 그 어려움에 따라 依韻·用韻·次韻이 있고, 그중에서도 次韻은 原作의 韻字를 같은 순서로 사용하지 않으면 안 되기 때문에 가장 어렵다고 한다. 通信使를 통한 文化交流에는 漢詩의 次韻에 의한 唱和가 폭넓게 행해졌다. 바꾸어 말하면 次韻이라는 행위는 漢詩文이라는 敎養文化를 통해 쌍방의 友好를 확인하는 「에너지」 같은 성격을 가지고 있다.[62]. 原作을 次韻함으로써 그 작자는 原作者와의 文學的感性을 느끼는 것이 가능하게 된다.

(b) 共時的인 교류

次韻에 의한 漢詩文의 交流는 通信使끼리 이동하는 도중에 하는 경우가 있었고, 각지에서 교류한 日本人과의 漢詩를 교환하는 경우도 있었다. 어떤 特定의 通信使行의 과정에서 행해지는 이러한 교류를 「共時的인 交流」라고 부르기로 한다. 淸見寺에서도 이러한 共時的交流가 행해졌는데, 앞서 말한 『來觀小華使臣詩集』은 1764년 通信使 三使를 비롯한 10명이 淸見寺 住職인 關板主忍를 비롯해 7명의 日本人과 唱和한 결과물이며, 共時的인 交流의 구체적인 사례이다. 이러한 交流는 通信使가 來日했던 때마다 日本各地에서 행해졌다.

---

61) 이 항목에 대하여는 岩崎鐵志「淸見寺に殘る文華の香り」(淸見寺發行『淸見寺所藏 朝鮮通信使資料集成』、平成27年)에서 만은 시사를 받았다.

62) 岩崎鐵志「淸見寺に殘る文華の香り」(淸見寺發行『淸見寺所藏 朝鮮通信使資料集成』、平成27年)、176쪽.

(c) 通時的인 교류

더욱이 通信使는 先代의 通信使가 남긴 시문을 日本各地에서 만난다. 거기서 그들은 남겨진 시문에 次韻하는 것으로 先人과의 문학적 완성을 교감한다. 이것을 「通時的인 交流」라고 한다.

清見寺에서는 학식높은 僧侶가 共時的인 교류의 결과로서 詩文을 오랜 기간에 걸쳐 보존해 왔다. 그것에 의해 通信使는 先人의 文學的感性에 접하고, 스스로 創作意欲이 복돋아져 새로운 작품이 「通時的인 交流」의 결과로서 탄생한다. 그래서 태어난 詩文은 새롭게 清見寺에 보존되어 다음 세대 사람들의 文學的感性을 자극해 나간다. 1655년 通信使 從事官 南龍翼의 시 「夜過清見寺」가 그 후에 清見寺를 방문했던 通信使에 의해서 새롭게 많이 차운되어져 새로운 작품이 태어나는 것은 通時的인 交流의 실례인 것이다.

5) 清見寺의 의의 −시공을 연결하는 文化交流의 場

위의 a), b), c)를 이미지화하면 아래의 그림(통신사의 문화교류 공간으로서의 清見寺)과 같은 형태가 된다.[63]

왼쪽에서 오른쪽으로 가는 커다란 朱印 속의 丸印은 통신사가 清見寺를 방문할 때의 교류, 즉 共時的인 교류를 의미한다. 또 朱印의 흐름은 時代의 흐름을 의미한다. 丸印이나 朱印이 時代의 흐름에 따라 점점 커져 가는 것은 선대의 通信使의 詩文世界가 継承·蓄積되어 그것이 새로운 詩文 創作에 자극이 되어 가는 것을 나타낸다.

즉, 清見寺에 남아 있는 통신사 관련 詩文史料는 과거의 기록일 뿐만 아니라 그 시대별 교류의 결과이기도 하거니와 過去, 現在, 未來를 잇는 교류의 결과이기도 하다. 그리고 그것은, 양국의 和好가 장기간 유지되어 왔음

---

63) 이 도표에 대해서는 Microsoft Office Powerpoint 2007의 「スマートアート」 내의 圖表를 활용했다.

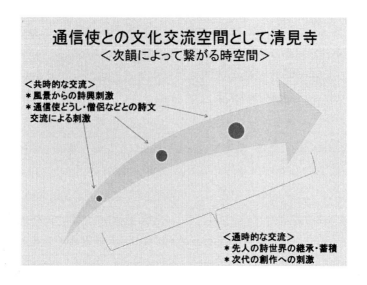

을 실감하게 하는 것이며, 그 상황을 향후에도 계속해 나가기 위한 토대가
되었다고 생각할 수 있다.

V. 결론

이상、駿府의 宝泰寺와 興津의 清見寺가 통신사와 어떻게 관련되어 왔
는가에 대하여 생각해 보았다. 駿府는 지방도시이고, 興津은 그보다도 규모
가 작은 宿場町이어서 외교의 주역이 될 수 없다. 그러나 두 도시 모두 德
川家康와 깊은 관련이 있기 때문에 通信使外交에서 宝泰寺도 清見寺도 일
정한 歷史的 象徵性을 가지고 있다고 말할 수 있다.

여기서 취급한 宝泰寺의 사료는 新井白石의 聘禮改革이라고 하는 특수
한 상황·시기에서의 史料이다. 그러나 江戶時代를 통해 많은 通信使가 宝
泰寺를 점심식사 장소로서 이용했기 때문에 이 사료는 宝泰寺를 포함한 駿

府에서의 通信使迎接의 모습을 아는 중요한 사료라고 말할 수 있다.

通信使의 왕래는 外交儀禮이다. 그러므로 어떤 경우에도 그 행위가 이루어지는 순서나 절차가 매우 중요하다. 駿府는 江戸나 京都、大阪에 비하면 훨씬 작은 지방도시이다. 그러나 그곳에서 外交使節団의 영접이 이루어지는 이상 빈틈없이 준비 만반의 단계에서 이루어지지 않으면 안되었다.

和解란 對立하는 양자가 화해하는 것이다. 그러나 쌍방의 분쟁에 대해서 간단히 용서하는 것은 어려울 것이다. 그러므로 쌍방이 대화를 거듭하고 양보할 것은 양보하여 마찰의 원인을 최소화하는 것에서 관계를 안정화시켜 나가는 것이 실제의 화해라고 생각한다. 日朝兩國의 國交再開의 과정에도 그러한 측면을 볼 수 있을 것이다. 거기서 타협이 된 쌍방의 새로운 관계성을 만들어 안정성을 유지해 가면서 和解의 심도가 깊어져 가는 것은 아닐까.

宝泰寺에서 通信使가 올 때마다 지체없이 迎接을 하여 다음번에 참고할 것과 清見寺에서 通時的인 交流를 維持해 가는 것은 모두 當初의 和解에 의해서 생겨난 兩國의 關係性에서 가능한 한 마찰을 일으키지 않고, 안정적으로 유지하는 것이 이어진다. 그런 의미에서 宝泰寺에서의 접대나 清見寺에서의 교류에 관계한 사람들은 和解의 繼續과 심화의 주역이라고 말해도 좋지 않을까 생각한다.

〈追記〉
本稿는、2018년 11월 2일에 한국 서울에서 열린 한일문화교류기금 국제학술회의「壬辰倭亂애서 朝鮮通信使의 길로—전쟁의 상처와 치유、그리고 화해—」에서 필자가 발표한 원고를 바탕으로 당일 토론자인 장진엽선생으로부터 지적받은 점을 가필하여 수정한 것이다. 필자가 언급하지 못한 만은 부분을 지적해 주신 장선생께 감사드린다.

또 本稿 가운데「宝永七年寅四月廿三日 朝鮮人來聘之覺」에 宝泰寺 塔頭인 僧侶竹翁가通信使 三使에게 大般若経의 奧書를 의뢰하여 써 받았다

는 記述이 있다는 것을 소개하였다. 그러나 發表原稿 기한까지 三使가 쓴 大般若経의 奧書가 現存하는지 여부를 확인할 수 없었지만, 學術會議를 위해 訪韓하기 直前에 宝泰寺 住職인 藤原東演師로부터 奧書의 有無를 확인 받았다. 갑작스런 연락이어서 오랫동안 이야기 할 수는 없었지만, 第七世 住職인 澄水東壽禪師가 쓴 大般若経 跋文의 翻刻本『澄水禪師大般若波羅蜜多経』(金剛山宝泰禪寺刊、平成21年)를 받았다. 그 가운데 들어 있는 日比野秀雄「澄水禪師一筆奉寫大般若経の寫経時代」에는 大般若経의 奧書에는 通信使에 의한 文章은 確認할 수 없었다고 언급되어 있었다. 筆者인 日比野氏는「経卷 그 자체에는 奧書를 쓰지 않고、다른 것에 썼다고 생각한다. 또는 있었지만 오늘날 잃어 버렸을지도 모른다」(91쪽)쓰고 있다.

藤原東演師에게는 바쁘신 중에 갑자기 연락주시어 대단히 죄송스럽다. 또 방문 중에 귀중한 서적을 주신 것에 깊이 감사를 드린다.

小幡倫裕,「和解の主役たち(朝鮮通信使を通じた事例研究): 静岡市 宝泰寺・清見寺の事例を中心に」에 대한 토론문

張眞熀 | 연세대

역사상 한반도와 일본 사이에는 언제나 크고 작은 분쟁이 있었다. 임진왜란 이후 19세기 초까지 200여 년의 동안의 '平和'는 자못 이례적인 것이었다고 말할 수 있을 정도이다. 통신사 파견의 정치적·경제적 이유는 다양하게 파악될 수 있고, 양국 지배층의 입장 역시 차이가 있다. 또, 문화 교류의 이면에 나타나는 긴장과 경쟁 등의 요소 역시 무시할 수 없다. 특정한 외교 행위는 다양한 주체들의 동기가 복합적으로 작용하여 성립되는 것으로, 그러한 동기들이 어우러져 일정한 효과를 창출해내게 된다. 통신사 교류를 둘러싼 다양한 맥락과 세부적인 상황들은 분명 단순하지 않지만, 그 행위가 장기간의 '평화'라는 '특수한' 성과를 일궈냈다는 점에서 그 역사적 의의가 작지 않다고 할 수 있다. 그런 면에서 통신사 교류에 참여한 주체들 하나하나를 '화해의 주역들'로 명명할 수 있다.

小幡倫裕 선생님의 발표는 沿路의 饗應地들 가운데 駿河國, 곧 静岡市의 宝泰寺와 清見寺의 사례를 소개하고 있다. 이 두 곳은 기왕에 통신사 교류의 기억을 간직하고 있는 명소로 알려진 곳이다. 그리고 오늘 이 발표를 통해 성공적인 통신사 접대를 위해 이 두 곳에서 얼마나 철저한 준비를 하였는지, 또 그 교류의 의미가 오늘날 어떠한 의미를 갖는지가 더욱 분명히 드러나게 되었다고 할 수 있다. 조선 측 기록 외에『駿國雜志』및 宝泰

寺 소장 문서 등 일본 측 사료를 소개함으로써 使行錄을 통해 확인하지 못했던 당시 교류의 또 다른 측면을 보여주었다는 점에서도 의미가 있다. 발표의 전체 논지에 대해서는 모두 동의하며, 몇 가지 질문 및 추가 언급으로 토론을 대신하고자 한다.

1. Ⅱ장의 표 〈宝泰寺・淸見寺の利用狀況〉에서는 조선 측 기록으로 『海行摠載』를 활용하고 있다. 그리고 Ⅲ장 1)의 마지막 부분에서 駿府의 쇠퇴에 대해 언급한 후, "그러나 실제로 駿府를 방문한 통신사의 눈에는 駿府를 駿河州의 중심지로서 德川家康와 관련이 깊은 도시로서 기록되었다."[しかし、實際に駿府を訪れた通信使の目には、駿府は駿河州の中心地として、德川家康と關わり深い賑わいのある都市として記錄されている]고 하였다. 그런데 『海行摠載』에 수록되지 않은 사행록 가운데 駿府와 宝泰寺에 대해 언급한 부분이 몇 곳 있으며 (淸見寺에 대해서는 대부분 언급하였다.) 駿府가 그리 번화한 곳이 아님을 지적한 자료도 있다. 1764년의 사행록에서 몇 곳 인용하면 아래와 같다.

○ 3월 21일 壬申
(…) 느지막이 출발을 하여 駿河府에 닿았다. 여러 站들이 황폐했는데 여기는 조금 번화하였으니 이곳은 家康의 옛 도읍이기 때문이다. 그러므로 마땅히 武州와 더불어 伯仲으로 웅장함과 부유함을 겨루어야 할 것이나 이와 같지 않으니 살아가는 것이 어렵기 때문이다. 館所는 寶泰寺인데 네다섯 명의 승려가 시를 구하였다. (…)
- 袁重擧, 『乘槎錄』(김경숙 옮김, 『조선 후기 지식인, 일본과 만나다』, 소명출판, 2006, 399-400면)

○ 2월 초10일 壬辰

(…) 정오에 駿河府에 도착했다. 마을과 저자는 곧 하나의 도회지였다. 예쁘게 잘 단장한 여자는 없었다. 담장처럼 늘어서서 구경하는데 붉은 담요와 비단 휘장이 자못 사람 눈을 부시게 했다. 寶泰寺 앞에 이르자 家康의 願堂이라고 하여 멀리 下馬牌를 세워 놓았다. 말을 탄 자들은 다 내렸으나 가마만은 내리라고 하지 않았다.

절은 대단히 넓고 화려했으며 꾸미고 아로새긴 것이 매우 사치스러웠다. 매화가 활짝 피어서 붉고 흰 것이 수풀을 이루었고 또 이름을 알지 못하는 것들도 많았다. 작은 못에 있는 섬에는 소철 다섯, 여섯 그루가 있었다. 또 선인장이 있는데 잎은 마치 소의 혀처럼 생겼고 가시가 있어서 손으로 만질 수 없었다. 잎은 겨우 세 가닥으로 두어 마디쯤 되었다. 靑泉(= 申維翰)의 기록에 "귤이 담장을 뚫었다"라는 말이 있는데 지금은 볼 수 없었다.

'方丈' 두 글자를 쓴 편액이 있었다. 癭木으로 판목을 만들었는데 색과 결은 沈香木과 같았다. 戊辰使行 때 越楫이 이 고을 출신으로 자못 문장과 변론에 재주가 있었다. 그런데 이번에는 수응하고 접견하는 사람이 없으니 또한 알 수 없는 일이었다. (…)

- 南玉, 『日觀記』(김보경 옮김, 『붓끝으로 부사산 바람을 가르다』, 소명출판, 2006, 393-394면)

○ 3월 21일 壬申

江尻를 출발해서 駿河府에서 점심을 먹고 藤枝에서 묵었다.[4일 동안 머물렀다.] 비가 와서 땅이 축축하게 젖었다.

卯時에 출발해서 駿河府 안의 寶泰寺에 도착했다. 중 祖鎚, 祖光, 紫桐, 梵牛, 義分, 蕙蘭, 月槎가 모두 시를 바치므로 곧 화답해서 주었다. 갈 때는 보지 못했는데 지금에야 비로소 시를 주는 것은 무슨 뜻인지 정말 모를 일이었다. (…)

- 南玉, 『日觀記』(김보경 옮김, 앞의 책, 425-426면)

2. Ⅲ장 2)-(c)에서 宝泰寺에 남아 있는 문화 교류의 기록으로 「大般若經六百卷奧書」에 대해 언급하였다. 필자는 문학·문화 교류 전공자이므로 이 부분의 내용에 큰 흥미를 느꼈다. 불경에 붙일 奧書를 통신사 측에서 써주었다는 것도 독특하지만, 특히 三使가 모두 이에 응하였다는 사실도 의외이다. 조선인들은 외교의 차원에서 승려들과 시를 주고받았으나, 불교에 관한 언급을 꺼리고 조선이 유교국임을 강조하는 경향이 있었기 때문이다. 해당 기록의 원문에 대해 좀 더 상세한 설명을 부탁드린다.

3. 발표에서 소개한 「宝永七年寅四月廿三日朝鮮人來聘之覺」은 접대에 관한 기록이기 때문에 문화 교류에 대한 부분이 소략한 것은 당연하다고 생각된다. 또, 寶泰寺보다는 淸見寺에서의 교류가 더욱 성대했다는 점 역시 주지의 사실이다. 사실 통신사 시문 교류는 그 규모나 빈도의 차원에서 淸見寺보다 江戶와 大阪에서 더욱 성행했으나, 淸見寺에서의 교류는 하나의 前例로 확립되어 양국 주체가 적극적으로 참여했다는 점에서 특별한 의의가 있는 것이다. 실제로 세 사신은 林家의 太學頭 및 그 아들 외의 다른 인물들과는 시문 수창을 하지 않았다. 그러나 예외적으로 淸見寺에서는 시문 수창을 하였고, 이는 발표자가 지적하였듯이 일본인들과의 공시적 교류인 동시에 예전 통신사와의 통시적 교류이기도 하였다.

'시문 수창'이라는 것은 문인 간의 우아한 만남[雅會]라는 이상과 맞닿아 있다. 그러나 현실적으로는 촉박한 시간 속에서 급하게 시를 써서 주고받는 상황이 대부분이었고, 역설적으로 통신사 교류가 활발해질수록 이러한 '우아하지 못한' 모임이 주류가 되었다. 조선인의 시를 구하는 수많은 일본인들을 응대하려면 '대충' 써서 줄 수밖에 없는 일이 많았기 때문이다. 그러나

清見寺에서는 양측의 문인들이 과거의 전통을 의식하며 신중하고 평온한 마음으로 시문 수창에 임했다. 1764년의 경우 이곳에서 세 사신과 서기들 및 시를 지을 줄 아는 통신사 수행원들이 다 같이 모여 詩軸을 만들기도 했다. 누가 시켜서 한 것이 아니라 清見寺에서의 풍류를 기념하기 위해서였다.

통신사 시문 교류의 전체 분량에 비하면 清見寺에 남아 있는 시문은 사실상 미미한 수준이다. 그러나 다른 곳에서와는 다른 이러한 점이 이곳에서의 시문 수창에 특별한 의미를 더해주는 것이다. 이 점을 강조할 때에 본 발표의 논점이 더 부각될 것으로 생각된다.

4. 1764년을 1746년으로 잘못 쓴 부분이 몇 곳 있다.『來觀小華使臣詩集』은 1763년(1764년) 사행의 창화집이며, 金有聲 역시 1763년 사행 때 화원으로 수행한 인물이다.

-〈3〉の『朝鮮聘使唱和集』は1607年回答兼刷還使から1711年通信使までの交流の中で通信使や清見寺住職が詠んだ詩の中から22首を收めたもの、『來觀小華使臣詩集』は1746年通信使と清見寺住職關椛主忍らが應酬した詩文をまとめたものである。

〈4〉は1746年通信使の畫員金有聲が描いた繪が貼られた四曲一双の屏風で、中でも江原道の洛山寺を描いた 「洛山寺眞景圖」と金剛山を描いた「金剛山眞景圖」が有名である。

このように清見寺には多くの史料が保存されてきたが、その背景について、韓泰文は詩文史料を中心として次のように指摘している。

-ある特定の通信使行の過程で行われるこうした交わりを、「共時的な交流」と呼ぶことにする。清見寺でもこうした共時的交流が行われた

が、先に言及した 『來觀小華使臣詩集』は、1746年通信使の三使を始め
とする10名が、清見寺住職の關棙主忍を始めとする7名の日本人と唱和
した結果物であり、共時的な交流の具体例である。

『朝鮮國通信使詩文帖』 역시 1746년 자료로 되어 있는데, 1748년인지
1764년인지 확인이 필요하다.

-また、1700年代後半に清見寺の住職を努めた關棙主忍(かんれいしゅ
にん)は、先述〈3〉の『來觀小華使臣詩集』でも言及したとおり、通信使
との積極的な文化交流を行った人物である。また〈1〉②の『朝鮮國通信
使詩文帖』には1746年通信使使行員の詩文が相當數入っており、この時
期に詩文による文化交流が盛んに行われたと考えられる。現在、清見
寺に殘る扁額の多くはこの時期に制作されたと考えられている。

종합토론

사회 _ 손승철

壬辰倭亂에서 朝鮮通信使의 길로

손승철 종합토론을 시작하도록 하겠습니다. 오전에 제 소개를 했기 때문에 따로 말씀 안 드리고요. 오늘 아침서부터 지금까지 기조강연을 하고 주제발표 5개를 발표를 했습니다. 그런데 같이 들으셔서 느끼셨겠지만 제가 생각하기에 한일관계사의 전문성과, 학술성이 담보된 아주 수준 높은 논문들이었다고 생각이 듭니다. 그런데 저희가 임진왜란에서 조선통신사의 길이라는 주제로 전쟁, 상처, 그 다음에 치유, 화해 이렇게 키워드를 정했습니다. 그런데 이게 쉬운 얘기는 아니겠습니다만 전체적인 주제발표 논문들의 흐름으로 볼 때 그렇게 스토리텔링 해 가는 것도 큰 문제는 없지 않겠냐 그래서 물론 개별적인 역사사실에 대한 확인이라든지 또는 그것에 대한 논의도 중요하겠지만 기본적으로 오늘 심포지움에 대 주제 또는 흐름을 의식하시면서 지금부터 뭔가 우리 의견을 모아가는 시간을 만들었으면 좋겠다. 이렇게 생각하고 있습니다. 그래서 5개 주제에 대한 약정토론을 우선 하도록 하겠습니다. 거듭 말씀드리지만 사실 확인을 포함해서 주제의 흐름을 의식하면서 토론을 제기해주시면 감사하겠고, 그리고 답변하는 분도 역시 그것을 염두 해 두고 답변을 해주시면 나중에 의견을 모아 가는데 도움이 되지 않을까 기대를 하고 있습니다. 대략 하나의 주제에 대해서 한 5분정도 토론을 해주시고 또 답변해주시고 또 청중 속에서 여러분들 계십니다만 나중에 코멘트도 해주시고 마지막으로 이사장님께서 한 말씀 마무리 해주십시오. 이렇게 하면 대략 두 시간 예상하고 있습니다. 그래서 우선 먼저 임진왜란이라는 역사적인 사건을 어떻게 봐야할가 입니다. 한선생님께서 끝부분에 현재의 상황과도 관련해서 말씀을 해주셨는데, 거기에 대해서 임진왜란 전공하시는 상명대학의 김문자 교수님께서 토론을 해주시겠습니다.

김문자 방금 소개받은 상명대학교의 김문자입니다. 토론 시간이 5분정도이기 때문에 토론문 중에서 몇 가지만 질문하도록 하겠습니다. 우선 한명기 선생님은 활발한 연구 활동과 강연을 통해서 병자, 정묘호란을 물론이지만 임진왜란에 대해서도 학술적인 업적뿐만 아니라 최근에는 역사의 대중화에도 많은 영향을 주고 있는 대표적인 연구자입니다. 오늘 발표하신 것은 임진왜란이 어떠한 배경에서 발생했고, 어떤 양상으로 전개되었는가, 기타 등등 여러 가지 말씀을 해주셨습니다. 물론 선생님이 오늘 발표하신 내용에는 내용과 관련해서 특별히 문제제기 할 것은 없었습니다. 그래서 제가 내용에 대한 문제제기 보다는 임진왜란에 대해서 전반적으로 느끼시고 있는 부분에 대해서 조금 보완이라든가 또는 의견을 묻는 것으로 대신하겠습니다.

두번째입니다. 여기 14쪽이라고 되어있는데, 발표책자로써는 31쪽입니다. 31쪽에 아까 선생님도 잠깐 언급을 하셨는데, 조선이 심각한 고민 끝에 1607년에 회답겸쇄환사라는 괴상한 명칭을 지닌 통신사를 파견하여서 일본과 전쟁 끝나고 난 후에 국교를 재개하기로 결정했던 것이라고 지적한 부분이 있습니다. 그런데 제가 명칭에 대해서도 어떻게 생각하시는지도 궁금했었고, 최근 연구동향을 보면 1607년에 파견된 회답겸쇄환사에 대해서 여러 가지 이야기가 많이 되고 있는데, 지금까지는 조선이 이에 대해서 굉장히 수동적인 관점에서 파견했다라고 하는 경향도 있지만 오히려 회답겸쇄환사야 말로 기유약조와 함께 전쟁 이후의 피폐해진 조선사회와 민심을 안정시키고 일본에 대응하기 위해서 전략적이기도 했었고, 조선의 대일정책 기본을 만든 파견이었다는 평가도 적지 않습니다. 이와 관련해서 선생님의 회답겸쇄환사 파견에 대한 평가나 견해를 듣고 싶습니다.

  그리고 세 번째는 2013년도부터 중국이 세계전략화를 세우고 있고, 2049
년에는 중국몽이라고 하면서 최근에는 중국에서 임진왜란에 대해서 관심이
굉장히 높아지고 있다고 합니다. 그래서 이부분과 관련해서 선생님께서 발
표문에서 좀 마지막에 간략하게 언급을 하셨지만 지금 중국이 임진왜란 연
구와 관련되어 어떤 특징을 가지고 있다든가 이런 연구에 대해서 우리가
각별히 주의하거나 경각심을 가져야 하는 부분이 있다면 어떤 부분이 있을
까 의견 부탁드립니다. 그리고 그 다음은 임진왜란 전쟁의 명칭에 관한 문
제인데요. 물론 이 명칭 문제는 저도 사실은 확고하게 이렇게 써야한다는
부분에 대해서는 자신은 없지만 그래도 최근에 중국이 국내정세와 관련해
서 임진왜란에 대한 관심이 이렇게 고조된 상황으로 볼 때 보다 전략적인
차원 또는 동아시아와 세계 문명사의 변화와 연관해서 조금 지금 같은 임
란이라든가 난이라는 표현보다는 다른 것을 모색해야하는 것 아닌가라고
생각이 들어서 선생님께서 임진전쟁 명칭에 관해서 새로운 명칭을 염두 해
두신 것이 있다면 좀 부탁드리겠습니다.

  그리고 마지막은 다섯 번째인데요. 물론 오늘 한명기 선생님께서 마지막
부분에 국가의 실력을 갖춰야하고 또 임진왜란에 대해서 성찰을 잘 하고
그래서 동북아 균형자론을 내세울 때는 충분한 국력이 없으면 소용이 없다
고 말씀하신 것은 뭐 당연한 말씀이신 것 같습니다. 다만 오늘 발표주제가
임진왜란과 관련 있는 것만큼 우리가 동아시아 평화구축을 위한 역사적인
거울로써 임진왜란 연구를 할 경우에 지금과 같이 연구를 하는 것이 맞는
가, 어떤 방법이라든가 방향도 지금보다는 조금 더 차별화되어야 하지 않겠
느냐 이런 생각을 했습니다. 최근에 임진전쟁과 관련된 사료를 중국에서 체
계적으로 수집을 하고 디지털화하는 작업을 하고 있다고 합니다. 그런데 그
런 작업을 하고 있는 가운데서 사료의 어떤 것을 언제 디지털 할 것인가
구체적인 내용이라든가 국제적으로 어떠한 사료를 공유할까 그런 방향에서
는 신중한 태도를 보이고 있다고 합니다. 그래서 이런 점을 염두에 두어 임

진왜란 연구의 방법이라든가 방향에 대해서 평소에 가진 의견이 있으시면 말씀해주시길 바랍니다. 나머지 기타부분은 제가 개인적으로 물어보도록 하겠습니다. 예, 이상입니다.

손승철 예 답변해주시죠.

한명기 예 김문자 선생님 감사합니다. 일단 첫 번째 질문은 회답겸쇄환사는 어떻게 파견되었는지에 대해서 이야기 해주셨는데 김문자 선생님은 강화협상에 대해서 좋은 논문도 쓰셨기 때문에 이 문제에 대해서 잘 아시겠지만 저는 근본적으로는 회답겸쇄환사 파견이 역시 조선의 전략적 차원에서 이뤄진 것에 대한 사실은 인정합니다.

그런데 적어도 우리가 인정해야할 것은 왜란 끝나고 나서 명·청 교체기에 이르는 시기동안 조선은 사실상 너무 전쟁으로 약체화되어야 가지고 사실은 주변정세 변화에 그렇게 대응할만한 대책들을 가지고 있지 않은 상태였거든요. 그 점을 염두 해 보면서 전통적으로 일본과 여진에 대한 우월의식을 가지고 있던 조선이 왜란을 통해서 일본을 이중적으로 인식 했다고 본다고 보는데, 일단은 극도의 적대심이고, 또 다른 하나는 일본의 무력을 직접 경험한 상태에서의 일종의 공포심 이게 측종된 상태에서 국가의 체면과 현실사이를 어떻게 조화 할 것이냐 이러한 고민의 선상에서 나온 것이 회답겸쇄환사라고 생각을 합니다.

그래서 조금 시기가 늦긴 합니다만 1629년에 갠포 현방이 상경을 요구했을 때 조선내부에서는 임진왜란에 대한 격렬한 원한 때문에 갠포의 상경을 절대로 허용하면 안 된다고 신하들이 대부분 이야기를 했는데, 결국은 이정고라고 하는 사람의 논의에 의해서 결정이 되거든요. 그런데 이정고가 뭐라고 이야기 했냐면 지금 조선은 한마디로 말하면 空虛之國이다. 空자에다가 虛자 남북으로 지금 아무것도 내세울 만한 현실이 없는 상태에서 결국 체면만 내세워서 현방 일행의 상경을 저지할 경우에 후금과 일본을 동시에 어떻게 처리할 것인가 뭐 이런 논의가 나오게 되면서 허용 쪽으로 가닥이 잡아지는 것을 염두 해보면 큰 그림에서는 조선이 전략적 대응을 할 수밖에 없었던 수세의 문제를 결국 고민할 수밖에 없었지 않았을까 이런 생각을 합니다.

그 다음에 두 번째 질문은 중국에서 요즘 임진왜란 관련 소설도 나오고 책들이 많이 나오는데 제가 다 살펴보지는 못했습니다만 요즘 느끼는 감은 뭐냐하면 역시 힘이 커지고 자기들이 물질적으로 풍부해지니간 과거를 조금 자기들 입맛에 맞게 분식하려는 그런 욕망 같은 것이 조금 꿈틀거린다. 그런 느낌이 듭니다. 중국의 임진왜란 인식에 대해서 일찍이 이시하라 미쯔히로인가요? 西原道博이라는 그분이 조선학구나 이런데서 언급을 한 적이 있는데, 대체로 그 언급에서도 나왔습니다만 중국인들은 임진왜란을 접근할 때 1592년의 임진왜란은 제 1차 중·일 전쟁이고, 1894년 청·일 전쟁은 제 2차 중·일 전쟁이다. 그런데 왜 제 1차 중일전쟁에서는 일본을 한반도에서 어느 정도 저지하는데 성공을 했는데, 왜 제 2차 때는 왜 그리 허무하게 깨졌을까? 결국 철저하게 자기중심적 입장이죠. 근데 그 입장이 요즘 나오는 소설이나 전반적인 책에서도 크게 달라지지 않았다는 느낌이라는 것을 많이 봤기 때문에 우리가 중국측의 연구성과 증가는 환영할 만한 일이지만 결국 인식방향에 대해서 한번 깊이 생각해 봐야 될 한계도 있다. 그런 생각이 듭니다.

그리고 세 번째 질문은 명칭관련 문제입니다만 물론 이것은 너무 오랫동안 여러 사람들이 고민해온 문제인데, 한마디로 말씀드리면 한참 전에 동아일보에 임진왜란이라는 소설이 김성환 작가에 의해서 연재가 되었죠 그게 한 5년 전에 다시 책으로 묶여져 나왔는데, 그 책의 제목은 7년 전쟁이었습니다. 근데 그 당시 이야기를 들어보니간 처음에도 동아일보 연재를 시작할 때 한 달분 분량은 7년 전쟁으로 했었는데 이 사람들이 빗발치게 전화를 해서 임진왜란이 왜 7년 전쟁이냐? 이런 식으로 항의를 해서 어쩔 수 없이 임진왜란으로 도로 바꿨다고 이야기합니다만 뭐 저도 그런생각을 하죠. 우리의 임진왜란 정유재란, 또 일본의 交祿慶長の役, 그 다음의 중국의 抗日援朝 전부 자국 중심적 시각이거나 혹은 전쟁의 속성을 의도적으로 은폐하려는 경향이 대단히 강하기 때문에 앞으로 동아시아 전체의 흐름을 놓고 본다면 역시 임진전쟁이라든가 영어로 표현하면 임진 위 1592년에서 1598년까지 7년 전쟁 이런 식으로 당분간 쓸 수밖에 없지 않을까 이런 생각을 합니다.

그 다음에 이제 4번째 질문하신 내용은 현실하고 대단히 강하게 언급된 부분입니다만 물론 임진왜란에서 동아시아의 현실의 평화를 위한 어떤 교훈을 얻어내야 되겠느냐 뭐 이런 문제의식이었는데요. 저는 우선 침략을 자행한 도요토미 히데요시의 문제점은 당연히 언급되고 지적되어야 하지만 그런 변화의 연장선상에 있던 조선이 결국은 1540년대 이후로 척신정치 내용에 빠져야지고 내부의 통치를 제대로 구축하는데 실패했던 것, 이것은 깊이 생각해봐야 할 과제라는 그런 생각을 합니다. 그래서 일찍이 어떤 분도 그런 말을 했지만 중국과 일본이 한반도를 놓고 역사적으로 대단히 심각한 각축들을 벌여왔는데 그런 각축을 더 이상 멈추고 동아시아 평화를 이루기 위해서는 한반도가 맡은 역할이 굉장히 중요하다. 그런데 저는 역할의 첫 번째 과제가 한반도가 너무 상대적으로 중국과 일본에 비해서 약하면 사실은 균형이 무너져서 중·일 양국이 패권의 국가로 갈 가능성이 굉장히 크다. 라는 사실이죠. 그래서 공식적으로 말씀드리자면 이제 북핵문제 해결을 두고 이전하고 다른 환경이 조성되고 있습니다만 역시 이 남·북간에도 협상이 잘 돼서 남북한이 평화적으로 통일이 되는 것이 어쩌면 진정한 의미에서 동아시아 평화와 안정이 구축되는데 첫 징검다리가 되지 않을까? 그래서 삼국의 정치인들은 제각각 생각이 다르지만 삼국의 민간차원이나 학자들은 그런 문제의 중차대성을 인정을 하고, 그런 방향으로 서로 지혜를 모아가야 하지 않을까? 그런 생각을 상당히 거칠게 생각해보았습니다. 예. 감사합니다.

손승철 그런데 중국이고 일본이고 오히려 한반도가 강해지는 것을 견제해가지고 약하게 만들려고 하는 것 아니에요?

한명기 예 그러니까 임진왜란하고 주제가 조금 멉니다만 이런 생각을 하죠. 중국이랑 조선 일본이 동아시아 삼국을 구성하였는데 보통 그 시스템을 조공책봉체계라고 이야기를 합니다. 그런데 조공책봉체계는 잘 아시는 것처럼 일단 조공국의 내정에는 간섭을 하지 않는 것이 일종의 불문율이거든요. 그런데 명이든 청이든 간에 그런 불문율을 깼던 시기가 언제냐 제가 볼 때 첫 시기는 임진왜란이고 두 번째 시기는 임오군란 무렵이었거든요. 그 두 시기의 공통점이 뭐냐 하면 명은 조선에 참전했다가 일본이 의외로 강하다는 사실에 깜짝 놀라고, 조선을 저런 식으로 방치하면 계속 일본이 침략해 올 것, 그러면 명나라가 계속 막대한 양의 인력과 전비를 들여 조선에 참전해야한다. 뭐 이런 생각을 하니깐 조선에 굉장히 까칠해지기 시작하면서 아까 말씀해 드린 것처럼 왕위교체론, 직할통치론과 같은 무시무시한 이야기를 했고요. 그 다음에 임오군란이라는 것이 결국은 서양열강으로부터 아편전쟁 당하고 일본의 도전에 직면하니깐 결국 과거 경험을 반추해서 조선을 확실하게 장악해야한다 하는 것의 상징이 대원군 납치고, 사실 국왕의 아버지를 이렇게 이른바 종주국이 납치한다고 하는 것은 이걸 조공책봉체제로 치면 완전히 최악의 구렁으로 떨어졌다는 것을 의미하는 것이니깐 그런 면에서 손승철 교수님 말씀처럼 중국과 일본이 그런 것을 조장하는 측면이 물론 역사적으로 존재하는데 역시 그것을 피하려는 노력은 한반도에서 먼저 시작하는 것이 맞지 않을까 이런 생각을 합니다.

손승철 그런데 토의 질문의 핵심은 '괴상한 명칭'이라는 표현인데요, 사실은 통신사라는 명칭이 정착되기 그 이전에 회답겸쇄환사가 있었고 또 그이전에는 사실은 탐적사가 있었거든요. 어떻게 보면 탐적사가 더 괴상한 명칭이지요. 그래서 괴상한 명칭이라고 어떤 의도적으로 쓰신 것인지 아니면 갑자기 쓰신 것인지 그 진심을 묻기 위해서 아마 질문하신 것인데…

한명기 네. 의도적으로 쓴 것입니다. 뭐 탐적사 말씀을 하시겠지만 역시 아까 손승철교수님 발표하시면서 선릉·정릉을 도굴했던 일본은 왜란 끝나고 나서 일본의 대한 적개심의 이유가 여러 가지 있는데, 그 중에서 지배층 가운데서 가장 큰 것은 역시 왕릉을 건드린 만세불공의 원수라는 것이거든요. 그니깐 이제 국교재개의 옵션으로 犯陵賊을 縛送하라는 것을 1차원으로 이야기가 되었을 것인데 결국은 아마 조선 측에서는 이것은 설마 못하겠지 라는 어마어마한 조건이라고 생각을 했는데 그 중간에 대마도가 개입되어서 어떻게 보면 좀 뻔뻔하게, 사실은 넘어간 것이 아닙니까? 그래서 어느 정도 체면이 달성되었다고 생각을 하니깐 결국 체면과 현실사이 또 일본에 대한 실체와 현실사이 여기서의 고민이 반영되어서 탐적사만큼이나 저는 회답겸쇄환사도 굉장히 이상이라고 했으면 반응이 덜 나왔을 텐데 괴상이라고 했기 때문에 그러한 표현을 썼습니다만 뭐 저는 그렇게 생각합니다.

손승철 근데 그 명칭은 좀 더 고민을 해봐야할 것 같아요. 그 시기의 조선이라는 나라가 약체였고, 그건 분명한 사실이지만 조선이 그런 상황에서 어떻게든 조선의 입장에서도 한일관계를 정상화시키려고 강화를 하려고 노력한 표현의 하나의 과정에서 용어를 탐적사, 회답겸쇄환사, 통신사 이렇게 진화, 발전해가면서 통신사로 정착된 것이 아니냐. 그렇게 평가하는 것이 일반적인 평가들이었는데, 그것을 괴상하다고 하시니깐 아마 발끈하신 것 같아요. 지금 그래서 그 부분에 대한 것은 간단한 문제가 아닌 것 같습니다.

그런데 그 과정에서 우리는 회답겸쇄환사라는 용어가 나왔다고 생각을 하거든요. 혹시 다른 분 의견 있으십니까?

이훈 사실 이 회답겸쇄환사라는 명칭은 일본에게 공식적으로 통보된 명칭이 아니에요. 내부용이지.

김문자 그렇다 하더라도 이런 배경이나 이런 것을 볼 때는 군이 선생님께서 그렇게 표현한 것에 대해서는 조금 그렇지 않냐 그런 의미에서 제가 질문한 것입니다.

한명기 그럼 제가 괴상한 사람이 되는 것이죠.

손승철 명칭에 관한 검토도 사실 면밀하게 할 필요는 있겠지요. 알겠습니다. 혹시 다른 분 의견 있으십니까? 명칭에 대해서. 저 우리 이 대사님은 죄송합니다만 지금 한교수가 동북아 균형론을 이야기하면서 요즘 현실 동북아관계 이야기 하는데 그건 동의하십니까?

이대사님 왜 저한테 질문하시죠? 저는 뭐 아웃사이더인데요. 근데 그 당시의 구조와 지금이 기본적으로 다른 것이 있습니다. 여기 미국이라는 막강한 나라가 들어와 있지요. 물론 동북아 정세만을 놓고 보면 미국은 약간 아웃사이더처럼 보이지만 우리가 1948년 건국 이래에 지금까지 70년 동안 우리 대한민국의 나라를 오늘날의 위치를 가능하게 한 것은 사실 미국이고 또 거기 플러스 일본입니다. 중국·러시아와는 아주 고약한 관계를, 지금은 국교가 다 정상화 되어있지만요.

따라서 오늘날의 우리가 앞으로 어떻게 해야 할 것인가에 대해서는 미국의 존재, 이것을 움직일 수 없는 그러한 요인으로 보고 생각을 해야 할 것 같습니다. 물론 우리가 강대한 나라로 만드는 것은 중요하지요. 그러나 이 4국 관계 틈바귀에서 우리가 혼자 강한 나라가 되어서 외부의 간섭을 절대 배격하는 그런 나라로 갈 수가 없어요. 이것은 역사적으로도 불가능합니다. 제가 봤을 때는요. 그래서 저는 뭐 요즘 상황과는 조금 다를지 모르겠습니다만 우리는 지금까지 해왔던 미국하고 일본, 소위 한·미·일 3각 체재라는 것, 이것을 더 확실히 다져나가야 한다. 거기서 힘이 생겨나는 것이고, 거기서 우리가 중국이나 러시아에게 말 할 수 있는 발언권이 생긴다. 저는 그렇게 생각합니다.

  손승철 아까 그 점에 대해서는 신 대사님도 권역 외에 미국의 역할이라든지 기능에 대해서 아까 잠깐 지적을 해주셨는데 염두에 두어야 할 말씀이신 것 같습니다. 자 그러면 두 번째 주제로 넘어가겠습니다. 두 번째 주제는 제가 발표한 것에 대해서 서울역사편찬원에 이상배 선생님께서 해주시겠습니다.

  이상배 네. 안녕하십니까. 서울역사편찬원의 이상배입니다. 토론문을 중심으로 말씀드리겠습니다. 손승철 교수님의 논문은 임진왜란 당시 일본이 서울에서 자행했던 여러 분야의 참상 가운데 인명 피해의 실상을 중심으로 정리를 하셨습니다. 손교수님은 아시다시피 조선시대 한일관계의 최고 전문가이십니다. 비록 작은 주제이지만 이 글은 《동국신석삼강행실도》의 세부적인 기록을 바탕으로 하여 아주 섬세하게 당시의 실상을 밝혀 주셨습니다. 이 글을 읽으면서 다양한 형태의 주검들과 이 실상을 통해 전쟁의 참상도 알 수 있었지만 다른 한편으로는 당시 살았던 조선인들의 삶의 가치, 행동 가치에 대한 조선 지식인들의 생각, 전쟁이 일반 백성들에게 끼치는 영향 등을 다시 돌아보는 계기가 되었습니다.
  오늘의 대주제를 보듯이 어찌되었건 전쟁은 과거나 현재, 미래에서도 일어나서는 안 되는 일입니다. 논문에서 밝혔듯이 서울에서만도 수 만 명의 피해가 발생했습니다. 본 글은 광해군 때 기록되었던 서울 출신 사망자 112 명에 대한 구체적인 사례를 언급했을 뿐이니 이를 전국적인 수치와 사례로 확대한다면 너무나 끔직한 결과가 나타날 것은 자명한 일입니다. 논문에 대한 세부적인 토론보다는 오늘 주제와 관련해서 큰 틀에서 한 가지만 여쭙고자 합니다.

우리 역사에서 보듯이 한국과 일본은 고대부터 현대까지, 아니 먼 미래까지 영원히 떨어지려야 떨어질 수 없는 관계입니다. 역사적으로 보면 상호 친밀하게 도움을 주고받으며 함께 성장한 시기도 있고, 민족의 약육강식 논리에 따라 도전과 응전의 시기도 함께 했습니다. 심지어는 오랜 기간 상대국을 식민지화 하면서 깊은 상처를 안겨주기도 했습니다. 이를 계기로 한국에서는 '가깝고도 먼 나라'라는 인식을 갖게 했고, 앞으로도 함께 하기 어려운 민족이라는 어두운 이미지가 오랜 시간 굳어져 내려오고 있는 것이 사실입니다. 아마도 현대인들이 가지고 있는 일본에 대한 부정적인 인식은 제국주의 시대 일제 강점으로부터 연유될 것입니다. 그리고 보다 더 멀리 그 근원을 찾아 간다면 임진왜란이요, 그 이전에는 왜구의 침략까지 거론될 수 있을 것입니다.

고려 말 조선 초 왜구의 잦은 침략으로 괴로움을 겪던 조선은 대마도를 정벌한 이후 양국의 통신사 왕래를 통해 문화 교류를 추진했지만 200년 만에 다시 대대적인 일본의 침략을 맞이했습니다. 전쟁의 참상을 겪은 조선은 피해 복구는 물론 민심의 안정도 제대로 추스를 겨를이 없었습니다. 이어진 인조반정과 이괄의 난, 정묘호란, 병자호란 등 계속된 환란으로 조선 역사에서 이 40여 년간은 가장 어려운 시기였을 것입니다. 역경을 겪은 이후 조선은 전쟁의 상처를 치유하고 이웃 나라들과 다시 화해를 모색해갔습니다. 일본과의 화해모드는 통신사를 통해 이루어졌습니다. 그러나 이러한 노력도 300년이 흘러 전쟁의 아픔이 잊혀져갈 무렵 일본은 또 다시 한반도를 침략하여 식민지화 했습니다. 해방 이후 식민지화에 대한 뿌리 깊은 상처는 아직도 아물지 않고 70여 년이 흘렀건만 양국의 갈등 소지는 평행선을 달리고 있는 느낌입니다.

우리는 현대의 산적한 갖가지 문제들을 슬기롭게 헤쳐 나가고자 역사를 배우고 연구합니다. 조선시대 이후 두 번의 큰 전쟁과 식민지를 겪었고, 그에 대한 치유와 화해의 길도 똑같이 반복하면서 양국은 머리를 맞대고 있습니다. 이러한 관점에서 조선시대 한일관계사를 전공하신 선생님의 고견을 듣고 싶은 생각입니다.

임진왜란 이후 조선과 일본은 통신사를 매개로 다시금 문화 교류를 하고 갈등을 최소화하는 등 양국의 관계를 300여 년간 유지해왔습니다. 임진왜란 이후의 일본이 취한 행동과 식민지화 이후 일본이 취한 행동을 비교해서 평가하신다면 오늘날 일본이 어떤 태도를 취해야 진정한 화해와 미래 평화를 위한 자세라고 생각하시는지요. 같은 논리로 조선이 전쟁 이후 취한 일본에 대한 인식이나 정책과 해방 이후 한국이 일본을 대하는 자세를 비교해서 오늘날 한국이 취해야 할 스탠스는 무엇이라고 생각하시는지요. 물론 두 시기를 같은 잣대로 평가한다는 것은 무리가 있겠지만 아무리 산업이 발달하고 문화가 빠르게 변화한다고 해도 기본적으로 양국이 가져야 할 최소한의 자세와 키워드는 크게 다르지 않을 것이라고 생각합니다. 양국의 관계사를 전공하셨기 때문에 그런 전문가적 입장에서 선생님의 고견을 부탁드립니다.

손승철(발표자) 사실은 제가 그 답을 몰라서 그 답을 알려고 이 심포지움을 열었습니다. 아까도 말씀드렸지만 우리가 주제를 이렇게 정한 이유는 요즘에도 1945년 해방이 되고 1965년에 기본조약이 맺어지고, 그리고 50년이 지났는데도 왜 이렇게 갈등의 연속일까 도대체 뭐가 한일관계의 문제이기에 이런가. 어떻게 풀어가야 하는가. 그걸 고민해가면서 역사 속에서 그런 경험, 그러니깐 임진왜란, 조선통신사 그런 것을 생각하면서 혹시 그 속에 어떤 해답 같은 것이 있지 않을까? 해답이라고 하기 보다도 뭔가 하나의 교훈 같은 것이 있지 않을까 이런 생각을 가지고 사실은 저도 여러분들의 발표를 통해서 얻어 보려고 했던 겁니다. 그런데 심포지움을 진행하면서 보니깐 조선왕조라는 것이 기본적으로 이제 중국·일본관계를 생각할 때 왕조가 개창하면서 세웠던 외교정책의 기본이 사대교린 정책이었다. 사대정책은 뭐냐 그건 역시 誠일 것 같아요 진실할 성, 성의를 다하는 성, 대국으로 상대 하는 것이고, 그 다음에 일본에 대해서는 믿음, 信이 아닐까. 그래서 誠과 信이 사대교린 정책의 기본 키워드가 아닐까 그런 생각을 했습니다. 그러다가 1429년의 최초의 통신사가 파견되면서 그것이 시스템으로 제도화되고, 그리고 임진왜란 직후의 일본과 강화교섭을 하면서 다시 그것이 하나의 모델이 되어서 일본에 적용하려고 했던 것이 아니냐. 이런 생각을 했습니다. 그러면서 전쟁이기 때문에 이걸 어떻게 수습할까 할 때 결국 외교라는 것은 명분과 실리가 공존해야하는데, 명분을 찾아가는 것이 역시 국왕호 다시 말해서 사대교린의 기본 외교정책을 실현하는 것, 일본의 국서의 국왕호가 들어가는 것이지요. 다시 말해서 책봉국가가 되는 것입니다. 그리고 국가의 체면을 왕릉을 도굴해서 일그러트렸으니깐 그것을 회복시키는 것, 그 다음에 민심 수습차원에서 쇄환이 아닐까 이렇게 생각을 했어요. 그래서 조선왕조가 일본에 대해서 강화조건으로 내세운 것이 바로 그 3가지 아닙니까? 國王號를 한 국서를 먼저 보내와라 그 다음에 범릉자를 박송해라 그리고 전쟁 피로인들을 조선으로 쇄환시켜라 그래서 바로 이 쇄환사의 과정, 이미 알고 있지만 1607년을 전후해서부터 계속 1643년 계미통신사까지 계속 통신사들이 쇄환의 역할을 하고 있잖아요 기본적으로 그러면서 그 과정 속에서 나름대로 민심수습차원에서의 뭐 요즘 용어로 표현하면 치유 같은 것을 노력하지 않았을까? 저는 그렇게 유추를 해봤습니다.

그런데 그것을 일본 측에서 무리하게 국서를 개찬하고, 그 다음에 가짜

범인을 잡아 보내고 그랬지만 조선 측에서는 명분이 달성이 됐고, 그리고 실리는 일본과 어쨌거나 빨리 강화를 하는 것이었으니깐 그렇게 됐지만 그것을 쉽게 하기 어려우니깐 명칭 자체도 탐적사, 회답겸쇄환사 이런 식으로 통신사로 정착되어가는 것이 아닐까 이런 생각을 좀 했습니다만 이건 어디까지나 제 생각인데, 그런 가설이 맞을지 어떨지 잘 모르겠어요. 그런데 예를 들어서 최근에 한일관계의 갈등 화해를 예를 들면서 독일 폴란드라든지 독일 이스라엘이라든지 이런 것을 이야기 한단 말이에요. 그럼 이 사람들은 어떻게 이 치유의 과정을 거치고 있는가? 이런 것을 보면서 여기 일본이 어떤 태도를 취해야 하는지 물으셨지만 한국에서도 매스컴을 보면 그런 태도를 상당히 요구하는 것 아닌가요? 그래서 진정성이 없다든지 뭐 이런 식으로 이야기 하는 것이 결국 그런 표현이 아닌가. 이런 생각을 좀 해봤죠. 그래서 뭐 저는 이 정도까지 밖에만 생각을 못하고 있습니다만 토론 과정에서 더 좋은 의견을 말씀해주시면 감사하겠습니다. 답변이 될 런지 모르겠습니다만

　세기네　아까 여쭤보고 싶었지만 사회자였기 때문에 여쭤보지 못했는데 동국신속삼강행실도를 분석해보니깐 잘 안 나오지만 논문 타이틀에는 몇 개 나왔고요. 간단한 요지가 나왔는데 일본에서는 그것을 교과서, 윤리교과서 정도 그리고 또 야사 정도로 인식하고 있거든요? 근데 서울시민의 ⅓이 죽었다면 굉장히 큰 피해인데 남경대학살 때 30만 명 죽은 것은 다 알고 있는 사실이지만 임진왜란 때 이렇게 서울 사람 피해가 있었다는 것을 일본사람들은 잘 모르거든요? 그런데 이런 사실을 알고 있는 것이 상식인데 안 되었다는 건데, 이 문헌이 역사적인 연구 가치로서 野史나 교과서 수준으로 밖에 안 되는 것인지 그것을 여쭤보고 싶습니다.

　손승철(발표자)　아니 야사는 아니죠. 광해군 때 직접 관청을 설치해가지

고 전국적인 조사·사례 그것을 통해서 삼강행실도를 만든 것이기 때문에 이것은 야사나 그런 차원의 것이 아니라 거의 공문서 수준으로 효력을 갖게 되는 것입니다. 그런데 일본에서 잘 모르는 것은 그만큼 역사적으로 이런 것에 대한 연구라든지 보급이 안됐는데 선생님도 고대사만 하지 마시고 이것도 한 번 관심을 가지세요.

손승철 자 이정도로만 하고 죄송합니다만 세 번째 주제로 넘어가겠습니다. 세 번째 주제는 아라키 선생님 발표에 대해서 광주여대의 정성일 교수님께서 해주시겠습니다.

정성일 예. 방금 소개받은 광주여대 정성일입니다. 발표 자료집 127쪽입니다. 아라키 선생님은 제가 알기로 작년도에 강원대학교에 유학을 오셔서 바쁘신 일과 중에도 국사편찬위원회의 사료조사를 통해서 오늘 발표하신 기초사료인 서계를 충실하게 조사하셔서 이렇게 좋은 논문을 발표하셨다고 생각을 합니다.

오늘 발표하신 아라키 선생님의 주제에 대해서는 이미 한국과 일본에서 연구가 전혀 없었던 것은 아니지만 그리고 또 서계에 대한 분석은 이 자리에 계신 손승철교수님과 이훈교수님도 언급을 하신 부분도 있지만 오늘 아라키 선생님 발표의 특징이라고 할까요? 새로운 성과는 127페이지 첫 번째 문단에 적은 것처럼 이른바 1607년에 회답겸쇄환사, 통신사가 일본을 방문함으로 인해서 강화가 성립되었고, 그 다음에 1609년에 기유약조가 체결되었고, 또 기유약조에 따라서 1611년에 이른바 무역선이라고 할 수 있는 세견선이 부산항으로 처음 입항하기 시작했다하는 그런 과정, 일련의 과정을 서계를 중심으로 치밀하게 실증적으로 분석하는데 있다고 생각합니다.

다음 128페이지에 보시면 지금 말씀드린 것처럼 1607년, 1609년, 1611년 이렇게 2년 사이로 커다란 일본과의 강화교섭, 또 그에 수반되는 무역협정

체계가 이뤄졌는데 왜 그러면 1607년에 강화교섭이 이루어졌으면 바로, 혹은 그 이후로 바로 후속조치로 무역협정이 체결되지 않았을까? 또 무역협정이 체결되었는데도 왜 2년이나 걸려서, 2년 후에야 무역선이 조선으로 건너오게 되었을까하는 그런 의문에 대해서 굉장히 구체적으로, 실증적으로 오늘 발표를 통해서 설명을 해주셨다고 생각이 듭니다.

그래서 제가 내용을 다시 정리할 필요는 없을 것 같고요. 이와 관련해서 제가 두가지 정도 아라키 선생님께 한 번 의견을 여쭤보고 싶습니다.

첫 번째는 조선 조정이 끝내 상경, 일본 사신이 한양까지 오겠다고 하는 것을 끝내 허락하지 않은 사실입니다. 물론 앞선 발표에서 한명기 선생님도 말씀하셨고, 또 이훈 선생님 발표에서도 일본 측의 이른바 상경요구가 끊임없이 지속이 됩니다만 메이지 정부 이후 이른바 1876년에 강화도조약이 체결되기 전까지는 단 한 차례 유일하게 1629년에 유일하게 딱 한 번만 상경이 허락되고, 나머지는 끝내 조선정부가 그것을 허락하지 않았습니다. 그리고 또 동시에 일본 대마도, 즉 쓰시마는 기회가 있을 때마다 상경요구를 했습니다. 그래서 이러한 사실을 어떻게 해석할 것인가 그래서 오늘 아라키 선생님의 발표는 그 실증적인 분석 그것에 대한 사실을 더 뛰어 넘어서 129페이지에 있는 것입니다. 쓰시마는 막부가 요구한, 막부가 파견을 지시한 사신이라는 것을 핑계를 대서 상경을 요구를 하고, 또 조선 조정은 이것은 명의 허락을 받아야 하는 사안이다. 라고 핑계를 대서 결과적으로 양쪽 다 허위의, 또는 과장된 그런 이유를 대서 결국 상경을 요구를 하고 상경을 불허를 합니다. 그러나 제가 여쭙고 싶은 것은 이 결과만 놓고 보면 조선 조정은 끝내 상경 불허라고 하는 정책을 관철시켰고, 또 반대로 대마도는, 쓰시마는 끝내 상경요구를 관철시키지 못한, 혹은 대마도 입장에서 보면 그들의 요구를 관철시키지 못했기 때문에 어떤 면에서는 실패였다 이렇게 볼 수도 있는데, 이러한 결과의 차이를 어떻게 해석할 수 있는가 선생님의 생각은 어떠신지 그래서 오늘 발표에서는 언제, 어떤 일이 있었는가만 주로 말씀하셨기 때문에 이러한 선생님의 고견을 충분히 설명하실 기회가 없으신 것 같아서 한번 여쭤보려고 합니다.

두 번째는 이것과 관련된 것입니다만 대마도 주장에 따르면 조선 정부가 상경을 불허하고 대신 부산에 있는 왜관, 정확하게 말하면 두모포. 왜관 안에서만 무역을 할 수 있도록 합니다. 여기에 대해서 대마도는 굉장히 불만을 표출합니다. 그래서 상경이 허락되지 않은 것도 불만이고 또 무역규모가 축소된 것도 불만이지만 무역을 왜관 안에서만 즉, 부산에서만 또 그것도 129페이지에 적어놨습니다만 제 생각은 이것입니다. 겉으로는 대마도가 동래에는 상인들이 오지 않고 물자도 오지 않아서 무역이 잘 되지 않는다. 그러니까 한양에서 무역을 해야 한다. 이런 논리를 펴지만 대마도의 본 뜻은 상경을 끝까지 관철시키고자하는 그런 의지가 있었던 것이 아닌가. 그래서 겉으로는 무역을 이유를 대지만 만약에 경제적인 관점에서만 본다면 대마도가 무역할 짐을, 화물을 가지고 부산에서 거래를 하고 끝나고 다시 부산에서 배를 타고 가는 것이 대마도 입장에서도 어떤 입장에서는 즉, 경제적인 측면에서만 보면 더 이익이 될 수도 있다. 더 효율적일 수 있다. 이런 뜻입니다. 만약에 대마도 사람이 물건을 상경로를 따라서 한양까지 운반하게 되면 많은 시간이 걸릴 것이고 거기에 따라서 비용도 많이 소요될 것입니다. 물론 그들을 접대해야하는 조선 정부 입장에서도 비용이 많이 들 것입니다. 그러나 그것을 부산에서 하게 되면 대마도도 좋고, 조선 정부도 좋고 이른바 1811년에 역지통신의 개념을 그대로 적용해본다고 하면 무역을 한양에서 하지 않고, 부산에 있는 왜관에서 한 것은 경제적인 면에서 보면 양국이 서로 이익이 될 수 있는 일이었다. 이렇게 또 평가할 수 있는 것인데, 당시 대마도에서는 그렇게 이야기하지 않고, 다른 이유를 대고 있는 것은 그 본심인 상경요구를 끝까지 하기 위한 구실이 아니었을까 그래서 이것에 대해서 혹시 아라키 선생님이 생각하시는 것이 뭔가 있으면 여쭙고자 하는 것이고요. 마지막으로 인제 오늘 아라키 선생님은 양국의 강화교섭 과정에서 대마도(쓰시마)가 어떤 역할을 하였는지 굉장히 실증적으로 보이신 면에서 학술적인 가치가 크다고 생각이 듭니다. 그래서 이미 이쪽분야 전문가들은 하나의 상식으로 알고 있는데, 이쪽 분야 전공자가 아닌, 특히 언론인 같은 경우에는 쓰시마, 대마도 하면 전혀 이것을 잘 모르기 때문에 쓰시마 역할에 대해서 제대로 인식하지 못하고 있습니다. 특히 통신사 관련해서, 오늘 주제는 통신사가 아니지만 통신사가 왜 조선에서는 에도까지 가는데 왜 일본 쇼군이 파견한 이른바 일본국왕사는 한양까지 오지 않았느냐 이 비대칭 이것 때문에 조선 국왕이 막부 쇼군에게 조공을 바친 것이다. 이런 오해까지 불러일으키게 되는데 사실 그것도 따지고 보면 일본 사신이 한양에 오지 못하게 즉, 상경을 끝까지 불허했던 조선 정부의 정책이 밑바탕에 있었던 것이다. 이런 점에서 보면 오늘 발표는 학술적인 가치가 크다 이렇게 생각이 듭니다. 이상입니다.

손승철 아라키 선생님 지금 질문 다 이해해요? 아 사전에 질문지를 드렸군요. 자 그럼 답변 부탁드립니다. 우리 김영미 선생님 필요하면 좀 도와주세요.

아라키 감사합니다. 한국말로 대답하겠습니다. 우선 기유약조의 개정과 상경 허가가 마지막까지 실현되지 않은 것을 어떻게 평가하는지에 대해서 대답하겠습니다. 정성일 선생님이 지적하신 대로 외교적으로는 조선이 성공하고, 쓰시마는 실패했다고 볼 수도 있습니다. 어느 쪽의 요구도 실현이 곤란했으므로 쓰시마는 東藩으로써의 입장을 강조해서 조선 측의 양보를 기대했는데, 조선 측은 두 개의 전술로 쓰시마 측의 요구를 거절했다고 말할 수 있습니다.

하나는 중국 명의 권세를 빌리는 전술입니다. 예를 들면 사츠마 시마즈씨의 유구침공에 대하여 명이 경계하고 있고, 부산 무역이 폐쇄되는 두려움이 있다고 강조하는 등 조선이 당시의 국제 정세를 잘 이용하고 있었습니다. 또 하나는 조선이 帝王과 東藩이라는 논리를 이용한 것입니다. 이것에 따라 쓰시마가 과도한 요구를 위한 논리를 사용할 수 없었습니다.

두 번째 상경 불가의 이유에 대해서 대답하겠습니다. 조선은 쓰시마에는 명나라 사신의 도래나 역로의 피폐를 이유로써 상경 불가를 설명했습니다. 그러나 이것은 표면상의 이유이며, 통설적으로 생각되는 일본에 대한 경계 감도 있었다고 생각합니다.

단지 조선과 쓰시마의 양자관계 뿐만 아니라 여진과의 관계도 시야에 넣어야 한다고 생각합니다. 1604년에 조선은 쓰시마와 강화했을 때 일본인의 상경을 금지하고 부산을 서계 수수와 무역의 창구로 하고 있었는데, 그 수년 전에 북방의 육진 번호와 건주 여진과도 함흥과 만포를 서계 수수와 무역의 창구로 하고 있었습니다. 즉, 조선은 북방의 국경 대책을 남방의 국경 대책에도 적용하여 종합적인 외교정책을 강구하고 있었다고 볼 수 있습니다.

따라서 쓰시마의 상경요구를 허가했다면, 육진번호와 건주여진으로도 상경을 허가하지 않을 수 없게 되고, 이로 인해 괴교체제가 파탄에 이르게 되는 것입니다. 그러므로 쓰시마 측의 상경 요구는 절대로 허가할 수 없는 사항이라고 생각됩니다.

한편 쓰시마 측의 최대의 불만은 정성일 선생님이 지적하신대로 상경의 불허가였습니다. 역시 상경은 정치적인 이익과 경제적인 이익이 있었는데, 특히 무역을 중앙의 국가재정과 상업 자본에 결부시키는데 불가결했다고 생각됩니다. 단지 상경 허가의 가능성이 낮은 상황에서 쓰시마는 현실적으로는 부산 무역의 활성화를 요구할 수밖에 없었습니다. 쓰시마는 번영 무역으로 무역 방식을 전환시키고 있었는데, 동래의 재정과 상업 자본에만 의존하기에는 기대수익에 못 미치기에 쓰시마의 존립이 위험한 상황이었다고 볼 수 있습니다. 이것이 쓰시마 측의 불만이나 초초함의 원인이었다고 생각됩니다. 이상입니다.

손승철 어디 한국말인데 정 선생님 다 알아들으셨어요? 소통이 되네요. 그러면 쓰시마에서는 언제 상경요구를 포기합니까? 1643년은 없나요?

정성일, 이훈 그때도 상경요구를 합니다.

손승철 그러면 언제 완전히 그게 포기가 되나요? 왜관이 정식으로 다시 두모포 다음 왜관으로 정식으로 옮겨가는 것이 언제이지요?

정성일 1678년입니다.

손승철 1678년. 그럼 그때까지도 계속 되겠네요? 두모포 왜관에서 직접 했다면. 그것도 되게 중요한 연구테마인데 이제껏 연구된 것이 없네요? 왜인들의 상경요구에 대해서. 그리고 아까 건주여진에 대해서 이야기가 나왔는데, 후금이 통일 된 게 1616년? 그러면 그 전까지 건주여진도 조선에 대해서 상경의 요구가 되나요?

한명기 건주는 조선 상경에 그렇게 관심이 없어요.

손승철 그러게요. 어떻게 되는지 잘 모르겠네요. 후금의 주 세력하고 건주여진하고는 어떠한 관계입니까?

한명기 왜란 이후 대마도가 줄기차게 상경을 요구를 했는데, 결국 그것이 1629년 한차례만 허용이 된 이유는 1628년 그 시기에 조선의 입장에서는 정세가 너무 엄혹해서, 그 당시에는 이미 정묘호란을 겪은 이후가 되기 때문에 후금하고의 관계가 어떤 면에서는 겨우 자리를 잡아가고 있는 상황에서 조선이 후금하고 약조했던 것 이것이 지켜지지 않는다고 계속 이것을 깨겠다고 후금이 위협하고 있는 상황이었거든요. 그래서 이때 현방일행의 요구를 그야말로 마지막으로 받아들인 것이고, 제가요 어떤 느낌을 받았냐면 임진왜란이라고 하는 것을 대마도가 앞장서서 길안내를 했을 때에 대한 최소한의 페널티는 유지를 하되, 이후의 만약에 막부가 나서서 상경을 요구했다고 하면 저는 정세가 달라졌다고 보는데 쓰시마차원에서 뭐 정성일 선생님 연구에서 밝히겠지만 무역이 어느 정도 굳어진 다음에는 두모포에서 초량으로 왜관을 옮겨주는 것만 하면 아마 쓰시마는 경제적으로는 충분한 혜택을 본다고 했을 것이고 조선은 그다음부터는 청나라하고 관계가 안정되면서 뭐라고 이야기해야 하나요. 일본과 청나라 사이에서 이외제청하려는 수단으로 활용하는 차원으로 옮겨가고 있었기 때문에 저는 핵심으로 말씀드리면 막부가 개제되지 않은 것이 결국 상경이 끝내 관철되지 않았던 주요 이유이지 않을까 이렇게 생각합니다.

손승철 그러면 1629년에 광해군 어머니 상중 아니에요? 모친상이죠. 1629년은 이미 인종, 인종 그러니깐 그러면 후금에서 그 상황이 양해가 되었나요? 일본 상경한 것이 조문사절 아닙니까.

한명기 후금이 일본에 관심을 갖는 것은 왜란 직후의 신충일이가 1595년도에 후금진영에 들어갔을 때 누르하치 시절이죠? 그때 이야기가 조금 나오고, 오늘 이훈 선생님께서 발표하셨지만 병자호란에서 항복하고 나서 항복 이후 강화조건 가운데 중 하나가 일본사신을 청종으로 데려오라는 것이거든요 그건 아까 말씀처럼 조선과 일본이 합작하거나 심지어 명과 일본이 합작해서 청에게 도전하는 싸움을 막기 위해서 그런 것이지 정묘호란 그 당대에는 후금은 일본에 대해서는 상대적으로 관심이 크지 않았습니다.

손승철 어째든 동문휘고를 보면 왜정자문에서 조선에서는 일본과 관계를 계속하는 것이 중국에 알려지면 상당히 곤란하기 때문에 일본 측에 대해서는 중국 핑계를 대지만 반대로는 또 관계를 하고 그런 이중적인 자세를 취하고 있지 않아요?

한명기 왜정자문은 언제서부터 나오냐면 정묘 직후에 일본이 사신을 보내어 무기원조 한다고 흘리고, 요네타니 논문을 보면 자세히 나옵니다만 조선은 후금에게 항복했다는 사실을 처음에는 일본에게 끝까지 숨기려고 시도를 합니다. 그러나 부산을 통해서 그러한 정보들이 다 들어가기 때문에 나중에 밝혀지는데, 근데 왜정을 가장 적극적으로 이용하는 것은 병자호란 끝나고 나서 아까 이훈교수님이 조경 이야기를 하셨지만, 조경 그 다음에 송시열 그런 사람들이 과거 촉나라가 오나라의 도움을 받아 위나라에 대항했던 것처럼 그러니깐 왜란의 원한을 조금 접고, 청나라에게 우리의 존재를 알리려면 일본의 협조가 필요하다. 라고 해서 그 무렵에 집중적으로 나옵니다. 그리고 효종 때 북벌할 때도 성을 쌓고 무기를 증강하는 이유를 청나라가 와서 물을 때 가장 대답하기 쉬운 것이 뭐냐면 일본의 침략 가능성이 있다. 말씀처럼 두 개를 동시에 이용하는 것이지요.

손승철 알겠습니다. 자 그러면 4번째 주제가 되겠습니다. 화해의 여정으로 조선통신사의 외교사적인 의미 특히 1643년 계미통신사를 중심으로 발표를 해주셨는데 거기에 대해서 우리 전주대학교의 장순순 선생님이 토론을 해주시겠습니다.

장순순 예. 방금 소개받은 장순순입니다. 오늘 이훈 선생님의 발표 재밌게 잘 들었습니다. 그리고 공부도 많이 됐습니다. 사실은 최근의 이훈선생님께서는 통신사 연구의 최근 몇 년간 한 3, 4년 계속 집중을 하시면서 회답겸쇄환사부터 계속 순차적으로 통신사에 대한 개별 연구 성과를 내고 계십니다. 오늘 발표하신 논문도 아마 그 연장으로 이해될 수 있겠는데요. 특히 이 논문의 의의라고 하면 1643년 계미통신사를 병자호란 이후 동아시아의 국제관계의 변화와 관련지어서 외교사적인 의미에서 검토한 것이라고 볼 수 있겠습니다.

사실은 다 아시다시피 지금까지 통신사 연구라고 하는 것이 문화교류 내지 문화사절로서의 기능이 강조된 부분이 없지 않은 이 상황에서 외교적인 부분에서 접근했다는 것은 중요한 시사점을 갖는다고 생각을 합니다. 덤으로 이러한 연구들이 나중에 완성이 된다면 미야케 히데토시 선생님이 했던 일본 측의 입장에서 본 통신사의 연구에 대한 상대적인 한국 측에서 본 통신사 연구의 어떤 본격적인 저작물이 될 수 있지 않을까 이런 생각도 해봤습니다.

또 아울러서 임진왜란 이후에 발표자께서는 조·일간에 화해에 대한 여정의 단계로써 조선통신사의 파견논의 과정과 조일간의 교섭경위에 대한 분석을 중심으로 조·청 관계 변화에 따른 정치·외교적 부담으로 시달리던 와중에 조선이 왜 일본에 통신사를 파견했는지에 대해서 검토를 했습니다. 이를 통해서 1643년 계미통신사는 조선국왕과 도쿠가와 쇼군 상호간의 국서에서 '修睦·和好'를 언급함으로써 이후 조일관계의 방향을 제시한 사행이었으며, 조선으로서는 도쿠가와 정권으로부터 조일 교린관계의 안정을 이끌어내는 소기의 외교적 성과를 거두게 되었다라고 정의를 하고 계십니다. 그래서 이러한 부분에 있어서 논문의 의의가 있다는 생각을 해봤고요. 사실 저는 발표자의 발표에 대해서 대부분 다 동의를 합니다. 그러나 오늘은 제가 토론자로써 나왔기 때문에 몇 가지 의문사항 아니면 의견을 말씀해보도록 하겠습니다.

발표자께서는 계미통신사 파견을 이야기 하면서 명·청 교체기라는 동아시아 상황 속에서 조선이 대일본 전략을 모색하는 가운데 내려진 조선의 외교적 결정이 이 계미통신사의 파견이다. 라고 이야기를 하고, 여기서 인조의 역할을 대단히 중요시하고 계십니다. 그런데 이러한 점은 사실은 인조의 기존의 연구, 대청외교의 대한 기존의 평가와는 상당히 대조적인 것이라고 볼 수 있겠습니다. 그래서 사실은 얘기는 하셨지만 실제로 대일전략 내지 정책에 있어서 인조의 결정적 판단 내지 역량이 돋보인 구체적인 사례를 조금 더 알 수 없을까하는 생각이 듭니다. 사실 이 논의가 인조 개인 보다는 인조 정권 내부에 있어서의 어떤 정치세력과 연동 속에서의 결과물인지 아니면 인조 독자적인 것인지 이에 대한 의견을 듣고 싶습니다. 사실은 대일외교에 있어서 인조의 역할에 대해서는 사실은 기존의 인조조의 국정운영과 1643년 통신사라는 논문에서 이미 얘기를 하셨습니다만 다시 한 번 여쭙고 싶고요. 이와 연장선상에서 사실은 통신사가 12번에 걸쳐서 파견이 되었지만 사실 그 중에 3회가 인조 대에 있었습니다. 그래서 보면 이것은 조선시대 한일관계에 있어서 전례가 없는 일이다고 볼 수 가 있는데요. 선생님께서는 처음부터 계속 통신사 연구에 천착을 하고 계시고, 또 계속하시고 계시지만 기존의 처음에는 1811년 끝부분도 하고 계셔서 통신사의 전반적인 흐름에 대해서 상당히 많은 정보를 가지고 계실 것이라 생각을 하는데요. 이때 인조대의 대일정책이 갖는 특징, 그리고 사실은 다른 통신사에 비해서 1643년 계미통신사가 갖는 의미 어떤 한일관계에 오늘과 같은 화해의 여정이라 하는 측면에서 봤을 때 계미통신사가 갖는 의미를 다시 한 번 내려 보신다면 어떻게 내리실 수 있는지 의견을 듣고 싶습니다.

그 다음에 이것은 주된 것은 아니지만 발표자께서 오늘 발표 말미에 이렇게 표를 만들었어요. 그리고 그 표에 대해서 시대구분을 나름대로 하셨습니다. 독특한 부분이 사실은 수신사 이 부분을 재조정기라고 하는 것으로 정의를 하고 계십니다. 그래서 수신사를 통신사의 범주에 포함을 시키고 계십니다. 그런데 수신사라고 하는 것은 제 1차 수신사가 1876년에 있었고, 그리고 제 2차 수신사가 1880년에 있었고, 제 3차 수신사가 1882년도에 있었는데요. 기존의 연구에 따르면 제 1차 수신사를 통신사의 범주에서 이해하려는 시도는 있습니다만 사실은 2차·3차 수신사는 통신사의 범주로 이해할 수 있을까? 상당히 차이가 있다고 보입니다.

그리고 또 하나는 정말 이 수신사라고 하는 것을 실질적으로 신의라고 하는 측면에서는 통신사의 범주에 포함시킬 수는 있으나 외교상대가 예조와 외무성간의 상대였고, 또한 사실 수신사의 파견은 통신사와는 파견목적이 전혀 다른 부분이 있습니다. 사실은 목적이 확연히 다르다는 점을 봤을 때 이 수신사를 일률적으로 통신사의 범주에 포함시키는 것이 적절한지에 대한 의문이 조금은 있지 않을까 하는 생각을 합니다. 이상입니다.

손승철 예. 답변하시죠. 네 그리고 이훈선생님 말씀하신 다음에 장진엽 선생님께서 계미통신사를 가지고 박사학위를 하고 이번에 책을 냈습니다. 계미통신사 필담의 동아시아사적 의미.

장진엽 그런데 그 계미통신사가 1763년 통신사입니다. 이름이 같은 거라.

손승철 아! 그렇군요.

이훈 아이쿠 깜짝 놀랐습니다. 네 장순순 선생님 토론 감사합니다. 일단 첫 번째 대일본전략에서 인조의 역할을 특별히 평가하고 있는 것에 대해 의견을 물으신 부분인데요. 왜 인조를 부각시켰냐면, 지금까지 조일관계 또는 조일교류를 논할 때 주어는 오로지 조선이었어요. 그냥 조선이라는 추상적인 단어 하나로 모든 것을 다 해석했는데, 실록 등을 바탕으로 통신사 파견과 같은 중요한 정책결정과정 또는 논의과정에서 각각 결정을 하는 주체를 구분해보자라는 의도가 있었어요.

그런데 사료가 인조실록이다 보니깐 물론 인조를 부각해서 썼겠지만, 통신사를 파견할 때 논의과정을 보면, 인조는 신하들이 의견을 올리면 그에 대해 단지 '예, 아니오'로 답을 하는 것이 아니었어요. 국왕을 포함한 신료들과 논의를 거쳐서 최종결정을 해야하는 중대현안의 경우, 어떤 신료는 참석하는 경우도 있고 아닌 경우도 있지만, 인조는 항상 참석을 하잖아요. 그래서 제가 보기에는 누구보다도 정보가 많은, 일본관계라든가 대청관계에 있어서도 누구보다도 정보가 많았다고 할 수 있습니다. 그런 의미에서 보면 가장 전문가라고 할 수도 있지요. 예를 들어 논의시에 신료들에게 먼저 질문을 한다든가, 아니면 비망기로 자신의 의견을 써서 시행하도록 한다든가 하는 예를 들 수가 있겠고요.

구체적인 사례를 들자면, 논문에서도 얘기했지만 1636년 병자통신사 파견 때 국서 개작 여파가 조선에 미칠 일본의 군사적 영향력을 논하는 자리에서는, 인조가 도쿠가와 막부의 다이묘 통제 때문에 병력 동원 가능성이 없는 것으로 보고 통신사 파견을 결정하는 것을 사례로 들 수가 있겠구요. 1643년의 경우에는 신료들 가운데서 청의 군사적인 압력에 대응하기 위해 조일간의 연대론을 계속 이야기를 하는데, 결국 그것을 인조가 정책으로 받아들이지 않았습니다. 그래서 연대론이 아니라 기존의 교린관계에 바탕을 둔 어떻게 보면 소극적인 대응을 했다고 볼 수 있는데, 조일관계에 있어서는 되도록 일본에게 조선의 약체화를 드러내지 않는 선에서 교린관계를 유지하자라는 전략을 구사한 결과 계미통신사를 파견했습니다. 결국은 중국의 정세안정과 더불어 인조대의 이러한 대응이 조선후기 통신사외교의 기본자세라고 할까요? 그렇게 되지 않았나라고 생각이 됩니다.

그리고 두 번째 질문은 인조대 대일본정책의 특징인데요. 조선시대 통신사 파견 12번 중에 자신의 재임기간에 3번 통신사가 파견된 때는 인조하고 숙종이더라고요. 인조대에는 즉위 직후 1624년에 회답겸쇄환사, 1636년에 병자통신사, 그리고 1643년 계미통신사를 파견했는데, 1636년과 1643년 같은 경우에는 그 당시 국정에서 가장 우선순위에 있었던 것이 청의 압력에 대해 조선이 어떻게 대응해야 하는지였어요. 병자통신사 같은 경우에는 거의 후금과 관계가 파탄이 나서 전쟁 직전의 상황에서 조선 전체적으로는 군비증강, 군사안보 비용이 많이 증가되는 그런 상황에서 일본에 통신사를 파견한 것이었어요. 후금으로부터 예물 압박을 받는 가운데 통신사 파견에 대해 논의되는 과정을 보면, 통신사가 가지고 가는 선물 정도로 조일관계를 안정시킬 경우, 남변의 경우에는 기왕에 있는 군사안보 시설만 가지고도 관리가 되기 때문에 남쪽에는 안보비용이 전혀 안들어 간다는 거죠. 그래서 이러한 군사안보비용 절감 차원에서 어떻게 보면 통신사외교, 평화를 선택한 측면이 있는데 이게 사료상의 용어로는 '권시지책'(權時之策)이었어요. 예를 들어서 10년에 한번 정도 통신사 요청이 있을 테니깐 그때마다 예물 정도를 들어서 융통성있게 조일관계를 안정시키면 된다는 것이죠. 사실 비용적인 측면에서 전쟁 준비를 해야하는 상황에서는 그럴 수 밖에 없는 상황이었다고 할 수 있습니다. 그리고 1643년의 경우에도 결국 동일한 대일본 통교방침이라고 해야할까요? 외교방침이 기본적으로는 유지됐다고 생각이 듭니다. 그래서 1643년인가 1655년인가 통신사 파견할 때 실록을 보면, 조선의 경우에는 일본에 대해서 안중에도 없이 싹 잊어버리고 있다가 보고가 올라오니깐 그때서야 생각을 떠올릴 정도로, 그 당시 조선의 대외관계에 있어서 비중은 청이었다고 할 수 있습니다. 일본에 대해서는 요청이 있을 때 '권시지책'이라고 해서 10년에 한 번 정도 예물을 들여 달래주면, 어쨌든 몇 년 동안은 평화가 유지되기 때문에 대일본정책을 사료상의 용어로 이야기하자라고 하면 일본을 '무왜'(撫倭), 달랜다라는 정책이 아니었나라고 생각됩니다.

　이러한 정책이 기본적으로는 1811년까지 지속된다고 볼 수 있는데요. 17세기말 이후 통신사 파견 간격을 보면 30년에 한번 정도 파견해요. 이게 뭐 적극적인 외교라고 하기에는 좀 어려운 간격인데, 30년에 한 번 요청이 있을 때 선물 비용 정도 들어서 보내면 긴장이 안생기고 안보비용도 발생하지 않기 때문에 어떻게 보면 제일 효과가 컸다고 할 수 있습니다. 특히 17세기말 1682년 임술통신사 이후를 보면, 청의 내란이라 할까 오삼계의 난 진압으로 완전히 안정이 되어 대청관계에 그렇게 신경을 쓰지 않아도 되기 때문에 통신사 파견할 때 명분이라고 할까요. 이것도 쇼군 습직으로 그냥 정착되고 그때마다 연락이 오면 '달랜다', 요즘식으로 이야기하자면 일본에 대해서는 관리하는 정도가 아니었을까 이런 생각이 듭니다.

그 다음에 마지막으로 제일 토론자가 화가 난 것 같은 질문인데요. 사실 해명을 하자면, 제가 처음 의뢰를 받았을 때는 그냥 통신사의 외교사적 의미라는 것으로 하나 생각을 해봐라 이렇게 부탁을 받았어요. 그리고 시기구분 같은 것도 언급하셨던 것 같아요. 제가 통신사 연구논문 쓴지는 3,4년 되었지만, 짧은 지식으로 생각해볼 때 어쨌든 외교사적 의미가 숙제였기 때문에 수신사까지 포함해서 한 번 생각해본 것입니다. 수신사에 대해서는 제가 어떤 학문적인 확신이 있어서 넣었다기 보다는 조선의 통신사외교, 대일본외교라고 할 때 주체가 조선정부이기 때문에 조선정부라는 관점에서 수신사외교까지도 한 번 넣어볼 수 있지 않을까? 어떻게 보면 저도 문제제기 차원에서 넣어본 것이라고 할 수 있어요. 넣을까 말까하다가 한 번 넣어본 것인데, 토론자께서 수신사와 통신사를 같은 범주에 넣을 수 없다는 것을 외교 주체나 외교문서를 주고받은 상대, 목적 등, 여러 가지로 지적을 해주셨는데, 물론 그게 중요한 결정 요소라고는 봐요.

그렇지만 한 번 더 생각해봐야 할 것은, 수신사 파견에서 일본의 외교상대는 바뀌어졌지만, 즉 일본 정권은 바뀌었지만, 외교주체인 조선은 변하지 않았어요. 그리고 문서의 양식도 기본적으로는 교린문서 양식인 서계고, 문서에서 사용하는 언어도 한문이예요. 그렇기 때문에 조선정부가 임진왜란 이후의 대일외교 틀을 완전히 버리고 바로 근대외교로 직진한 것은 아니라고 생각하거든요. 연구자마다 어떤 부분에 주목을 해서 해석을 할지가 중요하다고 생각은 하지만, 아직까지 통신사나 수신사에 대해 정치사적으로 이렇게 본격적으로 논의가 된 것은 저는 이번 학술회의가 처음이라고 생각합니다. 문화사절이라는 것은 많이 부각이 됐지만, 정치사적으로는 이런 계기를 만들어 보는 것이 이 회의가 처음이라고 생각하기 때문에 향후 연구에 저도 기대해보도록 하겠습니다.

손승철 아까 명칭에 관한 문제가 여러 번 거론이 되었는데 아까 탐적사도 있었고, 회답겸쇄환사도 있었고 이제 통신사도 있고 그리고 개항기의 사절단을 수신사라고 했단 말이죠. 그래서 저는 수신을 왜 수신이라 하였을까? 신은 信자 이지만 왜 修자는 왜 썼을까? 그것을 우리 이동준 교수님한테 어원적인 설명, 그니간 역사적인 것보다도 수신사라고 할 때 왜 수자를 썼는지 수자라고 하면 본래의 의미가 무엇인지? 뭔가 생각을 가지고 하지 않았을까? 그래서 수자의 대한 어원적인 의미를 제가 한 번 여쭙고 싶은데 조금 생각을 해주시고 설명을 부탁드립니다.

이동준 생각하고 말씀하라고 하셨는데 생각을 한참 해야 할 것 같은데요.

손승철 한참하지 마시고 한 5분만 하세요. 한명기 선생님에게 제가 질문을 하나 할게요. 뭐냐면 지금 인조대의 대일정책의 특징 그런 질문을 하셨는데 아까 제가 그 질문을 드리면서 한 선생님이 주제 발표 한 가운데서 광해군과 인조대의 정치세력의 성격을 잠깐 언급을 했거든요. 그랬을 때 광해군 대청정책의 중국에 대한 정책 또 인조대의 병자호란 다 있으니깐 분명히 알겠는데 그런 맥락에서 혹시 광해군대와 인조대의 사전지식 없이 한

번 말씀을 해본다면 어떻게 할 수 있을까? 그것이 궁금했습니다. 그니까 광해군대와 인조대의 일본관계를 어떻게 했을 것이다. 아까 광해군대는 직접 임진왜란 때 전쟁에 참여했던 세력들이고, 그리고 인조 대에는 좀 물러 선 사람들이고, 그래서 어쩌면 강화가 그렇게 이루어졌을 것이고 그런 이야기를 하셨잖아요.

한명기 네. 간단히 말씀을 드리면 광해군은 인조의 숙부잖아요? 인조가 조카인데, 같은 피에서 나왔는데 왜 숙부를 몰아내고 왕이 되느냐? 여기의 가장 큰 명분은 광해군이 명의 再造之恩을 배신해서 몰아낸다는 것이 들어 있는데 광해군 정권의 핵심인물이 정인홍하고 이이첨하고 의병 활동했던 곽재우가 있습니다만 이 셋은 의병장이고 광해군은 잘 아시는 것처럼 분조라는 것을 이끌고 일본군하고 직접 싸웠던 그야말로 얼마 전에 대립군이라는 영화에서도 묘사가 되어 있지만 주전파 정권입니다. 그리고 인조반정을 주도했던 인조나 그 공신들은 거의 98%이상이 다 이항복이라고 선조를 의주까지 수행해서 전쟁 끝나고 호종 1등 공신이 되었던 사람의 제자들이에요. 하나의 예를 가지고 전체를 일반화하는 것은 오류가 있겠습니다만 아무래도 주전파정권이 주화파정권에 의해서 무너졌는데 저는 대일정책은 크게 바뀌지 않았다고 봅니다. 왜냐면 광해군 자신이 1608년에 즉위를 했고, 그 이후에 사실상 일본하고 교역이 재개되게 되니깐 그 결정적인 이유는 역시 일본하고 관계를 안정시켜야 본격적인 후금의 압력 그리고 중간에 명이 껴야지고 중간에 조선하고 후금하고 싸움 붙이려는 국면에 대응할 수 있다고 봤기 때문이겠죠.

그래서 제가 오늘 손 교수님 말씀에 대해서 말씀을 드리면 통신사가 26년 36년 43년이 인조 때에 3번이나 파견이 되는데 여기서 한 번 주목해봐야 할 것은 역시 이훈 교수님 말씀처럼 가장 큰 핵심적인 상위변수는 후금의 압력입니다. 예를 하나 들면 1624년 어떤 일이 있었냐면 이괄의 난이 있었잖아요? 1월 달에 있었는데 이괄의 난은 조선역사상 처음이자 마지막으로 서울이 점령당하거든요? 인조가 공주까지 피신했는데 대부분의 기록에서 이괄의 난 때 왜 정부군이 이괄 반군에게 밀렸냐? 그 핵심 이유를 당시 이괄 진영에서 항왜에서 찾습니다. 항왜 한 300명 정도가 막강한 군사력을 발휘해서 도저히 정부군이 당해낼 수가 없었다. 그래서 인조가 서울에서 공주 내려갈 때 양재 부근에서 회의를 하거든요 회의에서 어떤 결정이 내려지냐면 항왜를 물리칠 수 있는 것은 왜관에서 일본군을 다시 불러오는 수밖에 없다. 그니깐 以倭制倭죠 그니깐 이걸 물리쳤을 경우에 왜관 측에서 무슨 도박을 요구할지 모른다. 그래서 그게 끝납니다만 이괄의 난처럼 정권을 상실할 정도의 위기에 처한 정권은 일본에 대해서 대단히 유해질 수밖에 없는 겁니다. 전 그렇게 설명을 하고, 그다음 이제 36년은 정묘호란하고 병자호란을 겪은 직후인데 뭐 간단히 말씀드리면 정묘호란 때는 인조는 강화도로 수도를 옮기거든요. 그런데 거기서 제일 중요한 조처가 뭐냐면 육군도 강화도로 전부 들여보내지만 전라도와 경상도의 수군도 강화도로 옮겨서 호위하는데 투입하라고 지시를 하거든요. 그러면 경상도와 전라도 수군은 기본적으로 무엇을 막기 위한 겁니까? 일본의 침략에 대비하기 위해 만든 수군인데 개인의 왕권안정을 위해서 강화도로 옮긴다는 이야기는 일본에 대한 방어는 사실상 포기한 것이나 마찬가지거든요. 그런 국면에서는 일본에 대해서는 절대적으로 우호적인 방향으로 갈 수 밖에 없는 것이지요. 그리고 1643년 계미통신사는 뭐냐 이건 병자호란 끝난 다음입니다. 병자호란 끝나고 나서 청이 왜 아까 말씀드린 것처럼 일본 사신을 심양으로 인도해 오라고 화약의 조건에다가 집어넣었는데 그걸 계기로 해서 조선에서 격렬한 논쟁이 벌어져요. 그건 中村榮孝 그 글에 보면 자세히 나와 있습니다. 그래서 그 글에 보면 결국은 일본이 이제 조선의 잠재적인 적으로 마지막으로 남았는데 청에 어차피 항복했으니깐 일본군이 쳐들어오면 어떻게 할 것이냐 그런데 조선을 두 가지로 이용하죠. 하나는 청에게 약속을 어기면서 군사 증강하는데 일본의 위협을 끌어드립니다. 그럴 때 청이 와서 뭐라고 이야기 하냐면 니들이 진짜로 일본군이 쳐들어온다고 하면 청군이 바로 내려와서 일본군을 물리쳐 줄 것이다. 그니깐 그런 소리 하지 말라고 이야기 하면서 청에게 왜정가료로 이야기하려는 움직임은 끝났는데 그때부터는 잠재적으로 진짜 일본을 청 이외에 주적으로 삼아서 대비를 하려고 시도를 합니다만 거기에 발목을 잡았던 것이 청에 대한 적개심, 그게 아까 조경이나 이런 사람들, 나중에 송시열을 중심으로 해서 일본을 화친해서 청에 장기적인 이동에 대비하자는 것으로 움직여졌다가 그게 끝나고 나면 두모포 왜관에서 초량으로 이어지면서 본격적으로 그때는 대마도를 축으로 해서 일본하고의 관계를 일정선에서 한정시키는 것이 아닌가. 이런 생각이 듭니다.

손승철 자 이런 맥락에서 설명한 것에 대해서 이훈선생님 어떻게 생각하세요? 그냥 동의하세요?

이훈 아니 지금 말씀하신대로 그냥 조일관계를 그냥 조일관계로만 여태까지 한일관계사하는 연구자들도 저를 포함해서 조일관계에서만 봤는데 통신사를 하면서 보니깐 이게 조일간의 문제는 아니다. 동아시아 국제관계 명·청관계랑 정말 밀접한 관계가 있다. 이것을 변수로 봐야 한다는 것에 대해서는 동의합니다,

손승철 동의하면서도 사실은 인조 대에 통신사만 가지고 본다면 인조대에 통신사 시스템이 안정이 된 것 아니에요? 그걸 안정이라고 말하기에는 불만스러운 것 아닌가요?

한명기 아니요. 보셨겠지만 왜인구청등록이란 책이 있잖아요? 거기서 이훈선생님 말씀하신거와 관련해서 제일 인상적인 것이 뭐냐면 조선에서 이

런 한탄이 나오거든요. 왜관에 오는 일본인들이 평소에는 대단히 조선 측에 대해서 저자세이고 고분고분한데 조선의 조보나 이런 것을 통해서 청나라 사신이 온다는 이야기만 들으면 기세가 등등해진다. 뭐 이런 표현이 자주 나옵니다. 이게 뭐냐면 결국은 왜관에 있었지만 일본 측이 청 정세를 이용해서 어쨌든 조선 너희가 청에게 일방적으로 몰리고 있는 상황에서 우리 요구를 거부하지 못할 것이라고 세게 밀어붙이거든요. 대게 조선 측은 일본의 구청을 들어줍니다. 대청관계가 악화되어 있을 때는 그것을 놓고 보면 말씀처럼 역시 조선 외교의 근본 축은 대륙 쪽에 가있는 것이고 그 대륙관계하고 연동되는 선상에서 조일관계가 길항적으로 움직인다고 보는 게 원칙적인 흐름에서 보면 맞는 게 아닌가. 이런 생각이 듭니다.

손승철 네 하여튼 조청관계가 안정되기까지 조일관계에 많은 변수가 작용했고, 그것을 또 어떻게 해석해야할까 이것도 또 하나의 과제인 것 같습니다. 그 정도로 하고요 아까 그 수신사 명칭에 대해서 이동준 교수님께 한 말씀 부탁을 드렸는데 아실지 모르겠습니다만 이동준 교수님은 제가 대학원 박사과정에서 강의도 수강을 했고, 직접 배웠습니다. 그리고 대선배님이시고 아주 한국철학에서도 석학이신데 좀 어원적인 해석이라고 할까? 그것을 좀 청해 듣도록 하겠습니다.

이동준 갑자기 말씀하라고 하시는데 저 명패 없거든요. 또 이렇게 말씀 기회를 주시네요. 앞으로 또 발표하실 선생님도 계시고 해서 제가 끼어들기에는 그런 시간이기도 해요. 수신사 통신사 말씀하셨는데 제가 아는 것은 닦을 수, 통할 통 밖에 모르거든요? 글자를? 그런데 이게 언제부터 수신사라는 말을 쓰고 그게 언제부터 기록에 나와 있는지는 제가 잘 모르거든요. 다만 어감만 가지고 이야기 할 수 있는데 통신사를 통신사라고 바로 안 쓰고 그전에 신사로 통자 빼고 그냥 신사라고 했거든요? 그것은 임진왜란 나기 전부터도 통신사 말씀을 했는데 풍신수길이 일본의 10섬을 통일하면서 집요하게 사람을 보내면서 신사를 보내라고 했는데 그때 여기서 통신사라는 말을 쓴 것 같습니다.

근데 사실 임진왜란 나기 여러 해 전부터라고 생각하는데요. 정묘년부터 한 4, 5년 동안을 계속 집요하게 요청을 하고, 일본서 사람을 파견을 해가지고 서울을 왕래한 것으로 압니다. 2코스로 해서 차령, 죽령 두 군데로 해서 그랬는데 나중에 그 두 코스가 임진왜란 일어났을 때 일본 군대들이 바로 거기로 해서 들어왔다고 하기 때문에 그때도 식자 중에는 그것을 거부해야한다고 그랬어요. 결국은 그것을 통해서 들어왔죠. 그런데 통신사를 하려면 왕래를 해야 하는데 왕래를 하면 결국 그것이 정보유출이 되는 것이고, 정탐을 해서 침략해 들어올 것이라는 말씀이 있었어요. 이를테면 윤충봉 같은 경우 아주 자세하게 지역까지 거론을 했습니다. 통신사를 일단 거절하는 것으로 했는데 결국은 다녀왔죠. 임진왜란 전인가요? 다녀왔는데 가서 여러 날 거쳐서 다녀왔는데 그 후에 정보가 좀 틀렸지만은 결국은 통신사 요청을 해서 간 겁니다. 통신사로써 신사지만 그래서 통신사라는 말을 쓴 것이 되게 오래된 것 같아요. 그리고 그 이후 덕천(도쿠가와이에야스) 이후에 된 것은 300년 평화를 이끌어내는 동안 12번이나 왔다 갔다 하는데 12번이라고 해봤자 20년 25년 지나서 가는 거니깐 사실은 좀 생각할 점이 많이 있는 것 같고요. 그래서 넓은 의미에서의 통신사이기 때문에 구체적인 사안이 전제되지 않은 것 같아요. 일단 정권을 승인한다고 하는 의미가 있었던 것으로 보이고요. 근데 조규수신하면 수호조약이니 해서 구체적이니 두 나라를 수호한다는 조금 더 구체적이고 문서가 전제되는 그런 경우가 아닌가하는 생각을 해볼 뿐입니다. 하나는 개괄적이고 거시적이라면 하나는 미시적이고 구체적인 것까지 들어가는 개념을 갖는 것이 아닌가하는 생각이 듭니다.

손승철 예. 근데 지금 말씀하신 가운데서 수호의 수자와 수신의 수자가 같은 수자이지요?

이동준 그렇죠. 예.

손승철 그런 의미의 수자는 어떤 의미인가요?

이동준 통신사는 일반적인 이야기이고, 수는 어떤 과정을 거친다는 뜻을 갖는 게 아닌가. 구체적으로, 넓은 의미에서는 통자 빼도 되거든요? 신사면 되는데 수호는 그런 의미에서 구체성을 가져야 하는 것이 아닌가. 그저 닦을 수자 인데

손승철 그래서 저희는 닦을 수자를 예를 들어 통신은 통신이 좀 무너졌으니깐 그걸 다시 새로 닦아보자 다시 세워보자 그런 의미에서 수신사라고 호칭을 부르지 않았을까 그냥 그렇게 막연하게 생각을 했었거든요?

이동준 그런데 수호 조약할 때 쓰는 닦을 수, 통자는 막연하니깐 수자로 좀 고치자고 의식적으로 한 것에 대해서는 저는 의심스럽습니다.

손승철 예. 일단 그런 말씀이시고 같이 고민을 해봐야하는 용어이네요. 알겠습니다. 감사합니다. 마지막 주제가 되겠습니다. 실제로 화해의 주역들 해서 아까 발표에도 나왔습니다만 통신사의 마지막 주 임무가 막부장군이 있는 에도에 가서 막부장군을 알현하고 조선 국왕의 국서를 전하고 그 다음에 회답서를 받아오는 일입니다. 그런데 에도 직전에 머무른 곳이 시즈오카였습니다. 시즈오카는 여러분들도 다녀오셨겠지만 세이켄지라고 하는 청견사, 그리고 시즈오카 시내에 보태사 호타이지라고 하는 절이 있습니다만

특히 세이켄지에는 지난해 유네스코 문화유산 등록이 되었는데 거기에만 단일장소에서는 제일 많은 유물들이 세계문화유산으로 등재가 되었습니다. 48점 정도입니다. 그런데 거기 살고 있는 오바타 선생님 발표에 대해서 장진엽선생님이 토론을 해주시겠습니다.

장진엽 안녕하세요. 장진엽이라고 합니다. 방금 소개해주신 것처럼 여러 선생님들께서 지금까지 통신사 연구가 문화교류 위주로 연구가 되었다고 하는데 제가 그 통신사 문화교류를 전공을 했고요. 그래서 이번에 손승철 선생님께서 토론을 맡기시면서 토론문을 전체 학회 주제와 관련을 해서 작성을 해봐라 하셔서 이 논문을 받고 화해의 주역들이라는 이 제목과 그리고 제일 마지막에 드디어 통신사의 문화교류가 나오게 됐는데 그 부분에 대해서 저 나름대로 제가 이 발표자 선생님 입장에서 몇 마디를 써 봤고요. 제 입장이기도 하지만 그 다음에 전체적인 요지는 딱히 저도 다 동의하는 것이기 때문에 그 부분보다는 부분적으로 제 질문 같은 것을 작성을 해보았습니다.

이 화해의 주역부분은 사실 전쟁 끝나고 지금까지 방금 말씀하신 1643년 회답겸쇄환사까지도 여러 가지 복잡한 문제들이 있고 실제로 통신사가서 여러 협상을 거쳐서 현안을 해결하는 부분이 있는데 문화교류에서는 주로 1682년 임술사행부터 주제로 많이 삼고 있습니다. 이때부터는 사실 시급한 현안이 없고 청나라와의 관계도 안정이 되기 때문에 실제로 가서 하는 제일 중요한 일은 그냥 에도까지 가서 국서를 전달하고 돌아오는데 국서의 특별한 의미가 있는 것은 아니죠. 그냥 갔다 오는 것입니다. 그럼 그동안 뭐 했냐. 통신사 교류라는 것이 주로 시문창수 뭐 대화 나누고 중간에 몇 번 갈등이 있는 것들은 의례 때문에 갈등이 있습니다. 접대나 의례 뭐 절을 몇 번을 한다. 기둥 밖에서 절을 한다. 이런 것들로 갈등이 있고 다들 아시겠지만 보면 1711년 아라이쿠세키가 의례 개혁을 해서 그것 때문에 상당한 갈등이 있었는데 통신사의 목적은 결국은 저번에 했던 대로 가장 큰 문제없이 잘 국서를 전달해주고 오면 되는 것입니다.

제가 지난여름에 통신사 문화교류를 가지고 캐나다 브리티쉬 콜롬비아대학에 가서 워크숍을 한 적이 있어요. 거기서 주로 정치 한일관계사나 근세 한일관계사 전공하시는 선생님들이 있었는데 필담이야기 시문창수 이야기를 실컷 하고 나왔더니 하는 이야기나 질문이 가서 외교라고 하는데 시 쓰고 이야기 나누고 재미는 있는데 이걸 왜 했냐? 라는 이야기들 그리고 이 시기 18세기 1763년 통신사 위주로 발표를 했었는데 이 시기가 되면 이미 일본에서는 국학이나 난학 이런 것들이 떠오르던 시대인데 이 유자들끼리 만나서 이렇게 수 없이 많은 한시를 쓰고 유학에 대해 대화를 나누고 하는 것들이 시대적으로 어떠한 의미가 있냐? 이런 이야기들이 나왔습니다. 거기에 대해서 같이 이야기를 하다가 제가 이 글에 쓴 내용이 나왔습니다.

사실 실제로 통신사 교류, 문화교류는 우리 문화교류연구자들이 볼 때는 상당히 의미가 있지만 정치사적으로 볼 때 도대체 이런 것을 왜 하나싶은 근데 이 임술사행부터 통신사 교류가 끝날 때 까지는 어떻게 보면 우리가 문화라고 하는 것이 특별한 어떠한 급파거나 이런 것이 아닐 수가 있는데 바로 이런 문화 의미가 없어 보이는 시 쓰기, 마상재라든가 어떤 필담 이런 것을 하면서 말 그대로 정말 그냥 信을 통하는, 관계가 좋다는 것, 큰 문제를 일으키지 않을만한 어떠한 이런 것들을 하고 돌아오는 것이지요. 그러니까 통신사 교류에 채워지는 그런 것들이 어떻게 보면 외교상으로 긴급한 문제가 아니고 오히려 긴급한 상황들은 쓰시마나 왜관을 통해 이뤄지는 경향들이 많이 있었습니다. 그렇게 봤을 때 실제로 이러한 어떻게 볼 때 우리가 한가롭게 시나 쓰는 것 같은 이런 것을 하면서 그 기간 동안에 조선과 일본, 한반도와 일본 사이에 평화가 유지가 됐던 것이죠. 그렇게 봤을 때 사실 오부타 선생님의 발표문에 있는 이 기록들은 뭐 접대하고 준비하는 기록들인데 이렇게 했던 사람들도 결국 수많은 화해의 주역들 가운데 하나라고 볼 수 있지 않나. 이런 면에서 제가 의미를 찾아봤습니다.

　어떤 장기간의 평화라는 특수한 성과가 어떤 극적인 어떤 외교협상을 타결하는 한 두 사람에 의해서 이루어진 것이 아니고 어떤 과정 속에 있는 모든 행위들이 어쩌면 화해의 주역에 속하지 않을까 하는 이야기를 제가 글을 시작하기 전에 했던 이야기입니다.

　구체적으로 시간이 없으니깐 간단하게 질문을 드리면 오바타 선생님께서 하신 발표는 연로의 향음지들 가운데서 스루가쿠니(駿河國), 곧 시즈오카시의 호타이지와 세이켄지의 사례를 소개하고 있는 논문입니다. 이 두 곳은 기왕에 통신사 교류의 기억을 간직하고 있는 명소로 널리 알려진 곳입니다. 이 발표를 통해서 성공적인 통신사 접대를 위해서 얼마나 철저한 준비를 하였는지, 또 그 교류의 의미가 오늘날 어떠한 의미를 갖는지가 분명히 드러나게 되었습니다. 특히 조선 측 기록 외에『駿國雜志』또 호타이지 소장 문서 등 일본 측 사료를 구체적으로 아주 자세하게 다룸으로써 당시 교류의 측면을 보여주었다는 점에서 의미가 있었다고 생각을 합니다. 몇 가지 언급을 하고 토론을 대신하고자 합니다.

　일단 선생님께서 발표하신 두 장소 호타이지와 세이켄지 중에서 실제로 세이켄지 같은 경우에는 상당히 많은 연구들에서 다뤄왔고, 또 문화 교류상 중요한 장소입니다. 그렇기 때문에 제가 이 발표문에서는 오히려 호타이지 부분이 더 중요하다고 느꼈습니다. 왜냐면 기존의 연구가 거의 되어있지 않은 호타이지에서의 교류는 많이 연구가 되어있지 않고 이런 기록들 같은 경우에도 거의 한국에 알려지지 않은 자료이기 때문에 이점에서 이 논문에서는 더 의의가 있다고 생각이 들어서 제가 1번 질문에서 몇 가지 추가 언급을 드렸습니다.

　이 추가언급은 선생님께서 주로 일본 측 기록과 海行摠載를 활용하셨는데 해행총재가 주로 온라인에서 활용이 되니깐 활용을 하신 것 같고, 한국 연구자들은 해행총재에 수록되지 않은 자료들도 10년 전부터 발굴이 되어서 많이 활용을 하고 있는데 그 부분에 접근이 어려우신 것 같아서 제가 대표적인 것, 저도 다 보지는 못했습니다. 책꽂이 에 있는 것을 몇 개 꺼내서 써봤습니다. 1764년 사행록에서 호타이지를 언급한 부분을 좀 더 추가로 제가 여기에다가 언급을 했고요. 특히 여기서 선생님께서 사행록들 가운데에서 호타이지 駿府가 도쿠가와 이에야스와 관련이 있다는 정도만 언급을 하고 있고 실상에 대해서는 별로 언급을 하지 않고 있다고 하고 있는데 사실 여기 袁重擧의 乘槎錄에 보면 駿府가 살아가는 것이 어렵고, 도쿠가와 이에야스와 관련이 된 곳이며 굉장히 부유해야할 터인데 그렇지가 않다. 뭐 이런 내용을 언급한 부분도 있고요.

그리고 호타이지 사실 제가 3번 질문에서 언급한 것처럼 이 발표문에 소개한 문서는 접대 기록이기 때문에 문화교류에 관해서 소략한 것은 당연합니다. 이 사행록들에서 호타이지에 관해서 언급한 부분이 있기 때문에 이런 부분들을 참고하시면 도움이 될 것 같습니다.

다음 226쪽에 두 번째 질문입니다. 이 부분은 제 관심사와 관련된 제 개인적인 질문인데요. 이 호타이지에 남아있는 문화교류 기록 중에서 대반야경육백권오서에 대해서 언급하였습니다. 사실 불경인데 불경에 붙일 오서를 통신사 측에서 써주었다는 것도 독특하고 특히 三使, 세명의 사신이 전부다 여기에 응하였다는 기록이 남아있다고 하는데 저로써는 상당히 의외의 기록입니다. 왜냐하면 외교차원에서 승려와 시를 주고받고 대화를 나누기도 하지만 실제로 조선에서 불교를 많이 불교와 가깝게 지내기는 했지만 불승들과 일본에 가서는 대외적으로는 조선이 유교국임을 굉장히 강조를 합니다. 조선은 불교를 배척한다는 것을 공공연하게 이야기를 하고, 그런데 이렇게 반야경에 무언가를 써서 주었다. 그것도 서기라든가 수행원이 아니라 3명의 사신이 다 써줬다는 사실이 의외여서 이 기록에 대해서 상세히 소개가 있으면 좋을 것 같고, 개인적으로 원문을 보고 싶다는 생각이 듭니다.

세 번째는 발표문에 관해 제 생각을 덧붙인 부분인데요. 이 호타이지와 세이켄지와의 교류 중에서 이 세이켄지와 같은 경우에 많이 연구가 되었는데 사실 아직 저도 시즈오카 아직 못 가봤기 때문에 한 번 가서 보고 싶은데 사진으로만 늘 많이 봤던 곳인데요. 실제로 통신사 시문 교류가 세이켄지에서 그렇게 엄청나게 성행한 것은 아닙니다. 왜냐하면 이 세이켄지에서 승려들과 시를 주고받는 것이지 실제로 에도와 오사카에서는 거의 300명, 400명 이런 문인이 와서 시문창수를 하기 때문에 그 숫자상으로 비교해 본다면 사실 세이켄지가 그렇게 비중 있는 곳은 아니지만 이곳에서의 교류는 좀 특별한 것이 있습니다. 아까 공시적, 통시적 교류를 말씀하셨듯이 하나의 전례로 확립이 되어서 이 세이켄지에서는 이 시문창수를 해야 한다. 그리고 그 이전 사행원들의 시가 있고, 조선 사행원들이 이전 사행원들에 대한 창수를 하고, 또 적극적으로 자신들이 이런 현판을 걸어 달라. 또 거기에 있는 승려들과도 시문창수를 하고 또 자기들끼리도, 조선인끼리도 세이켄지에서는 시축을 만들어서 기념으로 삼고, 이런 식의 특별한 의미가 있는 공간이기 때문에 더 중요한 부분입니다. 특히 세이켄지의 사신은 우리가 통신사 교류를 했다고 하면 三使로 갔던 정사, 부사, 종사관들이 적극적으로 문화교류를 했을 것이라고 생각이 들지만 이 세 사신들은 문화교류를 하지 않습니다. 어떤 외교적인 현안 부분들만 일본의 관료들과 이야기를 나눌 뿐이고, 실제 일본 문인들과 시문창수의 업무를 맡은 이들은 따로 있습니다. 그렇지만 이 세 사신이 세이켄지에서는 시문창수를 합니다. 그래서 이 승려들과 시문창수를 해서 책으로 남기고 이런 것들이 전래가 되었기 때문에 여기서는 해야 한다는 생각이 있습니다. 또 시문수창이라고 하면 우리가 생각하는 것은 우아한 만남[雅會]이라고 표현을 나타냈는데 우아한 만남 서로 시를 주고받고, 옛사람들의 운치 있는 만남을 상상을 합니다. 근데 실제 통신사 교류를 보면 그게 아니라 정말 도떼기 시장 같은 상황입니다. 일본 문사들이 100명, 200명 줄을 서서 기다리면서 시를 달라고 하고 시를 훔쳐가기도 하고 밤을 새고 밥도 못먹고 시를 써주고, 비슷한 시를 쓰고 또 쓰고 하는 우아하지 못하는 모임이 주류가 되었습니다. 제 연구에는 그런 부분들이 많이 나오는데, 사실 대충 쓴 시도 굉장히 많습니다. 하지만 이 세이켄지에서는 그렇지 않고 바로 이상 속에 있는, 우리가 통신사 시문교류라고 하면 생각하는 양국 문인들이 평화로운 분위기에서, 평온한 분위기에서 과거에 전통을 의식하면서 시회를 여는 것이죠. 이런 점에서 이 세이켄지에 남아있는 시문수창에 대해서 좀 더 의미부각을 해주셨으면 좋을 것 같습니다.

마지막 질문은 사소한 것인데요. 연도가 잘못된 부분이 있는데 1746년이라고 돼있는 부분이 1764년인데 잘못된 부분이 있고 마지막에 조선국통신사시문첩 같은 경우는 46년 자료로 되어 있는데 48년인지 64년인지는 이 자료는 제가 보지 못한 자료라서, 확인을 해 주시면 감사할 것 같고, 제가 세이켄지에 가게 되면 좋겠지만 만약에 못 가게 되면 이 것을 복사를 해주시면 저는 정말 감사할 것 같습니다. 이정도고요. 다른 부분에 대해서는 정말 재미있게 읽었고, 감사하다는 말씀을 드리고 싶습니다. 하나 더 덧붙이자면 아까 그 수신사부분에 대해서 저희 연세대해서 수신사 데이터베이스화하는 프로젝트에서 이번 8월에 3년치 연구를 끝내서 내년 내후년이면 데이터베이스로 다 공개가 됩니다. 그리고 수신사를 왜 수신사라고 했느냐에 대해서도 기록도 하면 나오는 것이기 때문에 제가 연구원들에게 물어보고 제가 다음에 여기에 또 오게 되면 답을 가지고 오겠습니다. 네 이상입니다.

손승철 꼭 그렇게 해주세요. 답변해주시죠

오바타 네 많이 지적을 해주셔서 감사합니다. 시즈오카에 가본 적이 없으신 분이 이렇게 자세하게 지적을 해주시니간 오히려 제가 면목이 없습니다. 지적하신 부분에 대해서 대부분 다 동의를 하고요. 예를 들면 첫 번째로 제가 이용상황을 정리하는데 있어서 기본적으로 해행총재를 중심으로 했던

부분. 맞습니다. 여기 토론문에서 지적해주신 원중거에 관한 자료라든가 남
옥이 쓴 자료를 보게 되면 역시 駿府라는 곳이 그렇게 번화되어 있는 도시
가 아니라는 기록이 되어 있습니다. 그런데 이때 원중거와 같이 다녔던 조
엄 같은 경우에는 하코네 서쪽에 있는 도시 중에서는 하나의 큰 도시. 라
고 써져 있습니다. 그러니깐 같은 통신사라고 해도 보는 사람들마다 인식의
차이가 있는 것 같습니다. 그래서 그 부분을 더 보완을 해서 자료를 조금
더 정리를 해보고 싶습니다. 감사합니다.

그리고 3번째 의견에 대해서 말씀을 드리자면 아무래도 우리가 아까도
손승철교수님이 청견사에 남아있는 자료가 이번에 유네스코에는 한 곳에서
가장 많은 유산이 등록되었다고 하는데 그런 부분이 많이 부각되어야지고
마치 진짜 청견사에서는 다양하게 교류가 이뤄졌다고 생각하기 쉽습니다.
근데 지금 말씀하셨던 것처럼 통신사 교류의 전체 흐름으로 보게 되면 그
규모라든가 그런 부분에서는 작은 것은 사실입니다. 그건 인정하고요. 다만
아까 청견사가 가지고 있는 특성을 많이 보완해주셔서 저도 고맙고 그런데
제 생각으로는 공시적인 교류, 통시적이 교류 그 두 가지가 이루어진 속에
서 그 청견사의 가치가 있다고 생각합니다. 그래서 말씀하신 부분을 덧붙여
서 내용을 보완하도록 하겠습니다.

그리고 네 번째 부분은 진짜 제가 잘못 입력을 한 부분입니다. 다 1764년
이 맞습니다. 죄송합니다.

그리고 가장 궁금해 하신 두 번째 질문인데 대반야경에 대한 부분입니다.
이 논문을 썼을 때는 제가 질문을 확인하지 못했습니다. 근데 이 토론문 받
고 나서 실제로 보태사를 가봤습니다. 여기 오는 이틀 전에 다녀왔습니다.
거기 스님이신 스지와라 도엔 스님에게 물어봤는데 그 스님도 반야경이라
는 것이 있는 것은 사실인데 거기에 통신사가 오서를 썼다는 것은 나도 모
르겠다. 라고 하더라고요. 근데 이 논문을 썼던 자료 아까 원문 복사를 보여
주셨는데, 제가 인용했던 것은 이것이에요. 일본말로 인쇄자료로 만들었던

것인데, 이것을 통해서 아까 말씀했던 것처럼 그 통신사가 오서를 써줬다는 문장이 나오거든요? 간단하게 말하면 아메노모리 호슈에 부탁을 했더니 그 아메노모리 호슈가 통신사에 있는 팽한수라는 사람에게 부탁을 해서 삼사에게 부탁을 했습니다. 그랬더니 삼사는 모두 대반야경에 오서를 써주었다 이런 내용이 여기에 써져 있거든요? 근데 이것을 가지고 역시 이 책이 나오고 나서 宝泰寺에서는 반야경에 내용도 역시 자료로 만들어야한다고 생각해서 이것을 만들었는데요. 그래서 지난번에 찾아보니깐 이것을 주셨습니다. 근데 그 안에는 통신사가 그런 식으로 기록을 남겼다. 라는 것이 있기 때문에 이 책을 작성하였던 분이 알아보았는데요. 그런데 그것을 발견하지 못했답니다. 그런데 기록에는 그렇게 쓰여 진 것이니깐 제 생각에는 아마 써져 있던 것일 겁니다. 이쪽에도 쓰여 있지만 반야경에다가 직접 쓴 것이 아니라 다른 책에다가 쓴 것을 전달한지 모르고 그것이 사실이 되거나 아니면 혹시 거기에 직접 쓰기는 썼는데 그게 지금은 사라져서 없거나 그런 가능성이 있지만 이쪽 기록에는 제 원문에도 봤지만 써서 주었다는 것은 확실하게 써져 있습니다. 그것이 아직 발견되지 못해서 아깝고요 이따가 확인해주시기 바랍니다.

그리고 하나 제가 말씀드리고 싶은 것이 뭐냐면 아까 청견사가 가지고 있는 그런 가치에 대해서 언급을 해주셨는데 솔직히 우리가 연구를 하는 입장에서 그런 부분을 조금 더 일반사람에게 알려야 할 것 같아요. 우리는 그런 것을 다 알고 있는데, 알고 있다기보다 이렇게 토론을 통해서 인식하고 공부하게 되는데 그런 것을 조금 더 일반사람들에게 알기 쉽게 설명을 할 필요가 있다고 생각을 합니다. 왜냐면 제가 요즘 걱정스러운 것이 뭐냐면 시즈오카는 이렇게 통신사 관련한 곳이 많기 때문에 유네스코에 이렇게 등재된 이유는 통신사가 에도시대 때 조선시대 후기에 한국과 일본의 우호의 사절단이다. 이런 식으로 많이 이야기를 해요.

그러나 너무 단순하게 우호의 사절단이라고 하는 것은 여기 계신 분들은 다 인정을 안 하실 것입니다. 오늘 오전 발표에서도 그랬듯이 뭐 일본 사람들이 한국 사람을 많이 죽이게 되었고, 그 결과 한국 사람이 가지고 있는 일본 사람에 대한 인식도 최악의 상태입니다. 그런 상태에서 국교가 회복이 되고 그럼에도 불구하고 그 인식이 사라지지 않고 조선시대 말까지 아니 현대까지 이어지고 있다는 점이죠. 그니깐 일본 사람들 속에서는 우호사절단이라고 단순하게 생각하면서 알고 보니깐 한국 사람들의 옛날의 인식과 전혀 다른 부정적 인식을 가지고 있다. 그러면 통신사가 우호의 사절이라는 것은 거짓이다. 라고 생각하는 일본사람들이 생각보다 많거든요? 우리가 우호라는 것을 어떻게 생각하느냐 아까 여러 가지 화해에 대해서 말씀하셨지만 제 생각에는 일단은 우리가 통신사를 통해서 우호라고 생각하는 것은 이것은 문학이나 교류를 하신 분들이니깐 좀 그렇지만 일단 제 입장에서는 이것은 기본적으로 외교사절단이니깐 외교적인 부분에서 먼저 시작되고 그 것의 틀이 안정된 다음에 교류가 이뤄졌다고 생각해요. 그러니까 그 틀이라는 것이 어떤 식으로 유지되어 왔느냐? 그 당시 사람들 사이에는 상대방에 대한 부정적인 인식이 있다 하더라도 외교적인 틀을 끝까지 안정적으로 유지하려는 노력이 있었기 때문에 그 위에다가 문화의 교류도 있었고, 또 그 것을 통해서 서로에 대한 인식도 좋아진 부분도 있었다. 라는 것이지요. 그런 부분을 우리가 조금 더 알기 쉽게 일반사람들에게 설명할 기회를 갖지 않으면 우리 사이에서는 납득이 가는 부분이라도 일반사람이 그 부분을 모르게 되면 결국은 통신사가 우호의 사절단이라는 것을 너무 단순히 생각해야지고 한국 사람이 일본 사람을 보는 시각은 결국은 안 좋게 보는 거니깐 그 우호사절단이라는 것도 거짓이다. 라고 생각하기 쉽다는 것이지요. 그러니깐 우리가 좀 더 그 부분에 있어서 그 사람들에게 알리는 노력을 해야 화해라는 것도 이뤄질 수 있지 않을까라는 생각을 해 보았습니다.

손승철 아주 중요한 말씀이신데 그렇게 가면 방향이 자꾸 복잡해지는데 그런데 기본적으로 관계를 유지했기 때문에 우호가 유지되고 그래서 평화가 유지되고 뭐 이렇게 논리적으로 설명하면 안 되나요? 우호의 사절단이라는 것 자체를 부정하는 것 아닌가요?

오바타 그건 아니고, 우호의 사절이라는 것의 뜻이 무엇인가라는 것을 우리가 설명을 해야 한다는 것이지요. 단순히 우호의 사절단이라고 하면 그냥 단순하게 사이좋은 관계다라고 생각하기 쉽거든요?

손승철 그래서 이런 학술회의를 하는 겁니다. 알겠습니다. 그런데 저는 오바타 선생님 말씀 가운데서 특히 주목한 것이 아까 시간관계상 충분히 설명을 못하신 것 같은데 예를 들어서 한시를 가지고 시회를 할 때 독특한 방식이죠. 차운이라는 것은 운자를 따서 시를 짓는 것입니다. 그러니까 예를 들어 조선 사신이 와서 시를 지으면 그 시의 운을 따서 일본 사람이 또 짓고, 그 다음에 사절로 또 오면 거기에 운자를 따서 또 짓고, 그래서 결국 공시적이고, 통시적이라는 용어를 쓰신 것 같아요. 그리고 그런 의미에서 그런 시회가 가능한, 차운을 해서 그것이 시대를 계승해가는 그런 것이 바로 화해의 장으로서의 한 사례가 되지 않겠느냐 그런 의미에서 사실은 청견사와 세이켄지와 宝泰寺를 한 예를 든 것이다. 이렇게 저는 말씀을 드리고 싶네요.

이렇게 해서 다섯 분 주제발표에 대한 약정토론을 다 했습니다. 그러나 시간이 10분 정도 남아 있습니다. 그래서 혹시 개별적으로 하실 말씀이 있으시면 대상과 주제를 막론하고 말씀을 해주시면 감사하겠습니다. 저 뒤에 하실 말씀 없으세요? 억지로 안 해도 됩니다만 혹시, 없어요? 네 알겠습니다. 장시간 동안 말씀했는데 이사장님께서 마무리 말씀 하시기 전에, 제가 먼저 할까요? 네. 오늘 사실 주제가 임진왜란에서 조선통신사해서 전쟁, 상처, 치유, 화해 이렇게 했습니다. 그래서 전쟁에서 시작을 해서 화해로 끝나는 것으로 그렇게 주제를 잡았고, 그 과정에서 5개의 주제 발표를 했습니다. 그런데 사실 진행을 해보니까 역사 사실을 가지고 스토리텔링을 해가면서 그렇게 논리적으로 귀결시키는 것은 상당히 무리하지 않느냐, 무리수가 있다 제 스스로가 그렇게 느꼈지만 적어도 우리가 한일관계 현실적으로 많은 어려움을 생각해 볼 때는 이 상처와 치유라는 문제가 다각도적으로 검토되지 않고 넘어가면 안 되겠다. 그래서 조금이라도 뭔가 양국관계가 좋아지려면 결국 화해를 어떻게 해야 할까? 이것이 본질적으로 각 분야에서 연구가 되었으면 좋겠다. 이런 생각을 했습니다. 그래서 바로 그 주제에 상처, 서로 상대방에 상처를 주고, 그 상처를 치유하고 그리고 정말 화해의 장을 마련해가는 그런 것에 관심을 갖는 하나의 사례가 되지 않을까 해서 임진왜란과 조선통신사의 길로라고 주제를 잡았습니다. 그러나 이정도만 해도 관심을 불러일으키기에 충분하지 않을까? 그래서 다음부터 또 이 주제를 다루는 사람들이 여기에 대한 관심을 폭발하는 하나의 계기 또는 하나의 모델로 임진왜란 또 그 이후의 과정을 한 번 접근해 보는 것은 어떨까? 이렇게 생각을 했습니다. 이것을 한 달 정도 후에 단행본으로 발행할 예정입니다. 그래서 오늘 발표하신 분들은 다시 원고를 수정해서 특히 아까 오바타 선생님은 반야심경의 오서에 대해서 물론 토론하는 과정에 말씀을 하셨지만 본론에 삽입해서 완성을 해주시고 한 달 쯤 후에 저에게 수정논문을 보내주시면 가능하면 연 초에는 단행본으로 발간하도록 그렇게 하겠습니다. 아까도 제가 말씀드렸지만 우리가 청중을 특별히 의식하지 않고, 관객을 의식하지 않는 이유는 한일문화교류기금에서는 반드시 심포지움의 결과를 단행본으로 발간하고 그것을 일반에게 보급을 하고 있습니다. 그래서 그 점은 염려 안하셔도 될 것 같습니다. 마지막으로 이사장님 말씀을 들으면서 마무리 하도록 하겠습니다.

이사장님 오늘 장시간동안 저 개인적으로 많은 것을 배웠습니다. 우리가 이 회의를 준비하면서부터 생각했던 것은 지금 우리가 다같이 느끼고 있습니다만 한국과 일본 간의 관계가 요새 아주 나쁩니다. 그런데 나쁜 것을 그대로 놔둬서는 되지 않을 관계입니다. 어떻게든지 두 나라간의 관계가 좋은 관계로 발전 돼야합니다. 오늘 마지막에 우리가 토론에서 많이 논의했지만 화해의 길, 평화의 길을 했는데, 통신사의 목적이 무엇인가에 대해서 많이 이야기를 했습니다. 평화라고 하는 것은 서로 대등한 자격을 가진 사람들끼리 서로가 공존하기로 합의 본 것, 자발적으로 공존하기로 합의 본 것을 우리는 평화라고 합니다. 그 평화를 가져가는 과정이 화해입니다. 큰 전쟁을 치러서 깊은 상처가 났을 때 그 상처를 치유하고 그것을 다시 평화관계로 서로가 서로를 존중하고 같이 협력을 합의 볼 수 있는 공존에 대한 자발적 합의를 할 수 있는 그런 과정을 겪어야 합니다. 그래서 손 선생님하고도 회의를 준비할 때 얘기 했습니다만 우리는 천상 오늘의 문제를 해결하기 위해서는 역사적 경험에서 우리가 같이 지혜를 얻어야 합니다. 한·일 간의 관계에서 가장 컸던 일이 임진왜란입니다. 임진왜란에서 쌓인 증오가 두 민족 간의 증오가 400년 째 걸어오고 있는 겁니다. 이것을 극복해야만 우리가 원하는 한일관계를 만들어갈 수 가 있습니다. 그래서 오늘은 400년 전의 임진왜란을 겪고 그것을 다시 평화관계로 회복하기 위해서 노력했던 과정, 결과가 어떻게 됐던 간에 그건 판단이 다르겠습니다만 애썼던 그 과정을 우리가 한 번 되짚어 보자 그것이 오늘 대주제였습니다. 우리나라에서 임진왜란 문제, 통신사 문제에 대해서 가장 앞서가는 연구를 하시는 전문가들을 한 자리에 다 모아봤습니다. 쉽지 않은 회의입니다. 이렇게 많은 전문가를 한 자리에 모아놓고 하루 종일 이 문제를 가지고 논했다는 것은 그 자체가 우리로써는 큰 성공이라고 생각합니다. 아마 여기 참석하신 분들은 다 느끼셨겠지만 많은 것을 배웠습니다. 저 개인으로는 특히 통신사 문제를 다룰 때 그냥 우호, 증진하는 정도의 가벼운 것으로 생각했었습니다만 국제관계에서 대외정책, 안보정책, 외교정책과 연계해서 그것을 극복하기 위한 정치·

외교사적인 노력으로 통신사 문제를 다시 재조명한다는 것은 새로운 시각입니다. 이건 꼭 필요한 것이고 앞으로 이러한 회의를 한다고 하면 외교사를 하신 분들과, 국제정치를 하시는 분들과 여러분들과 한 자리에서 모여서 같이 논하면 좀 더 입체적인 세미나가 되지 않을까 그런 생각을 해봤습니다. 특히 오늘 이훈 선생님께서 다뤄주신 것처럼 한일관계의 통신사 문제를 다른 국제관계와 연계시켜주는 것, 거기서 많은 것을 제가 배웠습니다. 그리고 한명기 선생님께서도 특히 우리 북방정책과 연계에서 이 문제를 다시 재조명해주신 것에 대해서 감사를 드립니다. 많은 것을 배웠습니다.

오늘 긴 시간 동안 여기 앉아서 좋은 말씀해주시고 토론해주신 모든 참석자에게 감사를 드립니다. 특히 오늘 이 회의를 사회해주신 세키네 선생님과 우리 손승철 선생님 두 분께 감사드립니다. 고맙습니다.

손승철 감사합니다. 이것으로써 제 32차 2018년 한일문화교류기금 주최 한·일국제회의를 모두 마치도록 하겠습니다. 감사합니다.

壬辰倭亂에서 朝鮮通信使의 길로
- 戰爭의 傷處와 治癒, 그리고 和解 -

2019년 3월 15일 초판 인쇄
2019년 3월 25일 초판 발행

지 은 이   한일문화교류기금
발 행 인   한정희
발 행 처   경인문화사
총괄이사   김환기
편 집 부   김지선 박수진 한명진 유지혜
마 케 팅   하재일 유인순
출판신고   제406-1973-000003호
주   소   (10881) 파주시 회동길 445-1 경인빌딩 B동 4층
대표전화   031-955-9300   팩 스   031-955-9310
홈페이지   http://www.kyunginp.co.kr
이 메 일   kyungin@kyunginp.co.kr

ISBN 978-89-499-4798-3 93910
값 26,000원